民间文献与明清两湖乡村赋役征收实态研究

杨国安 著

本书受国家社会科学基金重点项目『民间文献与明清两湖乡村赋役征收实态研究』（项目编号：11AZS008）、国家社会科学基金重大招标项目『清代财政转型与国家财政治理能力研究』（项目编号：15ZDB037）经费资助

科学出版社
北京

内 容 简 介

本书在运用传统文献的基础上，充分挖掘民间赋役文书的史料价值，聚焦于明清时期湖南、湖北县以下乡村基层赋税征收实态研究，着力探讨赋税征收政策的制定、实施与基层社会运行实态，包括实征册籍、税收工具、征收方法、纳税场景和赋役纷争等。从"人与社会"的角度出发，考察相关赋役制度下"人"的活动和生存策略，将制度史与区域史、经济史与社会史相结合，注重制度实施的"地方化"过程，揭示出文本制度与乡村社会实际运作之间的差异性和内在逻辑性。

本书可供明清史、经济史、赋税史等专业的师生阅读和参考。

图书在版编目（CIP）数据

民间文献与明清两湖乡村赋役征收实态研究 / 杨国安著. —北京：科学出版社，2024.6
ISBN 978-7-03-076750-9

Ⅰ.①民… Ⅱ.①杨… Ⅲ.①乡村–赋税制度–研究–中国–明清时代 Ⅳ.①F812.948

中国国家版本馆 CIP 数据核字（2023）第 201387 号

责任编辑：任晓刚／责任校对：张亚丹
责任印制：肖　兴／封面设计：楠竹文化

科学出版社 出版
北京东黄城根北街16号
邮政编码：100717
http://www.sciencep.com

三河市春园印刷有限公司印刷
科学出版社发行　各地新华书店经销
*

2024年6月第 一 版　开本：787×1092　1/16
2024年6月第一次印刷　印张：20 3/4
字数：430 000

定价：198.00 元
（如有印装质量问题，我社负责调换）

目 录

绪　　论 /001

　　一、选题缘起及研究意义　/001

　　二、学术前史的梳理　/002

　　三、研究思路、分析框架及创新点　/019

第一章　土地清丈与地籍的编纂 /024

　　一、明初里甲制推行与两湖户帖、黄册及鱼鳞图册　/024

　　二、万历年间湖广地区土地清丈与里甲赋役调整　/035

　　三、康熙年间两湖土地清丈与地籍编纂　/050

第二章　赋役实征册籍的类别与行用 /066

　　一、"官册"之失与"私册"的出现　/066

　　二、两湖地区实际征收册籍之类别与运用　/071

　　三、账簿与权力：实征册籍的功能与地位　/093

第三章　税收工具、征收方法与纳税图景 /096

　　一、纳税通知与赋役催征　/096

二、输纳期限和纳税地点 /106

三、纳税过程及缴税场景 /112

第四章　堤工与水利徭役的摊派 /125

一、堤工图所见两湖堤工、堤防与堤垸 /125

二、堤亩册编纂之缘起、内容与性质 /136

三、按亩分堤、按堤承役：堤亩册与水利徭役摊派 /144

第五章　乡村基层赋役征收人员之考察 /150

一、州县衙门之户书与粮书 /150

二、乡里组织之册书与里书 /155

三、柜书、收头及其他征收人员 /160

四、里催、甲催及其他催征人员 /163

第六章　户籍、税则与不同群体赋役纷争 /168

一、主客之间：移民与土著的税赋纠葛 /168

二、军民之间：军役与民差的徭役纷争 /177

三、"大小户"与赋税负担不均问题 /187

四、浏阳、湘乡"堕粮"及其重赋考辨 /192

第七章　抗税闹漕、钱粮争讼与地方秩序 /204

一、《官蒲被参纪略》所见两湖钱粮征收困境 /204

二、《湘潭赋役成案稿》与湖南地方社会纷争 /226

三、长善二县暨衡阳之《粮案》与钱粮征收纠纷 /238

结　语 / 250

　　一、皇粮国税：赋役制度背后的政治法则　/ 250

　　二、经制之外：非正式财政税收的分配机制　/ 253

　　三、农民与国家：赋役负担与抗税斗争　/ 257

参考文献　/ 260

附　录　/ 278

后　记　/ 320

图表目录

图 2-1　《湖南沅州府麻阳均田鱼鳞图册》之首页　/ 81
图 2-2　《湖南沅州府麻阳均田鱼鳞图册》之内页　/ 82
图 2-3　湖北省潜江市档案馆藏《太和乡实征底册》封面　/ 85
图 2-4　湖北省潜江市档案馆藏《太和乡实征底册》内页　/ 89
图 2-5　湖北江夏《万历十七年金东西水鱼鳞册》　/ 92
图 3-1　荆门州征收丁漕及赔款捐之"便民易知由单"样本　/ 99
图 3-2　清光绪年间蒲圻县上下忙滚单　/ 102
图 3-3　天门县宣统三年（1911年）钱粮执照　/ 103
图 3-4　浏阳县咸丰元年（1851年）业户执照　/ 103
图 3-5　咸丰六年（1856年）太平天国湖北武玱（昌）县纳粮执照　/ 104
图 4-1　清代《湘邑沙田围堤册》与《湘邑沙田围亩册》内页　/ 141

表 1-1　万历清丈前后两湖地区田亩数额变动表　/ 45
表 3-1　民国二十三年（1934年）湖北部分地区钱粮柜设置及缴纳情况一览表　/ 111
表 3-2　晚清湖南各厅、州、县平量比较表　/ 115
表 4-1　康雍乾时期湘阴县修筑堤围及垦田面积表　/ 135
表 6-1　明代长沙府各州县夏税秋粮征收数额表　/ 193
表 6-2　明万历六年（1578年）湖广各府夏税秋粮征收粮食数额表　/ 194
表 7-1　道光年间两湖地区抗粮斗争列表　/ 204

绪　　论

一、选题缘起及研究意义

财政税收是理解传统专制国家制度不可或缺的重要领域。就国家而言，没有财政的支出，就不可能有政府职能的履行；就地方而论，刑名和钱粮是地方官最为核心的事务；从民众出发，政府的财政收入无不来自民众的税收，徭役的轻重和赋税的高低，无疑和每一个编户齐民的生产生活休戚相关。所以西方学者精辟地指出：税收在文明的进程中经常起到关键性的作用。税收是历史的主要推动力的假说比其他很多历史理论拥有更多的优点。①与此类似，2008年3月18日国务院总理温家宝在第十一届全国人大一次会议记者招待会上答记者问时曾说过："其实，一个国家的财政史是惊心动魄的。如果你读它，会从中看到不仅是经济的发展，而且是社会的结构和公平正义的程度。"②学界也早有学者认为赋税沉重导致王朝周期治乱循环。③就笔者而言，选择明清时期两湖地区乡村基层赋役征收研究作为主题，则主要出于以下三个方面的考量：

首先，赋役制度关系国计民生，历来受到国内外史学界重视。就明清而论，已取得的成果较著者有梁方仲明代粮长制度与一条鞭法，王毓铨明代差役制，韦庆远明代黄册制度，唐文基、山根幸夫、川胜守明代赋役制度，黄仁宇16世纪明代财政与税收，以及袁良义清一条鞭法，何平、曾小萍清代赋税与财政改革，美国学者王业键对于清代田赋的研究等。④这些成果钩沉索隐，深化了人们对赋役制度演进及其规律的认识。但已有研究较多关注制度条文本身和官府公文，缺乏对纳税应役的具体场景，特别是对县以下乡村基层赋税征收实态的细致考察。

其次，发掘新史料、拓展研究视角和手段，成为近年来史学研究的主要趋势之一。如栾成显利用徽州文书对明代黄册做出新的阐释，陈支平从福建民间文书入手，对明清赋税制进行深入细致的探讨等。与此同时，学者研究的视野也不断扩展，对于赋税征收环节中的基层小人物也进行了关注。如日本学者佐伯富对于清代里书及其包

---

① 〔美〕查尔斯·亚当斯：《善与恶——税收在文明进程中的影响》序论，翟继光译，中国政法大学出版社2013年版，第8页。
② 《温家宝总理回答中外记者提问》，《人民日报（海外版）》2008年3月19日，第4版。
③ 相关成果包括杜树章：《赋税沉重引发中国皇权专制社会治乱循环的经济学解释》，《新疆财经大学学报》2010年第4期；曾国祥主编：《赋税与国运兴衰》，中国财政经济出版社2013年版等。
④ 具体学术成果信息参见后面之学术史回顾，在此不一一列出。

揽钱粮征收的研究，胡铁球对于明清歇家这一插手赋税征收的特殊基层群体的研究等。本书在运用传统文献的基础上，充分挖掘两湖地区民间历史文献，展开对基层赋税征收各个环节、不同层面的微观研究，既可揭示赋役制度在基层社会的运作实态，亦能深化两湖乡村社会史研究。

最后，中国幅员辽阔，区域差异明显。关注制度在不同地区的实践差异，是推进赋役史研究的重要路径之一。如刘志伟对明清里甲赋役制度与广东地方社会做了很好的论述，范金民、森正夫等对明清江南土地制度与赋役改革的研究，吴滔、佐藤仁史以嘉定赋役财政制度变迁为主线的江南地域社会史研究等。湖北、湖南地处长江中游，南北交会，明清迄今一直是重要的农耕区，其乡村社会变迁具有一定的代表性和典型性。赋役是国家与农民联系最多的领域，本书以此为切入点，充分揭示传统乡村与国家关系演变的逻辑与特征。

正是基于以上几个方面的考虑，本书以两湖地区为中心，展开对明清乡村赋役实态，也就是国家制度的"地方化"过程与实践的研究，就其学术价值和社会价值而言，大概可以归纳为如下四个方面：

其一，揭示明清时期乡村社会实征册籍类型、编纂与使用情况。对实征底册的研究，有助于全面认识明清赋役制度在基层社会的实际运作形态，并极大推动明清赋役制度史研究走向深入。

其二，再现明清时期普通民众在缴纳税粮诸环节中的实际场景，以及所遭受的各种盘剥。对纳税过程的研究表明，很多时候，百姓不是苦于税额太重，而是苦于纳税过程之繁疲和浮收之无穷。

其三，挖掘出赋役纠纷背后的利益冲突和集体行动。所谓"有田即有税、有身即有役"，明代身份与户籍的不同导致不同群体之间赋役负担不均。而19世纪中下层士绅的抗税活动，并非要推翻国家政权，而只是反对胥吏包揽钱粮，属于地方性群体事件。

其四，总结明清乡村赋役征收过程中的历史经验和教训，将赋税与百姓日常生活相联系，归纳出内在的逻辑体系，为政府制定科学、合理、可持续的财政税收制度提供足可凭信的历史认知，为构建公平、正义、和谐的社会关系提供历史借鉴。

二、学术前史的梳理

（一）关于明清乡村基层赋税征收的历史回顾与反思

赋役制度一直是中国传统史学关注的重点之一。20世纪初到20世纪40年代是财政赋役史研究的第一阶段，西方社会科学、历史学理论和马克思主义刚传入中国，一些学者尝试利用这些理论方法对财政经济问题进行分析和寻求规律，形成一批类似胡钧《中国财政史》（商务印书馆1920年）、万国鼎《中国田制史》（正中书局1934

年)、吴兆莘《中国税制史》(商务印书馆1937年)等通史性的成果。20世纪50—70年代是我国财政赋役史研究的曲折发展时期,以马克思主义史学理论为指导的明清经济、赋役、财政的论著数量增多,以梁方仲、王毓铨等为代表的一批学者,其研究内容涉及一条鞭法、粮长制度、江南重赋、匠役军户等。从20世纪80年代到现在,由于资料、理论和方法的不断扩展,赋役史研究的广度和深度也不断提升。对此,已有学者进行了较为系统、全面的学术梳理。①现仅就明清时期的赋役制度,特别是和本书相关的田赋、徭役征派等研究成果进行一定的回顾和评述。

1. 国内学者的相关研究

关于明代赋役制度方面的研究:

(1) 明代赋役册籍的编纂问题。对此研究最深入的开拓者是著名的经济史学家梁方仲,20世纪30—50年代,梁方仲先后发表了《明代鱼鳞图册考》(《地政月刊》1933年第8期)、《明代的户帖》(《人文科学学报》1943年第1期)、《明代黄册考》(《岭南学报》1950年第2期)等文章,对明代田赋、征收册籍进行了较为全面的阐述,包括明代鱼鳞图册的内容、鱼鳞图册与黄册的关系等。并指出鱼鳞图册的始造时间可能在洪武二年(1369年)之前。明代户帖的源头则可追溯到唐宋,梁氏根据晚明方志、史籍中存留的几份户籍记录,详细考证了户籍规制、格式,指出自唐宋以来,户帖就是政府核实户口、编审赋役的工具。梁方仲还对明代黄册的由来、内容与格式、大造及其费用、造册人员及监造官员、后湖查册职官人员、后湖管册职官及晒册人役、库架与册数、清查及保管的费用、造册失实的刑罚等方面进行了系统且全面的考察。②

20世纪60年代,韦庆远《明代黄册制度》一书出版,这是全面论述明代黄册制度的第一本专著。该书利用历史文献史料和文书档案资料,详细探讨了明代黄册制度的具体内容、建立经过、在不同时期所起的作用,以及它最后败坏的过程、原因等,并将黄册制度与社会、经济、政治结合起来考察,联系军户世袭制度、匠户徭役制度、里甲制度、鱼鳞图册制度,分析了黄册制度与诸种制度之间的内在联系。③

20世纪90年代,随着徽州文书的整理出版,其间大量的黄册底籍和有关文书被挖掘出来,并引导明代黄册研究出现一场革新。1991年,王毓铨发表了《明朝田地赤契与赋役黄册》一文,以遗存至今的徽州土地买卖契约文书为例,阐述了田土买卖赤

---

① 陈明光、郑学檬:《中国古代赋役制度史研究的回顾与展望》,《历史研究》2001年第1期;李根蟠:《二十世纪的中国古代经济史研究》,《历史研究》1999年第3期;张建民、周荣:《明代财政史研究概要》,叶振鹏主编:《20世纪中国财政史研究概要》,湖南人民出版社2005年版;陈锋:《清代财政史研究概要》,叶振鹏主编:《20世纪中国财政史研究概要》,湖南人民出版社2005年版。

② 梁方仲:《梁方仲经济史论文集》,中华书局1989年版。

③ 韦庆远:《明代黄册制度》,中华书局1961年版。

契与赋役黄册的关系，以及买卖田地山塘必须呈送官府纳税的政治意义。①而这一时期具有代表性的成果无疑是栾成显《明代黄册研究》一书，该书利用不断发现的徽州文书中黄册档案文书等第一手资料，对明代黄册的本质、起源，黄册原本、黄册内容、里甲编排原则与图保划分，以及里甲应役方式与甲首户等相关问题进行了实证研究，解决了以往研究中存在的一些疑点。②这一时期，还出版了伍丹戈的《明代土地制度和赋役制度的发展》一书，该书对明代官田和民田的来源、科则、性质等，以及均田、均粮运动的发展与意义等进行了系统的阐释。③唐文基的《明代赋役制度史》一书，较为全面地考察与论述了明代赋役制度的演变，包括明初建立的户帖、黄册制度及里甲制度等。④近年来，申斌、黄忠鑫等还通过徽州文书，对明末的里甲役中编户不同的应对策略进行了研究，深化了相关领域的探索。⑤

（2）明代田赋的催征与徭役征派方面。梁方仲对这方面的研究成果依然突出，《明代田赋初制定额年代小考——明代田赋史札记之一》（《清华周刊》1933年第1期）认为明代赋税有定额的时间在元至正二十六年（1366年）到明洪武元年（1368年）十二月之间。《易知由单的起源》（天津《益世报·史学》1936年第43期）、《易知由单的研究》（《岭南学报》1951年第2期）两文对明清以来重要的田赋催征文书易知由单进行了系统的考察和研究，认为易知由单大约起源于明代，自明代嘉靖至清康熙中期为极盛期，其内容由最初的只开载夏秋两税，到后来合载徭役各项。

梁方仲在《田赋输纳的方式与道路远近的关系——一个史的考察》（天津《益世报·史学》1936年第20期）、《田赋史上起运存留的划分与道路远近的关系》（《人文科学学报》1942年第1期）两篇论文中，将西方经济学中的地租理论与中国田赋史的记载相结合，认为明代田赋征收中存在下列趋势：第一，起运重粮，多派于上等田地；存留轻粮，多派于下等田地。第二，起运多派于富户；存留多派于下户。第三，起运多用折色；存留则为本色。第四，蠲免田赋时，多只及存留，而不及起运。除此之外，明代粮长制度、一条鞭法则是梁方仲另外两个重要的研究领域，其研究细微深入，识见高远。梁方仲指出粮长制度是明代田赋制度中一个重要而特殊的部分，其目的是便于国家对田粮的征收，以民收民解来代替胥吏直接征收。而梁方仲对一条鞭法的实施背景、内容、特点、成效、作用等鞭辟入里的考察，全息透视了一条鞭法所经

---

① 王毓铨：《明朝田地赤契与赋役黄册》，《中国经济史研究》1991年第1期。
② 栾成显：《明代黄册研究》，中国社会科学出版社1998年版。
③ 伍丹戈：《明代土地制度和赋役制度的发展》，福建人民出版社1982年版。
④ 唐文基：《明代赋役制度史》，中国社会科学出版社1991年版。
⑤ 申斌、黄忠鑫：《明末的里甲役与编户应对策略——徽州文书〈崇祯十三年四月二十日杨福、杨寿立合同〉考释》，《中国社会经济史研究》2015年第3期。

历的一个长期而复杂的改革过程。①

（3）明代户籍类别与农民赋役负担问题。王毓铨先后对明代军屯、配户当差、户役等问题进行了研究。他在论述纳粮与当差关系时，认为中国古代的税粮就是一种封建义务，这种义务源于编户齐民对封建国家与君主的依附关系，因为"纳粮也是当差"。在有关军户的研究中，他也将军户视为一种差役。由于明代军户的军差繁重，因而军户在地方上的地位总是低于民户。②张金奎则对明代军户地位低下提出了不同的看法，并根据一手文献对明代卫所军户进行了系统且全面的研究。③而于志嘉以江西地区为切入点，对明清卫所、军户、军役诸层面的问题进行了深入探讨。④官绅阶层的赋役优免既关系到国家的财政收入，也影响到民众的纳税负担，一些学者对此展开了论述。如伍丹戈《明代徭役的优免》、张显清《明代官绅优免和庶民"中户"的徭役负担》、彭雨新《明清赋役改革与官绅地主阶层的逆流》等论文，都分析了官绅优免所带来的普通民众负担的加重，以及明清赋役改革进程中官绅优免特权的不断削弱等情形。⑤

（4）关于明代地区间赋役不平等及万历清丈诸问题的研究。鲍彦邦对明代江南重役——"北差白粮"进行了专门研究，包括明代白粮的来源、用途、特点、解运方式和过程及这项徭役的繁重程度和危害等，在一定程度上填补了有关白粮问题的研究空白。⑥明代江南重赋问题也是成果较为集中的领域。大家基本否定了"迁怒"之说，其原因可能是江南存在大量官田，以及自唐宋以来积累而成等。对明代北方的重役及江西、河南等地重赋问题亦有学者进行了研究。⑦而苗书梅、刘文文对明代袁州府"粮重"说进行了新的解读，并且最新的成果认为该地区的"粮重"并非事实，而更有可能

---

① 梁方仲：《明代粮长制度》，上海人民出版社2001年版；梁方仲：《一条鞭法》，《中国近代经济史研究集刊》1936年第1期；梁方仲：《释一条鞭法》，《中国社会经济史集刊》1944年第1期；梁方仲：《明代一条鞭法年表》，《岭南学报》1952年第1期。
② 王毓铨：《明代的军屯》，中华书局1965年版；王毓铨：《明朝徭役审编与土地》，《历史研究》1988年第1期；王毓铨：《明朝的配户当差制》，《中国史研究》1991年第1期。
③ 张金奎：《明代卫所军户研究》，线装书局2007年版。
④ 于志嘉：《卫所、军户与军役——以明清江西地区为中心的研究》，北京大学出版社2010年版。
⑤ 伍丹戈：《明代徭役的优免》，《中国社会经济史研究》1983年第3期；张显清：《明代官绅优免和庶民"中户"的徭役负担》，《历史研究》1986年第2期；彭雨新：《明清赋役改革与官绅地主阶层的逆流》，《中国经济史研究》1989年第1期。
⑥ 鲍彦邦：《明代白粮解运的方式与危害》，《暨南学报（哲学社会科学版）》1982年第3期。
⑦ 相关成果参见周良霄：《明代苏松地区的官田与重赋问题》，《历史研究》1957年第10期；林金树：《试论明代苏松二府的重赋问题》，中国社会科学院历史研究所明史研究室：《明史研究论丛》第1辑，江苏人民出版社1982年版；唐文基：《明代江南重赋问题和国有官田的私有化》，中国社会科学院历史研究所明史研究室：《明史研究论丛》第4辑，江苏古籍出版社1991年版；樊树志：《明代江南官田与重赋之面面观》，中国社会科学院历史研究所明史研究室：《明史研究论丛》第4辑，江苏古籍出版社1991年版；范金民：《江南重赋原因的探讨》，《中国农史》1995年第3期；范金民：《明清江南重赋问题述论》，《中国经济史研究》1996年第3期；杨学涯：《略论明代中后期北方地区的重役》，《河北师范大学学报（社会科学版）》1985年第2期；田培栋：《论明代北方五省的赋役负担》，《首都师范大学学报（社会科学版）》1995年第4期；林枫：《明代南昌、袁州、瑞州三府的官田重赋问题》，《中国社会经济史研究》1994年第2期；王兴亚：《明代河南怀庆府粮重考实》，《河南师范大学学报（哲学社会科学版）》1992年第4期。

是地方官绅面对不断增加的赋税压力的一种历史叙述与历史书写。①

此外，郑振满《明后期福建地方行政的演变——兼论明中叶的财政改革》一文，考察了明代后期福建的财政危机，探讨了地方政府职能的萎缩与基层社会的自治化过程，并对明中叶的财政改革进行了论述。董郁奎《试论明中叶的财政危机与浙江的赋税制度改革》一文，亦从解决财政危机的意义上考察了明中叶浙江的赋税改革。②程利英对明代北直隶的财政运作及其特点进行了制度的区域性分析。③关于张居正及其万历清丈的研究成果较多，其中张海瀛的《张居正改革与山西万历清丈研究》从《山西丈地简明文册》入手，对万历年间山西的田地清丈进行了概述和分区举要，并对山西亩额、税粮额、地亩与税粮管理系统，以及明代全国耕地面积进行了探讨，是万历清丈区域个案研究的力作。④

关于清代赋役制度方面的研究：

（1）关于清代田赋方面的研究。庄吉发《清世宗与赋役制度的改革》一书，对于摊丁入地的过程、耗羡归公的意义、清查钱粮亏空、养廉银的确立等诸多问题进行了梳理和阐释。⑤陈支平《清代赋役制度演变新探》一书，对于清初对明末加派的革除与沿袭、清代福建赋役失控对民间社会的影响、清代更名田及其赋役负担等问题进行了探析。嗣后，陈支平又在《民间文书与明清赋役史研究》一书中，根据各类民间赋役文献，对明代福建的赋役特点、徽州的赋役册籍与基层实态等相关问题展开了更为深入的探讨。⑥何平则在《清代赋税政策研究：1644—1840年》一书中，分析了清代定额化赋税制度及其缺陷、赋税日常调整与赋额变动趋势，以及赋税征收工具及其变迁等问题。⑦也有学者从法律层面对清代赋税法律制度进行系统研究，体现出跨学科的特征。⑧一般认为，一条鞭法是明代的事，其实清代一条鞭法才正式完成，对此袁良义在《清一条鞭法》一书中，对清代的田赋、差役、丁银等问题进行了独到的研究。⑨彭雨新利用中国社会科学院经济研究所藏档案材料，对清代的土地开垦进行了系统研究，其内容涉及人口与荒地的情况、赋税问题，以及封建政府为保证财政的收入根据不同

---

① 苗书梅、刘文文：《明代袁州府"粮重"说考论》，《中州学刊》2021年第4期。
② 郑振满：《明后期福建地方行政的演变——兼论明中叶的财政改革》，《中国史研究》1998年第1期；董郁奎：《试论明中叶的财政危机与浙江的赋税制度改革》，《浙江学刊》2000年第4期。
③ 程利英：《明代北直隶财政研究：以万历时期为中心》，中国社会科学出版社2009年版。
④ 张海瀛：《张居正改革与山西万历清丈研究》，山西人民出版社1993年版。
⑤ 庄吉发：《清世宗与赋役制度的改革》，学生书局1985年版。
⑥ 陈支平：《清代赋役制度演变新探》，厦门大学出版社1988年版；陈支平：《民间文书与明清赋役史研究》，黄山书社2004年版。
⑦ 何平：《清代赋税政策研究：1644—1840年》，故宫出版社2012年版。
⑧ 尚春霞：《清代赋税法律制度研究：1644年—1840年》，光明日报出版社2011年版。
⑨ 袁良义：《清一条鞭法》，北京大学出版社1995年版。

情况调整垦政等。①刘永华、郑榕通过解读闽南碑刻、族谱、笔记等资料，阐述了清初粮户归宗政策在东南地区推行的背景、缘起、过程与影响。②

（2）关于清代人丁编审的研究。在何炳棣有关人丁的研究传入中国之前，中国已有一些学者注意到了"丁"与"口"的区别。例如，郭松义《清初人口统计中的一些问题》一文中就试图用"以丁带口"来统计清前期的人口数额。陈锋在《也谈清初的人丁统计问题》中指出，清初的所谓"丁"已经不是单纯意义上的16—60岁的男丁，丁的含义是承纳丁银的人丁定额。随后高王凌、吴慧、陈桦、曹树基等先后发表相关论文论证"丁"的内在含义及其实质。③而系统性的研究则是薛理禹的《清代人丁研究》，该书在系统梳理前人研究的基础上，基本厘清了清代人丁编审与丁银征收在立法层面的制度演变，并认为"人丁"既不等同于成年男子，也不能笼统概括为"赋役单位"，其含义必须结合具体的语言环境与时代背景加以判断。④而潘喆、唐世儒在《获鹿县编审册初步研究》一文中，利用北京市档案局收藏的康熙四十五年（1706年）至乾隆三十六年（1771年）清代获鹿县户房档的数百本编审册实物，首次研究了编审册的内容、编造款式和作用，并据此研究了该县摊丁入地前后丁银的负担变化。⑤

（3）对于赋税征收过程及农民负担问题的研究。在赋税加征方面，陈支平对清初辽饷演变为九厘银的历史事实进行了考证，指出清初所谓革除明末"三饷"只是一种假象。陈锋则对顺治朝的军费支出与田赋预征进行了梳理，进而指出清初的轻徭薄赋徒有虚名，在当时战乱之际实际难以执行。⑥部分学者亦开始关注晚清田赋的加征问题。其中彭泽益在《19世纪50年代至70年代清朝财政危机和财政搜刮的加剧》一文中，具体分析了太平天国起义前后清王朝搜刮的方式包括推广捐例、举借内外债、滥发通货、增加赋税等。⑦赵思渊通过考察19世纪苏州地区的"大小户"问题所蕴含的意义，揭示出了税收负担不平等所导致的社会矛盾。⑧

---

① 彭雨新编著：《清代土地开垦史》，农业出版社1990年版。
② 刘永华、郑榕：《清初中国东南地区的粮户归宗改革——来自闽南的例证》，《中国经济史研究》2008年第4期。
③ 郭松义：《清初人口统计中的一些问题》，中国人民大学清史研究所：《清史研究集》第2辑，中国人民大学出版社1982年版；陈锋：《也谈清初的人丁统计问题》，平准学刊编辑委员会：《平准学刊》第5辑下，光明日报出版社1989年版；高王凌：《关于〈清代人口研究〉的几点质疑》，《中国社会科学》1982年第4期；吴慧：《清代人口的计量问题》，《中国社会经济史研究》1988年第1期；陈桦：《清代人丁编审制度初探》，中国人民大学清史研究所：《清史研究集》第6辑，光明日报出版社1988年版；曹树基、刘仁团：《清代前期"丁"的实质》，《中国史研究》2000年第4期。
④ 薛理禹：《清代人丁研究》，社会科学文献出版社2014年版。
⑤ 潘喆、唐世儒：《获鹿县编审册初步研究》，中国人民大学清史研究所：《清史研究集》第3辑，四川人民出版社1984年版。
⑥ 陈支平：《明末辽饷与清代九厘银沿革考实》，中华书局编辑部：《文史》第30辑，中华书局1988年版；陈锋：《顺治朝的军费支出与田赋预征》，《中国社会经济史研究》1992年第1期；陈锋：《清初"轻徭薄赋"政策考论》，《武汉大学学报（哲学社会科学版）》1999年第2期。
⑦ 彭泽益：《19世纪50年代至70年代清朝财政危机和财政搜刮的加剧》，《十九世纪后半期的中国财政与经济》，中国人民大学出版社2010年版。
⑧ 赵思渊：《十九世纪中叶苏州之"大小户"问题》，《史林》2012年第6期。

对于征税过程中相关环节和人物的研究，无疑深化了清代赋役制度史研究。魏光奇对清代前期的赋役催征机制进行了研究，包括顺庄催征、乡地催征、里甲催征和义图催征几种机制。林枫和陈支平对休宁县户粮推收过程进行了具体分析。林枫则阐述了清代徽州赋役户名私相授受的详情。①黄忠鑫对清代徽州的顺庄滚催法进行了深入探讨，指出该地主要是依托宗族聚落形态，以甲催、缮书等职役人员执行赋役催征。他还对徽州的里书更换与私册流转进行了深入研究，无疑深化了对这一问题的认识。舒满君、曹树基则以"胡六贵隐匿田粮案"为例，探讨了太平天国战后歙县的田赋征收机制，认为此时该地区的绅局（乡柜）成为基层田赋征收的关键场所。②胡恒对清代福建独特的县丞征收钱粮的方式进行了考察。周绍泉通过徽州文书，探讨了清初的粮长、里长和老人的角色及功能。周健则对清代后期田赋征收中的书差包征现象进行了研究。③胡铁球对于明清歇家群体的研究颇见功力，其对于歇家包揽钱粮等行径的研究具有重要的学术意义。④而瞿同祖《清代地方政府》、周保明《清代地方吏役制度研究》等著作，都涉及了征税过程中地方基层胥吏的地位和作用等研究。⑤

（4）赋役制度的区域性研究是深化赋役制度史研究的重要路径之一，并且已经取得了较多的成果。其中刘志伟的《在国家与社会之间——明清广东地区里甲赋役制度与乡村社会》一书，从王朝时期户籍赋役制度在广东地方社会的实施过程入手，尝试探索一种关于明清时期中国传统社会变迁和国家转型的解释路径。刘志伟认为，户籍制度是中国王朝时期国家统治与社会整合最重要的基础之一。明清时期的里甲制度由以人丁事产构成的家庭为核心衍变为以田地赋税为核心的户籍系统，建立在一条鞭法下财政白银化和赋税定额化基础上的这一深刻转变，同地方基层社会发生的变迁过程互动，从而确立了一种新的"国家—社会"体制。⑥吴滔、佐藤仁史则在《嘉定县事——14至20世纪初江南地域社会史研究》一书中，以赋役财政制度变迁为主线，通过对地方文献《折漕汇编》的研究，阐释了嘉定县的折布到折漕的复杂过程，并对水利徭役

---

① 魏光奇：《清代雍乾后的赋役催征机制》，《河北学刊》2012年第6期；林枫、陈支平：《论明末清初民间户粮推收之虚实——以休宁程氏〈置产簿〉为中心的分析》，《厦门大学学报（哲学社会科学版）》2004年第3期；林枫：《清代徽州赋役户名的私相授受》，《中国经济问题》2004年第5期。

② 黄忠鑫：《清代中叶徽州的顺庄滚催法探析》，《中国农史》2015年第1期；黄忠鑫：《明清时期徽州的里书更换与私册流转——基于民间赋役合同文书的考察》，《史学月刊》2015年第5期；舒满君、曹树基：《太平天国战后歙县的田赋征收机制——以"胡六贵隐匿田粮案"为例》，《近代史研究》2016年第3期。

③ 胡恒：《清代福建分征县丞与钱粮征收》，《中国社会经济史研究》2012年第2期；周绍泉：《徽州文书所见明末清初的粮长、里长和老人》，《中国史研究》1998年第1期；周健：《清代中后期田赋征收中的书差包征》，常建华主编：《中国社会历史评论》第13卷，天津古籍出版社2012年版。

④ 胡铁球：《明清歇家研究》，上海古籍出版社2015年版。

⑤ 瞿同祖：《清代地方政府》，范忠信、晏锋译，法律出版社2003年版；周保明：《清代地方吏役制度研究》，上海书店出版社2009年版。

⑥ 刘志伟：《在国家与社会之间——明清广东地区里甲赋役制度与乡村社会》，中国人民大学出版社2010年版。

"夫束"进行了探讨。①其他诸如徽州之外，王锐红根据存留于浙江遂安、徽州祁门的赋役册和实征册，观察户与其上的里甲、家庭与其下的丁口之间的关系变化，考察了浙皖丘陵地区赋役制度的整合。②

2. 国外学者的相关研究

美国学者对明清赋役制度研究的成果，首先不得不提及何炳棣在《明初以降人口及其相关问题：1368—1953》一书中的重要论点，即明清时期的"丁"是一种赋税单位，和当时的人口没有太多关联。这对于我们正确理解清代的人丁与赋役制度具有重要意义。而且何炳棣由"丁"的概念入手，重估明清人口规模，进而分析影响人口规模的各种因素，包括农作物的传播、人口的流动等，体现了由点及面、触类旁通的整体史研究视野。③与此同时，何炳棣先生对南宋至明清的土地数据的性质，包括折亩的理论与实际等也进行了充分研究，认为传统中国的土地数据并不代表真实的耕地面积，而只是纳税单位，与实际数据有很大差距。④黄仁宇则以《明实录》、明人奏疏笔记、地方志等史料为基础，对16世纪明代的财政与税收进行了详细的分析，提出了许多有价值的观点。⑤

以农业立国的传统中国，田赋在古代财政中起着关键作用。美籍华人王业键《清代田赋刍论（1750—1911年）》一书，对清代田赋的管理、地区差别、在财政上的重要性等问题进行了深入探讨，并对清末田赋制度的重构问题进行了初步摸索。⑥此外，陈兆鲲撰写了《清代中国的税收制度：1644—1911》（*The System of Taxation in China in the Tsing Dynasty，1644-1911*）一书，对清代中国政府机构、财政体系、土地税、盐税、厘金等赋税征收问题进行了系统的探讨。⑦

为了获得可靠的税源以便征收赋税、征派徭役，进行必要的土地清丈与地亩册籍的编纂无疑是重要的。萧公权在研究19世纪中国乡村控制体系之际，也关注到了里甲体系在税款摊派和登记中的角色和作用，并对里甲与黄册的编制和作用、乡绅与税收等问题进行了探讨。⑧在日本学者中，鹤见尚弘对明代鱼鳞图册和里甲制度进行了非常深刻的研究，包括里甲制度对农民的统治，畸零户的相关探讨，以及对长洲县、苏州

---

① 吴滔、〔日〕佐藤仁史：《嘉定县事——14至20世纪初江南地域社会史研究》，广东人民出版社2014年版。
② 王锐红：《从明末清初浙皖丘陵地区"户"的演变看赋役制度之整合》，《中国社会经济史研究》2003年第3期。
③ 〔美〕何炳棣：《明初以降人口及其相关问题：1368—1953》，葛剑雄译，生活·读书·新知三联书店2000年版。
④ 〔美〕何炳棣：《中国古今土地数字的考释和评价》，中国社会科学出版社1988年版。
⑤ 〔美〕黄仁宇：《十六世纪明代中国之财政税收》，阿风等译，生活·读书·新知三联书店2001年版。
⑥ 〔美〕王业键：《清代田赋刍论（1750—1911年）》，高风等译，人民出版社2008年版。
⑦ Shao-Kwan Chen. *The System of Taxation in China in the Tsing Dynasty，1644-1911*, Beijing: The Commercial Press, 2015.
⑧ 〔美〕萧公权：《中国乡村——论19世纪的帝国控制》，张皓、张升译，联经出版事业公司2014年版。

府鱼鳞图册的考察等。①此外，日本学者如西村元照的《关于清初的土地丈量》(《东洋史研究》1974年第3号)，分析了土地丈量活动中国家权力与地方乡绅势力之间的对抗关系。鹤见尚弘在《关于国立图书馆所藏康熙十五年丈量的长洲县的一本鱼鳞册》(《山崎论集》)、《关于清初苏州府的鱼鳞册的一点考察》等论文中，则通过现存鱼鳞图册分析了江南地区的土地所有制形态。而高嶋航的研究兴趣在清代册籍制度，在《实征册与征税》一文中，他通过分析日本藏的部分赋役文书，指出了实征册的实际样式与运作的地区差异性。②

近年来，对土地册籍的系统研究当属赵冈的《鱼鳞图册研究》。他对何炳棣否定鱼鳞图册的认识进行了批判，并给予鱼鳞图册以极高的评价，认为明清时期的鱼鳞图册是人类历史上（在信息时代来临之前）政府地籍管理最周详细致的档案记录。赵冈对鱼鳞图册的沿革、丈量技术与面积单位、从鱼鳞图册过渡到实征册与黄册、从地籍看地权分配、鱼鳞图册与永佃制的关系进行了系统且全面的阐述。③关于土地制度问题，日本学者用力甚勤。其中森正夫对明代江南的官田问题进行了详细的研究，包括江南官田的形成、存在形态、改革，以及江南地区税粮征收的变革等方面。④森田成满则从立法、司法及民俗等角度，对清代土地所有权问题及围绕其所发生的纠纷解决机制进行了详尽的考察和深入探讨。⑤

关于赋役制度及其变革方面的研究，美国学者曾小萍在《州县官的银两——18世纪中国的合理化财政改革》一书中，对雍正朝的财政改革，包括非正式经费体系、耗羡归公及其地方改革的多样性等问题进行了翔实的考证。⑥突出的成果还有川胜守《中国封建国家的统治结构——明清赋役制度史研究》（东京大学出版会1980年版）一书，作者以均田均役为线索，讨论了清代赋役制度的确立过程。藤田敬一《关于清初山东的赋役制》(《东洋史研究》1965年第2号)讨论了山东省实行地丁并征的过程。北村敬直《清代租税改革》(《社会经济史学》1950年第3、4号)是一篇较早系统研究租税改革的论文。

关于徭役方面的研究，系统成果有藤冈次郎《关于清朝徭役的一点考察》、《关于清代直隶省的徭役》(《北海道学艺大学纪要》第1部B13/14，1962/1963)等⑦。而系统阐述明代均徭问题、里甲制度与徭役负担、一条鞭法以后的徭役等问题的当属岩井

---

① 以上成果均见于〔日〕鹤见尚弘：《中国明清社会经济研究》，姜镇庆等译，学苑出版社1989年版。
② 〔日〕高嶋航：《实征册与征税》，《东方学报》第73册，京都大学人文科学研究所2001年版。
③ 〔美〕赵冈：《鱼鳞图册研究》，黄山书社2010年版。
④ 〔日〕森正夫：《明代江南土地制度研究》，伍跃、张学锋译，江苏人民出版社2014年版。
⑤ 〔日〕森田成满：《清代中国土地法研究》，牛杰译，法律出版社2012年版。
⑥ 〔美〕曾小萍：《州县官的银两——18世纪中国的合理化财政改革》，董建中译，中国人民大学出版社2005年版。
⑦ 参见〔日〕山根幸夫：《中国史研究入门》下册，田人隆、黄正建等译，社会科学文献出版社2000年版，第850页。

茂树。在对明清财政进行系统研究之后，他指出国家财政的"原额主义"造成地方官府财政经费不足，导致正额之外的附加性或追加性征收项目与数量日益膨胀，而不断增加的额外负担又不均衡地加于社会各阶层之上。他认为明清两代财政的特点就是僵化的正额部分与具有很强伸缩性的额外部分形成互补关系。①

清代财政税收过程中的包揽现象也引起了部分日本学者的关注，其中西村元照的《清初的包揽——私征体制的确立，由解禁发展到承包征税制》（《东洋史研究》1976年第3号）、山本英史的《清初的包揽问题》（《东洋学报》1977年第1、2号）和《绅衿对税粮的包揽与清廷的对策》（《东洋史研究》1990年第4号），分析了以歇家、胥吏、乡绅为代表的不同阶层承包纳税的情形。②美国学者杜赞奇通过"满铁"调查资料，将华北地区乡村的征收赋税和摊款的过程看作是一种经纪体制，并将这种经纪人分为营利型和保护型两种。③李怀印则通过获鹿县档案，对华北田赋征收活动的各个环节，包括村庄税收代理人（乡地）选任、乡地收税过程（包括垫税款和收回垫款）、乡地参与调查田契和征收契税、社书办理税粮推收和编造税册及调查黑地的情况，都一一进行了考察。④白凯则通过对1840—1950年长江下游地区的地租、赋税与农民的反抗斗争进行研究，分析了早期现代国家形成进程中的国家、社会关系。⑤韩国学者元廷植分析了华南宗族对清前期重大政治事件和赋役制度变化的应对策略。⑥

（二）20世纪80年代以来明清两湖社会经济史研究述评

自20世纪六七十年代开始，美国汉学界提出了"中国中心观"，反对以往的"欧洲中心论"，尝试进行中国的细部研究，从而使中国史研究领域中区域史、地方史研究开始盛行，特别是年轻一代学者，逐渐将研究的焦点从过去的"整体研究"转到地方史研究上来。包括施坚雅、黄宗智、罗威廉、濮德培、魏斐德、周锡瑞、韩书瑞等，都纷纷展开对中国不同区域的研究。⑦日本学者也在森正夫倡导的"地域社会论"的指引下，转向中国区域社会经济史研究。现就明清两湖地区的社会经济史研究，特别是和本书有关的赋役史研究，进行简要概述。

---

① 〔日〕岩井茂树：《中国近代财政史研究》，付勇译，社会科学文献出版社2011年版。
② 参见〔日〕山根幸夫：《中国史研究入门》下册，田人隆、黄正建等译，社会科学文献出版社2000年版，第853页。
③ 〔美〕杜赞奇：《文化、权力与国家——1900—1942年的华北农村》，王福明译，江苏人民出版社1994年版。
④ 〔美〕李怀印：《华北村治——晚清和民国时期的国家与乡村》，岁有生、王士皓译，中华书局2008年版。
⑤ 〔美〕白凯：《长江下游地区的地租、赋税与农民的反抗斗争：1840—1950》，林枫译，上海书店出版社2005年版。
⑥ 〔韩〕元廷植：《清中期福建宗族的征税对应和宗族发展》，《漳州师范学院学报（哲学社会科学版）》2008年第1期。
⑦ 详情参见王日根、肖丽红：《20世纪70年代以后的美国中国地方史研究》，《华中师范大学学报（人文社会科学版）》2010年第6期。

1. 明清两湖地区社会经济史研究概述

20世纪80年代以来，中国经济史研究方兴未艾，并由生产关系的讨论转入生产力的探究，对于素有"湖广熟，天下足"之美誉的两湖地区而言，农业生产及与其息息相关的农田水利建设自然成为学者们关注的焦点。据张家炎的统计，在20世纪八九十年代，学界发表的有关两湖地区社会经济史的论文多达百余篇，绝大部分集中于农业经济方面。① 概而言之，其中较为突出的成果包括张建民对以湘鄂赣为主体的长江流域农田水利的研究，内容涉及各地堤防、塘堰等灌溉设施的建设、组织管理及其围绕水资源利用展开的利益纷争等相关问题，以及对江汉—洞庭湖平原垸田农业开发的研究等。② 张家炎对明清时期江汉平原垸田开发、稻作农业生产与商品市场等问题进行了研究。③ 龚胜生对清代两湖地区人口与耕地类型、农作物种类及人地关系演变等农业地理的相关问题进行了研究。此外还有陈钧等对历史时期湖北农业开发的历史进程研究、梅莉等对两湖平原开发的专题研究、吴量恺对清代湖北租佃关系与小农经济等的研究④，以及张国雄对明清两湖地区垸田的相关研究⑤。谭天星则在《中国农史》先后发表多篇论文，对清代前期两湖地区水稻种植、粮食生产、农业经济与农村社会等诸多问题进行了系列研究。⑥

区域史研究在学术理路上更倾向于一种整体史的研究范式，因之，我们不难发现，两湖经济史研究其实从一开始就和区域社会、地理、文化等密不可分，尽管各有侧重。比如张国雄在广泛查阅两湖各地乡村文献的基础上，对"江西填湖广，湖广填四川"这一重要的移民问题进行了初步的研究，其著作包括明清两湖移民的原因、路

---

① 张家炎：《十年来两湖地区暨江汉平原明清经济史研究综述》，《中国史研究动态》1997年第1期。
② 彭雨新、张建民：《明清长江流域农业水利研究》，武汉大学出版社1993年版；张建民：《清代江汉—洞庭湖区堤垸农田的发展及其综合考察》，《中国农史》1987年第2期；张建民：《"湖广熟，天下足"述论——兼及明清时期长江沿岸的米粮流通》，《中国农史》1987年第4期；张建民：《洞庭湖区农业发展论略》，《经济评论》1997年第3期。
③ 张家炎：《明清江汉平原的农业开发对商人活动和市镇发展的影响》，《中国农史》1995年第4期；张家炎：《清代江汉平原垸田农业经济特性分析》，《中国史研究》2001年第1期。后来张家炎在美国加利福尼亚大学戴维斯分校师从黄宗智攻读博士学位，其博士学位论文也是对清代至民国时期江汉平原农业发展、环境演变与农民行为的相关研究。参见 Zhang Jiayan. *Environmental Change, Economic Growth and Peasant Behavior: The Agrarian History of the JiangHan Plain, 1644-1949*, PhD. Dissertation of University of California, 2004.
④ 龚胜生：《清代两湖农业地理》，华中师范大学出版社1996年版；陈钧、张元俊、方辉亚主编：《湖北农业开发史》，中国文史出版社1992年版；梅莉、张国雄、晏昌贵：《两湖平原开发探源》，江西教育出版社1995年版；吴量恺主编：《清代湖北农业经济研究》，华中理工大学出版社1995年版。
⑤ 张国雄：《清代江汉平原水旱灾害的变化与垸田生产的关系》，《中国农史》1990年第3期；张国雄：《"湖广熟，天下足"的内外条件分析》，《中国农史》1994年第3期；张国雄：《明清时期两湖外运粮食之过程、结构、地位考察——"湖广熟，天下足"研究之二》，《中国农史》1993年第3期。
⑥ 谭天星：《乾隆时期湖南关于推广双季稻的一场大论战》，《中国农史》1986年第4期；谭天星：《清前期两湖地区粮食产量问题探讨》，《中国农史》1987年第3期；谭天星：《清前期两湖地区农业经济发展的原因及其影响》，《中国农史》1990年第1期；谭天星：《清前期两湖农村的租佃关系与民风》，《中国农史》1992年第3期。

线、分布，以及移民与经济开发、环境变迁的关系等相关问题。①方志远则以长江中游湘鄂赣三省之间的人口流动为切入点，对毗邻的三省之间的市镇经济与商品流通等跨省域现象进行了研究。②韩国学者田炯权则从《辰州府义田总记》等史料出发，分析了义田所包含的租佃关系，对当地的生产力和生产关系进行了探讨。林济则以鄂东黄冈地区为中心，对当地独特的"村户宗族"结构的形成背景和原因进行了分析，并从长时段、宏观视野出发，分析了近代以来的文化冲击、乡村革命与宗族社会变迁等问题。与此同时，张伟然从区域文化地理的视野出发，先后对历史时期湖南、湖北的方言、民俗、宗教等区域文化现象进行了剖析。③

进入 21 世纪，随着社会史的兴起，以及"眼光向下""面向基层"思想的普及，史学研究的"地方化"倾向更为明晰，两湖区域史研究也迎来了蓬勃发展时期，其成果大量出版。既有区域历史地理方面的研究，如鲁西奇对汉水流域的系列研究，包括历史时期地理环境与聚落形态、河道变迁与堤防建设、城市形态与空间结构等系列研究；晏昌贵对鄂西丹江口水库人口发展、聚落形态与经济开发的区域地理研究等。也有更加深入的社会经济与生态环境方面的研究，如尹玲玲对两湖平原环境变迁与社会应对的研究；张建民对明清时期秦岭—大巴山区的资源开发和环境问题的研究等。④此外，黄永豪对 20 世纪初湖南地区的米谷贸易与货币体系进行了研究，探讨了湖南经济衰退的机制。陈瑶对清代湘潭地区的米谷贸易所带来的地方社会结构的演变进行了探讨。郭玉峰以湖南湘潭曾氏、胡氏和长沙王氏为中心，探讨了明清以来湖南地区家族人口的未婚状况等。⑤这些论著都建立在地方档案和民间文献的基础上。

同时，一批学者展开了对明清两湖地区基层社会史的研究，其中陈锋主持的教育部哲学社会科学重大课题攻关项目"15 至 20 世纪长江流域经济、社会与文化变迁书系"出版的系列丛书，既有长江流域社会经济与文化总体性研究成果集⑥，也有从不同

---

① 张国雄：《明清时期的两湖移民》，陕西人民教育出版社 1995 年版。
② 方志远：《明清湘鄂赣地区的人口流动与城乡商品经济》，人民出版社 2001 年版。
③〔韩〕田炯权：《中国近代社会经济史研究——义田地主和生产关系》，中国社会科学出版社 1997 年版；林济：《长江中游宗族社会及其变迁：黄州个案研究（明清—1949 年）》，中国社会科学出版社 1999 年版；张伟然：《湖南历史文化地理研究》，复旦大学出版社 1995 年版；张伟然：《湖北历史文化地理研究》，湖北教育出版社 2000 年版。
④ 鲁西奇：《区域历史地理研究：对象与方法——汉水流域的个案考察》，广西人民出版社 2000 年版；鲁西奇、潘晟：《汉水中下游河道变迁与堤防》，武汉大学出版社 2004 年版；鲁西奇：《城墙内外：古代汉水流域城市的形态与空间结构》，中华书局 2011 年版；晏昌贵：《丹江口水库区域历史地理研究》，科学出版社 2007 年版；尹玲玲：《明清两湖平原的环境变迁与社会应对》，上海人民出版社 2008 年版；张建民：《明清长江流域山区资源开发与环境演变——以秦岭—大巴山区为中心》，武汉大学出版社 2007 年版。
⑤ 黄永豪：《米谷贸易与货币体制：20 世纪初年湖南的经济衰颓》，广西师范大学出版社 2012 年版；陈瑶：《籴粜之局：清代湘潭的米谷贸易与地方社会》，厦门大学出版社 2017 年版；郭玉峰：《明清以来湖南地区家族人口未婚状况的考察（1413—1949）——以湘乡曾氏、胡氏和长沙王氏为中心》，常建华主编：《中国社会历史评论》第 9 卷，天津古籍出版社 2008 年版。
⑥ 陈锋主编：《明清以来长江流域社会发展史论》，武汉大学出版社 2006 年版。

专题展开的各项研究。目前已经出版的著作涉及如下方面：任放对长江中游市镇经济的研究、笔者对明清两湖乡村基层组织的研究、周荣对慈善事业与两湖基层社会的研究、王美英对明清长江中游地区风俗的研究、徐斌对鄂东宗族与地方社会的研究等。①

此外，一些专题性研究也逐渐兴起，包括对两湖水上社会的关注。其中尹玲玲对长江中游地区渔业经济进行了系统研究。张建民、徐斌等对明清时期两湖地区的渔业、鱼课与鱼贡进行了系列研究。②此外，杨国安、徐斌对边缘群体——江湖盗的研究、陈瑶对湖南河道社会的研究等，都无疑极大拓展了两湖地区基层社会的研究。③

太平天国起义之后，随着湘军的崛起，湖南人才辈出，在晚清以降的中国历史上的地位和影响可谓如日中天，故而湖南晚清史研究也成为学界的热点。其中主要有刘泱泱对湖南近代社会经济变迁的研究，丁平一和尹飞舟对晚清湖南维新运动的研究，王继平对湘军崛起的社会背景及其对晚清湖南地方社会的影响等方面的研究，彭先国对湖南近代哥老会、天地会等秘密会社的研究，以及许顺富和阳信生对晚清湖南士绅阶层的研究等。④

国外学者对两湖地区研究较著名者，一为美国学者罗威廉，他对汉口城市史的研究和对麻城农民运动的研究，都具有里程碑意义。其关于晚清汉口研究的两本专著：《汉口：一个中国城市的商业和社会（1796—1889）》《汉口：一个中国城市的冲突和社区（1796—1895）》，业已翻译成中文，是学界较早从"市民社会"与"公共领域"的角度来探讨城市社会的著作，尽管受到一些质疑，但对后来学者还是有相当的启迪作用。此外，罗威廉还从城市史研究转入乡村史研究，从区域地理与社会生态环境出发，对以麻城为中心的大别山区，从明末清初的地方动乱到后来的农民革命，对几百年的地方革命传统进行了重新阐释，认为当地的地理环境和崇尚暴力的文化习俗是重

---

① 任放：《明清长江中游市镇经济研究》，武汉大学出版社2003年版；杨国安：《明清两湖地区基层组织与乡村社会研究》，武汉大学出版社2004年版；周荣：《明清社会保障制度与两湖基层社会》，武汉大学出版社2006年版；王美英：《明清长江中游地区的风俗与社会变迁》，武汉大学出版社2007年版；徐斌：《明清鄂东宗族与地方社会》，武汉大学出版社2010年版。

② 尹玲玲：《明清长江中下游渔业经济研究》，齐鲁书社2004年版；张建民：《明代湖北的鱼贡鱼课与渔业》，《江汉论坛》1998年第5期；徐斌：《明代河泊所的变迁与渔户管理——以湖广地区为中心》，《江汉论坛》2008年第12期。

③ 杨国安、徐斌：《江湖盗、水保甲与明清两湖水上社会控制》，《明代研究》2011年第17期；陈瑶：《明清湘江河道社会管理制度及其演变》，《中国经济史研究》2016年第1期；陈瑶：《清代湖南涟水河运与船户宗族》，《中国经济史研究》2017年第4期。

④ 刘泱泱：《近代湖南社会变迁》，湖南人民出版社1998年版；丁平一：《湖湘文化传统与湖南维新运动》，湖南人民出版社1998年版；尹飞舟：《湖南维新运动研究》，湖南教育出版社1999年版；王继平：《湘军集团与晚清湖南》，中国社会科学出版社2002年版；彭先国：《湖南近代秘密社会研究》，岳麓书社2001年版；许顺富：《湖南绅士与晚清政治变迁》，湖南人民出版社2004年版；阳信生：《湖南近代绅士阶层研究》，岳麓书社2010年版。

要的原因。①

另一位美国学者周锡瑞,在《改良与革命:辛亥革命在两湖》一书中,并不是仅就辛亥革命本身来进行研究,而是将辛亥革命这一重大政治事件放在两湖地区社会发展的脉络中去考察,探究其发生和地区背景,以及失败的深层原因,此书亦有中译本②。从区域史的视野来研究具有全国性意义的政治事件,这一做法值得我们学习,与法国大革命研究相比,辛亥革命的研究还显得不够充分和深入。法国大革命研究从宏观的政治、军事、经济、文化,到微观的革命时代的日常生活与爱情,革命书籍的传播与阅读等,成果可谓汗牛充栋,方法也是推陈出新。

还有一位研究清代湖南农业的学者,那就是耶鲁大学历史系教授濮德培。濮德培在20世纪90年代,有感于欧美学者多将研究的目光集中于华北、江南等区域,而忽视了长江中游的农村社会研究,便将研究视角转向了清代的湖南,其专著《地力耗尽:湖南的国家与农民(1500—1850)》一书,以清代湖南为中心,通过长时段地考察官府政策在一个特定区域的推行过程,揭示出国家制度的实施与地方社会反应之间的互动关系。在濮德培看来,清初国家政策对湖南地方经济产生了有效的影响,使人口大量移入湖南,土地垦殖迅速扩展,农产品产量大幅度增加,湖南一跃成为清代粮食主要输出地区,商业化程度也大幅度提升。但是随着人口压力的增大,人地关系紧张,生态环境恶化,在水利工程、土地与赋税等领域,引发了一系列的社会冲突,地方官员尽管意识到了此种危机,但国家对经济的影响力变得十分微弱,以至无力改变这种趋势,最终导致19世纪湖南地方动乱的发生。③

2. 明清两湖地区赋役史研究述评

近年来,越来越多的学者开始将制度变迁与地方社会相结合,注重制度的实施过程和区域性差异。而古代国家与社会治理的关键环节就在于"刑名"与"钱粮","刑名"涉及地方社会控制与秩序问题,"钱粮"则涉及赋役征收等方面。现将已有的涉及两湖地区财政赋税史的相关成果概述为如下几个方面:

(1)漕运方面。根据已有学者对此前两湖漕政研究现状的简要综述可知④,其重点主要集中于咸丰年间漕粮改折减赋诸方面。其中较早的是夏鼐于1935年对太平天国前

---

① 〔美〕罗威廉:《汉口:一个中国城市的商业和社会(1796—1889)》,江溶、鲁西奇译,中国人民大学出版社2005年版;〔美〕罗威廉:《汉口:一个中国城市的冲突和社区(1796—1895)》,鲁西奇、罗杜芳译,中国人民大学出版社2008年版;William T. Rowe. *Crimson Rain: Seven Centuries of Violence in a Chinese County*, Stanford: Stanford University Press, 2006, 该书亦被翻译成中文版,即〔美〕罗威廉:《红雨:一个中国县域七个世纪的暴力史》,李里峰等译,中国人民大学出版社2014年版。

② 〔美〕周锡瑞:《改良与革命:辛亥革命在两湖》,杨慎之译,江苏人民出版社2007年版。

③ Peter C. Perdue. *Exhausting the Earth: State and Peasant in Hunan, 1500-1850*, Cambridge: Harvard University Press, 1987.

④ 洪均:《近七十年晚清两湖漕政研究综述》,陈锋主编:《中国经济与社会史评论(2011年卷)》,中国社会科学出版社2012年版。

后长江各省田赋问题的研究,作者阐述了包括湖北、湖南在内的长江流域六省地丁、漕粮征收中的弊端,并对曾国藩、胡林翼、左宗棠、李鸿章等人咸同年间改折减赋的措施与绩效进行了详尽的考证,指出清政府减赋的实质在于减浮收而非减正赋,此观点对于后来的研究具有重要指导意义。①嗣后彭泽益对骆秉章在湖南整顿财政的诸多举措进行了研究,认为湖南在咸丰年间采取绅民自订章程,然后禀明藩司立案,经巡抚批准的方法。这种方法因时制宜,使百姓的负担得到减轻。②戴鞍钢也对晚清湖北漕政弊端、胡林翼整顿湖北漕政及其后种种漕弊进行了概述。③

随着社会史的兴起,一些学者也开始将两湖漕运与社会变迁联系在一起进行研究。其中吴琦对清代湖广漕运与社会研究用力颇勤,他对清代湖广漕运的特点进行了概述,认为它具有机构健全,组织严密,职司具体完备,但漕额波动无常等特点。吴琦还从社会史的视角,探讨了清代湖广漕运既维系社会的基本秩序,又因与商品经济领域不断发生相互关系而在一定程度上瓦解了王朝秩序的双重效应。④晏爱红通过文献对比,对咸丰五年(1855年)湖南的钱漕改章之"湘潭章程"进行了探讨,指出其不仅是裁革浮收,更重要的意义在于自下而上突破了"不加赋"的思想禁锢。⑤

(2)里甲赋役方面。在明代不同史料记载中,明代湖广布政司的田额或作220余万顷⑥,或作20余万顷,两者差距多达10倍。龚胜生经过考证认为应为20余万顷。当然这一数字与实际耕地面积存在较大差距,所以万历清丈之时,湖广耕地达到了95万顷左右。⑦盛承以湖北黄陂县为例,分析了王府庄田到更名田的演变过程,以及由此引发的赋税变迁。⑧鲁西奇、徐斌将明清时期的里甲制度置于特定的地区社会经济发展历程中,运用地方志、档案与族谱资料,结合田野考察的认识,初步梳理了明清江汉平原诸州县(汉阳、汉川、沔阳、潜江、天门、监利等)里甲制度的实施及其变革情况,为厘清里甲制度在各地区的实施与变革提供了一个区域性的实证基础。他们指出,明初里甲制度除了州县黄册系统外,还可能包括针对河湖水域及居住于其间的渔户而设计的河泊所"业甲"系统。随着垸田的开发,客民与渔户也参与其中进行围湖垦田,并仍然以缴纳鱼课(湖米、渔粮)来实现自己的利益最大化。而官府则通过"清田"来控制这些垸民,并且在推行以按田编粮为中心的赋役改革的过程中,"垸"成为赋役

---

① 夏鼐:《太平天国前后长江各省之田赋问题》,《清华学报》1935年第2期。
② 彭泽益:《太平天国战争期间湖南之财政——骆秉章与咸丰朝湖南之财政》,《财政学报》1943年第2期。
③ 戴鞍钢:《晚清湖北漕政述略》,《江汉论坛》1988年第10期。
④ 吴琦:《清代湖广漕运特点举述》,《中国农史》1989年第3期;吴琦:《清代湖广漕运与商品流通》,《华中师范大学学报(哲学社会科学版)》1989年第1期;吴琦:《清代湖广漕运的社会功能》,《中国经济史研究》1993年第4期。
⑤ 晏爱红:《清咸丰五年"湘潭章程"考析》,《厦门大学学报(哲学社会科学版)》2010年第4期。
⑥ 1顷等于6.666 7公顷。
⑦ 龚胜生:《明代湖广布政司田亩考实》,《中国农史》1992年第3期。
⑧ 盛承:《从王府庄田到更名田:明清州县赋税演变新探——基于黄陂县的分析》,《中国社会经济史研究》2016年第3期。

征收的基本地域单元。①

赤历册是明清时期河泊所对所属渔户业甲的编排、具体办课水域及承担的课额等内容进行记录的征税册籍，功能类似于里甲系统中的黄册。徐斌从家谱、档案等资料中挖掘相关记载，对河泊所赤历册的内容和性质、攒造、演变及其与鱼课征收的关系等进行了系统的研究，从而推进了相关领域讨论的深入。②鲁西奇还就湖北省潜江市档案馆收藏的《太和乡实征底册》展开了初步研究，包括实征册的出现、使用及其推收等，这方面的研究具有创新性，对本书的写作也具有重要的借鉴意义。③

此外，梅莉和蔡泰彬先后对明清武当山的香税征收、管理与运用进行了较为详细的研究。他们指出，香税为明清政府向香客和庙宇科征的税种，其目的是弥补整修宫观及支应地方及中央财政的需要。武当山香税每年约有白银4000两，其管理在明代由提督太监委派玉虚宫等与均州千户所千户监管，到清代则由下荆南道管理。这些香税主要用于修理宫观、山场岁用香烛、布匹、官军折俸、地方赈济、补兴王府禄米、济助军饷等。④此外，江晓成对清雍正年间两湖地区的财政亏空及其清查活动进行了一定的探讨。⑤吴滔对湖南永明县的"四大民瑶"在卫所与州县之间转换的策略进行了研究，并且考察了赋役与地域社会的相互影响。⑥

（3）赋役纠纷方面。笔者对两湖地区明代主户与客户之间围绕着赋役不均的问题，基层赋税征收人员之册书与基层赋税征收及其包揽的形成等问题，以及清康熙年间两湖土地清丈与地籍编纂等问题，进行了初步的探讨。以上问题在本书中将有更为充分的研究，故在此不赘述。⑦而徐斌以蕲州、黄州二卫为中心，考察了明清时期卫所军户的演变，以及在其家族成立过程中军役负担所起到的重要作用，认为沉重的军役负担在一定程度上促进了卫所军户家族的形成与发展。⑧孟凡松则以明清湘鄂西地区为中心，考察了赋役制度与政区边界之间的互动关系，指出在解决田土纠纷、赋役规避的过程中，州县政区确定了它在省级以下行政管理体系中的主体地位。⑨

---

① 鲁西奇、徐斌：《明清时期江汉平原里甲制度的实行及其变革》，《"中央研究院"历史语言研究所集刊》2013年第84本第1分册。
② 徐斌：《明清河泊所赤历册研究——以湖北地区为中心》，《中国农史》2011年第2期。
③ 鲁西奇：《中国古代乡里制度研究》，北京大学出版社2021年版。
④ 梅莉：《略论明代武当山香税的征收与管理》，《现代财经》2005年第12期；蔡泰彬：《泰山与太和山的香税征收、管理与运用》，《台大文史哲学报》2011年第74期。
⑤ 江晓成：《清雍正朝两湖地区的财政亏空及其清查》，《石家庄学院学报》2012年第1期。
⑥ 吴滔：《县所两相报纳：湖南永明县"四大民瑶"的生存策略》，《历史研究》2014年第5期。
⑦ 杨国安：《主客之间：明代两湖地区土著与流寓的矛盾与冲突》，《中国农史》2004年第1期；杨国安：《册书与明清以来两湖乡村基层赋税征收》，《中国经济史研究》2005年第3期；杨国安：《清代康熙年间两湖地区的土地清丈与地籍编纂》，《中国史研究》2011年第4期。
⑧ 徐斌：《明清军役负担与卫军家族的成立——以鄂东地区为中心》，《华中师范大学学报（人文社会科学版）》2009年第2期。
⑨ 孟凡松：《赋役制度与政区边界——基于明清湘鄂西地区的考察》，《中国历史地理论丛》2012年第2辑。

道光年间的崇阳钟人杰抗粮暴动是清代两湖地区最大规模的抗税事件，因而也引起了学界的广泛关注。傅衣凌先生早在 1943 年就发表了《太平天国时代的全国抗粮潮》，其中涉及两湖地区的崇阳钟人杰、耒阳杨大鹏等地方士绅因反对浮收而爆发的抗粮斗争。①随后罗丽达通过对"钟九闹漕"这一事件的起因、发展、结局的详细考证，认为该事件是生监士绅集团与官府下层胥役书吏之间的冲突。②张小也则从法制史、历史人类学的角度出发，重新审视了钟人杰抗粮暴动及其漕讼问题。她采用了田野调查资料，将口述史资料与文献史料进行对照，分析"钟九闹漕"事件中体现出的国家与区域社会、传统社会中人们的行为和角色、历史记忆与历史真实等问题。同时，又将此事件置于法制史的视角来透视清代国家与社会的关系。③循此逻辑，邓建新也以"钟九闹漕"事件为中心，运用话语分析的方法阐释了该事件所蕴含的话语体系及其政治文化变迁。④吴琦、肖丽红则以道光年间发生在湖南醴陵的匡光文控漕事件为切入点，分析了漕粮征收过程中官、吏、民的利益纠葛和角色互动。⑤

概言之，经过史学界几十年的努力，两湖区域史研究已经具有一定的学术积淀，特别是在农业经济与农田水利方面成绩斐然，有关城镇与基层社会史方面的研究也渐次展开。当然相对于江南、华南、华北区域史研究而言，还存在一定的不足。

首先，在史料挖掘方面，在既有官方政书等文献的基础上，需要加大对于民间文献的搜集、整理和综合研究。史料是史学的基础，傅斯年曾经指出："凡一种学问能扩张他所研究的材料便进步，不能的便退步。"⑥关于乡村基层赋税征收的史料非常零散，既不系统，也不全面，需要我们下力气和花时间去挖掘、搜集整理大量散布于各地的地方档案、民间赋役文书、账簿、契约、碑刻等史料，这些史料对于深化和拓展赋役制度史，特别是基层赋役制度史研究具有重要意义。

其次，在研究视野和方法上，如何解读官方与民间文献也需要进一步摸索。比如各类实征册籍和赋役文书等，上面可能只有人名、钱粮数目等简单的信息，如何寻找这些信息背后的社会关系网络及地方历史发展脉络等，都需要我们另辟蹊径。再如两湖大量的族谱，除了解读文本之外，还需要了解族谱产生的过程，以及族谱所涉及族群的生存场景。比如两湖宗族具有村户特征，则进入村落，从祖祖辈辈居住和生产的

---

① 傅衣凌：《太平天国时代的全国抗粮潮》，《财政知识》1943 年第 3 期；傅衣凌：《明清社会经济史论文集》，人民出版社 1982 年版。
② 罗丽达：《道光年间的崇阳抗粮暴动》，《清史研究》1992 年第 2 期。
③ 张小也：《史料·方法·理论：历史人类学视角下的"钟九闹漕"》，《河北学刊》2004 年第 6 期；张小也：《社会冲突中的官、民与法——以"钟九闹漕"事件为中心》，《江汉论坛》2006 年第 4 期。
④ 邓建新：《钟九闹漕：变化社会中的政治文化叙事》，北京师范大学出版社 2010 年版。
⑤ 吴琦、肖丽红：《漕控与清代地方社会秩序——以匡光文控漕事件为中心的考察》，《华中师范大学学报（人文社会科学版）》2009 年第 2 期。
⑥ 傅斯年：《历史语言研究所工作之旨趣》，《傅斯年全集》第 3 卷，湖南教育出版社 2003 年版，第 6 页。

村落内部空间，去研究宗族组织在地方社会所具有的实践意义，必将成为推进宗族史研究的必经之路。同时，对于更为广泛的民间社会组织和基层制度的运作实态，相关研究也需要进一步深化。

最后，在研究的广度和深度上，需要整体综合研究与专题研究相结合、国家与区域社会相结合、文本制度与实践活动相结合。政策的制定是一回事，政策的执行是另外一回事。官僚机制的作用与功能，直接影响到政策的执行效果。因此，县以下财政赋税制度的具体运行实态，是非常重要的研究领域。它既关乎国家财政收支和国家治理能力，也关乎百姓的日常生产和生活。因此，研究基层赋税征收实态，也是我们认识国家制度与社会基层之间关系的重要途径。

三、研究思路、分析框架及创新点

（一）史料与方法：民间文献与田野考察

首先，将国家制度史与基层社会史相结合，注重制度的"地方化"过程。在此前学者利用传世文献关注国家制度的基础上，本书把重点放在非官方的民间赋役文书（碑刻、族谱、契约、纳税凭证、实征册籍等）的发掘、整理与运用方面，并将两种资料（官方与民间的、中央与地方的）结合起来，以期揭示国家制度在基层社会的实践过程。

注重制度的实践，其原因在于，任何一项政策或制度的制定与实施都是有差距的，并非王朝颁布某项制度，地方就完全遵照执行，天下因此安定有序。实际情况很可能是，由于中央与地方不同的利益考虑，在政策的执行过程中存在一定程度的变异。而且，由于古代中国幅员辽阔，各地区社会经济发展水平和层次非常不平衡，统一的国家制度在不同区域的推行过程中，必定有一个"地方化"过程。此外，传统国家介入基层社会生活的程度相对较轻，国家机构主要是通过赋税制度来影响社会经济。因此，研究基层赋税征收，有助于我们从平民百姓的视角来理解民众如何利用各种生存策略来获取自身的生存空间，并决定自己的行为选择与国家制度之间的互动关系。

其次，将经济史与社会史相结合，进行区域性整体史的综合研究。赋役既是经济问题，更是政治、社会问题。本书不囿于制度本身，而是注重赋役制度变革与政治、经济、社会变迁的关联。本书将选择某些典型性的县或乡，探讨县乡范围内农民手中的税粮以何种标准，通过何种方式，交到官府那里，以及不同的钱粮征收模式对于官府治理、乡民生计具有何种影响，由此获得对赋役制度史与区域社会史的整体性认识。

对于传统税收制度史的研究，必须落实到具体的时间和空间之中，落实到具体的社会群体之中，才能得到具体的彰显。对赋税征收不同环节、不同场景进行深入细致的分析研究，以社会人类学的"深描"方式，以"同情之了解"的方法增进认识。而就研究的可操作性而言，唯有区域的个案研究才可以实现跨学科、整体的综合性研究，才可以体现冰冷枯燥的制度与数字之下活生生的"人"的生命历程。制度是"人"来制定的，并对"人"产生深远的影响，通过一些区域个案的综合性研究，我们能够看到某一制度或政策出台之前不同利益群体之间的纠葛和斗争，由此可以窥见制度之下底层民众的活动、思考和应对机制。

最后，走向"田野"，将文献解读与实地考察相结合。来自基层的各种非官方的民间赋役文书，其内涵存在于传承和保存它们的村社群体中，见之于它们被使用的社会功能中。对它们的解释，涉及对整个乡土社会的认识与理解。这就需要学习、吸纳人类学和民俗学方法，走向田野，将民间文献放入文本产生的自然与社会环境中，以"了解之同情"的态度去理解、阐释这些民间文献。

所有的财政赋税史资料——无论是民间的还是涉及官方的，都应当被理解为各种势力彼此互动的结果。在这种理解下，才有可能把基层社会赋役史料放到更广阔的区域历史背景与"活"的文化中加以实地考察。只有将这两种文献（官方的与民间的、上层社会的与下层社会的）与两种研究理路结合起来，才能获得对明清赋役制度史与明清社会经济史的完整理解。

（二）结构与内容：分析框架与主要观点

本书总体分析框架是以明清两湖地区基层赋税制度史为线索，着力探讨各类赋税征收政策的制定、实施过程与基层社会运行实态。而且力图摆脱就税收谈税收，不是仅仅关注若干制度条文和若干纳税数字，而是从"人与社会"的角度考察相关赋役制度下"人"的活动和生存策略。

1. 分析框架与主要内容

本书除绪论、结语外，主要内容为七章，按照内容大体可以分为三个主要部分：赋税征收的依凭、赋税征收的过程、赋税征收所引发的各类社会矛盾和纠纷。这三个部分遵循明清赋役制度的发展与演变过程，构成一个具有内在逻辑体系的整体性综合研究。

（1）基层社会实际征收册籍之研究——各种"实征册籍"的内容、编造样式和功用。明清以来，作为政府征派赋役重要依据的赋役黄册，或因袭舞弊，或毁于兵燹，大多严重失实或散佚，官府逐渐失去对基层税源的有效管控。于是征税的对象逐渐由以"人户"为主的赋役黄册，转变为以"田亩"为中心的鱼鳞图册，即地籍册。因为相对于容易逃离的人户而言，土地易于掌控，而且到了明末清初，里甲的编排也转向以税粮为中心，而不是以人户为中心。

随着里甲赋役系统的嬗变，一方面朝廷通过"定额化"来确保财政收入的稳定；另一方面通过土地清丈的方式，尽可能重新编纂地籍册，以便及时跟踪田亩的实际占有情形。如果说明末张居正的万历清丈还带有全国性的政策安排性质，那么到了清初，则基本演变为不同地方官应对地方特殊情形而进行局部的土地清丈和地籍编纂。就两湖地区而言，由于江汉—洞庭湖平原频繁的水患，田地或淤积或崩塌，容易出现有田无粮或有粮无田的局面，土地清丈就成为改变田亩占有及赋税不均的重要手段和措施。就官府征税的角度而言，地方州县官员不得不依赖通过丈量而编纂的各种实征册籍，甚至有的地方官不得不仰赖于胥吏与里书所藏之"私册"来完成赋税征收。两湖地区实际征收过程中使用的册籍包括"白册""廒经""蓝花册籍""丈量册""归户册""实征底册"等，不一而足。对这些多未见于官府和正史中的"私册"研究，无疑将极大丰富明清赋役制度的不同面相。

（2）普通民众纳税应役具体过程之研究——服役方式、税收工具、征收方法和缴税场景。古代的纳税应役是活生生的社会行为，牵涉基层社会的千家万户。本书将充分揭示明清两湖乡村实际征收赋税的诸多环节之细部，包括纳税通知的发放、税户的输纳过程、起征与完纳的期限、完税凭证的给付、收税工具的使用、缴税地点的分布等。这些纳税方式的背后，既与国家的相关规定和制度有关，同时也受限于不同的地形地貌、空间位置及经济结构等诸多地方性因素。所以在统一的制度规定下，又会出现一些变通之处。

同时，纳税过程中涉及诸多环节和诸多人物，从催征、承揽、收税到册籍的编纂、税票的给付等，每一步骤都对应着一群人。而且为了尽量获取中间的利益，官员和胥吏等都会使课税的手续繁杂，从而增多中间获利的机会。而清代中后期两湖普遍的包揽钱粮现象，既有官府为了确保数额如期完成的考虑，也是官府赋役失控的必然结果。而对承揽钱粮的"小人物"——户书、粮书、里书、仓书、柜书等册书群体的研究，亦是饶有兴趣的问题。

（3）赋役征收所引发的社会问题——赋役纠纷与抗税斗争。赋役制度既是国家影响社会经济的重要手段，同时也是地域群体、阶层之间利益博弈的焦点。在明代，户籍与户等往往和赋税徭役是相对应的，户籍不仅是身份和职业的标识，更是纳税的依据。明清两湖地区不同群体之间，包括移民与土著、主户与客户、军户与民户、大户与小户之间，长期纠葛于赋役分摊不均。而以浏阳、湘乡的"堕粮"为代表的重赋问题则体现了地区之间的赋役不平等。

同时，在征税的过程中积弊丛生，各种浮收勒征、各种侵吞分肥，百姓数倍上交的漕粮税银，大半为猾胥蠹吏所欺侵，上致国家正供往往征收不足额，下致百姓负担日重、苦不堪言。其中，因为读书人——举人、贡生、监生、秀才等，参与包揽钱粮，或者参与浮收分成，并且因为利益纠纷和地方官、书差等官吏发生冲突，因而引发了19世纪中叶湖北崇阳"钟九闹漕"、湖南耒阳"杨大鹏抗粮"等一系列抗税斗争。这些斗争的领导者都是一般的士子文人和地方精英，由此在一定程度上昭示出地域社会秩序的崩坏，以及国家、地方精英与农民的矛盾激化和关系复杂化。

2. 主要观点

（1）官册失实导致私册（实征册）出现。明清时期为征派赋役而编造的"赋役黄册"，因每十年才重新编造一次，人丁、事产不能及时更新，与实际情形严重脱节。因之，在两湖县以下的乡村社会中，另外还有一种"粮册"，即"实征册"，上面记载了当年纳税户的姓名与应纳数量，是征收赋税的真正依据。"黄册死而实征活"①，官府离开熟悉"实征底册"的"里书""册书"之类的征税代理人，就难以完成赋税征收，由此也造成了"册书"世袭化倾向。

（2）纳税方式与民众生计息息相关。明清时人有云"南人困于粮，北人困于役"②，其实对于百姓而言，纳粮即是当差。很多时候，百姓不是苦于税额太重，而是苦于纳税过程之繁疲和侵吞之无穷。而不同地区面临的地方性事务不同，导致"徭役"呈现出地区性差异。明清两湖平原垸田大开发，使水利建设的劳役长期延续，并使作为经济协作区的"垸"逐渐取代"里甲"而演变为赋役征派单位。

（3）赋税纠纷是地方群体之间利益冲突的体现，而抗税斗争则表现为区域社会共同反对外来榨取。明代两湖大量移民因未"承籍纳粮"而引起土著不满。随着征收对象由"人"转向"地"，清代则因"田赋不均""经界不清"而引发纷争。19世纪两湖以中下层士绅为倡导者的抗税活动，并非企图以暴力推翻国家政权，而是反对官方的某些举措，由此彰显地方精英对于本地事务参与程度的加深。而巡抚胡林翼、骆秉章在湖北、湖南厉行赋税整顿措施，表明官府并未松懈对乡村社会的干预和控制。其中的差别之处在于具体执行者不同，湖南的减赋措施首先由地方公正士绅条陈积弊，并提出改革章程，然后经过官府认定后颁行，并受地方士绅的监督。湖北则主要依赖地方官监督和约束书差等胥吏侵吞行为以保证新的税率得到贯彻。

（三）研究重点及创新之处

1. 民间文献的搜集、解读与运用

对于本书而言，民间文献具有十分重要的地位。在已搜集到的诸如实征底册、丈量册、纳税凭证等基层赋役文书的基础上，还需进一步弄清册籍文本背后的相关信息，诸如编纂的缘由、册籍的流传与使用情况、粮户的具体身份等。如何挖掘更多基层政权的真实资料，理解和把握文本制度在乡村社会的实践逻辑和运行机制，是本书重点及创新之处。

本书已搜集到康熙五十一年（1712年）《衡山县丈量册》、嘉庆年间《湖南沅州府

---

① 《邑侯京山杨公酌议漕政八款》，江苏省博物馆：《江苏省明清以来碑刻资料选集》，生活·读书·新知三联书店1959年版，第574页。

② （明）黄暐：《蓬轩别记》，《笔记小说大观丛刊》第39编第5册，新兴书局1986年版，第701页。

麻阳县均田鱼鳞图册》、同治四年（1865年）《益阳县乐输局章程》、咸丰六年（1856年）湘阴县《湘邑沙田围堤亩册》、同治四年（1865年）《长沙县地主田赋收租簿》、清末至民国年间潜江县《太和乡实征底册》等10余种赋役文书。另外，刊刻漕粮征收章程及利弊的碑刻资料30余通，花户执照、滚单、串票、纳税凭单等100余件，以及各类田地契约、族谱、地方档案等数百种。在研究思路和方法上，注重将民间文献分析与实地调查相结合、历史研究与现实关怀相结合。

2. 国家、赋役与农民的复杂互动关系

传统时代"国权不下县"，从"县衙门到家门口"这一段距离至关重要。而"刑名"与"钱粮"是县以下普通民众与衙门打交道最多的领域。本书重点加强县域个案分析，通过国家赋役征收方式的调整与民众纳税行为的选择，多层面、多角度探讨国家与农民之间互动关系的丰富内涵。易言之，即抽象的"国家"观念是如何通过缴纳"皇粮国税"这一具体行动落实到百姓日常生活和思想观念中去的。

3. 注重对县以下乡村赋役征收实态的研究

本书的主要特点是微观的实证研究，其创新之处在于，眼光向下，关注基层，力图通过对县以下乡村社会实际征税过程的研究，揭示出文本制度与乡村社会实际运作之间的差异性和内在逻辑性。同时，将制度史与区域史、经济史与社会史相结合，注重制度实施的"过程"，而不是"静态""结构"性研究。

4. 经制之外：关注正式财税（明税）之外的各种非正式税收（暗税）

明清税收除了"正供"之外，各类"陋规"盛行。其背后的根源在于田赋定额化之后，地方财政严重不足，于是各种私征、加派与浮收层出不穷，形成了所谓的"非经制财政"或者"非正式税收"。本书不仅考察各种"正供"，即所谓的国家正式税收，而且更关注"赋外之赋""税外之税"的各种"陋规"，这些私征滥派才是理解古代农民负担轻重的关键所在。

第一章　土地清丈与地籍的编纂

明代的赋役征派和税粮征收主要依据两种册籍：一种是以人户为中心的赋役黄册；另一种是以土地为中心的鱼鳞图册。朱元璋在统一全国前后，就开始重视并构建基层赋役及行政体制，包括重建以赋役黄册为中心的户籍制度、以鱼鳞图册为中心的地籍制度，并配之以粮长制度和里甲制度为中心的赋役征派制度。明代初期，政府的赋役征收主要以人户为中心，辅之以土地等事产。此阶段，户帖和黄册制度就成为明代重要的赋税征收体系。到明代中期，随着人口的大量逃亡，赋役征派的对象逐渐向土地转移，于是到万历年间，开展了清丈活动，此活动一直持续到清代初期，直到雍正年间摊丁入地之后，土地和地籍就基本成为赋役征派的主要依据。也就是说，从明到清，赋役征派的对象有一个由人到地的嬗变过程。

一、明初里甲制推行与两湖户帖、黄册及鱼鳞图册

明太祖朱元璋在削平群雄之后，就开始从中央到地方进行一系列的制度建设，以巩固国家政权，其中对于地方基层社会的控制尤为重视，从清丈田亩到编纂赋役黄册和鱼鳞图册，并构建基层社会组织——里甲制度。其主旨就是尽快恢复社会秩序，发展农业生产和安定人民生活。但更主要的是保证国家对人口的控制，并且便于征发徭役、征收赋税。①故史籍有云："赋任于土，土治于民。民安则土治，土治则赋支。民固邦本哉。"②不过由于全国区域性的差异，以及王朝统一的先后，里甲赋役制度的建立其实有一个逐步推广和完善的过程，并且呈现出区域化差异。

（一）明初里甲制的推行及其区域差异

一般认为明初里甲制度正式推行的年份为洪武十四年（1381年），《明实录》载：

（洪武十四年正月）命天下郡县编赋役黄册。其法以一百一十户为里，一里之中，推丁粮多者十人为之长，余百户为十甲，甲凡十人，岁役里长一人，甲首十人，管摄一里之事。城中曰坊，近城曰厢，乡都曰里。凡十年一周，先后则各以丁粮多寡为次，每里编为一册，册之首总为一图，其里中鳏寡孤独不任役者，则

---

① 杨开道在《中国乡约制度》一书中就说："明代所立的粮长和里甲制度，纯粹是为赋役而设，和乡治没有什么关系。"参见杨开道：《中国乡约制度》，商务印书馆2015年版，第16页。

② 康熙《邵阳县志》卷3《都里》，清康熙二十三年（1684年）刻本，第1页。

带管于百一十户之外，而列于图后，名曰畸零。①

但实际上，洪武十四年（1381年）之前，部分地区早已展开里甲的编排。有学者已经指出，明初里甲制度主要是在江南地区酝酿成形，然后向全国推广。②湖广地区的乡村基层组织建设，其实也是伴随着朱元璋统一全国的步伐而跟进的，并成为构建新的社会秩序的重要手段。正如乾隆《邵阳县志》在论述"都里"之意义时所云：

> 古者建国启疆……官均里以奠民，民守里而习业。不事招携，怀远聚族以处自。既庶既蕃，不事轨里，连乡比闾以居，咸无游无旷。兵足食足，于是乎，在今之都里，即其法也。③

元至正二十四年（1364年）二月，随着陈友谅之子陈理率部在武昌投降，朱元璋即设置有湖广等处行中书省，以杨璟为参知政事，此时的行政架构基本还是沿袭元代的制度。洪武元年（1368年），常遇春、邓愈等先后占领湖广西北部的安陆、襄阳、均州等地，两湖地区基本纳入了明朝的统治范围，只剩下一些边远深山的零星贼匪。洪武三年（1370年）四月，朱元璋还给时任湖广行省平章的杨璟敕谕如何进剿盘踞大川深山里的蛮贼。④洪武九年（1376年）六月改湖广行省为湖广承宣布政使司，正式开启了明朝新的行政体系改革。洪武十四年，明初湖广行政区划大的调整基本结束。布政司下辖武昌、汉阳、黄州、襄阳、德安、荆州、岳州、常德、衡州、长沙、辰州、永州、宝庆13府，沔阳、安陆、靖州、郴州、镇远5直隶州，均、蕲、夷陵、归、随、荆门、兴国、桂阳、沅、道、全、武冈、澧13属州。⑤

在湖广府、州、县行政区划大体调整完成之际，县以下的乡村基层组织也开始组建。首先我们来看洪武初年，即在全国正式全面推行里甲制度的洪武十四年之前，湖广地区的里甲编排情况。兹举几例：

（1）桃源县。"洪武三年为乡七，为村八十五，因苏彬疏并为五十六，后并为四十四，正统间又并为二十六。"⑥在此村即里也，因为该志附罗人琮曰："旧志载明初八十余里，寻因耆老苏彬奏减四十余里……景泰三年遂并七村为一村。"⑦罗人琮不言八十五村，而言八十余里，此即表明村、里相通。景泰三年（1452年）并村之举，亦表明此村并非自然村落，而是行政村。而据该志卷三所载洪武二十四年（1391年）户数为

---

① 《明实录·明太祖实录》卷135，洪武十四年正月丙辰条，"中央研究院"历史语言研究所1962年版，第2143—2144页。

② 参见夏维中：《明代江南地区农村基层组织研究》，南京大学1997年博士学位论文。

③ 乾隆《邵阳县志》卷2《地理志下·都里》，清乾隆二十九年（1764年）刻本，第7页。

④ 钱伯城、魏同贤、马樟根主编：《全明文》卷19《谕湖广行省平章杨璟敕》，上海古籍出版社1992年版，第366页。

⑤ 郭红、靳润成：《中国行政区划通史·明代卷》，复旦大学出版社2007年版，第132页。

⑥ 光绪《桃源县志》卷1《疆域志·坊村》，清光绪十八年（1892年）刻本，第1页。

⑦ 光绪《桃源县志》卷1《疆域志·坊村》，清光绪十八年（1892年）刻本，第3页。

9371，除以八十五村，正好每村人户110，由此说明桃源县在洪武三年就进行了里甲编制。

（2）临湘县。康熙《临湘县志》载：

> 宋元以来，都里因时增损。宋，以附治为厢统坊，以郭外地为乡，统三十六里；元，分在城为隅，改乡及里为都。明，乡统都，都统图。洪武八年，编八都一十三区，统三十六里，曰上松、白沙、方山……为十三区。洪武二十四年，以垛役繁重，丁口消耗，减为二十八里。永乐十年减为二十里，二十年减为一十四里，宣德十年减为九里，景泰元年减为八里。……成化十八年又增一里，县一里，乡九里……皇清因之，编为十里。①

以上史料基本系统全面勾勒出了湖南临湘县宋元明清的乡里制度沿革过程，既有因袭，又有变革。其中明确指出洪武八年（1375年）进行了里甲编排。当时划分36里，但明代中后期一直处于缩减，直到成化十八年（1482年）才稳定在10里，一直到清代都沿袭10里的规模。

（3）邵阳县。道光《宝庆府志》载：

> 邵阳里甲，洪武十四年编为五十六图，（洪武）二十四年、正统七年、景泰三年，凡改编三次，皆仍洪武十四年之旧额。正德七年并为四十二图，嘉靖十一年、二十一年、三十一年，凡改编三次，皆仍正德之旧。以后屡改编，至国初尚仍旧为四十二里。……

> 邵阳宁氏谱称，明洪武八年、二十四年，万历九年，国朝康熙四年、二十九年、三十六年，宁氏里甲凡六改编。②

按，这里对于明代里甲的编排，地方志和族谱的记载出现了不同之处。地方志说的是在明代先后经过了洪武十四年（1381年）、洪武二十四年（1391年）、正统七年（1442年）、景泰三年（1452年）、正德七年（1512年）、嘉靖十一年（1532年）、嘉靖二十一年（1542年）、嘉靖三十一年（1552年）共八次改编。其中以正德七年为界，前面的改编基本是沿袭洪武十四年的规模，而正德七年之后，到嘉靖年间的三次改编，基本沿袭了正德七年的规模。

但民间资料《宁氏族谱》却记载明代只有三次改编：洪武八年、洪武二十四年、万历九年（1581年）。笔者估计地方政府的所谓改编，很多情况下是一种因袭，停留在数字的增损而已，并没有实际改变乡村农户的里甲结构，因此对基层农户的实际影响不大，故邵阳宁氏根据对自身家族的影响而言，只记载有洪武八年、洪武二十四年、万历九年三次改编。显然洪武二十四年是全国性规模的里甲编排，而万历九年则与土地清丈有关。更为重要的是，《宁氏族谱》明确记载了其最早的里甲编排是在洪武

---

① 康熙《临湘县志》卷2《建置志·都里》，清康熙二十四年（1685年）刻本，第9—10页。
② 道光《宝庆府志》卷9《疆里表二·里甲》，清道光二十九年（1849年）刻本，第15页。

八年。因此，我们可以判定邵阳县最早于洪武八年编定里甲。

（4）沔阳州。嘉靖《沔阳志》载："洪武九年，改沔阳州，省玉沙入焉，直隶湖广布政司，编户四十里，领县一，景陵，编户二十六里。"①据此可知，沔阳州已于洪武九年（1376年）编有里甲。

（5）随州。嘉靖《随志》载："洪武元年七月，卫公邓愈伐我……（洪武）十三年，我及应山并复，编里十有二。以应山来属。隶湖广德安府。"②据此可知，洪武元年（1368年）七月，邓愈率军攻占随州一带，洪武十三年（1380年），随州第二次被明朝收复，并且开始勘合户口、编排里甲之活动。

据上可知，早在洪武十四年（1381年）之前，湖广地区已经开始有户口勘合、里甲编排的活动。这一活动从洪武初年开始，经过洪武十四年，一直延至洪武二十四年（1391年），各地先后进行了相应的里甲编排。其中仍以洪武十四年编制最多，如湖南岳州府、宝庆府及所属各县皆注明为洪武十四年编户。其余仅记载为洪武初编，难究其详，估计当为全国统一编制的洪武十四年。但各地的进程与执行程度并不一致，各府之间，同府的各州县之间，均存在较大差异。有学者就认为："制度规定与立法意图已经有相当的差别，而制度上的规定与实际施行的效果更有相当的距离。"③

这种制度推行的差异性，可能源自各地纳入王朝控制体系的时间不同，以及控制方式的不同。综合各方面的资料情况来看，至迟到洪武二十四年，湖广大部分地区都已经不同程度地推行了里甲制度。推行的程度差异在于，有些地区可能基本是沿袭宋元以来的乡里制度，稍加增损而已；有些地区则是根据实际情况进行了新的土地清丈和里甲编排。而控制方式的不同主要体现在执行羁縻政策的少数民族土司地区，其里甲制度未能和内地汉民一样得到推行。④而特殊的区域如鄂西北郧阳府则由于明中叶为了安置流民附籍，新创了许多府县，这些地区的里甲编制则出现在明成化年间。如成化十二年（1476年）十二月于竹山之尹店置竹溪县，编户7社；于郧县之南门堡置郧西县，编户7里。此外，由于两湖地区在明清为流移迁入较多的省份，当流移聚集到相当数量时，政府有时会编设相应的里甲，如弘治十七年（1504年）襄阳府属襄阳、宜城、南漳、枣阳、谷城、光化、均州都编了数量可观的里甲。枣阳县洪武二十四年为5里，弘治十七年增17里，共22里，均州亦由5里，新增21里，共26里。从其名称也可加以区分，新编的里甲在均州名为新增里、新安里、新东里、新康里、新宁里、新定里等。

---

① 嘉靖《沔阳志》卷1《郡纪》，明嘉靖十年（1531年）刻本，第11页。
② 嘉靖《随志》卷上《叙事》，明嘉靖十八年（1539年）刻本，第47—49页。
③ 刘志伟：《在国家与社会之间——明清广东地区里甲赋役制度与乡村社会》，中国人民大学出版社2010年版，第48页。
④ 杨国安：《明清两湖地区基层组织与乡村社会研究》，武汉大学出版社2004年版，第34—40页。

另外，尽管明朝政府规定以110户为1里，但在实际执行过程中，由于两湖乡村聚落基本以散村为主，所以里甲编排的里数与户数之间的比例远远超过110户1里。以湖北襄阳县为例，襄阳县洪武二十四年（1391年）共15里，户数为3370，每里平均户数为225；均州洪武二十四年共5里，户数为1352，每里平均户数为270。①以湖南武陵县为例，洪武初年共72村，户数为13 276，平均每村户数为184；龙阳县洪武初年共36村，户数为5939，每村平均户数为165。总体而言，由于湖广地区的里类似于小村，故可发现一般每里编户数都高于110户的标准值，这可能与明代里甲制度下的畸零户、代管户等有关。而"百十户之外剩余户为畸零户"的规定，"是完全根据农村村落结构的实际情况，为了圆满而划一地实行里甲制度，从形式上整顿里甲秩序作为其意图的"②。

萧公权在《中国乡村——论19世纪的帝国控制》一书中，从宏观区域的角度分析了19世纪里甲编排情况的区域差异，特别是南北的不同，并根据里甲在实际运作过程中的"变异"，按照其对制度规定的偏离区分为三种类型："增加性变异"、"减少性变异"及"替代性变异"。③这些在湖广地区都有体现，就名称而言，湖广地区既有北方村社传统的沿袭，比如郧阳府竹山、竹溪、光化、宜城等，都是以"社"为基层乡里组织名称。而"乡"在许多地方被"里"取代，或者演变为具有区域方位指向的地理名称。而湖广地区广泛存在的"都""图""里"等称谓，其含义也各不相同。如湖南临湘地区，乡统都，都统图，形成乡—都—图三级建制。衡山县洪武初年为六乡统十六里，形成乡—里二级建制。而湖南桃源县，县下分85"村"，竹山县，县下分12"社"，形成村（社）一级建制。这些里甲制度的差异性，一方面是受历史传统与地方习俗的影响，另一方面与地方社会经济发展相关。

尽管存在上述诸多地区差异，但总体而言，在洪武十四年（1381年）第一次全国推行黄册里甲制度之后，又经过洪武二十四年第二次大造，湖广地区各府州县普遍建立了较为完备的里甲系统。此后明清地方志中所记载的各地户口、田亩数，基本以洪武二十四年为基点，以后里甲的增损，户口、税粮的加减，也多以洪武二十四年为起点，在此基础上进行适当调整。

（二）明初湖广地区的户帖、黄册与鱼鳞图册

如前所述，在洪武十四年全国推行黄册里甲制度之前，自洪武初年起，湖广地区就已经开始编排里甲。其编排之法，大体按照《吴兴续志》所载"小黄册"的方法，即百户为里，里设里长一人，甲首十户；而其具体措施，则是在勘合户口、清丈土地

---

① 原始数据参见万历《襄阳府志》卷12《食货上》，湖北教育出版社2021年版，第114、148页。
② 〔日〕鹤见尚弘：《中国明清社会经济研究》，姜镇庆等译，学苑出版社1989年版，第12页。
③ 〔美〕萧公权：《中国乡村——论19世纪的帝国控制》，张皓、张升译，联经出版事业公司2014年版，第617—621页。

的基础上，在以户帖、黄册为主体的户籍系统，以及以鱼鳞图册为主体的田亩系统上建立起来的，是人口和土地相结合的里甲制度系统。而人丁事产就成为政府征发徭役、征收税粮的重要依据。

关于户口的勘合，洪武元年（1368年）朱元璋在《克燕京诏》中就有"户口版籍、应用典故文字，已令总兵官收拾。其或迷失散在军民之间者，许赴官司送纳"①。说明朱元璋在征讨过程中就已经开始重视所辖地区的户口统计和户籍管理工作。洪武三年（1370年）十一月，明太祖下令核"民数，给以户帖"，正式实行户帖制度。关于户帖的具体规定，《明实录》载："各书其户之乡贯、丁、口、名、岁，合籍与帖，以字号编为勘合，识以部印，籍藏于部，帖给之民。"②户帖是朱元璋于明初建立的一种户籍制度，它虽然也记载有事产，但主要还是详于户口。由于洪武十四年（1381年）以后，黄册制度作为明代的户籍与赋役制度在全国正式推行，户帖就逐渐被黄册所取代。③因此户帖实行的时间较短，保留下来的实物就罕见，只在少数文献中有所抄录保存。如李诩《戒庵老人漫笔》、谈迁《枣林杂俎》等分别抄录了江阴县、密县的户帖。④

近年来通过田野考察，我们在湖北的族谱中发现了一份明初渔户的户帖，这也是目前两湖地区首次发现明代户帖，特别是作为洪武三年的渔户户帖，弥足珍贵。光绪年间编纂的《黄冈梅氏宗谱》中收录了一份洪武三年的朱元璋圣旨，以及当年立户的"户帖"抄件，兹摘录如下：

户名起立

洪武三年十一月二十六日，户部钦奉圣旨，说与部官知道，如今天下太平了也，只有户口不明白，教中书省置天下户口的勘合、文部、户帖。你户家出榜，叫那有司官，将那所管应有百姓，都教入官附名字，写着他家人口多少写的真着，与那百姓一个户帖，上用半印勘合，都取勘来了。我这大军如今不出征了，都教去各州县里下点户口勘合，比着的便是好百姓，比不着的便拿来做军。比到其间有官吏隐瞒了的，将那司官吏处斩。百姓每自躲避了的，依律问罪，钦此。钦遵外合给半印勘合户帖付本户收执此者。

户帖图式
一户梅琅，系黄州府黄冈县伍重乡一图户。
男子四口：成丁一口，不成丁三口。

---

① 《皇明诏令》卷1《太祖高皇帝上·克燕京诏》，《续修四库全书》第457册，上海古籍出版社2002年版，第39页。
② 《明实录·明太祖实录》卷58，洪武三年十一月辛亥条，"中央研究院"历史语言研究所1962年版，第1143页。
③ 栾成显：《明代黄册研究》，中国社会科学出版社1998年版，第25页。
④ （明）李诩撰，魏连科点校：《戒庵老人漫笔》卷1《半印勘合户帖》，中华书局1982年版，第34—35页；（清）谈迁著，罗仲辉、胡明校点校：《枣林杂俎·智集·逸典·户帖式》，中华书局2006年版，第4—5页。

> 本身，年三十七岁。
> 男寄看，年四岁；
> 　虎儿，年三岁；
> 　码儿，年二岁。
> 妇女二口。
> 妻阿任，年三十二岁。
> 　姐梅，年四十八岁。
> 事产　茅屋三间。
> 黄溪湖濠网业户。
> 右户帖付梅琅收执。准此。
> 洪武三年　月　日。
> 四字七百号。
> 　部　押　押　押　押　押①

此户帖前半部分基本是抄录朱元璋于洪武三年（1370年）颁布的关于户帖的上谕，部分文字有出入，意思基本一样。其户帖图式部分则大体符合明代规定的户帖内容，包括男子项下的"成丁"与"不成丁"、妇女、事产等信息。据此户帖可知，户主为三十七岁的湖广黄州府黄冈县人梅琅，育有三个未成年的儿子，分别是两岁的码儿、三岁的虎儿、四岁的寄看，其妻子阿任时年三十二岁。梅琅还有一个四十八岁的姐姐和他们住在一起。

按，据弘治《黄州府志》记载，黄冈县在明代有"五重上乡，在县北一百里……五重下乡，在县北一百二十里"②。户帖中的"伍重乡"应该就是后来分为上、下乡的"五重乡"。伍重乡在黄冈县北境，境内有黄汉湖，又名武湖，因东汉时期黄祖守武昌，在此"习战阅武"而得名。户帖中的"黄溪湖"可能是"黄汉湖"之讹误。户帖末记载梅氏拥有事产，且称为"黄溪湖濠网业户"，则其当为渔户，黄汉湖河泊所为黄冈县九个河泊所之一，为"洪武初建"。这些信息都表明此户帖的真实性和可靠性，因此也可以证实洪武初年黄冈县已经立有户帖，进行了里甲编排。

至于洪武初年两湖各地里甲编排的方式，乾隆《黄梅县志》载："明洪武元年，勘合五千四百三十二户。"③据此可知，洪武初年曾经勘合黄梅户口。又万历《慈利县志》载："阅慈图籍，原额五十八里，后因覃垕连结诸峒煽乱，其十五、十六、十八都咸为所据，今桑植司残辽、篁坪、柞山、长坪、凉水口、夏赛口、罗峪、竹坪即其地

---

① 光绪《黄冈梅氏宗谱》卷首《户名起立》，清光绪五年（1879年）乐道堂刻本。
② 弘治《黄州府志》卷1《地理》，明弘治十三年（1500年）刻本，第21页。
③ 乾隆《黄梅县志》卷3《赋役志》，清乾隆五十四年（1789年）刻本，第1页。

也。"① 按，覃垕之乱，起于洪武庚戌（即洪武三年），很快即被平定。则此处所谓"原额五十八里"之制，必在洪武三年（1370年）之前。文中"阅慈图籍"的"图籍"是什么呢？同书卷八《田赋》云：

> 国朝天下初定，即置官弓量田土，凡田地山林，若官若民，各以见业顷亩方至，自实于官，而定其赋，曰秋粮米，曰夏税。至洪武十四年，始颁行黄册法，至今按为定额。②

据此可知，慈利县在洪武十四年（1381年）颁行黄册法之前，即曾置官弓量田亩，但需要注意的是，与江浙地区由国家派遣国子监监生实地丈量不同，慈利县的土地丈量是以"令民自实"的方式进行的。这种"自实于官，而定其赋"的方式，一方面是囿于当时政治资源的制约，以当时的人力、财力和技术，进行全国性的土地测量是难以想象的。另一方面，更为关键的是，当时两湖局势尚未稳定，各类盗匪和陈友谅残部仍有待肃清，洪武三年四月，朱元璋在给湖广行省平章杨璟的敕令中还有"蛮贼恃山溪险阻，乘时窃发，出没无常。若根诛其党，必深入山谷，伤损士马，所得不足以偿所费。今师入其境，击之但使远去，不令出扰州县可也"③。可以想见，在洪武三年匪患还未除尽，焉能进行全面的土地清丈。所以"令民自实"是洪武初年最为可行的一种措施。

另外，尽管洪武初年慈利县只提到了丈田，但此时应该也有编制诸如鱼鳞图册之类的田亩册。因为洪武初年该县所编的五十八里，均以坊、图为称，且县南有一、二、三坊，上、下五都（二图）、三都（三图）等。而其井堰也是按照都图进行划分的，如三都一图堰垱八口、三都二图堰塘泉八口、三都三图堰垱塘十七口等。④ 如此情形似可推测，慈利县洪武初年的里甲编排是以丈田为基础，建立在鱼鳞图册的田亩系统之上的，因此主要是地域划分。之后，"始颁行黄册法"，即改为以人户为本。⑤ 类似于洪武初年先进行鱼鳞图册的编纂，然后进行赋役黄册的编纂，亦可见于同治《益阳县志》中的相关记载：

> 洪武时，量度田亩方圆，次以字号，悉书主名及田之丈尺，编册曰鱼鳞图册。又编黄册，以户为主，详其旧管、新收、开除、实在之数为四柱，名曰四柱

---

① 万历《慈利县志》卷2《图里》，明万历元年（1573年）刻本，第6页。
② 万历《慈利县志》卷8《田赋》，明万历元年（1573年）刻本，第3页。
③ 钱伯城、魏同贤、马樟根主编：《全明文》卷19《谕湖广行省平章杨璟敕》，上海古籍出版社1992年版，第366页。
④ 万历《澧纪》卷10《述制纪三·坊》，国家图书馆出版社2011年版，第653、677页。
⑤ 按，康熙年间，湖南益阳县又推行了"改甲编区"的举措，也就是将以人户为中心的里甲，改变成以区域为中心的区甲："始以田户计里，今惟以地界分里而已。"又曰："其始按人户以制里，而不计里之阔狭；今惟主里域以稽户粮，亦不限户粮之多寡。"推行这种举措，是有鉴于粮户与地亩的分离："有以一里之地，此甲在县东数十里，而彼甲在县西数十里者。"而改甲为区的目的就是重新确立以区长为中心的征收税粮体系："国朝康熙时，改甲为区，以保甲专司巡缉，立区长专司田粮。"以上参见同治《益阳县志》卷1《舆地志上·里域》，清同治十三年（1874年）刻本，第5、13页。

黄册。二册相为经纬，土田之数核焉，赋役之法定焉。①

按，这里非常明确地指出，洪武初年益阳县是先丈田之后，编册曰鱼鳞图册，然后编纂以户为主的黄册，并且有旧管、新收、开除、实在四大项，曰四柱黄册。不过何炳棣先生认为这部县志的编纂者为了解释清代当地赋役制度的历史渊源，半抄半录节略《明史·食货志》中的词句，根本不是洪武年间益阳县土地登记经过的真实记录。②而另一个美国学者赵冈先生则反驳此说，认为明初已经编制鱼鳞图册的地区或省份计有江浙、江西、山东、河南、湖广等地③，这些也正好是有漕八省。两位学者争议之处在于对丈田的具体做法的理解不同，或者说是官员亲自监督丈量和百姓自行申报之间的差别问题。这背后也涉及国家制度在地方实施过程中的变异问题，有待以后继续深入探讨。④

关于洪武十四年（1381年）首次进行大造之时，湖广地区攒造黄册、编辑里甲的情形，在今见文献中，并无较多清楚的记载。但湖南地区现存最早的刻本方志——洪武《永州府志》，在其卷首序言中有虞自铭撰写的《永州府图志序》，现将相关内容摘录如下：

> 圣朝洪武十五年，编造赋役黄册，以为版籍。□□二州七县，户口、田粮、课程、农桑、学校、□□□□，其有文学之士所撰词章、策论、诗赋之类，贤良方正、孝子顺孙、义夫节妇之名，不可湮没，悉宜表纪之。⑤

按，永州在洪武元年（1368年）二月，由湖广平章政事杨璟攻克，同年将永州路改为永州府，正式纳入明朝的疆域版图。而洪武《永州府志》编纂于洪武十六年（1383年），同年六月成书。虞自铭为时任永州知府，所以上述于洪武十五年（1382年）编造赋役黄册的记载应该是事实。而郡人胡鉴在《永州府图志序》中云：

> 洪武九年（1376）春，朝廷取堪天下府、州、县图志，于时在郡之士已尝编□成帙，以达御览矣。十六年冬，知府虞中顺（即虞自铭）莅政之暇，阅览□□，乃喟然叹曰："方今圣朝，以户口钱粮、图书版籍为重。如萧何至咸阳，先入秦丞相府，将图书版籍藏之。高祖取天下，具知道路厄塞，户口钱粮多寡，实有赖于是焉。况本府以洪武九年（1376）入籍所报户口钱粮，比较十五年成造黄册之数，大有增益不同。……"⑥

---

① 同治《益阳县志》卷5《田赋志一》，清同治十三年（1874年）刻本，第2页。
② 〔美〕何炳棣：《中国古今土地数字的考释和评价》，中国社会科学出版社1988年版，第56页。
③ 〔美〕赵冈：《鱼鳞图册研究》，黄山书社2010年版，第14页。
④ 由于中国疆域辽阔，区域差异性大，制度的实施在执行的广度和深度上是有千差万别的，即便是万历年间的清丈，在巴东县依然没有得到切实执行："巴东居万山之中，田地从□□□。所谓亩数，相沿指地认粮，田来已久。……隆万以来，虽屡经申饬丈量之法，废格未行。止以浮粮故事加摊，而虚存鱼鳞户口之册。至万历三十年，犹然袭故攒造，无大更改。"参见康熙《巴东县志》卷2《经制志·田赋》，清康熙二十二年（1683年）刻本，第6页。
⑤ 赖中霖编著：《明·洪武永州府志注释》卷首《永州府图志序》，湖南人民出版社2013年版，第2页。
⑥ 赖中霖编著：《明·洪武永州府志注释》卷首《永州府图志序》，湖南人民出版社2013年版，第5页。

显然，永州府在洪武九年（1376年）就编纂过地方志，后来由于全州、道州二府入隶永州府，且洪武九年（1376年）所报的户口钱粮，相对于洪武十四年（1381年）大造之年，出现了增益不同，于是在洪武十六年（1383年）又编纂了此方志。而在该志的《户口》部分则曰：

> 本府概管二州七县，自洪武元年（1368）归附以来，人户岁增，生齿日繁，难以定额。然民数之重，不可不纪。今照洪武十五年（1382）黄册数，编写入志。至于后有所增，又当以岁月考也。
>
> 人户，总计七万三千五户。男、妇，四十一万一千六百一十六口。男子，二十二万九千四百二十口。成丁，一十三万五千三百四十九口。不成丁，九万四千七十一口。妇女，一十八万二千一百九十六口。大，一十二万三千九百七十口。小，五万八千二百二十六口。①

由上可知，第一，洪武九年，湖南永州府已经编纂有户口、钱粮的赋役黄册图籍。第二，洪武《永州府志》所记载的户口、税粮都是洪武十五年（1382年）编定的黄册数，这一数字是在洪武九年的基础上重新编纂增益而成。男子分"成丁""不成丁"，妇女分"大口""小口"，则是沿袭洪武初年户帖的格式。第三，据弘治《永州府志》载，弘治年间其户口税粮则以洪武二十四年（1391年）黄册数目为基准，说明之前的各种丈田与编户等进程不一，而朝廷和地方最终以里甲赋役制度推行较为统一与规范的洪武二十四年为赋役征派的标准年。

洪武二十四年的编纂黄册，史料记载相对丰富。《后湖志》卷二《黄册数目》载，洪武二十四年，湖广布政司进解到南京的赋役黄册共计有2737本。②又如康熙《宝庆府志》载："邵阳县，洪武二十四年黄册。"③这些黄册成为征派税粮的依据，并且规定每十年重新攒造一次黄册。嘉靖《常德府志》载："每坊村旧各以一百一十户为图，以一十户为坊、里长，一百户为甲首以隶之。每十年一次攒造黄册，审其丁粮上下以定赋役。"④如湖北应山县，"本县黄册，自弘治以后，书手私减各户成丁，而飞隐其秋粮。其总数虽存，而撒皆不足。……知县王朝璲至，始拘集里书，力究之。丁令其首补，而粮为之改正"⑤。王朝璲于嘉靖十一年（1532年）任应山知县，此时赋役黄册被书差舞弊，于是他对书差进行了惩究，黄册数额也大体恢复原状。

总之，在明代前中期，朝廷征派赋役的主要依据是以赋役黄册为主，辅之以鱼鳞图册，因为从洪武三年（1370年）开始的户口勘合，其所编纂的"户帖"及"赋役黄

---

① 赖中霖编著：《明·洪武永州府志注释》卷3《户口》，湖南人民出版社2013年版，第129页。
② 参见韦庆远：《明代黄册制度》，中华书局1961年版，第247页；梁方仲：《明代黄册考》，《明代赋役制度》，中华书局2008年版，第425页。
③ 康熙《宝庆府志》卷18《赋役志中》，清康熙二十三年（1684年）刻本，第1页。
④ 嘉靖《常德府志》卷3《地里（理）志·坊乡》，明嘉靖十四年（1535年）刻本，第1页。
⑤ 嘉靖《应山县志》卷上《田赋》，明嘉靖十九年（1540年）刻本，第12页。

册"上填报了人丁、事产,其事产则包括田、地、山、塘、房、畜等,但人丁和事产两大项,是以人户为中心攒造的。黄册的内容可分为户籍和户等,户籍划分为军户、民户、匠户、灶户等,户等则根据事产而分为上、中、下三等。户籍表明了应役的种类,户等则为点差的标准。明代各类文献中都有所谓"入籍当差""收籍当差""占籍应役"等,可见,所谓的"籍"是与差役紧密联系在一起的,这里的"籍"就是赋役黄册。这种配户当差制的基本特征就是,人户皆以籍为定,役皆永充。有学者指出,明代黄册里甲制度,主要是为徭役问题而创设的,并对全国人民进行最为严格的人身控制。[①]事实上,明代里甲本身就是一种徭役征派单位,是各种差役征派的基础。

但到了明中后期,随着徭役的折银化,实物税和力役之征逐渐向货币税转化,征收的对象也就由人丁变为丁粮,最后变为以土地为唯一的征收对象,并经过一条鞭法和清初的摊丁入地得以完成。征收的册籍也就由赋役黄册演变为鱼鳞图册,即由户口册籍转到地亩册籍。

清人陆世仪在《论鱼鳞图册》一文中,系统详细地阐明了使用赋役黄册的"六不便",以及使用鱼鳞图册的"六便":

其说用黄册有六不便,用鱼鳞册有六便。

何谓六不便?凡州县田为都为图,共若干亩,俱有定额,斗则俱有定数。主者一览而知。自用黄册即有推收,田既混淆,数难稽核,启奸人飞洒之弊,一也。有推收即有簿书纸笔之费,书写计算之劳。糜朝廷之工食,役长吏之心目,二也。荒区熟区,本言坐落。自推收一乱,荒熟混淆,豪强者得轻粮,贫弱者累重税。偶遇水旱蠲减,尽归强有力者,贫弱毫无沾惠,三也。开河筑圩,有或得利或不得利,皆当以坐区为准。若依赋役册,则彼此杂乱,隔区利病终不关心,四也。国初立里,以一百一十户为里,皆取居之相近。如今十家牌法,里长催办不出里巷。今推收任意,里长终日奔走,亦不暇及。又佥点徭役,十年一次,既点之后,人户消长不齐,产去役存,被累无限,五也。所收之田既非同区人户,多不识面,遇有水旱逃亡,则排年累赔,动至倾覆,六也。

何谓六便?若专用鱼鳞册,则田一归坐落,项亩斗则向成定额,不可增减,或加减钱粮,或比较赋税,一览易晓。奸胥不得上下其手,便一。去推收之繁,省无限纸笔之费,计算之苦。吏得休息,长民者亦多暇,便二。荒熟区不混,水旱蠲减易于分派,便三。开河筑圩,悉听本都者正,以本地方之人,为本地方之事,事半功倍,其有利病关一邑者,则通计公费民助役而官任之,不偏累塘长,便四。惟佥点徭役,户头分散,则贫富难稽,征收赋税,大户田多,则零星不便。然用此法,则可以化有役为无役,何者今所谓役大则南北二运,小则粮塘里

---

① 栾成显:《明代黄册研究》,中国社会科学出版社1998年版,第351页。

老而已。南北二运可以官收官解也。十排年则可以不用，而专用耆正。凡为耆正者，必慎择其人，不特丁产优厚，必其人公平正直，为一乡之所信服者，量免其税粮，优其体貌。凡一乡之事，皆以责之。一应征收税粮，开浚河道，皆耆正董其事，而县官视其成，仍辨其可否而为之赏罚。或终身任之，或三年一易。惟一乡之欲，则南北运与十排年皆可不用也，何必佥点。且一区税粮即本邑耆正收纳。若田主窎远，即于佃户处收取，给票与田主，算明有何办纳不便，便五。其若逃亡累赔，则由排年不识甲下所管之田、所管之人也。今既任耆正，则田坐本区，其主之奸顽良善，与田之肥瘠荒熟，皆先知之，可预为计，不至束手代赔，便六。①

以上陆世仪所言，主要是从征派赋役的角度来比较赋役黄册和鱼鳞图册的优缺点。赋役黄册的不便，主要是税粮田地在推收过割环节中，人户和田地出现分离，官府难以稽核，赋役出现轻重不一，且人户消长与逃亡，税粮虚悬或者由排年里长赔累等。而使用鱼鳞图册，则田地有定数，赋税有定额，省掉了推收过割的纸笔工食等费用。总之，鱼鳞图册逐渐开始取代赋役黄册。故清人王庆云曾经指出赋役黄册与鱼鳞图册的相互关系：

> 官司所据以征敛者，黄册与鱼鳞而已。黄册以户为主而田系焉。亦谓之粮户册。鱼鳞册以田为主而户系焉。一经一纬，互相为用。自并丁赋以入地粮，罢编审而行保甲，于是黄册积轻，鱼鳞积重。②

可见，自从实行一条鞭法之后，摊丁入地，赋役皆从地亩起税，于是黄册在编定赋役的地位上，反而不如鱼鳞图册重要。梁方仲先生认为，这是嘉靖、隆庆以后，黄册更趋失实的原因，当时多用白册（即一种实征册）去代替黄册。③

二、万历年间湖广地区土地清丈与里甲赋役调整

作为改革家张居正的家乡，湖广地区在万历土地清丈中新增田亩50余万顷，是全国新增田亩最多的地区。湖广地区万历清丈新增大量田亩，既与张居正考成法之下地方官员溢额求功有关，又与明代中后期湖广地区的湖区垸田开发和山区土地垦殖有关。同时，万历清丈也成为明末清初里甲赋役制度调整和重构的重要契机，即里甲的编排逐渐由人丁向土地转变，并进而演化为赋役征收单位。而官府征税的对象也从户口转移到土地，并且在货币化、定额化的趋势下，这一演变进程最终经清初的摊丁入地得以完成，而其发端却在明代万历年间。就此言之，所谓清承明制，其实主要继承的是明代中后期改革后所形成的新制度。

---

① （清）陆世仪：《论鱼鳞图册》，（清）贺长龄、（清）盛康：《清朝经世文正续编》第1册《清朝经世文编》卷29《户政四》，广陵书社2011年版，第295—296页。
② （清）王庆云：《石渠余纪》卷3《纪赋册粮票》，北京古籍出版社1985年版，第112页。
③ 梁方仲：《明代黄册考》，《明代赋役制度》，中华书局2008年版，第412页。

万历六年（1578年）至万历十年（1582年），张居正主持开展了一次大规模的土地清丈活动。这也是继明初朱元璋洪武年间清丈之后，明代第二次土地大清查。以后（包括清代）再也没有进行过统一的全国性土地调查。而且此次丈量的田地数额作为"原额"被清朝所继承并一起沿袭下来。因此，在中国土地制度史上，万历清丈具有特别重要的历史地位。

（一）万历丈田之缘起：宗藩、客民与田赋不均

目前学界已对明代两次土地清丈进行了初步的探讨。其中以洪武清丈研究较为深入，并且针对洪武清丈的范围和方法，形成了两种不同的观点：一种观点认为洪武清丈及其所攒造的鱼鳞图册是全国性的。如栾成显的研究表明，尽管洪武清丈在各地实施的情况并不一致，但仍是在相当广泛的地区认真实施了的。[①]而以何炳棣为代表的另一种观点则认为，洪武清丈与鱼鳞图册的编制仅限于两浙地区，其他地区只是用"令民自实"的方式进行的。[②]相对于洪武清丈的争议，学界一致认为张居正主持下的万历清丈是在全国范围进行的，并就万历清丈的展开过程与成效进行了一定的梳理。[③]

从万历清丈已有的研究成果来看，其共同的取向是一种传统制度史的研究理路，即自上而下的、一元化式的国家整体性研究，这种研究在国家典章制度及法令条文的基础上，试图对万历清丈及明代土地制度做一个全局性的了解。其不足之处在于，这种研究在一定程度上忽视了中国各地区的多样性特征和区域性差异。易言之，在探究国家制度向地方社会推行的过程中，我们看到的仅是国家权力对于地方社会的单向渗透，而忽视了当地民众与基层官员的主观能动性和主体地位。毕竟由于各地区地理环境、经济水平、政治格局、社会关系的不同，地方官员所面对的问题和情势也是不同的，因此在执行国家政策时，他们都会进行一些因地制宜的调整，这也是情理之中的事。事实上已有学者对山西、河南等地区的万历清丈进行了深入细致的分析。[④]

本书试图以张居正的家乡湖广地区为中心，对万历清丈展开新的探讨。其原因有二：一则在于万历清丈之后，湖广地区新增田亩50余万顷，是全国新增田亩最多的地区，这背后的原因值得深究；二则以万历清丈为切入点，从区域社会经济发展的视野出发，探讨国家制度的地方实践过程。这种自下而上的、地域史的视野，实际上是对传统的自上而下的、单向的传统制度史研究的反省，从地方社会的日常实践出发，探讨万历清丈对于湖广地区社会经济结构与民众生活所具有的实际意义，揭示出国家制

---

① 栾成显：《洪武丈量考论》，中国社会科学院历史研究所明史研究室：《明史研究论丛》第6辑，黄山书社2004年版，第352—377页。

② 〔美〕何炳棣：《中国古今土地数字的考释和评价》，中国社会科学出版社1988年版。

③ 樊树志：《万历清丈述论——兼论明代耕地面积统计》，《中国社会经济史研究》1984年第2期；唐文基：《张居正的丈田运动》，《福建师范大学学报（哲学社会科学版）》1988年第4期。

④ 张海瀛：《张居正改革与山西万历清丈研究》，山西人民出版社1993年版，第129页。

度与地方社会之间的互动关系，从而开创一种新制度史研究的理路。

对于明代万历清丈之缘起，《明史·食货志》有如下记载：

> 嘉靖八年，霍韬奉命修《会典》，言："自洪武迄弘治百四十年，天下额田已减强半，而湖广、河南、广东失额尤多。非拨给于王府，则欺隐于猾民。广东无藩府，非欺隐即委弃于寇贼矣。司国计者，可不究心。"是时，桂萼、郭弘化、唐龙、简霄先后疏请核实田亩，而顾鼎臣请履亩丈量，丈量之议由此起。①

据此可知，从明初到弘治年间，湖广地区成为税田"失额"最多的地区之一，时人分析其原因有二："非拨给于王府，则欺隐于猾民。"而作为出生于湖广地区的官员，张居正对明代中后期两湖地区的社会面貌也曾做过如下记述：

> 嗟乎，夫弛张之道，岂不由世变哉。余闻里中父老往往言，成化、弘治间，其吏治民俗流风茂如也。是时，明有天下几百年，道化汪灭，风气纯古，上下俱欲休息乎无为。而荆州为楚中巨郡，户口蕃殖，狱讼希简。民各安其乡里……其时治之为易。其继也，醇俗渐漓，网亦少密矣。一变而为宗藩繁盛，觑权扰正，法贷于隐蔽；再变而田赋不均，贫民失业，民苦于兼并；又变而侨户杂居，狡伪权诡，俗坏于偷靡，故其时治之为难。②

在这里，张居正所谓的"三变"——"一变而为宗藩繁盛""再变而田赋不均""又变而侨户杂居"，实际道出了明代中后期湖广地区所面临的三个主要社会问题：一是不断繁衍的宗藩危害湖广地方社会；二是田赋不均，土地兼并，造成大量贫民失业；三是大量的侨户客民败坏社会风气。这些问题的背后，其实都涉及田地与赋役分配不均的问题，并构成湖广地区万历清丈的社会经济背景。

首先，就宗藩问题而言，湖广是明代分封建藩最多的布政使司之一，有"宗藩棋布"之称。关于两湖地区宗藩与地方社会的影响，已有学者进行了相关的研究。③仅就田地赋役之影响言之，人数众多的宗藩占据了湖广大片丰腴的土地，而这些皇亲贵戚及其所占有的王府庄田享有免于缴纳赋役的特权，无形之中就将重赋转嫁到了普通民众和一般民田之上。

据统计，湖广地区先后受封为藩王的有六十二人，建立了五十多个王府，其中二十八个王府与明朝相始终。据说，楚王朱桢深得朱元璋喜爱，其所受封的田地是明代诸藩王中最多的。而且许多原本先封他省的藩王，如辽王植、岷王楩、谷王橞、荆王瞻堈、兴王祐杬、惠王常润、雍王祐枟、寿王祐楷、桂王常瀛等，因为觊觎湖广地区

---

① 《明史》卷77《食货志一》，中华书局1974年版，第1882—1883页。
② （明）张居正：《张太岳集》卷9《荆州府题名记》，上海古籍出版社1984年版，第120页。
③ 参见王毓铨：《明代的王府庄田》，《莱芜集》，中华书局1983年版，第110—241页；殷崇浩：《方志所见鄂境明代王庄及其危害》，《中国经济史研究》1988年第3期；张建民：《明代两湖地区的宗藩与地方社会》，《江汉论坛》2002年第10期。

较为优越的地理位置、丰富的土地及物产资源等，请求改藩或改封湖广。如兴王、惠王、桂王原拟封地分别为河南卫辉府、山西平阳府、山东东昌府，后改封湖广安陆州、荆州、衡州。他们往往占据了较为肥沃的土地。

遍布湖广地区的五十多个王府到底占有多少庄田，目前还难以回答。因为明代的王府庄田、勋戚庄田系钦赐者均免征赋役，故明代各州县的《赋役全书》不载王府庄田。而各王府的册籍经兵火已无存。仅据清初的更名田就有七万零九百三十顷，而其实际占有的庄田远远超过此数。明代王府除了受封地之外，还贪得无厌地霸占兼并民田，或者其他民人为了躲避赋役，而将民田"主动"投献给王庄，这些都加剧了湖广地区田赋不均的现象。

兹以吉王府为例，其始祖朱见浚于成化十三年（1477年）就藩长沙府，宪宗赐给鸡鹅食田129 732亩①有余，且皆为民人开垦成熟补办粮差的世业。但吉王犹不餍足，日后他和他的子孙用兼并与纳献等残暴手段劫夺了长沙、善化两县民田达七八十万亩，以致引起了两县人民的反抗。长沙知府堵胤锡在《直陈颠末疏》中指出：

> 吉藩分封百十余年，宗支繁衍，阉校蔓延。除租禄之外，十分长、善之田，为兼并者十之二，为投献诡寄者又十之二。惟此两邑荒疲之民以六分瘠土输十分重赋，当十分苦差，骨痛腹诽，匪朝伊夕。②

以上吉王府兼并和纳献的庄田，加上先前受封的庄田，合计庄田数额占到了长沙、善化总田亩数的70%以上，而据一些学者的统计，湖北各县王府的更名田所占田地总面积的比例，在藩封较为密集的江汉平原及襄枣盆地一带州县也非常之高，如沔阳为70.39%，汉川为64.04%，钟祥为55.35%，天门为58.87%，孝感为48.72%。③

兼并土地、扩张王庄，给当地百姓带来的最大影响就是加重了赋役负担，造成赋役不均，如一田两税、庄租苛重、遇灾不蠲及王府庄役的负担转嫁等。一田两税的原因在于田地被王府兼并之后，原来承担的国家赋税未能免除，导致这部分田地既要承担国赋，又要缴纳王租。明人王宗载在《兴都事宜疏》中指出：

> 迨以其田改为皇庄，特命守备太监专理其事，遂得凭借声势，陵铄军民。或因经界相连而任其兼并，莫敢谁何；或因彼此相争而诱其投献，阴为报复。小民既入国储，复征庄稞（课），一田两税，已不堪命……各役狎爱恃恩，奏领获敕，冒名寄籍，渐袭成规。或人止一丁而混开亲识至数十丁；或田止百亩而受寄富豪至数万亩，一切繁重差役，彼皆秋毫无与，而贫民之累日益加重矣。④

虽然以上史料主要涉及的是皇庄，但其他王府庄田也应有类似情况存在。明代宗

---

① 1亩等于0.066 7公顷。
② （明）堵胤锡：《堵文忠公集》卷1《直陈颠末疏》，清光绪十三年（1887年）刻本，第22页。
③ 张建民：《湖北通史·明清卷》，华中师范大学出版社2018年版，第79页。
④ 乾隆《钟祥县志》卷16《艺文》，清乾隆六十年（1795年）刻本，第12—14页。

藩自永乐之后被剥夺了参与中央和地方军政事务的权力，又长期不能从事常人所从事的经济、社会活动，从而演化为一个寄生性贵族集团，骄奢淫逸、腐化堕落，且贪婪嗜利，加重民间经济负担，侵犯百姓人身安全，扰乱民间秩序，败坏社会风气，成为明代湖广社会的毒瘤。

其次，由于田地性质（如官田、民田、粮田、渔田等）的不同，带来税课轻重的不同，由此造成赋役不均。以潜江县为例，该县地处汉江下游，境土沮洳，土田崩淤不常，于是田额易于紊乱。由于渔课、芦课较税粮为轻，"富者利粮之轻，非渔田不收，而鬻者亟于求收，则以粮田假渔田以售，即存粮不顾也。是以有田者无粮，粮多者鲜田，而粮额又紊矣"①。田粮的紊乱必然造成赋役的逋欠。此外，官田与民田在赋役上的差别，以及由此引发的民户的趋利避害，也造成了赋役制度的混乱。如史载麻城县：

> 官田额重而无差，民田额轻而差重。避重额则改官为民，就轻差则没民为官。籍牒之乱至无纪极，又大家报重直以致轻赋之田，小民隐重粮而希轻田之价，富者田多税少，贫者产去粮存。②

此外，两湖地区大量存在的卫所屯田也是造成役法混乱的另一个毒瘤，万历五年（1577年）郧阳知府宋枟在清查郧县粮额不均、地去粮存时发现，其原因之一就在于"有田地与军屯连畔，节被豪军霸占，移丘易段，改至入册，而一亩无半亩之存者"③。又，万历《慈利县志》载："慈邑之田，止有此数。然邻卫者，多为豪军所据；而邻隘者，类为隘丁所有。是田之额数不减，而其在民者十已去其一二矣。"④

再次，湖广地区众多的流移、客户也引发了一系列的社会经济问题，其中特别突出的就是主户和客户之间围绕赋役不均展开的矛盾与冲突。⑤宋元时期，湖广还是人口相对稀少的地区，加之元末明初的战乱，人烟进一步凋零，闲田旷土较多，因而吸引了大量流移的进入。这些流移往往游离于里甲组织之外，成为无籍之民，当地称之为"客户"。客户没有入籍，在名分上形同于流民，没有社会地位，但同时也有一个最大的好处，就是不承担赋役。相对于主户而言，客户因新垦土地没有税收和不负担迁入地的赋役而获得了经济上的优势，最后形成了"反客为主"的现象。

在沔阳州，时人在分析主贫客富的情况时即指出："客常浮于主，然客无定籍，而湖田又不税亩，故有强壮盈室而不入版图，阡陌遍野而不出租粮者"⑥，并且认为："夫无籍游民也，无税闲田也，二者惟沔为多。"⑦可见主弱客强的关键在于赋役负担的

---

① 康熙《潜江县志》卷3《舆地志》，清康熙三十三年（1694年）刻本，第31页。
② 光绪《麻城县志》卷13《官师志》，清光绪三十年（1904年）刻本，第6页。
③ 万历《郧阳府志》卷11《食货》，学生书局1987年版，第381页。
④ 万历《慈利县志》卷5《土田》，明万历元年（1573年）刻本，第2页。
⑤ 杨国安：《主客之间：明代两湖地区土著与流寓的矛盾与冲突》，《中国农史》2004年第1期。
⑥ 嘉靖《沔阳志》卷9《食货》，明嘉靖十年（1531年）刻本，第17页。
⑦ 嘉靖《沔阳志》卷9《食货》，明嘉靖十年（1531年）刻本，第18页。

差别，这种差别也是引起主客之间矛盾的主要因素。在潜江县"占田多者皆流寓豪恣之民，土著者反为其佃仆，贫弱受累，赋役不均"①。万历《承天府志》亦曰：

> 频年积荒，困于供亿，而土著之民，贫者或遭窜转徙物故，而司籍莫为损削……况在沮洳之乡，淤水成腴，而浮食奇民，操其重赀，乘急贳贷，腾踊其息……故丁壮盈室，而借口客丁，免于编列。夫已擅地利长子孙矣！而客之也可乎？嗟呼，弊也。②

这种抱怨显示出主客关系的紧张，显然主户对客户不承担赋役并利用高利贷来敲诈土著的行为深感不满。客户的众多，特别是主客赋役的不均，甚或客户致富后盘剥、倾夺土著田产，造成了土著大量流亡，所谓"以流寓而累土著，久之，而土著转为流寓"③。这直接影响到两湖里甲的数量，在常德府，时人在分析里甲数量减少的原因时，就归结为是江西流移而来又不入籍的客户所致，史载：

> 版籍每十年一更，制也。吾郡屡更屡诎者，何哉？土民日敝，而客户日盛矣。客户江右为多，膏腴之田、湖泽之利皆为彼所据。捆载以归，去住靡常。固有强壮盈室而不入版图，阡陌遍野而不出租粮者矣！④

随着土客矛盾的渐趋激烈，特别是土著对客户占据膏腴之田、享受湖泽之利却借口客民而不承担任何赋税的行为深恶痛绝，客处之民由此被视为两湖地区"三蠹"之一，这种主客之间在赋税负担上的不均，最后导致政府不得不进行赋役制度方面的调整，其中最重要的就是人口附籍和土地清丈活动的推行。

最后，两湖地区由于地理环境的变迁，特别是江汉—洞庭湖平原经常洪水泛滥，河流淤积，地形地貌变迁剧烈，原来的耕地有可能沦为"巨浸"，造成"地去粮存"；而先前低洼之地则可能演变为阡陌之区，形成"有地无粮"。明代正德年间，湖广副都御史秦金在《安楚录》中有鉴于当地水患造成社会危害，提出"查坍壅以均利害"的建议：

> 谨按湖广地方，江汉巨浸，派别于荆沔之地，会合于蕲鄂之间，迤逦不啻千里，水急土疏，激荡所婴，无不崩坏。但东坍西壅，理势之常。而沃壤洪流，变迁靡定。被害之家，持东坍西壅之说。得利之人有连丘接壤之便，争论不已。奸蠹乘隙因而投献势要军卫，有司莫敢谁何，贫军小民破家陪贩，卒至逃亡后已。⑤

而且陵谷变迁也容易造成田地经界不清，不同性质的田地之间相互纠葛、避重就轻的局面。兹以江汉平原之潜江县为例，明代万历年间，该县进士袁国臣在所撰写的

---

① 万历《湖广总志》卷35《风俗志》，明万历十九年（1591年）刻本，第6页。
② 万历《承天府志》卷6《民数》，明万历三十年（1602年）刻本，第5—6页。
③ 光绪《沔阳州志》卷4《食货志·户口》，清光绪二十年（1894年）刻本，第4页。
④ 嘉靖《常德府志》卷6《食货志·户口》，明嘉靖十四年（1535年）刻本，第1—2页。
⑤ （明）秦金：《安楚录》卷2《奏疏》，上海古籍出版社1996年版，第22—23页。

《清田记》中即云：

> 潜之为邑，当汉流下。自嘉靖以来，汉水数涨，涨则田没而民徙。田没则经界淆，民徙则故业失。猾里豪右往往乘此蚕食。之间渔田、屯田与民田犬牙错如，而民田之税较渔、屯所输，不啻十之七八，小民欲纾目前之急，率影射以售。以故，阡陌其田者，无升合之税；税至数十石者，地鲜立锥，敝也久矣。①

地处江汉平原的潜江县在嘉靖以后，屡遭洪水，洪水淹没了田亩之间的界址，造成经界不清，田额混乱，民众流离失所。该县知县朱熙洽在《清田记》中记述其丈量田亩之缘由时亦云："或问田必有畛制也，恶用清。曰为畛之不明，故清耳；曰畛何以不明，曰楚故多水患。而潜于楚撮土也。襄汉会流，决口数四，已而浑沙渐积，淹没界址。民惟视强弱艺治，而田额紊矣。"②

概言之，明代中后期湖广地区的田亩，首先，由于王府庄田与卫所屯田所占比重极大，且兼并严重，造成州县控制的民田大量失额，加重了民众的赋税和徭役负担；其次，陆续就食于湖广地区的流民客户，耕种湖广土地，但不承担本地的赋役，造成主户和客户之间因户籍身份不同带来赋役负担不均而矛盾丛生；再次，由于田地类型不同，造成赋税轻重不一，官田与民田之间，渔田、屯田与庄田之间，犬牙交错，赋税等则不一，相互之间纠葛不清；最后，由于湖广之江汉—洞庭湖平原水患频繁，淹没了田亩之间的界址，造成经界不清，田额混乱。于是清丈田亩，厘清田界，划一田则，就成为地方官应对田赋不均的重要手段。

（二）清丈之推行：组织、方法与区域差异

关于张居正开展丈田的时间，诸书记载不一，学界也争论不已，万历五年（1577年）、六年（1578年）、七年（1579年）、八年（1580年）甚至九年（1581年）皆有。其背后的原因就在于对"丈田"运动的形式理解不一。全国大规模的丈田时间，应该是始于万历八年十一月，户部奉旨条拟清丈田粮八款，确定了在全国进行清丈的方针、日期、方法及清丈经费等事项，随后，大规模清丈活动在全国范围内展开。

但在全国范围的清丈运动之前，至少从嘉靖年间开始，或者更早，许多地方都已经进行了局部的清丈活动，这也是毋庸置疑的。就湖广地区而论，嘉靖八年（1529年）十二月，因为"皇庄田地湖池近被军民妄称佃户投献，告争侵夺"，守备湖广安陆州太监萧洪和知州郭时叙都上疏请求查勘。于是"户部覆请行巡按御史委官取守备衙门所贮册籍与州县粮册查对，仍沿丘履亩详核有无侵占以闻"③。这里的"履亩详核"

---

① 康熙《潜江县志》卷3《舆地志》，清康熙三十三年（1694年）刻本，第38页。
② 康熙《潜江县志》卷3《舆地志》，清康熙三十三年（1694年）刻本，第30—31页。
③ 《明实录·明世宗实录》卷108，嘉靖八年十二月丁卯条，"中央研究院"历史语言研究所1962年版，第2542—2543页。

与丈量无异。再如，光绪《兴国州志》载："唐汝礼，字默斋，浙江兰溪举人。隆庆间知州事，时瑞昌民杂处兴国，多梗化逋赋，请立兴瑞里，凡瑞民居兴疆者，易入兴籍。其已入瑞昌学者，改入兴国州学。又履亩丈田，无有不均。民德之。"①则该地于隆庆间进行了履亩丈田。

当然湖广地区丈田运动主要还是在万历年间展开的，仅从湖南图书馆珍藏的明代万历九年（1581年）丈量之后留下的鱼鳞清册的填写本一册就可以得到充分证明。②而张居正以身作则，起到了带头示范作用。按照明代缙绅优免的规定，张居正老家应免粮七十余石，但赋役册上实际开载优免粮多达六百四十余石，冒免粮达五百余石。万历九年，张居正写信给江陵老家的儿子张嗣修，要他清查户内口粮实数。其子张嗣修查核之后发现：

> 乃知其中积弊多端：有族人倚借名号，一体优免者；有家僮混将私田概行优免者；有奸豪贿赂诳吏窜名户下巧为规避而免者；有子弟族仆私庇亲故，公行寄受而免者。是以十分中论，本宅仅得其一，余皆他人包免。③

以上所提及的通过投靠、荫庇与冒名等诸多手段而规避赋税的情况，其实揭示了明代官绅优免制度带给赋役制度的破坏。张居正通过"自查"江陵老家田地之实际情况后，自愿将本宅田数74石例得优免者"尽数与小民一体当差"。有此榜样，其他地方官员自然不敢怠慢。

万历年间，任职于湖广各地的知县等地方官，纷纷展开田亩丈量活动，这些举措或作为官员的政绩而写入地方志中，或在田赋志中加以说明。如史料记载：

（1）江夏县。万历年间江夏知县莫扬"值行丈量之令，率里老弓正为文祭城隍，为血誓……众感泣，不敢负公。又力主行一条鞭法，邑人赖之"④。

（2）公安县。知县杨云才"当九年（按，万历九年）丈量田粮，单骑行乡野，履亩定税，著为条编"⑤。

（3）黄安县。史载其民人秦克因罪没其田产入官，"及至万历八九年丈量后，一概均作民田起科，别无官田矣"⑥。

（4）黄陂县。"万历十年，奉旨丈量。四乡田地塘柴草山场计一万二千五百四十二顷五十一亩八分一厘。"⑦

（5）安乡县。"本县田地陂塘税粮，自万历九年丈量之后，分为五则起科，俱有

---

① 光绪《兴国州志》卷13《官师志·秩官列传》，清光绪十五年（1889年）刻本，第10页。
② 《万历九年丈量鱼鳞清册》，填写本，湖南图书馆古籍保护中心藏。
③ 《万历邸抄》万历九年夏四月，江苏广陵古籍刻印社1991年版，第108页。
④ 康熙《湖广武昌府志》卷5《宦绩志》，清康熙二十六年（1687年）刻本，第11页。
⑤ 同治《公安县志》卷4《职官志》，清同治十三年（1874年）刻本，第29页。
⑥ 康熙《黄安县志》卷3《田赋户口》，清康熙三十六年（1697年）刻本，第61页。
⑦ 康熙《黄陂县志》卷4《赋役志上》，清康熙五年（1666年）刻本，第4页。

定额。"①

（6）泸溪县。知县吴一本，万历中知泸溪县，"时当清丈田亩，一本遍历四境邑之形胜要害，疆里肥瘠，了然胸中，厘剔奸弊，平徭役，却馈遗，士民莫不爱戴"②。

两湖地区万历丈田的方法，各地方官因地而异，兹列举如下州县为例，以窥一斑。

（1）湖北大冶县。据同治《大冶县志》记载，其万历十年（1582年）的丈量详情如下：

> 丈量之法，计里划为区，里立公正一人，区立排长一人，令自丈而后核丈。明等则、严隐射、禁舞文、丈竣合区，总有亲供鱼鳞提名等册。通计得田地塘上中下，山水乡各若干，田有加而赋尽原额，通融摊派，时盖江陵当国，知县吴仁悉心履亩，均平赋役。③

按，大冶县的清丈，基本遵从乡里区划进行，其丈量组织结构为公正与排长。其丈量方式为，先各自丈量，然后进行复查。丈量之后，编纂有亲供、鱼鳞、提名等赋役册籍。由于张居正当权之故，知县吴仁对于丈量之事可谓倾力而为。

（2）湖北潜江县。万历年间，潜江县知县朱熙洽进行了一次清丈活动，该县时人袁国臣、刘垓都先后作《清田记》来记述此事。其中，刘垓在其《清田记》中描述朱熙洽的丈量方法如下：

> 法也，家各为丈。丈毕，则受成于里。里各为丈，丈毕，则受成于公正。惧公正之或蔽于里也，卷帘总丈，丈有余田者罚。惧公正之或私所好也，履亩抽丈，丈有余亩者罚。又惧田之不能以一则齐也，沃壤水泽，粮各有差，而借伪以乱真者罚。④

按，潜江县的清田丈量，基本是由下而上，从各家开始，先自丈，然后依次汇总到里长、公正。为了杜绝丈量过程中可能出现的营私舞弊，依次进行了以"卷帘总丈""履亩抽丈"的方式进行全过程的监督检查。

（3）湖南攸县。该县于万历年间由知县徐希明进行了一次田地清丈活动。据同治《攸县志》记载："徐希明，浙江上虞举人，万历中知攸县。莅任数载，丈田清赋，厘江西田界。贫者无无田之粮，豪民无无粮之田。"⑤对于徐希明的丈量经过和方法，明代茶陵举人刘应峰在《核田碑记》中有如下记载：

> 侯（按，指徐希明）乃布谕申令，筮日举事。召各都里，推择可任属之人。群分而班之职。职丈、职算、职书，人各有数，分理属公正，总视属监丈，而辩

---

① 康熙《安乡县志》卷3《赋役志上》，清康熙二十六年（1687年）刻本，第24页。
② 乾隆《泸溪县志》卷20《名宦》，清乾隆二十年（1755年）刻本，第23页。
③ 同治《大冶县志》卷4《田赋志》，清同治六年（1867年）刻本，第7页。
④ 康熙《潜江县志》卷3《舆地志》，清康熙三十三年（1694年）刻本，第41页。
⑤ 同治《攸县志》卷38《政绩》，清同治十年（1871年）刻本，第3页。

（辨）认田亩之主，则知识属焉。其田之广轮参差，悉属以绳。视剂量方弓法，较若简便且足杜奸萌也。按屯籍以稽军民之淆，清界粮以释虚赔之累。俱不烦绳责帖然称服。①

按，攸县的丈量组织较为健全，分工明确，包括职丈、职算、职书、公正、监丈、知识等各色人等，有丈量、计算、书写、监察、辨别等环节，丈量之中的各个环节都有专职人员负责。

在上述三县的基础上，再结合其他史料所记载的情况，我们可以看出湖广地区万历清丈的大概情况。一般是先令民自丈，然后由官府复丈，有的地方则辅之以邻右互相告发以杜绝虚报，在丈量的基础上绘制新的鱼鳞图册，这些丈量册籍成为以后田地过割和征税的重要凭证。在麻阳县，据史料记载：

盖江陵当日清丈，田一丘即注册一叶。业主四至、弓步、粮亩，用县印钤盖。田地即有买卖，不必更为税契，即以所印册叶付之。洵万世无弊之规。麻阳今日田地犹往日界址，粮亩其均，正于经界也。②

尽管朝廷于万历八年（1580年）颁布了《清丈条例》八则，制定了较为详尽的清丈方法，但在人治的社会，各地丈量的关键，还是在于地方官的执行力上，所以湖南泸溪县在赞扬万历期间的知县吴一本致力于丈量活动之时，曾对知县的作用有如下论述："惟清丈一法，可除弊窦种种。但此须官欲自清，其县之田则可。又须廉干之官，亲历周勘，不假手于人则可。否则令出自上，本官不欲，苟且奉行，断未有不扰民肥吏，而弊窦因此增多者。"③

正是缘于"人治"的特点，以及每个地区所面临的地方问题不一，因此丈量就呈现出区域性差异，在江汉—洞庭湖平原的湖区，由于沙压、淤积频繁，湖田、垸田不断开发，故田亩清丈较为迫切和详细，比如前揭潜江即是如此，而且从嘉靖、万历到康熙年间多次清丈田亩。另外有些区域，或许因为田赋不均现象不太严重，对于丈量之事则敷衍塞责。如巴东县"隆万以来，虽屡经申饬，丈量之法废格未行。止以浮粮故事加摊，而虚存鱼鳞户口之册"④。

另外，对于危害两湖地区的庄田问题，万历十年（1582年），湖广督抚奏议丈量庄屯等田地，要求"将境内田地，不分民屯、皇庄、鹅鸭食田并宗室置买及军民庄田开垦等项，各衙门委官会同一体，同日丈量"⑤。但据前揭潜江知县朱熙洽在清丈之时即明确说道："府田、军田，因其旧，勿籍制也。"⑥因此，万历清丈也不可能完全解决两湖

---

① 同治《攸县志》卷49《艺文·核田碑记》，清同治十年（1871年）刻本，第17—18页。
② 同治《新修麻阳县志》卷13《外纪志·卫屯》，清同治十三年（1874年）刻本，第62页。
③ 光绪《辰州府乡土志》第三章，清光绪三十三年（1907年）抄本，第14页。
④ 同治《宜昌府志》卷5《赋役志》，清同治三年（1864年）刻本，第39页。
⑤ （明）王圻：《续文献通考》卷16，现代出版社1986年版，第18页。
⑥ 康熙《潜江县志》卷3《舆地志》，清康熙三十三年（1694年）刻本，第41页。

赋役不均的问题，这也就造成了许多地区不得不在清初康熙年间继续进行清丈活动。[①]

(三) 丈量之成效："田有增加而赋尽原额"

《明史·食货志》载：

> 万历六年，帝用大学士张居正议，天下田亩通行丈量，限三载竣事。用开方法，以径围乘除，畸零截补。于是豪猾不得欺隐，里甲免赔累，而小民无虚粮。总计田数七百一万三千九百七十六顷，视弘治时赢三百万顷。然居正尚综核，颇以溢额为功。有司争改小弓以求田多，或掊克见田以充虚额。北直隶、湖广、大同、宣府，遂先后按溢额田增赋云。[②]

按，万历清丈之后，田地增加是事实，但是否"按溢额田增赋"尚待考证。就湖广地区的情况言之，在明代中后期，随着赋役的定额化趋势，丈田主要还是着眼于赋役不均而采取的均平赋役，或是针对田地失额过多而力图恢复原额，在此前提下，尽管万历清丈之后，湖广地区增加土地很多，但并不意味着赋税亦随之大规模增加，试分论之。

首先，关于湖广万历清丈之后田地的数额及原因问题。史料记载洪武年间湖广田地高达220余万顷，占全国的四分之一，这显然是"册文讹误"，即书写方面的错误所致，实际应为20余万顷，对此已有学者进行了考订。[③]因此，《正德会典》所载的弘治十五年（1502年）湖广耕地数为236 128.47顷，此数额较为可信。经过万历清丈之后，许多州县的田地数额都有不同程度的增加，兹略举几个县，如表1-1所示：

表1-1　万历清丈前后两湖地区田亩数额变动表　　　　　　　　（单位：顷）

县	丈量之前	丈量之后	新增田地	资料来源
潜江县	2055	11 022	8967	康熙《潜江县志》
安陆县	901	3639	2738	道光《安陆县志》
黄陂县	3006	12 542	9536	同治《黄陂县志》
兴山县	139	365	226	同治《兴山县志》
安乡县	1059	3405	2346	康熙《安乡县志》
麻阳县	890	985	95	康熙《麻阳县志》

又，《明实录》载：

> 湖广巡抚陈省题："清丈过所属武、郴等府州官民田地、山荡、湖共八十三万八千五百二十五顷四十六亩零，除补足失额九千五百六十七顷二十四亩外，尚多五十二万六百八顷六亩零，通融减派，起存官民夏税麦一十三万二千有奇，秋粮

---

① 杨国安：《清代康熙年间两湖地区土地清丈与地籍编纂》，《中国史研究》2011年第4期。
② 《明史》卷77《食货志一》，中华书局1974年版，第1883页。
③ 龚胜生：《明代湖广布政司田亩考实》，《中国农史》1992年第3期。

二百三万二百八十石有奇，鱼课银七百一十二两有奇。武左等卫屯田、地、山、塘堰七万七千七百五十六顷二十一亩零，除补足原额屯粮三十九万六千一百二十石有奇，尚多地三万一千二百九十五顷四十八亩零。应科屯粮五万一千八石有奇。及将左布政钱藻等纪录，知县吴邦达等分别罚治。"户部覆，上曰："楚地广远，省等综核详密，甚副平赋便民之意，与钱藻等俱纪于录。"①

以上是湖广巡抚陈省于万历十年（1582年）清丈之后所做的总田地数额的奏报。据此，官民田地为 838 525.46 顷，卫所屯田 77 756.21 顷，合计达到 916 281.67 顷。相较于湖广丈量前原额田地 384 378.12 顷，丈量之后，新增田亩 531 903.55。从丈量的田地额数观之，则湖广地区是田地新增最多的地区之一，可见清丈田地之效果显著。嗣后明末辽饷加派，大体以丈量之后的土地数额为准，据天启年间户部尚书李起元在《计部奏疏》中所载，当时湖广田地共 824 970 顷，接近万历十年清丈的官民田地。

关于两湖丈量田地增多之原因，一般归结为在张居正的考成法下，官员溢额求功之结果，如前揭巡抚陈省的奏疏中，就奖励了左布政使钱藻等，同时处罚了丈量不力的知县吴邦达等，可见其推行丈量力度之大。但就两湖地区而言，从明代中期开始，随着移民的不断涌入，两湖平原的垸田开发，以及湘鄂西山区的大量垦殖，湖田与山地的大量开垦，农业经济的大发展，才是万历年间清丈出大量耕地的真正内因。

已有研究表明，两湖地区的垸田开发肇始于南宋；明代洪武至成化年间，是垸田初步兴起的阶段；从成化到正德年间，垸田发展十分迅速；嘉靖以后，由于移民继续大批进入，垸田增长速度更快，并向沼泽化的湖区和淤塞河港扩展，史载："正德以来，潜、沔湖渚渐淤为平陆。"②这些淤积的湖泊渐次被垦为桑田。江汉平原的沔阳、潜江、监利、天门、汉川，湖南洞庭湖的华容、湘阴、益阳等地都是垸田开发较为集中的区域。据不完全统计，嘉靖初年，沔阳州至少有 110 余垸；潜江县在成化、正德年间已有 48 垸，到万历年间增至百余垸；监利县在成化年间，由知县焦钦主持一次即修建堤垸 25 处。③这些垸田之规模甚为可观，据史料记载："各垸之田少者数百亩、千余亩，亦多有至万余亩者。"④

另外，明代中期湘鄂西山区土地开发也较为显著，其中荆襄流民对于鄂西北郧阳地区的开发尤为突出。如成化年间，负责安抚荆襄流民的左副都御史原杰"奏设府卫各一，州一、县八，以行都司总辖之。凡招流民以户计一十九万一百七十有奇；垦荒田以顷计一万四千三百有奇"⑤。也就是说，成化年间仅鄂西北郧阳一带的山区开发的

---

① 《明实录·明神宗实录》卷 129，万历十年十月癸丑条，"中央研究院"历史语言研究所 1962 年版，第 2412—2413 页。
② 万历《湖广总志》卷 33《水利志》，明万历十九年（1591 年）刻本，第 15 页。
③ 梅莉、张国雄、晏昌贵：《两湖平原开发探源》第 4 章《垸田的开发》，江西教育出版社 1995 年版，第 87—91 页。
④ 乾隆《湖北安襄郧道水利集案》卷下《禀抚宪晏各属水利岁修事例》，长江出版社 2017 年版，第 42 页。
⑤ 《明实录·明宪宗实录》卷 167，成化十三年六月丙申条，"中央研究院"历史语言研究所 1962 年版，第 3022 页。

荒地就达到了 143 万亩之多。

这些在明代中后期才开发出来的土地，是不可能被纳入洪武初年编纂的鱼鳞图册中去的。于是这些已耕荒地未起科的，后来经过申报或丈量之后，无疑构成了明代中后期湖广地区耕地的重要组成部分。如史料记载：

> 南阳、襄阳、荆州、德安四府，沔阳、安陆二州，地大物众，虽硗瘠污莱之地，亦渐为居人及流民垦种成田，但无征科定额，多致纷争。乞许令开报，定则例，每亩科粮一升，山岗、水滩亩科五合……议上，俱从之。①

故此，两湖地区经过万历清丈之后，田地增加如此之多，除了清查出先前隐匿、诡寄、投献等田地外，新淤积的湖田、山区的垦辟等，都构成了丈量之后新增加的田地数额，也就是说，万历清丈在一定程度上也体现了明代中后期随着移民的大量进入，土地得到充分开垦与开发的结果。但是堤垸因洪水的泛滥而兴废靡常，故湖区的土地清丈活动就不能一蹴而就了，比如潜江县从明末到清初，经历了多次清丈田地运动就是明证。

其次，关于清丈之后新增土地的赋役加派问题。尽管万历清丈之后，湖广地区的土地数量大幅度增加，由原来的 30 余万顷增加到 90 余万顷。但田地增加是否意味着赋税的增加？这需要具体分析看待。至少有很多史料表明，很多地方尽管丈量出了新增土地，但赋税基本还是保持原额不变。

如前揭同治《大冶县志》卷四《田赋志》即清楚地表明："田有加而赋尽原额，通融摊派。时盖江陵当国，知县吴仁悉心履亩，均平赋役。"②另外，湖北潜江隆庆六年（1572 年）民赋额田为 2055 顷，万历五年（1577 年）清丈结果为 11 022 顷。辽饷加派虽以万历五年清丈数为准，但赋粮未增，为此，他们采取折亩的方式，以大当小，以多折少，使之尽量符合原额赋粮。即以 5.3635 实际小亩折一赋粮单位，谓之大亩，一大亩科粮一升，故其赋税仍折回隆庆六年数额。③

最后，关于万历清丈之后的田则调整问题。万历清丈的目的之一就是调整赋役的轻重不一，其中田地类型不同、土地肥沃程度不同，也是造成赋役不均的原因之一。于是，在清丈活动中，也进行了一些田则的调整，其中简化田地税则以减少推收过割时的弊端也就成了重要的举措之一。

康熙《麻阳县志》载："原额民田八百九十顷一十八亩八分八厘九毫一丝，于万历九年奉文清丈，十三年复丈。不分山乡水乡，不分上中下则，一则起科，每亩科秋粮民米一升六合九勺五抄八撮。"④再如万历五年，潜江知县朱熙洽在清丈中亦云："尽

---

① 《明实录·宪宗实录》卷 71，成化五年九月乙酉条，"中央研究院"历史语言研究所 1962 年版，第 1389—1390 页。
② 同治《大冶县志》卷 4《田赋志》，清同治六年（1867 年）刻本，第 7 页。
③ 具体史料可见光绪《潜江县志》卷 3《舆地志》，清光绪五年（1879 年）刻本，第 29—30 页。
④ 康熙《麻阳县志》卷 5《食货志》，清康熙三十三年（1694 年）刻本，第 1 页。

民、渔田丈之,照亩均粮,更三等为一则,而以最不毛之地附之坊厢册尾完正供,免杂徭。"①

（四）"以田系人"：万历清丈与里甲赋役制度之调整

关于万历清丈,需要将其置于整个明清土地管理与基层里甲赋役制度变迁的过程中,特别是明末清初的赋役变革之中,方能洞悉其地位和价值。正如有学者指出的那样,所谓清承明制,更确切地来说,清朝继承的是明朝在16世纪行政改革之后所形成的新制度,包括土地数额、赋税征收方式等,皆是如此。从这个意义而言,万历年间的经济变革才具有跨时代的意义。

明初里甲制度是以赋役黄册和鱼鳞图册为核心所构成的,是人丁与田产的结合,相对稳定的自耕农或小农经济是里甲制度存在的经济和社会基础。到了明中后期,赋役的不断加重,皇族、大地主的土地兼并,造成明成化年间高达200万的荆襄流民问题。里甲户的逃亡,"无籍之民"的涌现,冲击着原有的里甲赋役体系,户口和土地出现分离,于是土地清丈就成为重要的举措之一。

万历清丈主要是针对土地占有不均、田地经界不清、土地与赋役脱节等诸多弊端。丈量之后,大多重新编纂有鱼鳞图册和其他各式土地册籍,这些地籍资料较洪武年间更为完备,也更为接近社会真实的土地占有情况,因而成为以后赋役征派的重要依据。反观赋役黄册,则越来越脱离人户的实际情况,如万历《慈利县志》载：

　　吾闻慈户口攒造,巨奸蟠穴于其中,固有族繁千丁而户悬数口,又有家无子遗而册载几丁。②

另据湖北阳新县龙港镇《刘氏宗谱·户籍》载：

　　明初本姓占籍兴国州之朝阳里为递年,曰刘显,嘉靖十年州守钱塘杨公分户为二,递年曰刘显、刘阿汪；嘉靖三十一年州守南海周公分户为三,递年曰刘显一、刘显二、刘显三；万历年州守太仓杨公分为十三,递年曰刘显一（崇庆里三甲,仪仿崇祚等共）；刘显二（崇庆里五甲,俶田等兄弟共）；刘显三（崇庆里七甲,寿最总绘弦统宗伟等共）；刘显四（崇庆里十甲,烁煨炕等共）；刘显五（辛兴里一甲,启善等共）；刘显六（辛兴里二甲,卓续耀海宏华春含主咸等共）；刘显七（辛兴里三甲,炌沆等共）；刘显八（辛兴里四甲,煖满燉煴等共）；刘显九（辛兴里八甲,伊谟等共）；刘显十（中丰乐里八甲,位述严等共）；刘显十一（辛亭里七甲,燮熿制等共）；刘显十二（永章里五甲,汶晋等共）；刘显十三（崇庆里二甲,坛杲理等共）。……租共二千石,丁共一千九百。以上依雍正乙卯年所修

---

① 康熙《潜江县志》卷9《赋役志》,清康熙三十三年（1694年）刻本,第37—38页。
② 万历《慈利县志》卷8《户口》,明万历元年（1573年）刻本,第3页。

谱查定，刊刻至今。①

这里刘氏在明初占籍为里甲递年，并由明初的一户到嘉靖年间分化为三户，再到万历年间分化为十三户，每户下面有一群族人共顶，并分布在不同的里甲当差。十三户下实际有丁1900，实际人口则有五六千人以上了。正是由于赋役黄册已经难以反映真实的人丁状态，因而逐渐失去了作为政府征派赋役的依据，于是明代的里甲赋役体系就开始发生变化，即赋税徭役的征派对象逐渐由"人丁"向"田产"转移，出现了"以田系人"。与此相应，里甲的编排也逐渐以田地和税粮为标准，并逐渐演化为赋役征收的单位。因此，从明末到清初，地方政府征税的基础是土地登记，而非户口登记。在所谓的一条鞭法的赋税改革中，除了将赋役折银之外，另一个重要变革，是将征收对象从户口转移到土地。

明末清初的陆世仪在《论鱼鳞图册》一文中，就是以万历清丈为背景，指出明初"以人户为母，以田为子"的黄册，和"以田为母，以人户为子"的鱼鳞图册，法久生弊，"若欲厘整，法宜从简。莫若废黄册，专用鱼鳞图册。凡赋税徭役，一以鱼鳞图册为主，即所谓坐图还粮也"②。他还列出了黄册的"六不便"和鱼鳞图册的"六便"加以论证。"废黄册"，即废人户，"专用鱼鳞图册"就是以田为主。这一趋势反映了明清之际由"度人而税"向"度地而税"过渡的最终完成，万历清丈正是这种历史发展过程的体现。

万历年间，湖南湘乡县举人洪懋德在《丁粮或问》中，对里甲制度的编排由"丁"向"粮"的转变进行了详细说明。他指出："国初之制，以人丁之多少而制为里甲，粮因从之……今随粮带丁，则丁赋不劳而办。"这里就反映了湖南在万历年间出现了"随粮带丁"的趋势，也就是说，田地成为编佥的对象。当然洪懋德做此文的目的其实是反对"随粮带丁"的，认为如此则会使"无粮之丁"成为"无籍之民"，国家对这些人无法控制，造成"国家有湘之土，而无湘之民"③。与此同时，湘潭县的李腾芳也反对征税的对象由户口向土地的转移，他在《征丁议》中云："从古帝王所立之天下，至于今数千年，而户口、土田两者，未尝肯销其一以并于一。圣贤之论、豪杰之见多矣，未闻以征粮则便，而征丁则不可者。"④在此，洪懋德、李腾芳等人显然是站在官绅等大地主土地所有者的立场上，反对征税的对象由人丁向土地转移。但历史的发展并不以这些特权者的反对而改变。

明清时期里甲赋役制度的演变，主要发生在明代中后期到清前期，随着赋役征收

---

① 湖北省阳新县龙港镇《小溪刘氏宗谱》卷首《凡例·户籍》，民国三十三年（1944年）刻本。
② （清）陆世仪：《论鱼鳞图册》，（清）贺长龄、（清）盛康：《清朝经世文正续编》第1册《清朝经世文编》卷29《户政四》，广陵书社2011年版，第295页。
③ 同治《湘乡县志》卷3下《赋役志》，清同治十三年（1874年）刻本，第45页。
④ 乾隆《湘潭县志》卷10《赋役志》，清乾隆二十一年（1756年）刻本，第37页。

数量上的定额化，征收的对象由人丁变为丁粮，最后以土地为唯一的征收对象，并经过明代中后期的一条鞭法，到清前期的摊丁入地最终得以完成。而清代的户口虽然也定期登记，但开始归属于十家连坐以维持社会治安的保甲系统，而与赋役的里甲系统无关。事实上，在清朝初年，湖广地区里甲的编排大多就是以田地税粮为标准的。如京山县"（顺治年间）东十五里，五百石为里，五十石为甲；西十六里，三百三十石为里，三十三石为甲"①；潜江县"顺治十年，知县柯赓昌均平图赋，以四十三石为一里"②。在这种转变过程中，万历时期的土地清丈就成为明清里甲赋役制度由"人丁"向"土地"转变的关键环节和重要体现。

三、康熙年间两湖土地清丈与地籍编纂

在农耕社会，土地不仅是农民重要的生产资料，也是国家征派赋役的重要依据。官府总是期望通过全面的土地丈量掌控耕地之实情，以确保赋税收入。但囿于人力、物力和技术手段，在古代社会，全国性、彻底的土地清丈确非易事。

不过值得注意的是，土地丈量在古代并不仅仅是一个测绘与计量学上的技术问题，更是一个政治与社会问题。既然土地是官府征派赋役的主要依据，在明清赋税逐渐"定额化"的趋势下，其丈量的主要目则是赋役的整顿而已，即丈田是为了均粮，地籍是否符合实际情况倒并不重要。也许我们需要追问的是，国家出于何种目的、通过何种方式来掌握土地情况，并进而确定征派赋役的原则和方式。依何炳棣所言，全国性、大规模、精确的土地丈量不存在，但这并不表明局部地区或以其他变通方式进行的土地清丈不存在。③同时，土地丈量中的技术手段固然重要，但围绕土地丈量背后的利益纷争、地籍编纂和赋役调整更不容忽视。

作为明清时期国家重要的粮食主产区之一，两湖地区田赋税粮征收对国家财税意义重大。而明末清初的战乱造成两湖地区鱼鳞图册等赋役册籍普遍散失，遂致飞洒诡寄，百病丛生。④就赋税征收而论，其结果是"国库损于上、人民怨于下"。同时，在"江西填湖广"的移民浪潮中，两湖地区亦是移民流入最为集中的区域之一，移民的进入固然使明末以来荒芜的田地得以迅速垦辟，但也导致荒熟混淆的局面，更引发了土著与移民之间因田亩纳税不均所带来的矛盾与冲突等。⑤清初两湖民众苦于经界不清和

---

① 光绪《京山县志》卷3《赋役志》，清光绪八年（1673年）刻本，第28页。
② 康熙《潜江县志》卷9《赋役志》，清康熙三十三年（1694年）刻本，第39页。
③ 近年来，学者对徽州文书的研究表明，明末清初该地区开展了较为充分的土地丈量活动。参见〔韩〕权仁溶：《从祁门县"谢氏纷争"看明末徽州的土地丈量与里甲制》，《历史研究》2000年第1期；夏维中、王裕民：《也论明末清初徽州地区土地丈量与里甲制的关系》，《南京大学学报（哲学·人文科学·社会科学版）》2002年第4期；汪庆元：《清代顺治朝土地清丈在徽州的推行》，《中国史研究》2007年第3期。
④ 杨国安：《册书与明清以来两湖乡村基层赋税征收》，《中国经济史研究》2005年第3期。
⑤ 杨国安：《主客之间：明代两湖地区土著与流寓的矛盾与冲突》，《中国农史》2004年第1期。

田赋不均，故官府实行土地清丈势在必行。而土地清丈往往伴随着地籍的重新编纂，进而确立新的田赋征收标准。

（一）清初土地清丈的缘由与区域背景

顺治元年（1644年），户部下令各省清查地籍，由于当时战事未靖，各地是否切实推行颇多疑问。学界一般认为顺治一朝多是恢复万历旧制，康熙初年各地才开始清丈土地。①也有学者认为清初各省并没有进行土地丈量，册籍编造都是抄袭明代旧册。②鉴于中国疆域之广，各地社会经济发展水平之不平衡，任何中央制度的实施都有一个"地方化"的过程。而且由于各地面临的问题不尽相同，其政策执行过程难免出现偏差或变异。因此，对于清初土地清丈问题，不可以偏概全，必须分区域、分情景、分时段考察。

就两湖地区而论，顺治年间大部分地区仍处于战火之中，清廷的统治秩序未能有效建立。鄂东以"蕲黄四十八寨"为代表的地方武装一直坚持到顺治六年（1649年）才被清廷镇压。鄂西"夔东十三家"则在李自成余部李锦、刘体纯、李来亨等领导下，一直坚持抗清到康熙三年（1664年）。随之是康熙十二年（1673年）至康熙二十年（1681年），长达八年的吴三桂叛乱。当时清军以湖北荆州为中心，吴三桂以湖南常德为中心，双方大致以洞庭湖及长江沿线为锋面，陈兵两岸，两湖地区成为双方厮杀和争夺的主战场。

因此，在顺治至康熙初年深陷"西山之役"与"三藩之乱"的两湖地区，其土地清丈工作实难全面展开，其《赋役全书》的编纂主要是恢复万历旧制，即照抄明代原额。如同治《通城县志》记载："顺治五年知县赵齐芳奉例清丈，田地塘粮税俱如前。"③而康熙《应山县志》、康熙《武昌县志》所载之清初田赋亩数亦直接抄录"原额"，连"奉例清丈"的官样套话亦省略不记。

两湖地区主要的清丈活动出现在平定"三藩之乱"后的康熙年间。比如潜江、监利、沔阳等州县皆在康熙年间开展了较为全面细致的土地清丈活动。其他如黄陂、京山、麻阳等县则推行以清田均粮为主要内容的赋役整顿活动。这些土地清丈活动，除了有"奉行"朝廷旨意的因素外，其实更包含有各自复杂的区域性社会经济原因，其最核心的还是欲解决"经界不清""地粮分离""赋役不均"等问题。在传统社会，土地制度与赋役制度密不可分。一般而言，赋役不均多半源自土地占有不均。兹就两湖地区论之，清初造成土地占有不均，进而导致赋役分担不均的情况，大体有以下三种。

---

① 〔美〕赵冈：《简论鱼鳞图册》，《中国农史》2001年第1期。
② 〔美〕何炳棣：《明初以降人口及其相关问题：1368—1953》，葛剑雄译，生活·读书·新知三联书店2000年版，第142页；陈支平：《民间文书与明清赋役史研究》，黄山书社2004年版，第87页。
③ 同治《通城县志》卷8《田赋》，清同治六年（1867年）刻本，第10页。

其一，由于地理环境的变化，沧海桑田，土地的自然属性可能发生根本性改变，导致原有膏腴之地可能被江河侵蚀和冲刷，甚至淹没成沼泽湖区，耕地荡然无存。与此相反，许多原本为湖区水面、岸滩、芦地，随着泥沙淤积而逐渐成为膏腴之地，进而被居民开垦成良田。前者造成了"地去粮存"的窘境，后者则导致了"有地无粮"的局面。

明清时期，江汉—洞庭湖平原在长江、汉江及其他诸多河湖的水文、地质因素影响下，洪水泛滥，河流淤积，其地形地貌的变迁剧烈。原来之耕地有可能沦为"巨浸"，而先前的低洼之地则可能演变为阡陌之区。由此造成田地和税粮严重脱节。沔阳知州李辀在《牧沔纪略》中即云：

> 水乡不比山乡，时有改变，良田一变为沉塌，人民四散逃亡殆尽。其契据亦随而多失。沉塌一变为良田，近地居民纷至冒认强占，造伪据而盗买盗卖，弊窦丛生，讼端纷起。①

刘佐国记述雍正年间沔阳州情况亦称：

> 吾沔本称泽国，淤沉不一，沧桑屡更。有昔本上粮而今为湖野，有向称荒塌而近成膏腴，完无田之差者所在多有，享无粮之土者不一而足。田之赖于丈、民之欲其清也，急急矣。②

以上所言为沧海桑田给田地赋役造成的不清，非丈量不足以解决问题。故上谕亦云："湖北沔阳州，地势低洼，为诸水汇归之地，以致田亩坍塌，淤涨靡常，小民苦乐不均，积有逋赋。迨雍正十二年，该督题请丈明，按实在地亩输纳，民累顿除。"③

而长江沿岸州县，因堤岸崩溃所造成的田地废除现象也很惊人。以濒临长江的石首县为例，顺治十年（1653年），据该县乡官夏昕，生员刘元隆、刘志尚等通邑耆老里排具呈堤溃田崩情形称：

> 嗣经上委兴山县知县刘元祯踏勘崩溃处，所目击昔之堤即今之北岸，昔之田即今之中流。如罗童垸、藕池，其崩卸田地八百八十八顷九亩七分；陈公堤调弦，其崩卸田地九百六十三顷八亩八分；杨桃垸、港口等处，其崩卸田地一千四百一十一顷八十一亩五分。以上其崩沙米麦七千六百六十六石有零。④

据此统计，仅顺治十年前后，石首一县崩溃田地即达3264.665顷，由此带来7666石米麦税粮无着落。倘若不进行田地清丈，以均其赋役，必将导致"上欠国税，下累百姓"之局面。

其二，由于田地科则轻重不一，或者胥吏、册书等在土地买卖过割中营私舞弊、

---

① （清）李辀：《牧沔纪略》卷下《清丈淤田清查垸田》，清光绪十九年（1893年）刻本，第59页。
② 光绪《沔阳州志》卷4《食货志·赋役》，清光绪二十年（1894年）刻本，第39页。
③ 《清实录·高宗实录》卷65，乾隆三年三月丁丑条，中华书局1985年版，第58页。
④ 同治《石首县志》卷3《民政志》，清同治五年（1866年）刻本，第6页。

上下其手，或者清初战乱导致两湖册籍尽失，抑或是地籍管理、赋役征收十分混乱，凡此种种，人为导致民众赋役分摊不均，急需官府为之清田均粮。

两湖地区存在军田与民田，渔粮、芦课与田粮等不同田地类型和征税标准，这些为胥吏和权贵移花接木、移丘换段、上下其手提供了可乘之机。而且在清初战乱之际，两湖赋役极其繁重，民众苦不堪言。①比如通城县在康熙年间，适逢"三藩之乱"，吴三桂盘踞岳州，距离通城仅一百六十里，受战乱冲击影响，赋役繁重，最终不得不进行丈田均粮：

> 其时（指"三藩之乱"期间——引者注）军需繁重，未及清查。奸猾册书任意飞寄，或将自己重税田秋换愚民轻税地麦。追呼之厉，日积月深，致民间有田亩一石，秋粮亦一石者。有司按册比征，不堪棰楚，往往挈家远逃。逃绝无征，遂摊派里甲花户，波累亲族赔纳。其时田地求人受管当差，即以粮折价，无庸买卖，尚不肯受。至康熙四十三年，士民控恳知县辛禹昆详准清丈，丈田清粮，丈地清麦。上不缺额，下不加税，而逃绝无征之害永除矣。②

除战乱影响导致赋役繁重外，更多情况则是豪强兼并，或胥吏、册书等基层赋役经手人等在田粮买卖过割中行诡寄、飞洒之弊，欺隐田粮，导致人地分离，里甲税粮众寡不均。如孝感县绅民在一份给官府的呈告中，对该县清康熙年间田赋弊端做了如下描叙：

> 孝邑之瘠薄堪怜，而田粮之混淆尤甚。或顶黑米而代纳，问之本身，不识所从来；或包细户以自膏，求之黄册，竟无其名目；或卖田者以少作多，坚执旧额之难除；或买田者以多作少，明作居奇之胜算；或此里已过，彼里不除，名为鸳鸯之重纳；或米系李四，册注张三，实同桃李之代僵。推其弊端伊始，盖自明季以来，兵火之余，版籍残而册书便于飞诡。逃亡者众，井里墟而豪强易以并兼。③

以上所言，即为孝感县清初土地买卖过程中之种种弊端，其结果是田亩混淆、赋役不均、里甲紊乱。此种现象在各地普遍存在，如湖南麻阳县，清初里甲赋役系统中的田地、税粮亦参差交错："邑之所称都甲者，零落参差矣。有彼都之甲分搀入此都者。有此都之田户坐入彼都者。又有六卫屯田互相坐落者。弹丸封域几何不可问也。"④

其三，两湖地区属于战乱之后大规模移民迁居的重要地区之一，移民的大量涌入增加了当地的劳动人手，加之清初政府推行的鼓励垦荒政策，使战乱造成的荒地很快得以垦辟成熟。随着荒田的渐次开垦成熟，特别是优免升科期限的来临，必然出现如何对这些新开垦成熟田地升科征税的问题。无论是以新垦之地补充原额，即"除荒征

---

① 杨国安：《明清两湖地区基层组织与乡村社会研究》，武汉大学出版社2004年版，第161—169页。
② 同治《通城县志》卷12《职秩》，清同治六年（1867年）刻本，第37—38页。
③ 康熙《孝感县志》卷6《田赋下》，清嘉庆十六年（1811年）增刻本，第1—2页。
④ 同治《新修麻阳县志》卷3《赋役志·都甲》，清同治十三年（1874年）刻本，第1页。

熟",还是新旧税额重新调整,都需要进行土地清丈。

两湖地区在清初的垦殖活动中收效较为显著。据彭雨新先生的统计,康熙二年(1663年)湖广报垦额为27 248顷,到康熙中期以后历年报垦为66 160顷。①按规定,除零星田头地角官府明确规定免于起科外,其余大面积开垦成熟的田亩,在新垦之后的两三年或五六年,需要向国家纳税升科。问题随之产生:如何向新垦田亩征税,特别是在"荒熟混淆"的情况下?雍正四年(1726年)三月二日,湖南巡抚布兰泰即奏云:"湖南垦荒田粮,苦乐不均,急宜清厘。"②

对于官府而言,对垦荒成熟田地进行清丈是为了重新掌握确切的土地数目,以便有效征税。在清初战乱导致田地荒芜、税粮失额较多的情况下,此种丈量当然是以恢复"原额"为目标。对于民众而言,清丈也未尝不是确定其对新垦土地拥有所有权的途径之一。事实上,在湖南许多地方,发生过逃亡的原主返乡,和开垦之新户产生土地产权纠纷,以及新垦之地遭"豪强势占"的案例。唯有通过清丈,编制鱼鳞图册,向官府缴纳赋税,无主之地才能永为己业。对于新垦土地清丈之事,同治《平江县志》记载如下:

> 康熙五十七年,将届升科之期,预请颁丈。时澧州州判慕乾生署县事,通邑编为八十六区字号,委耆调丈,逐日报册,卷土施弓。至五十九年,丈竣。知县杨世芳莅任,立局调算如左:成熟田三千五百九十四顷三十一亩一分一厘一毫六丝九忽六尘八纤……包赔虚额七百三顷六十四亩五分八厘六毫。③

要之,清初两湖的土地清丈,其主要缘由:一则,水患等自然灾害和平原湖区的特殊地形地貌,陵谷变迁,沧海桑田,导致田地崩塌,税粮失额。同时,湖区淤积新垦,经界不清,迫切需要清丈田地。二则,清初两湖战乱导致田地荒芜,政府推行垦荒政策,大量的新垦田地在升科之时亦需要清丈。三则,胥吏营私舞弊,田地买卖过程中的飞洒、诡寄等弊端,或者是明末清初赋役征派的繁重,导致里甲赋役之间分担不均。凡此种种,使各地开始了方式不同的清田均役活动。

(二)土地清丈的组织与方法

顺治至康熙初年,朝廷颁布了一系列有关土地丈量的规定。比如顺治十年(1653年)户部颁文:"直省州县鱼鳞老册,原载地亩、丘段、坐落、田形、四至等项,间有不清者,印官亲自丈量。"顺治十二年(1655年),户部更规定了各种地亩不清应行丈量之详细情形:

---

① 彭雨新:《清代土地开垦史资料汇编》,武汉大学出版社1992年版,第148—149页。
② 雍正《朱批谕旨》布兰泰奏折,转引自彭雨新:《清代土地开垦史资料汇编》,武汉大学出版社1992年版,第432页。
③ 同治《平江县志》卷14《赋役志一·田亩》,清同治十三年(1874年)刻本,第6—7页。

> 凡丈量之制，州县册籍原载丘段、四至不清者，丈；欺隐牵累，有地无粮、有粮无地者，丈；亩步不符赋则或浮者，丈；熟荒相间，旗民盐灶以及边地民番相错者，丈；壤界相接，畛域不分者，丈；荒芜召垦，寄粮分隶者，丈；水冲、沙压、公占，应抵应豁者，丈；濒江、濒海之区，五年一丈，视其或涨或坍，分别升免。①

康熙四年（1665年），户部复准："丈量弓尺，均照旧式，如各州县有私自更改者，该督抚指名题参。"②就两湖方志所见之清丈事例，既有比较详尽的清丈组织与实施过程者，亦有仅仅表明进行过清丈但并无详细记载者。还有一些并非履亩清丈，而仅是以均平图赋为宗旨的均粮活动。兹以康熙二十五年（1686年）孝感县、康熙四十三年（1704年）通城县、康熙五十三年（1714年）衡山县清丈事例为个案，对两湖土地清丈的组织形式与实施过程进行探讨。

1. 土地清丈的组织

实地丈量往往需要各类专业人员，比如负责组织管理的图正，精于算法的算手，脚力较好的弓手，以及负责绘图的书手等。更为重要的是，土地丈量牵涉赋役，必然和里甲等基层组织发生关系，在此基础上构建土地清丈组织。两湖各地情况既有相同之处，亦有不同之处。兹以三县之情况为例，窥其一二。

其一，湖北孝感县。康熙二十五年，时任孝感县知县梁凤翔应绅民熊祚永等二十五人呈请，决定在孝感县推行土地丈量。考虑到"孝邑幅员辽阔，山湖田地不一。若烦在上履亩丈量，不惟往来劳顿，窃恐旷日迟延"，梁凤翔决定充分利用现有的"乡会"等乡里基层组织进行土地丈量：

> 本县旧额原有五乡，每乡各数十会。今令各会烟民，自投毛田丘数，分立界畔，眼同互丈。每乡选忠诚正直一人董率其事。熟娴算法并健步弓手数人，以助其成。大约以各会之人，丈各会之地，则费省而事易。以本乡之人，稽本乡之田，则力少而功多。庶得速沾鸿慈，不至稽迟劳扰。③

据此，孝感县土地清丈的具体执行者为算手、弓手和董事者。其选拔标准，《清丈条例》载："各会公同遴选公直、老成、公正二名承理丈量外，用健步弓手一名，往来走报弓数。"④同时，"各乡各会开报精明算法者一名，听候出题考验。其情愿急公者，许自行报名投考，听拨入会"⑤。可见每会有两名公正之人主持丈量活动，每会下面又

---

① 《清朝文献通考》卷1《田赋考一》，浙江古籍出版社1988年版，第4858—4859页。
② （清）昆冈等修，刘启端等纂：《钦定大清会典事例》卷165《户部·田赋·丈量》，《续修四库全书》第800册，上海古籍出版社2002年版，第665页。
③ 康熙《孝感县志》卷6《田赋下》，清嘉庆十六年（1811年）增刻本，第5页。
④ 康熙《孝感县志》卷6《田赋下》，清嘉庆十六年（1811年）增刻本，第6—7页。
⑤ 康熙《孝感县志》卷6《田赋下》，清嘉庆十六年（1811年）增刻本，第7页。

有体健能跑腿的弓手一人，精于算法的算手一人，而且以上清丈人员都有必要的选拔和考核程序。

另外，据《清丈条例》的相关条款还可以发现，参与丈量的还有"湾长"之人役，如"临丈一家之田，必湾长邻佑眼同观丈。丈毕，则公正面取甘结。不得私栽湾长名目，以滋推诿……丈各业户之田，公正同湾长眼同开明"①，等等。"湾长"应是孝感县自然村落的头人，此举措表明该县的丈量活动利用了固有的乡土资源。

其二，湖北通城县。康熙四十三年，通城县士民控恳知县辛禹昆详准清丈。辛禹昆规定该县参与清丈田亩的人役如下：

> 按照县治东、西、南、北，编列乾、坎、艮、震、巽、离、坤、兑、中九宫大图，各举端方一人为大图长。于每大图之内，照乡村段畈，各举明干一人为小图长，各分管小图界限清楚。每小图立书手二人，算手一人，丈手一人，丘正一人，丘副一人。②

通城县的清丈组织似乎较为庞大，全县按九宫图式分成九方，每方设立一大图长。其下则依据自然地理、乡村聚落、耕地形制划分为小图，各设立一小图长。每小图中又立有书手二人、算手一人、丈手一人。除此之外，还有丘正、丘副之设立，组织甚为严密，分工极为细致。由于通城县地处鄂东南，宗族势力较强，因此清丈中亦动员"户长"加入。

其三，湖南衡山县。衡山县地处湖南中部偏东，湘江中游西岸，地形以丘陵为主，因境内有南岳衡山而得名。顺治四年（1647年）始入清朝版图，隶属于衡州府。康熙四十三年（1704年），知县李长祚"废甲编区"，将衡山县原有六乡十六都一坊改编为"朝、宗、于、海、九、江、孔、殷、沱、潜、既、道、云、土、梦、作、又"17个字号，下设437个区。清初的战乱导致该县田地荒芜较多，赋粮缺额甚巨。嗣后经开垦，荒地渐次垦复，但荒熟混淆，为了保证税粮足额和赋役均平，康熙年间进行了一次较全面的清丈活动。其清丈人役如下：

> 通县一十七字号，每字号中必须遴选一二公直老成者为图正。四百三十七区，每区中必须择一精明算法者为算书。又须觅一朴实健步者为弓手，方堪委任。③

衡山县的清丈组织由图正、区正、算手（书）、弓手构成。每字号遴选公正老成之1—2人充当图正，则有正、副之别，全县合计有图正17—34人。每区有区正1人，能精通算法的算手1人，朴实健步的弓手1人，则区正、算手、弓手各437人。如此，则衡山县参与清丈人役有1328—1345人。衡山县清丈三年后才完成，最后共计丈量田地771 102亩，则平均一区丈量的田地面积为1764亩。

---

① 康熙《孝感县志》卷6《田赋下》，清嘉庆十六年（1811年）增刻本，第9页。
② 同治《通城县志》卷12《职秩》，清同治六年（1867年）刻本，第38页。
③ 乾隆《衡山县志》卷7《赋役·土田》，清乾隆三十九年（1774年）刻本，第32—33页。

由以上三县情况来看，两湖土地清丈的组织核心还是图正、算手、弓手等专业人员。其清丈组织层级与乡里基层组织基本对应，比如清丈中的公正、区正、图正人役等，和乡里制度中的行政区划基本对应。值得注意的是，在专业人士之外，清丈还广泛动员社会力量，包括湾长、户长及绅民邻右等。由于清丈涉及每家每户的经济利益，在"先自报、后清丈"的模式下，实地丈量所涉及的田主几乎都卷入了该活动中。

2. 清丈程序与方法

清丈过程大体分为清丈之前的准备工作、正式清丈和清丈之后的绘图编纂工作。清丈之前，往往需要置办必要的工具，比如纸张的置备、测量工具的校准等。为了保证清丈的准确性，在孝感县，知县梁凤翔对于测量工具——弓口的式样标准有详尽规定："各乡各会甲，俱照布政司存库部颁弓口式样，备造弓口一张，用铁包裹斗笋之处，本县亲书花押登记，毋得那移出入，致滋弊窦。"①这里按布政使库部式样制造的铁制弓尺，其实主要是制定一种标准，想必实际清丈时，各会甲都会照此标准制造更多的弓尺。考虑到成本和使用方便，通城县即是"以木为弓代之"。

对于弓口的使用时限与方法，各地也有一定规定。如衡山县《丈量条款》载：

> 一，限时。凡开丈、调丈，俱要四百三十七区同日发弓。所丈弓口即填注印册，比日计程缴县。区正止留副本在手，以俟对验。其邮递印册，每十里一铺，无分昼夜，传送到县。如有稽延，即行究治。……
> 一，丈法。凡下弓口，不得任意低昂。田形有合图式，有不合图式者，务宜斟酌盈虚，以求允协。更须粮必归区，毋致紊乱疆界。②

通城县对于丈量之法亦有较为详尽的规定：

> 丈量之法，六尺为一步。今以木为弓代之，便于丈手轻快。凡步外零尺，每一尺以一分呼之。每横一步、直二百四十步为一亩。横一丈，是二步，直六十丈亦为一亩。若丈路，三百六十步为一里。③

这里的丈量规制"横一步、直二百四十步为一亩"，和顺治十一年（1654年）官方制定的州县地用步弓广一步、纵二百四十步为一亩是相吻合的。通城县还有详细的算数方法："丈田塘积亩，定用四归一遍、六归一遍，算手人役苦于烦劳。另有飞归捷法，以一遍代四六归之二遍也。以一万二千三百四十五步六分七厘八毫九丝为法。曰一百二十五为期，二十四上一翻飞，见一加三，隔位四九十六……"④总之，非精通算法者不可。

清丈首要之处，在于确定田地经界。所谓"经界不正，井地不均。盖一邑有一邑

---

① 康熙《孝感县志》卷6《田赋下》，清嘉庆十六年（1811年）增刻本，第7页。
② 乾隆《衡山县志》卷7《赋役·土田》，清乾隆三十九年（1774年）刻本，第33页。
③ 同治《通城县志》卷12《职秩》，清同治六年（1867年）刻本，第42页。
④ 同治《通城县志》卷12《职秩》，清同治六年（1867年）刻本，第40—41页。

之经界，一字号有一字号之经界，一区有一区之经界，一田有一田之经界。务使四抵分明，高竖牌桩为识，以便清丈"①。由于明代里甲编排以户口为主，到清代以后，随着赋役由户丁向田粮转移，里甲编排开始变为以地粮为主。因此，清理经界实际成为确定乡里区划地理空间边界的一种方式和方法。以孝感县为例：

> 示阖邑会甲公正人等，各就近踩勘。先定本县与别属之界，次定五乡之界，次定各会之界。于界所高筑土墩，树立木牌，书明四址。其各业户田地山塘各于本会界内钉立小木桩。自开姓名民藩田赋，以便清丈。②

另外，清丈之前，必须明确县、乡、会之间的地界，即"各会先定大界，或以山，或以路，或以河，或挖峰墩，或立界杆，务期四界明白，以杜混杂之弊"。由此将乡里区划落实到地理空间，为田粮归区打下基础，"如人居此会田坐彼会者，相应于彼会随田立户造册"③。

为了保证清丈全面彻底，不分官田、民田，清丈各县一体测量，不容遗漏。如衡山县规定："田有军田、民田、僧道田，各项夹杂，俱照民田一起挨顺栉比鳞次丈去，但于册内各自注明，不得跳越次序，混淆丈法。"④孝感县亦有类似规定："颁发字号，某乡某会自某字一号起，至某字几号止。……挨顺编定，栉比鳞次，毋得遗漏。其遇犬牙相错之处，地形斜直方圆不等，亦须多打小桩，以绳径围，编顺字号，不得跳越次序，混淆丈法。"⑤这在一定程度上弥补了两湖地区万历清丈中不敢涉及官田、王府庄田的不足。

对于田地测量的具体程序与实际场景，不妨以康熙年间通城县为例窥其一斑：

> 先令小图长逐烟户查取田地土名报册。次立搜田户长，逐加搜寻。如有欺隐不报者，治之以法。报册汇齐，方饬大小图长、丘正、丘副、书手、算手人役一同按册踏田丈量。承泉源塘堰水荫注者为中田，承天水者为下田。书手草册绘成田形，登记中下则号。丘正以次立定中长广阔地位，丘副对面立牌，丈手执六尺为一步之弓，对丘正、丘副所立之地位量去几十几弓。不满一弓者，即以一尺为一分。假如四尺，丈手则呼四分，以报之书手，算画田图，登记中长若干步数，一阔二阔各若干步数。其法如田一丘或三四丘合丈，亦有山垄小田十数丘合丈者。除田塍不量外，用截盈补虚之法，俱先量其田中长步数为实，次以一阔二阔之数合用二归算法折之，得若干数为法，以乘中长之实数若干为主，以四归算之，又以六归算之。其数积成田亩。⑥

---

① 乾隆《衡山县志》卷7《赋役·土田》，清乾隆三十九年（1774年）刻本，第32页。
② 康熙《孝感县志》卷6《田赋下》，清嘉庆十六年（1811年）增刻本，第7页。
③ 康熙《孝感县志》卷6《田赋下》，清嘉庆十六年（1811年）增刻本，第8页。
④ 乾隆《衡山县志》卷7《赋役·土田》，清乾隆三十九年（1774年）刻本，第33页。
⑤ 康熙《孝感县志》卷6《田赋下》，清嘉庆十六年（1811年）增刻本，第8页。
⑥ 同治《通城县志》卷12《职秩》，清同治六年（1867年）刻本，第38—39页。

以上引文不仅为我们记叙了康熙年间通城县丘正、书手、丈手等站位、测量、绘图的实际丈量过程，也记载了各种田地等级、面积的计算方法。

为了保证清丈的公正与公平，首先，在丈量过程中，一般需要接受群众的监督。如衡山县"凡临丈一家之田，必须左右邻□□齐，眼同观丈"①。孝感县"临丈一家之田，必湾长邻佑眼同观丈"②。其次，清丈完毕后，官府还要求参与测量的公正、图正等签下"并无作弊情形"的甘结状，而知县则通过下乡抽丈勘察的方式，对册籍登记田亩的真实性进行核查。而衡山县更甚，丈毕，通过抽签方式，换区异地复丈："通共一十七字号，四百三十七区，俱以丈毕。然后齐集公堂，掣签调拨覆丈。亦如从□□丈此区，此丈彼区之法，且不时听候本县□□亲临抽勘。"③

概言之，两湖土地清丈程序，先是由民户自报，如孝感县民众清丈前填报的"毛册"、通城县烟户预先填写的"土名报册"等。官府针对民户自报的田土册籍材料，再组织人役，按册履亩丈量，最后编纂成册。就当时的人力、物力和测量水平而言，应该说以上各州县清丈活动开展得有声有色。

3. 清丈经费来源

履亩清丈费时、费钱是众所周知的，这也是许多地方不愿意履亩丈量的主要原因之一。两湖并非富庶之区，各地方志中多有"家无屡世素封""民鲜盖藏""少积聚"等记载。④而刚刚经历了明末清初战乱，其社会经济凋敝之至，更无雄厚财力支撑大规模的土地清丈，因此不难发现，清丈活动较为彻底的州县，在经费上更多的是依赖官府的帮扶。

比如康熙年间衡山县的清丈，似乎主要得益于知县葛亮臣的大力支持。方志中对其清丈活动的评价云："立法清丈，复履亩细勘，劳勚弗避。阅三年竣事，一洗包赔欺隐诸奸，如风扫落箨，诸州县莫逮也。"⑤由其制定的《清丈条款》明确规定不派累百姓：

> 禁派累。凡丈量，诸有事人所有日用饮食□□□听业户自便。至于算书、弓手，除应得工食□□□□他并不得□□□派，即本县临田抽勘之日□人役口粮及马匹草料俱系本县自备□□支给，并不秋毫骚扰地方。⑥

这里清丈人役的工食是否阖邑摊派，因字迹模糊不得而知，但至少知县下乡抽丈

---

① 乾隆《衡山县志》卷7《赋役·土田》，清乾隆三十九年（1774年）刻本，第34页。
② 康熙《孝感县志》卷6《田赋下》，清嘉庆十六年（1811年）增刻本，第9页。
③ 乾隆《衡山县志》卷7《赋役·土田》，清乾隆三十九年（1774年）刻本，第34页。
④ 光绪《潜江县志》卷3《舆地志》，清光绪五年（1879年）刻本，第29页；光绪《黄州府志》卷39《艺文志》，清光绪十年（1884年）刻本，第83页；康熙《荆州府志》卷5《风俗》，清康熙二十四年（1685年）刻本，第1页。
⑤ 乾隆《衡山县志》卷9《职官·知县列传》，清乾隆三十九年（1774年）刻本，第80页。
⑥ 乾隆《衡山县志》卷7《赋役·田土》，清乾隆三十九年（1774年）刻本，第34—35页。

所需的费用是不需百姓承担的。孝感知县梁凤翔则显得更为慷慨，该县清丈所需纸张、弓尺等概由其捐给：

> 会甲弓算人役，今议本日候丈，业主公同备伙二次。止用菜腐鱼鲜，不许豪棍需索酒肉。其弓尺、册纸等费，丈毕，各会甲从实估计，听候本县照数捐给，不许派累小民。①

据此，清丈时，除有田业主需要给甲弓算等清丈人员提供两次伙食之外，其余材料、工具等费用基本由知县捐廉解决。例如，知县梁凤翔在亲临抽勘之日，跟随人役口粮及马匹草料俱系他自备盘费支给，丝毫不骚扰地方。这似乎体现出一种"有钱出钱，无钱出力"、官民协助、共同参与的清丈模式。囿于财力，这大约也是清丈州县需要广泛动员各种社会力量的原因之一。由此也表明，丈量与否、丈量效果如何，全在于地方官员的贤能与否，甚至他们是否具有奉献精神。这也使两湖地区的清丈更多地具有"道德"色彩和"人治"特征。

（三）围绕清丈的相关纷争

在清丈过程中，不同阶层与群体由于立场和利益的不同，对于清丈活动持有不同的意见。就清廷而言，似乎处于一种两可与两难之间：在战乱之后，地荒丁亡，为了掌握田地的真实数据以便征税，需要进行清丈；但在兵燹之后，民生凋敝，正需要与民休养生息，因而深恐清丈滋扰百姓，失去民心。兹引《清实录》载康熙年间上谕一则：

> 四川巡抚年羹尧陛辞。上谕之曰：四川苗民杂处，性情不一。务须殚心料理，抚绥得宜，使之相安。比年湖广百姓多往四川开垦居住，地方渐以殷实。为巡抚者，若一到任，即欲清丈地亩，增加钱粮，即不得民心矣。湖南因丈量地亩，反致生事扰民。当年四川巡抚噶尔图曾奏请清丈，亦未曾清楚。尔须使百姓相安，钱粮以渐次清查可也。此为四川第一要事。②

以上康熙帝在给年羹尧的上谕中，有两点值得注意：

其一，康熙帝清醒地意识到，倘若清丈以增赋为目的，会不得民心。而且这也与其高扬的"轻徭薄赋"政策相违背。事实上，在顺治年间颁布《清丈条例》时，清廷即重申了清丈原则：

> 州县钱粮与原额相符者，毋再纷更。其缺额地方，于农隙时，州县官亲率里甲丈量，上官以次受成，不得差委滋扰。③

这个清丈原则的核心就是"不得扰民"。依前揭所引户部规定更可知晓，官府规定

---

① 康熙《孝感县志》卷6《田赋下》，清嘉庆十六年（1811年）增刻本，第8页。
② 《清实录·圣祖实录》卷239，康熙四十八年九月己酉条，中华书局1985年版，第385页。
③ （清）昆冈等修，刘启端等纂：《钦定大清会典事例》卷165《户部·田赋·丈量》，《续修四库全书》第800册，上海古籍出版社2002年版，第665页。

只有在赋税缺额、钱粮册籍与原额不符或淤涨、坍地、荒地等几种情况下才进行必要的清丈。所以清初没有全国性的清丈，而是依据各地区实际情况，按需进行地区性丈田亩活动。对于四川、两湖等垦辟荒地较多的地区，康熙帝并非不要清丈，只是要等民力恢复后再行清丈。而且为了均平赋役，康熙帝认为清丈是必需的，这在其与湖广总督郭琇的一段对话中即有所体现：

> 湖广总督郭琇陛辞。奏曰：皇上命臣选奏丈量地亩官员，有武昌道庄揩、衡永郴道董廷恩、长沙府知府王益曾三人才堪委任。但湖南民稀地广，所以民或不能完课，遂致逃避者有之。清丈之后，则钱粮似较前差减矣。上曰：约减几何？郭琇奏曰：大约减十分之二。上曰：果于民有益，所减虽倍于此，亦所不惜。若不清丈，以荒田著落他人，征收钱粮，有累穷黎，断不可也。此事綦重，保题丈量官员，尔具疏来，照所请行。①

在康熙帝看来，为了减轻百姓赋役不均之苦累，即便是清丈之后钱粮减少也在所不惜。可见清初的土地清丈，主要还是以弥补和恢复"原额"为目的，并非溢额求功。所以在一些州县，尽管清丈之后溢出了大量新垦田地，但政府仍按原额征税。如湖北沔阳州：

> 户部议覆、湖北巡抚钟保疏言：沔阳州清丈田亩，较原额共增出一万一千五百五十一顷五十四亩有奇。请免增赋，按照上中下则，将通属额征摊派起科。又沔阳卫实丈田亩，亦照各则均摊起科，应如所请。从之。②

以上沔阳州清丈之后，新增田地一万余顷，但该州总体税赋并未增加，而是将"原额"均摊到新增田亩中去，体现了清丈仅为均平田赋之方针。

正是通过清廷两可与两难的考虑，我们会发现一个有趣的现象：此地官员上奏请求丈量，清廷一般会应允；而彼地官员上疏恳请停止丈量，清廷亦从之。这看似矛盾的背后，其实可能就涉及该地区是否需要丈量的考量和权衡。

其二，该上谕专门提到湖南丈量导致民怨之事，可见湖南清丈在当时引起了不小的波动。其实早在康熙四年（1665年），湖南巡抚周召南就已意识到土地丈量所带来的诸多弊端，并提出改清丈为"令隐漏者自首免罪"。兹不妨将其《请停丈量疏》节录如下：

> 康熙四年三月二十八日，接吏部咨，令在外巡抚条奏民隐，臣即参酌时宜，无如停止丈量一案……臣思一县之中，果有奸猾之民，不过屈指数人，一望而知其实老幼无倚、穷苦无告者成千累万，户户皆是也。恐今日之丈量未必尽清其奸猾，而已先累其穷苦。何以见先累其穷苦？如一县之中造册，纸张数千百万，丈

① 《清实录·圣祖实录》卷197，康熙三十九年正月乙酉条，中华书局1985年版，第7页。
② 《清实录·高宗实录》卷32，乾隆元年十二月乙丑条，中华书局1985年版，第632页。

地弓手数十百人,写算书手数十百人,催督衙役稽查官吏层层逼迫,夫此人工饭食、纸张、算写皆里下穷民摊派倩雇而成事也。如臣痛其摊派而参拿官吏,又无县官自赔饭食、纸张、工价之例。既急急以勒成其事,而又察察以苛刻其细,有是理乎? 此穷民之必受其累者也。何以见其狡猾者未必尽清其弊? 夫狡猾者谋略多端,一闻丈量,百计弥缝,能倩算手,能倩书手,能倩弓手,此间能必县官心眼俱到、铁面无私、毫无渗漏者乎? 如其不然,是狡猾者未必能清,而穷苦者实受其累也。为今之计,欲清豪猾之弊,而苏穷民之累,莫如停丈量一案。丈量一停,一切繁费俱止,钻营俱息。如臣所言,一县之中可以屈指算出豪猾者严令自首免罪,即将首出之田作丈出之田,按亩起科;仍取"尽首无隐,本人与里邻甘结"并县官"稽查甘结"报部。如再蒙混,许邻里举首,臣等访拿参处亦足惩一儆百矣。①

周召南于顺治十八年(1661年)任偏沅巡抚(即湖南巡抚之前身),康熙四年(1665年)有感于湖南清丈过程中暴露的种种弊端,如饭食、纸张、工价等费用太高,而奸猾之徒依然得售其奸,贫者受累而奸猾未清,故请求停止清丈。与周召南持相同意见的还有茶陵州彭维新,彭氏为康熙丙戌科进士,先后任翰林院检讨、都察院左都御史、户兵刑三部尚书、协办内阁大学士。在《与朱参议书》一文中,彭维新也极力反对清丈。其谓:

> 自来清赋之法甚多,何至遽议勘丈。勘丈不善,非惟不能清赋,适以扰民而已矣。夫清赋之法,以镇静为本,以精到为用,以符合为程。而勘丈则一一反是。以监司而自欲履亩,弥滋纠纷。苟冒然一举,弊有不可胜言者。盖用独骤,用众乱,证难凭、多难遍、散难稽、时难待、暑雨难麾、供用难给、事绪难终,必使一人之身百役具备而后可。不则,需人不得不众。必使禹皋为官,伊周司书算,杨震、吴隐之诸贤充弓手各役而后可。不则,蒙混贿赂必不免。必使王烈、陈实之流为族长,乡保里邻田邻而后可。不则,互相朋比,售其欺谩。更必与地谋,必使田户地亩无多,举目易竟而后可。不则,阡陌交错,识察不周。又必使田地片段止一二处,别无畸零而后可。不则,假借影射,顾此失彼……②

彭维新所论甚多,概其所言,主要认为清丈必须具备天时(天气晴朗易于办事)、地利(地亩平直易于测量)、人和(清丈人役正直能干)方能成事。其中任何一环出问题,则难以达到"以镇静为本,以精到为用,以符合为程"的清丈目标。与周召南的主张相似,彭维新也认为应该先让民户自行丈量上报,然后官府抽丈。这一点似乎最终为朝廷所采纳,史料记载:"(康熙)三十八年,以湖南幅员遥阔,履丈难遍,先令

---

① 同治《长沙县志》卷19《政绩一》,清同治十年(1871年)刻本,第15—16页。
② 同治《茶陵州志》卷20《艺文》,民国二十二年(1933年)重印本,第33页。

民自丈出首，官查抽丈，如有隐漏，治罪。"①

民众对于清丈显然也有不同看法。在赋役不均的地区，"地去粮存"者，即原有粮田坍塌、经界不清者自然希望官府清丈以解其倒悬。但其他如霸占他人土地或蒙混渔利之既得利益者，则反对清丈。同时，在赋税不均现象不太严重的地区，民众乐于维持现状，不愿清丈以徒生滋扰。比如在监利县，"田亩自明万历时两次清丈，田粮具有成数。崇祯末，邑经兵燹，版图毁失。国初起科，多凭报亩。康熙四十六年，邑侯王公奉文清丈，民噪而止"②。据此可知，监利县曾欲在康熙四十六年（1707年）推行清丈，但因民众反对而搁浅。

事实上，正因为不同地区、不同阶层的不同声音，所以清代的土地清丈活动表现得异彩纷呈，千姿百态，各具特色。有的地区进行了较为彻底的履亩清丈，而有的地区则完全没有进行清丈，更多的地区则是采用了民众自报、官府抽丈等较为灵活、省事的方式。其实，在笔者看来，只要不拘泥于统计学，而是从解决社会问题的角度出发，只要能达到"均平赋役"的目的，是否实施土地清丈，以及土地清丈是否彻底、全面并不重要，清丈土地终究只是清初整顿赋役不均的手段，而非目的。

（四）地籍的编纂：丈量册、归户册及其他

清初土地清丈的重要原因之一，就在于明清鼎革之际，许多赋役册籍的缺失或失实，由此带来官府赋役征派的紊乱。因之，在土地清丈之后，重新编纂田地册籍就成为一项重要的内容。无论是先让百姓自报田亩，然后按册清丈，还是官府颁发册式，清丈后填报，最后都需要汇总成册，并成为日后征税的重要凭据。

如衡山县在康熙年间清丈田亩时，对清丈过程中册籍的填报制度做了严格的规定："所丈弓口即填注印册，比日计程缴县。区正止留副本在手，以俟对验。其邮递印册，每十里一铺，无分昼夜，传送到县。如有稽延，即行究治。"③在清丈之后，衡山县更编纂了详尽的丈量册，乾隆《衡山县志·丈量条款》"立图系"条云：

> 凡丈过田地山塘，俟成册后，即刊刻图串编号。用印上载某字某区第几庄业户某领户某，田种若干，纳租若干，塘池若干，屋基若干，山林若干，共计若干丘，丈作若干号，共粮若干亩，内上则若干，中则若干，下则若干，系某永住荫给，区正手照依所投区册有几十几户，即领几十几串填载弓口，分给业户执串存照，嗣后授受皆以此串为凭。④

据上文可知，乾隆《衡山县志·丈量条款》所言填报的图册内容，包括各类田地面

---

① 《清朝文献通考》卷2《田赋考二》，浙江古籍出版社1988年版，第4867页。
② 同治《监利县志》卷4《田赋志》，清同治十一年（1872年）刻本，第6页。
③ 乾隆《衡山县志》卷7《赋役·土田》，清乾隆三十九年（1774年）刻本，第33页。
④ 乾隆《衡山县志》卷7《赋役·土田》，清乾隆三十九年（1774年）刻本，第35页。

积、纳税数量及山林、塘池、屋基等相关财产数量等，这些册籍成为嗣后田地买卖过割的凭证。

这些规定是否得到落实？答案是肯定的，因为笔者恰好在湖南图书馆古籍保护中心查询到此次清丈后编印的《衡山县丈量册》。此丈量册的封面注明为"康熙五十六年　月　日"，此年恰是该县丈量竣事之期。因为考之乾隆《衡山县志》，知县葛亮臣于康熙五十三年（1714年）上任，其上任伊始，即"立法清丈"，经过履亩细勘，"阅三年竣事"，则衡山县于康熙五十六年（1717年）完成此次土地清丈任务，而且此次清丈应该比较详尽和成功，为"诸州县莫逮也"①。如此，则湖南图书馆古籍保护中心所藏之康熙《衡山县丈量册》封面注明的"康熙五十六年"，正好是衡山县历经三年后土地清丈结束、开始编纂册籍的时间。②由此证实，则现存湖南图书馆古籍保护中心之《衡山县丈量册》当是康熙年间清丈后编纂的册籍无疑。

而康熙二十五年（1686年），孝感县在进行土地清丈之后，知县梁凤翔共编纂有归户册、鱼鳞图册和块册。其在《块册序》中云："余丈量之举，册有三：一曰鱼鳞册，一曰归户册，而此其块册也。"③孝感县的鱼鳞图册，是根据丈量之后的数据和绘制的田形编纂而成。梁凤翔在《集庙公议札》中曰："凤翔详请上宪举行丈量，痛革前弊。今幸各乡山塘田地俱经清丈，图形编号造具鱼鳞细册。"④对于孝感县的鱼鳞图册，后文有详细的阐述。而归户册其实就是将全县的赋税按照"撮田从户"的方式，一一细分到每家每户，以便于每家知晓并照此缴纳赋税。

以上清丈之后编纂的丈量册、鱼鳞图册等赋役册籍应该是比较接近真实情况的，并且在康熙之后成为地方基层社会征收赋税的重要凭据。因为有证据表明，这些编纂的册籍在清末民初依然为湖南各县沿用。据民国年间地政学院对湖南田赋问题的调查，其基层田赋征收的册籍如下：

> 查各县田赋征收处原用之征收册籍，大抵为前清康熙五十三年编纂之蓝花册籍。印刷之格式用蓝色，详载花户姓名，故曰"蓝花册籍"。每本共有二百五十页，每页载一户地名、按亩科银、旧管、新收、开除、实在等条目。⑤

以上史料明确指出，其征收的册籍"蓝花册籍"为康熙五十三年（1714年）所编纂，结合前揭湖南在康熙年间所进行的土地清丈和册籍编纂活动可知，这些"蓝花册籍"大抵就是丈量之后编纂的地籍。"蓝花册籍"登记的内容和前揭康熙年间湖南《衡山县丈量册》记载的内容大体相同，只是增加了旧管、新收、开除、实在等条目，这

---

① 乾隆《衡山县志》卷9《职官·知县列传》，清乾隆三十九年（1774年）刻本，第80页。
② 康熙《衡山县丈量册》，清康熙五十一年（1712年）登记本，湖南图书馆古籍保护中心藏。
③ 康熙《孝感县志》卷6《田赋下》，清嘉庆十六年（1811年）增刻本，第33页。
④ 康熙《孝感县志》卷6《田赋下》，清嘉庆十六年（1811年）增刻本，第13页。
⑤ 李之屏：《湖南田赋之研究》第5章"征收制度"第4节"征收册籍"，萧铮主编：《民国二十年代中国大陆土地问题资料》，成文出版社1977年版，第5588页。

也是在以后土地买卖过割环节中必然出现的情况。因此我们可以认为，清康熙年间进行的土地丈量与地籍编纂，为嗣后两湖地区基层赋税征收提供了一套实征册籍。

总而言之，清初的土地清丈活动，就官府而言，主要目的是恢复原额、均平赋役。如此说来，土地清丈只不过是政府用来调整和整顿赋役的手段，而非目的。因此丈量与否，抑或是变通方式丈量，更多地表现为不同地区、不同情况下的一种地方性选择。因之，考察清代土地丈量的实际情况当在地方基层社会。

两湖地区濒江、濒湖地段的田亩易于坍塌，亦有战乱导致众多赋役册籍被毁，抑或是胥吏营私舞弊，致使赋役征收体系混乱。更因移民大量涌入，开垦荒地较多，荒熟混淆，征不足额。凡此种种，使该区成为清初土地清丈的重要区域之一。就本书考察的若干清丈事例来看，在部分贤能州县官员的大力支持和倡导下，制定详细的清丈条规，并依靠既有的乡里组织，以及动员包括族长、户长、湾长等乡土社会资源，许多州县的确进行了较为系统全面的田地丈量。当然，在此期间由于立场、观点和利益的不同，从朝廷、地方官员到基层民众，不乏反对的声音。唯此，也使清丈活动呈现出一种不拘泥于陈规、因地制宜的区域性特征。

就已经进行过全面清丈的地区而言，一般清丈之后都进行了鱼鳞图册、归户册等赋役册籍的编纂。这些册籍的攒造，在一定程度上消除了原有田界不清、赋役不均的混乱局面。同时更为重要的是，弥补了旧有册籍丢失或脱离实际情况之不足，建立了一套相对符合田地实际占有情况的赋役册籍。这些地方编纂的鱼鳞图册、归户册、块册等，由于更接近田地的真实情况，嗣后也被两湖地方社会长期作为赋税征收的实征册使用。如果说清初全国性编纂的《赋役全书》是指导性、原则性的赋役册籍，主要是确定田赋征收的额度——在清代就是维持明代万历年间的原额，那么康熙年间以丈量册等为代表的实征册籍，就是将《赋役全书》所确定的税额落实到实处，确定该向谁征收赋税的重要凭据。

第二章　赋役实征册籍的类别与行用

对于明清时期，尤其是清朝所使用的征收册籍及其办法，王庆云在《石渠余纪》卷三《纪赋册粮票》中有一段较为详细的记载，兹摘录如下：

> 凡赋税册籍，有存于官者，有征于民者。存于官者，一曰赤历，使粮户自登纳数上之布政司。后以州县日收流水簿解司而停赤历。康熙十八年停。二曰黄册，岁载户口之登耗，丁赋取焉。后以五年编审者为黄册，而停岁造。康熙七年停。三曰会计册，专载解部之款而上之。后并入奏销册。亦康熙七年停。四曰奏销册，合通省地丁完欠支解存留之款，报部核销，即四柱册也。五曰丈量册，田之高下邱（丘）亩皆载焉，故又曰鱼鳞册也。自赤历与会计册既停，上计专以奏销册，官司所据以征敛者，黄册与鱼鳞而已。黄册以户为主而田系焉。亦谓之粮户册。鱼鳞册以田为主而户系焉。一经一纬，互相为用。自并丁赋以入地粮，罢编审而行保甲，于是黄册积轻，鱼鳞积重。有司者或期会簿书未遑稽核，惟按一州县之赋入，责之都图之吏胥，而某户有某田，某田属某户，官既视册籍为筌蹄，吏遂据都图为奇货。臣以为修举废坠，有民社之急务，诚无先于此者。①

以上王庆云主要阐述了保存于官府手中的五种赋役册籍：赤历册、黄册、会计册、奏销册（亦即四柱册）、丈量册（亦即鱼鳞图册）。其中尤以黄册和鱼鳞图册为官府征收的依据。而且由于摊丁入地，鱼鳞图册的地位开始超过黄册。另外，作者又特别强调指出，由于官府难以稽核册籍，某户有某田，或者某田属某户，官府难以跟踪，于是只能将州县的赋税交给地方胥吏去完成，而地方胥吏则视征税为奇货可居之差事，征税的重心逐渐向地方转移，能及时反映粮户田产转移动态的赋役册籍也逐渐为书差等胥吏所掌控，并演变为个人手中的私册。

一、"官册"之失与"私册"的出现

黄册制度是明代实行的一项重要的赋役制度，它既是明代的赋役之法，也是明代的户籍制度。它实行"人户以籍为定"，对全国人民进行最严格的人身控制；同时通过与里甲组织的结合来有效地为政府提供赋税和徭役。②而登载人丁、事产的黄册就成为

---

① （清）王庆云：《石渠余纪》卷3《纪赋册粮票》，北京古籍出版社1985年版，第111—112页。
② 栾成显：《明代黄册研究》，中国社会科学出版社1998年版，第360页。

政府征派赋税徭役的重要凭证和依据。为了能够及时跟踪、反映民户人口与财产的消长，明初即制定了每十年一大造的黄册编造制度，并对册籍的样式、攒造、汇编、解送、收贮、驳查等都有严格的规定，其目的就在于保证政府能有效地控制赋税资源。

但到了明中后期，随着农民负担的加重，赋役不均现象日益严重，建立在小农经济基础之上、整齐划一的里甲制度逐步趋于瓦解。特别是自上而下各级官吏的营私舞弊、因循窳败，使黄册制度出现了日益严重的紊乱和废弛的现象。有学者已指出，到了明代中后期，各地已经不按时送解黄册到朝廷了，有的一拖就是数年。黄册送解到朝廷的时候，社会实际情况早就发生了许多变化，与册上所登载的情况已经完全不相符了。如册上开载的人丁，许多人已经死去，早已不在人世，也有许多人因当年在十岁以下而未编入黄册正图，等解册到后湖时，他们早已是青壮年，儿女成行了。可见，在人丁方面，生者未补入，死者未勾销，壮者未转入正图，老者亦未注明免役；在事产方面，民间发生的买卖、抵押、析产、继承、赠送等诸多变动在黄册中也未能得到及时的记载。①弘治年间，丘浚就针对黄册十年一攒造的现象指出：

> 天道十年一变，十年之间，人有死生，家有兴衰，事力有消长，物直有低昂，盖不能以一一齐也。唐人户籍三年一造，广德之诏，且欲守令据见在实户，量贫富等第，不得依旧帐（账）籍。况今十年一造，十年之中，贫者富，富者贫，地或易其主，人或更其业，岂能以一律齐哉？②

总之，黄册逐渐脱离实际情况而演变为徒具虚名的"伪册"。据清代户部尚书孙廷铨的提奏，明末有些黄册所开人户的姓名及其事产，仍然是明初洪武年间的姓名和数目。经历了两百七十多年整整一个明代，这些黄册的内容居然没有丝毫变化，真可说是极大的荒唐事。③这样一来，政府逐渐失去了对基层税源的有效管理与控制。

在两湖地区，官方册籍之"失"表现在两个方面：其一是官册失实；其二是官册丢失。对于官册失实之情况，兹略举几例，在人丁方面，万历《慈利县志》云：

> 吾闻慈户口攒造，巨奸蟠穴于其中，固有族繁千丁而户悬数口，又有家无子遗而册载几丁。④

又，嘉庆《宜章县志》载：

> 明初因税定额，有增无减，甚至人已亡而不肯销册，子初生而责其当差，沟中之瘠犹是册上之丁，黄口之儿便入追呼之籍。⑤

又，同治《湘乡县志》载：

---

① 韦庆远：《明代黄册制度》，中华书局1961年版，第179页。
② （明）丘浚著，蓝田玉等校点：《大学衍义补》卷31《治国平天下之要·制国用·傅算之籍》，中州古籍出版社1995年版，第444页。
③ 韦庆远：《明代黄册制度》，中华书局1961年版，第225页。
④ 万历《慈利县志》卷8《户口》，明万历元年（1573年）刻本，第3页。
⑤ 嘉庆《宜章县志》卷8《田赋志上》，清嘉庆二十年（1815年）刻本，第6页。

册上多寡之数非真数也,有合族之人而共作一户者……又有名是而实非者,又粮已卖散而原主之名尚未更者。孰能尽悉乎?即悉之,能尽除此弊乎?①

这一方面反映出明代赋税不断加重的事实,另一方面也暴露出赋役黄册在编纂上已日益混乱、严重失实。这些官方册籍已不能反映实际人口、田产的异动情况,政府对赋役失控。在湖北潜江县,"甚至户口仍洪武之旧,而数人共顶一户,得躲闪以遂其奸谋"②。如此种种,说明这种黄册登记的人丁事产与实际情况相背离的现象在两湖地区也普遍存在。

在田地事产方面亦是虚应故事,就传统乡村社会中最重要的土地资源而言,从明朝洪武年间到清朝嘉庆年间,全国人口增长了数倍,各种史料文献也纷纷反映了大量荒地被垦辟殆尽,但官方掌握的在册土地数据不仅不见增长,反而减少。如巴东县:

隆万以来,虽屡经申饬,丈量之法废格未行。止以浮粮故事加摊,而虚存鱼鳞户口之册。至万历三十年,犹然袭故,攒造无大更效。③

另外,由于朝廷并没有为攒造黄册提供专门的经费,所以各地黄册攒造的经费只能是由地方自筹,各地经费所出五花八门,以湖北巴东县为例:

至于攒造军、黄二册,纸札工食共银八十七两零五分九厘。议于税赎银内四六兼支,不许科派小民。内民黄正册盘费银三十九两七钱二分零六毫。加解京册盘费银二十两,二项共银五十九两七钱二分零六毫。④

这里巴东县是通过税赎银来解决攒造赋役黄册的经费的。其他地方则有的是由地方官捐俸以行,更多的则是摊派于民众,加重了老百姓的负担。故地方社会也不可能认真攒造黄册,只能是因袭敷衍了事。

更有甚者,在两湖地区,这些严重失实的官册后来由于种种原因居然大量丢失,使官方陷入无籍可查的尴尬境地。据两湖方志中的记载,在明末清初的战乱之中,由于历经兵燹,官方所掌握的册籍失毁较多。如湖南新宁县:

顺治十八年……先是,新宁库册毁于兵燹,文卷无凭,吏胥于征收时,遂缘以为奸,诸弊丛生。⑤

又如湖北大冶县:

国朝顺治七年平图时,兵燹之后,人户流亡,里役重困,又册籍散失,豪民猾胥飞诡为奸。⑥

直到咸丰八年(1858年),时任湖北巡抚的胡林翼亦曰:

---

① 同治《湘乡县志》卷3下《赋役志》,清同治十三年(1874年)刻本,第46页。
② 康熙《潜江县志》卷3《舆地志》,清康熙三十三年(1694年)刻本,第32页。
③ 同治《宜昌府志》卷5《赋役志》,清同治三年(1864年)刻本,第39页。
④ 康熙《巴东县志》卷2《经制志·赋役》,清康熙二十二年(1683年)刻本,第22页。
⑤ 道光《宝庆府志》卷109《政绩录五》,清道光二十九年(1849年)刻本,第11页。
⑥ 同治《大冶县志》卷4《田赋志》,清同治六年(1867年)刻本,第3页。

> 湖北屡经丧乱，鳞册无存，不得不凭总书、册书、里书之颠倒影射。①

看来湖北官方册籍之失是普遍存在的，以至民国年间缪启愉被派往湖北进行田赋调查时，他在自己撰写的《武昌田赋之研究》一书中，认为湖北自明代以来并无鱼鳞图册存在：

> 考鱼鳞册仿自南宋州县，间有攒造，未尝遍行。洪武中始励行之。但史书仅明言南畿及浙江成册，未闻他处。万历时虽曾遍造，鄂省曾否完成，恐成问题。盖鱼鳞册之特点在积度弓亩，地次字号。畿浙及湖北同罹洪祸之变，而前者亩号独多并存，后者独并阙之，岂其时未尝图田编册乎？此余疑鄂省前无鱼鳞册者一。再就武昌变府底册观之，签条原叠三数分，其册非赝可知，但亦不载亩分地号，岂尚有其他底册乎？籍曰有之，若辈又何能十百年独秘亩号，不使合邑人知？此余疑武昌前无鱼鳞册者又一。②

按，缪启愉是我国著名农史学家，农业古籍整理和研究专家，以校释《齐民要术》而蜚声中外。他曾于1936—1937年在南京地政学院研究院学习，此后做过大量的中国农村土地调查，武昌即是他的调查点之一。当然他的质疑有点过于武断。不过据此我们却可以判断出，武昌地区已经很久没有发现鱼鳞图册的踪迹了。依笔者看来，抛开这种怀疑与争议，至少有一点可以明确，那就是湖北在相当长的时间里缺乏政府所控制的"官册"。

为了应对这种局面，从朝廷而言，就是从明代的赋役黄册转变到清代的《赋役全书》，并且进行定额化，也就是说，明代中后期的赋役黄册，只是规定了每个州县的征收数额和标准，至于这个数额如何完成，则交由各地州县来执行，于是州县以下就出现了实征册等各种征收册籍。实征册才是明代中后期以至清代各地州县衙门征税工作中经常使用的征税册籍。它在朝廷规章中虽然没有明文规定，但事实上却取得了半合法的地位。乾隆十年（1745年），署理湖广总督鄂弥达即奏称：

> 统计南北两省中，其州县之无鱼鳞册者大约十居八九。各属征收钱粮总以见在实征粮册为凭。官征官解，民封民投，井里相安于无事者，厥有历年。③

据此可知，乾隆前期，湖北、湖南各州县大都不存在鱼鳞图册，在钱粮征收的具体运作中，实际发挥作用的，主要是实征粮册。到了清代中后期，赋役册籍的缺失更为严重：

> 清乾嘉以后，民物康阜，国库充裕，过去劳心费事、方田造册的烦难事，谁都不愿闻问，徒自寻苦恼。为上不进，在下甘闻。于是疏久弊生，图册典籍年久失

---

① （清）汪士铎：《胡文忠公抚鄂记》卷3，岳麓书社1988年版，第146页。
② 缪启愉：《武昌田赋之研究》，萧铮主编：《民国二十年代中国大陆土地问题资料》，成文出版社1977年版，第12033页。
③ 《署理湖广总督事务鄂弥达等奏请免造鱼鳞图册兼陈征粮划一事宜折》，第一历史档案馆藏档案"朱批奏折财政类"，乾隆十年二月二十一日，转引自何平：《清代赋税政策研究：1644—1840年》，故宫出版社2012年版，第239页。

散。道光以后，遭捻匪、太平天国之兵火丧乱，各省州县册籍全被水火贻失，无可稽考。风闻福建兰溪鱼鳞、黄册尚硕果仅存，未悉确否？忆该县因有此珍图，前年举办土地陈报，即节力省事（时）。惟按各地鱼鳞、黄册丢失，地政紊乱，而遗后世赋征，忧深且诟也。目前各地册书胥吏私存粮册，均系该图册辗转传抄而来也。伊辈包庇搪塞，揽解税征，敲诈乡愚，无弊不作，便民一变而为殃民，实为遗憾。①

总之，揆诸史实，入清以后，两湖地区的官册要么如上所述毁于战火，要么因记载失实、弊窦丛生而不足为凭。官府不得不大量依赖于里书所藏之私册，如赓经等。在江夏县，自清中叶以后，征收亦凭借册书所藏之私册。据缪启愉载：

> 明洪武中，上谕户部核实天下土田，图编鱼鳞图册。江夏县据胥吏所言亦曾奉编成册，惟太平乱起，尽毁于兵燹云。其后矢石敉弭，惟以册书私藏底册为征收蓝本。现存征册、纪簿皆出若辈之手。②

又据《清朝经世文续编》卷二五《吏政八·守令中》录同治二年（1863年）方宗诚所撰《鄂吏约》，述及湖北州县户粮书把持实征册之情况云：

> 大抵鄂省大小衙门，皆有底缺，世守其业，换官不换吏，州县户粮书一项为尤甚。初则勤苦自立，版册亲操，执以追索，尚能年清年款。一二传后，骄惰日形，沉溺烟酒，一切征收等事，委之各乡各里各图之黠者为之催纳，坐享其肥，而总吏绝不过问。久之而债累日深，生计日绌，并其世传之底册，展转售卖，而册书、户书、里书、里差之名所由起，权益寖大。房科之籍，仅拥虚名，乡团之册，转成实户。甚至以册为遣嫁之资，问册为相攸之具。③

再据光绪年间沔阳知州李辀在《牧沔纪略》中的记载，便可知官府的田亩册籍最后如何演变为被里书所操控之情况：

> 沔阳田地自乾隆清丈以来，以上、中、下水乡、芰塌五则科粮。大约芰塌五亩为一亩，水乡四亩为一亩，下则三亩为一亩，中则二亩为一亩，上则一亩为一亩。原有五则粮柱田亩底册，丝毫不能紊乱。后将此册散给于里书之手，署中未有存留。里书得此为授受买卖之世业，征收推拨一切之权操之于书，不操之于官。官反受制于书而无可如何者也。后有官想收回底册，追之半载，仅得三本，以其难追而罢。④

综上可知，从清初开始，两湖地区就使用实征册籍。对于实征册籍的特征，有学

---

① 张立达：《宋明两代土地陈报史考》，萧铮主编：《民国二十年代中国大陆土地问题资料》，成文出版社1977年版，第15787—15788页。
② 缪启愉：《武昌田赋之研究》，萧铮主编：《民国二十年代中国大陆土地问题资料》，成文出版社1977年版，第12031—12032页。
③ （清）方宗诚：《鄂吏约》，（清）贺长龄、（清）盛康：《清朝经世文正续编》第3册《清朝经世文续编》卷25《吏政八·守令中》，广陵书社2011年版，第271页。
④ （清）李辀：《牧沔纪略》卷下《清丈淤田清查垸田》，清光绪十九年（1893年）刻本，第58页。

者概括为："朝廷对各个地区的实征文册并没有进行统一的管理，有时，甚至是无法过问。这种册籍具有相当大的地区独立性。"①有鉴于实征册籍的区域性特征，即它由本州县衙门编制且仅仅供本州县官吏所使用，本节即以两湖地区为例，对涉及的各类实际征收册籍进行初步的探讨，包括其格式、使用等情况。

值得注意的是，笔者所涉及的"私册"主要是相对于赋役黄册、《赋役全书》、鱼鳞图册等国家层面统一编纂的"官册"而言的，进一步言之，这里的"私册"是指州县及州县以下的不同基层社会为了应对社会实际情况的变化而各自编纂和使用的册籍，其登记的内容相对比较真实有用。

具体划分的话，"实征册"与"实征底册"是有区别的，实征册早在明代就已出现。据栾成显、赵冈等人的研究，实征册亦曰"实征文册"，是地方官府每年实际编徭征税时所使用的一种赋役册籍。它并非完全脱离黄册的另外一种册籍，而是以黄册为基础，为应对编户徭役征税的实际运用而编制的实用文册。②

清代的实征册也是各地在黄册和鱼鳞图册散佚不存或者残缺不全的情况下，各自为了实际征发徭役而编制的。如同治《长沙县志》载："查各州县年终攒造花户实征册，此册由里书造送，其里中田产买卖无不深知。凡有推收过割者，应听从民便。"③这里的实征册就是每年底由里书攒造而成的，因为只有基层的里书最清楚各里的推收过割等实际情况。在湖南桂东县，"实征册籍乃完粮根据，务督经承照依全书科则，按亩核准，按户查造"④。而"实征底册"主要是指实征册的原初件，是各种实征册中最原始、最为基层的版本。⑤

这些实征册或者实征底册，有些是由州县等地方官府所掌控（当然具体经手的可能是州县衙门中的粮书、户书、仓书等），收藏于州县衙署之中，有些则是由州县以下的乡里组织中的里书、册书，甚至是衙门胥吏、地方士绅们所掌控，收藏于私人手中，秘不示人，形成真正的"私册"。由于这些实征册籍主要是县及县以下的乡里所编纂和掌控，所以留存下来非常不易，笔者只能尽可能根据现有零星史料，进行一些粗线条的勾勒。

二、两湖地区实际征收册籍之类别与运用

关于明清两湖地区在赋税征收中实际使用的册籍，由于年代久远，又多经历兵燹，史料留存非常少见，因此目前学界也缺乏足够的研究。本书从相关政书、地方志、文集、民间文献等众多史料中寻找线索，初步勾勒出大体的样貌，更翔实的研究

---

① 韦庆远：《明代黄册制度》，中华书局 1961 年版，第 227 页。
② 栾成显：《明代黄册研究》，中国社会科学出版社 1998 年版，第 241—256 页。
③ 同治《长沙县志》卷 19《政绩一》，清同治十年（1871 年）刻本，第 33 页。
④ 乾隆《桂东县志》卷 11《艺文志·禁征钱粮重耗积弊告示》，清乾隆二十三年（1758 年）刻本，第 16 页。
⑤ 鲁西奇：《中国古代乡里制度研究》，北京大学出版社 2021 年版。

有待于新资料的挖掘与新方法的使用。

(一) 白册

白册是相对于黄册而言的，有的亦称为实征黄册。它是明清地方官吏为征派赋役而自造的簿册，因系私编，不报户部，故名白册。由于明初的赋役黄册到了明中叶以后已无法使用，各地州县官吏为了实际征税的需要，各自根据州县实际情况而编制"白册"。《古今图书集成》载："所谓黄册，只取应虚文，非其实矣。有司征税编徭，自为一册，曰白册。"① 有学者指出，有明一代，白册在江浙等地一直是存在的。② 两湖地区也有所散见。兹据南京湖广道监察御史陈堂奏言：

> 国制十年大造黄册，凡户口、田赋之役，新旧登耗之数，无不备载。所以重国本而存故实也。今沿袭弊套，取应虚文，奸吏得以那移，豪强因之影射，其弊不可胜穷。臣尝询之，盖有司征钱粮、编徭役者，自为一册，名曰白册，而此解后湖之黄册，又一册也。有司但以白册为重，其于黄册则推付之里胥，任其增减。凡钱粮之完欠，差役之重轻，户口之消(长)，名实相悬，曾不得其仿佛。即解之后湖而清查者，以为不谬于旧册斯已矣，安辨其真伪哉。臣窃谓欲理图籍，必严综核，必专责成。夫书算豪猾类，非守令之法所能制也。③

按，明代有十三道监察御史，湖广道监察御史为其一，属于都察院的监察官员，其主要职责是查究内外百司，其中包括巡视仓库、查算钱粮等。湖广道监察御史一般情况下有一名御史主要巡视湖北、湖南等地，但也不一定完全局限于湖广，其巡查对象也包括其他地区和官员。因此以上陈堂的奏言，有可能所指的就是湖广地区的情况，但也有可能是其他地方。无论如何，至少表明当时地方官已经重视白册。乾隆《乾州志》载：

> 户口、土田、赋税多寡，乃一州之章程。今志依全书所载，幸勿加黄、白册之诮。④

按，这里的"全书"是指清初编纂的《赋役全书》⑤，不过值得注意的是，清初

---

① (清)陈梦雷编纂，蒋廷锡校订：《古今图书集成·经济汇编·食货典》第18卷《户口部总论》，中华书局1934年版，第35页。
② 栾成显：《明代黄册研究》，中国社会科学出版社1998年版，第244页。
③ 《明实录·明穆宗实录》卷68，隆庆六年三月庚子条，"中央研究院"历史语言研究所1962年版，第1633—1634页。
④ 乾隆《乾州志》凡例，清乾隆四年(1739年)刻本，第1页。
⑤ 按，《赋役全书》为明万历年间首次编纂，分别由各省、府、州、县编制，册内条列本地钱粮原额和地丁应征、起运、存留实数。顺治三年(1646年)清廷命户部稽核钱粮，编制《赋役全书》，确立了以万历年间钱粮征收则例为基准的定赋原则，并明晰了原额、除荒、实征、起运、存留、本色、改折、豁免、新增等种种事项。康熙二十四年(1685年)，有鉴于原来之《赋役全书》头绪过于繁多，又进行了简化，只载起运、存留、漕项、河工等切要款目，删去丝、秒以下的尾数，编成《简明赋役全书》。参见陈锋、蔡国斌：《清代财政史》上册，湖南人民出版社2013年版，第128—129页。

《赋役全书》所记载的田土数据并非现实情况的真实反映，《赋役全书》的赋税数据以明万历年间赋役数额为基准，主要体现了清代赋税定额化的特征，是"原额主义"的主要体现。而乾隆《乾州志》在编辑地方志的户口、田赋数据时，明确说明是依据《赋役全书》的记载，并且强调不要用黄册、白册来指责它。由此可见，乾州在明末清初是使用过黄册、白册的。嘉庆《常德府志》载：

> 上户部者，册面黄纸，故谓之"黄册"。其后黄册只具文，有司征税编徭，自为一册，曰"白册"。①

光绪《桃源县志》卷三《赋役志·户口》也有"白册"的记载，其语句和上面的嘉庆《常德府志》如出一辙，经查阅《明史·食货志》知，常德府和桃源县的"白册"之说其实是抄自《明史·食货志》。无论是国家的黄册还是州县的白册，实际的钱粮数一般都是掌控在具体征粮的册书手里。如嘉庆《常德府志》云："钱粮之数，掌在县之粮书。其每月之开比也，能颠倒其多寡；岁终之算数也，能混淆其完欠。"②这里常德府所属各县的粮书，毫无疑问是掌握着实征册的。

（二）庼经

从诸多史料中我们发现，在明末和清代，两湖地区出现过一种叫"庼经"的征收册籍。按字面意思推断，庼是古代贮藏粮食等用的仓库，据宣德年间巡按湖广监察御史朱鉴所云：

> 洪武间，各府州县皆置东西南北四仓以贮官谷，多者万余石，少者四五千石。仓设老人监之，富民守之。遇有水旱饥馑以贷平民，民受其惠。今各处有司以为不急之务，仓庼废弛，谷散不收，甚至掩为己有，深负朝廷仁民之意。乞令府州县修仓庼。③

最初仓庼作为储粮仓库使用，且与里甲有关，康熙《松滋县志》载："王制之赋民也。粟米有征，若古庼社、平准、义仓，名多不同，法亦各异。松之仓庾，南漕有贮，积谷有贮，一以供挽输，一以赈荒歉。"④该书随后记载松滋县有便民仓庼八所、南米仓庼六间、漕米仓庼十间。这里的南米仓庼、漕米仓庼自然担负着税粮的收纳和转运功能，而在税粮的出入之间，自然是需要册籍进行登记备案的，那么庼经应该是一种记录税粮的册籍。从目前资料来看，明代崇祯五年（1632 年），湖南浏阳县已经开始用庼经登记丁粮。据雍正《浏阳县志》载，崇祯五年武进进士冯祖望就任浏阳知县，他忧心浏阳民众之疾苦，写下《八难七苦详》一文，其中在"丁无增减之难"中

---

① 嘉庆《常德府志》卷 10《赋役考·户口》，清嘉庆十八年（1813 年）刻本，第 3 页。
② 嘉庆《常德府志》卷 10《赋役考·田赋》，清嘉庆十八年（1813 年）刻本，第 11 页。
③ 《明实录·明宣宗实录》卷 91，宣德七年六月丙申条，"中央研究院"历史语言研究所 1962 年版，第 2077 页。
④ 康熙《松滋县志》卷 13《仓庾》，清康熙三十五年（1696 年）刻本，第 1 页。

提及：

> 浏邑厫经所载有粮百石而止数丁者，有粮无升合而多至十余丁者。①

据此可知，浏阳县在明崇祯五年（1632年）已经开始使用厫经。随后的崇祯十年（1637年），新化县也有厫经的记载：

> 蒋拱宸，字图严，进士，丹徒人，崇祯十年任。性刚方敏果、卓负仔肩，谳决明允，赎止石粟，竟讼不赀一钱。催科勾摄，往来木皂、黄册、厫经，手自衡校，人不敢高下其手。置大金于柜前，里胥索耗，则鸣金正法。②

到了清代，厫经的使用范围扩大，康熙《监利县志》载："原额征人丁六千九百二丁……康熙四年起，豁除人丁六百七十五丁，今厫经所造故丁是也。"③由此可知，在康熙年间，监利县已经在编纂厫经，而且在修筑黄师堤派工之时，照粮派工也是使用厫经："据实在厫经，照粮起土，升合勿敢容隐。"④又，士民耆老共同刊刻的《蔺公禁革陋规碑记》云：

> 催征钱粮，前任不究。花户专比排年，排年屡受累赔。恩主责令里长看柜，排头守仓，设立花名厫经，严谕花户按期上纳。倘有抗延，圈拿责完。⑤

这里的蔺公是指顺治六年（1649年）任知县的蔺完璋，据相关史料记载，他就任监利知县之后，"清赋役、筑大堤，剔除一切凤弊，禁革火耗并南兑二运保户押差相沿陋规"⑥。以上监利县设立厫经即是他催征钱粮的举措之一。嗣后监利县一直就以厫经作为征税的实际册籍，故晚清监利县文人王柏心在《上胡中丞书》中云：

> 按敝邑素乏鱼鳞、黄册，以厫经征籍为凭，故积习相沿，飞洒为多。咸丰四年兵燹之后，厫经大半遗失，书吏乘间舞弊，莫可稽核，所有额征漕米七千余石，除坍挽冲压，计缓千余石在案。……至厫经失，而实亩实粮欺隐无著，倍征私征，肆行无忌。⑦

清代的监利县用厫经代替鱼鳞图册，作为地方知县实征册籍，但太平天国战乱之后，厫经也大半遗失，最后实际田亩情况又处于失控状态，而任由地方里胥书差上下其手，当然其中有许多厫经实际被里胥书差控制在手中，成为他们个人拥有的秘本。推测其背后厫经之流变，可能是地方里胥书差等人自己编纂厫经，或者是使用地方州县编纂的厫经，但随时增加自己在实际征收税粮的过程中得到的新信息，因而这些厫经除了编纂者以外，别人无法使用。乾隆十年（1745年）四月，协办大学士讷亲等在

---

① 雍正《浏阳县志》卷4《艺文志》，清雍正十一年（1733年）刻本，第27页。
② 康熙《宝庆府志》卷24《名宦传》，清康熙二十三年（1684年）刻本，第49页。
③ 康熙《监利县志》卷4《赋役志》，崇文书局2019年版，第252页。
④ 同治《监利县志》卷11《艺文志·记·修筑黄师堤碑记》，清同治十一年（1872年）刻本，第23页。
⑤ 同治《监利县志》卷11《艺文志·记·蔺公禁革陋规碑记》，清同治十一年（1872年）刻本，第29页。
⑥ 康熙《监利县志》卷7《宦绩志》，崇文书局2019年版，第278页。
⑦ 同治《监利县志》卷11《艺文志·书·上胡中丞书》，清同治十一年（1872年）刻本，第18—19页。

议覆湖广总督鄂弥达所奏剔厘里书、册书积弊中说：

> 查粮册为征粮实据，岂有官册不详，转凭私册之理。应拘出里书收贮廒经，与在官之实征，逐一查核。册籍已清之后，编列字号，置局大堂，遇民间上税，令经承照则科算，听百姓取册核对，过割清楚。每年开征时，轮点户长分给滚单，令花户自封投柜，毋许里书胥役包揽，以杜挪延之渐。应如所奏办理，从之。①

据此可知，廒经在清乾隆年间就已经成为两湖地区里书所掌控和收贮的一种民间私册，由于官册与实际纳税的粮户已经脱节，这些带有私册性质的廒经才符合实际征收情况，手里掌握着廒经也成为里书等能包揽钱粮的前提条件之一。

（三）丈量册

按，《清史稿》载："赋税册籍，有丈量册，又称鱼鳞册，详载上中下田则。"②本书前文也阐述过，两湖地区一般清丈土地之后，重新编纂土地册籍就会成为一项重要内容。这些册籍除了记载人户、田则等信息之外，一般也会绘制田亩四至，称之为鱼鳞图册也未尝不可。而许多地方在明代后期到清代前期，历次进行丈量之后所保存的册籍，就直接名之曰丈量册。而且由于是最新清丈的结果，所以比较接近清丈时期的花户的实际田亩占有情况，因而就成为实际征收时使用的赋税册籍之一。

至于两湖地区丈量册的具体样式，我们以湖南衡山县为例进行说明。因为目前笔者所知两湖地区最为详细的就是衡山县于康熙年间进行的土地清丈，以及事后编纂的丈量册。这批丈量册被湖南图书馆收藏，成为我们了解清初丈量册最重要的史料。兹将康熙《衡山县丈量册》中记载名为"僧续光"户的地籍内容抄录如下：

于 字第 六 区第 五十七 庄桼户 僧续光

今将丈过本名下各则田地山塘号次及丘段坐落形式弓数逐图核算布亩均平理合造册呈齐备案。须至册者：

计开

上则田 五 丘，上则弓步粮 七分五厘四毫四丝。

中则田 一十 丘，中则弓步粮 一亩四分一厘七毫三丝九忽。

下则田 三百三十一 丘，下则弓步粮 一十六亩九分四厘一毫五丝二忽。

下下则田 无 丘，下下则弓步粮。

地 无 块，三折地粮。

水塘 二 口，三折塘粮 三厘六毫五丝。

南竹 五百 根，该竹粮 一百五分。

以上共丈过弓步粮 二十亩零六分四厘九毫四丝一忽。

---

① 《清实录·高宗实录》卷239，乾隆十年四月癸亥条，中华书局1985年版，第76页。
② 《清史稿》卷121《食货志二》，中华书局1977年版，第3528页。

```
共计田 三百四十六 丘，塘 二 口。
共丈作 一百五十二号 坐落地名 塘冲处。
         佃户 曾云飞
     左 田邻 艾玉先
     右      罗祥伯①
```

在上述文字记载之后，《衡山县丈量册》还附有大量土地清丈后绘制的鱼鳞图册，内容包括田地形状，如圭形、箫形、蛇形、直形、碗形、梯形、弧矢形等，以及田地的直径与宽广、系则、面积、税粮等。清丈后，其"步"的数字清楚地登载在图册上，一般240步为一亩，弓步粮当是"积步"后的税亩。也就是在归户过程中，实地丈量的积步便被折算成"税亩"单位，以便该业主各项田地加总之后求出应纳税田总额。康熙《衡山县丈量册》以后成为该县土地买卖过割、缴纳赋税的重要凭据，属于实征册。同样，康熙三十年（1691年），孝感知县梁凤翔经过丈量之后，也编纂有丈量册，并且在县衙建立了贮册楼，专门贮存丈量册：

贮册楼，贮丈量册，在县堂东，康熙三十年知县梁凤翔建。②

关于这些丈量册在实际生活中的运用，我们不妨以下面的一个故事为例，从侧面证明丈量册作为征税凭证之情况。同治《衡阳县志》载：

陶易，字悔轩，文登人。乾隆中以举人分发湖南知县，历试州县，有能名。……（乾隆）廿四年，以易知衡阳。易明决机警，材智过人。承分县之后，与江恫协共为治，政事大理，其听讼发擿奸伏，多出意表。县人惊以为神。

甲乙争茔地。甲葬久矣。乙买旁地，因侵其界。易往勘，以山还甲。乙争曰：民主此山久矣。供税纳粮有年，公何以白夺与他人。易曰：彼无粮故也。此田地自康熙卅六年巡抚赵公丈量，乃升科。彼葬时未丈量，故无税粮，真山主也。汝何由先纳税。乙词屈，出鱼鳞印册为证。易笑曰：此乃赵公丈量册也，此册县令印之，册书掌之，安得扯民家。汝盗册为讼本，宜以还我。乙叩头伏罪，两界遂定。③

上面发生在乾隆年间的衡阳县甲乙两方争夺茔地的案件中，乙拿出鱼鳞印册作为证据，知县认出该鱼鳞印册其实是康熙年间偏沅巡抚赵公④经过丈量之后编纂的丈量册，并且该册成为升科收税的凭证。当然此案因为涉及坟茔埋葬的先后，故乙拿出丈量册作证，却反过来证明了甲埋葬在先。值得注意的是，知县陶易明确指出丈量册为

---

① 康熙《衡山县丈量册》，清康熙五十一年（1712年）登记本，第2—3页。
② 康熙《孝感县志》卷5《营建》，清嘉庆十六年（1811年）增刻本，第4页。
③ 同治《衡阳县志》卷5《官师传》，清同治十一年（1872年）刻本，第44页。
④ 按，应为赵申乔，则此处"康熙卅六年"疑为康熙四十六年（1707年），因为赵申乔任偏沅巡抚为康熙四十二年至四十九年（1703—1710年）。

"县令印之，册书掌之"，说明丈量册在实际运用中由府县进行印制，作为征税之凭证，而具体掌管在册书手里，这就为后来的册书包揽钱粮提供了便利条件。

又，乾隆十五年（1750年）二月二十日，湖南巡抚开泰在奏请豁免湖南泸溪县无着税粮折中提及：

> 若就泸邑亩地而言，而该县士民有田若干，即纳粮若干，虽实征册内载有此项应完之税粮，而丈量册中委无此项应完之地亩，固非苗人侵占，亦非泸民隐匿，实系从前奸民捏报垦荒，以致相沿垂数十年，会堪会议，迄无着落。历任知县自顾考成，只得捐俸垫解，应仍请具奏豁免。①

这里朝廷决定豁免湖南泸溪县虚悬税粮的依据是丈量册中没有对应的地亩，其提及的实征册显然是指明代传下来的征收册籍。而丈量册则更接近田亩的实际情况。

（四）块册

块册为康熙年间湖北孝感县进行土地清丈之后编纂的田亩册籍，并且建立在鱼鳞图册和归户册之上。对于康熙年间孝感县的土地清丈，前文已经有专门的阐述，而且在清丈之后，该县就进行了地籍的编纂工作，其中核心之处就是编纂了"块册"。孝感知县梁凤翔在《块册序》中云："余丈量之举，册有三：一曰鱼鳞册，一曰归户册，而此其块册也。"②可见块册是在鱼鳞图册和归户册的基础上编纂而成。

孝感县的鱼鳞图册，是根据丈量之后的数据和绘制的田形编纂而成的。梁凤翔在《集庙公议札》中曰："凤翔详请上宪举行丈量，痛革前弊。今幸各乡山塘田地俱经清丈，图形编号造具鱼鳞细册。"③而据史料所载，其清丈之后的鱼鳞图册册式如下：

计开

一，册页上写某乡某会东西至某会为界，南北至某会为界。

一，会大册多者分为几本钉载，上写第一二三本不等。每册首用白纸一页，上写：

> 某会某甲会甲某
>
> 公正某
>
> 弓手某
>
> 算手某
>
> 今将本县鱼鳞丈过田地顷亩逐一开报：
>
> > 共民粮田若干丘，计顷亩若干。
> >
> > 民粮地若干丘，计顷亩若干。

---

① 《湖南巡抚开泰奏请豁免泸溪县无着税粮折》，中国第一历史档案馆：《清代档案史料丛编》第14辑，中华书局1990年版，第181页。
② 康熙《孝感县志》卷6《田赋下》，清嘉庆十六年（1811年）增刻本，第33页。
③ 康熙《孝感县志》卷6《田赋下》，清嘉庆十六年（1811年）增刻本，第13页。

民粮山若干丘，计顷亩若干。
共潞楚淤庄租田若干丘，计顷亩若干。
共潞楚淤庄租山河地若干丘，计顷亩若干。
共柴山若干，计顷亩若干。
总共田地顷亩若干。
总共柴草山顷亩若干。

一，细户鱼鳞册填写式

某字几号业主某，土名某，系某粮田地。

照本会大例每田地一石几升几合载粮，或遇潞楚淤庄田地则写载银谷若干。

图形照依田式画明上写某形：

东横若干
西横若干
南横若干
北横若干
　直若干

如遇截形，先将正形横直填写，后写截横若干。
截直若干。①

以上鱼鳞图册所载内容和前揭《衡山县丈量册》的内容大体相同，包括税粮、图形和四至的距离等，其中多出的一部分是关于王府庄田的内容，具体到孝感县就是潞王、楚王的庄租田。但这只是某一块田地的面积和税粮，而一户往往有多处田地，官府是按照每户进行征税的。因此田亩全部清丈完毕后，需要将该户所有的田亩统一到该户名下，以户为单位征税，如是就有"归户册"的编纂。② 就清代赋役制度而言，鱼鳞图册为"经册"，重在土地的地理位置和产权归属；归户册为"纬册"，重在税收。

孝感县人户和田地亦有分离之情况，如"田在东隅而粮寄西图，或米系赵甲而户具钱乙，以致李代桃僵，久之田荒户逋，民累赋亏"。故梁凤翔在丈竣之后亦进行了田地税粮归户的工作，据其所言：

---

① 康熙《孝感县志》卷6《田赋下》，清嘉庆十六年（1811年）增刻本，第11—13页。
② 对于归户的过程，美国学者赵冈在《鱼鳞图册研究》一书中概括如下："第一步，当一块农田被实地丈量方毕，地政当局要把丈量结果摘要记录在一张纸条上，发给业主，一来作为产权凭证，二来业主要执此纸条亲自向税务主管机关陈报。这张纸条名为'归户票'，或称'金业票'。第二步，业主要将名下所有田地的归户票集中一处，抄成清单，即是本业主的归户清单，此清单即为该农户课税依据，故又称该户的'实征'清单。本都或本图的税务机关将辖境所有农户的实征清单集中一处，即可编制成本都或本图的实征册。实征册上只登录各农户有关缴纳田赋的资料。第三步是负责户政的人员将各农户与课税有关的田产资料，结合该户人口资料，编制成黄册。"参见〔美〕赵冈：《鱼鳞图册研究》，黄山书社2010年版，第31—32页。

今科粮已毕，除一面造具块册，详报上宪外，诚恐居民辽阔，其本身名下山地丘田，并科米数目不能悉知。本县仍行捐备纸张，印发小单，户给一纸，以凭查据。合行出示晓谕为此示，仰五乡各会甲人等知悉。本县现在捐发刊刻印单，分散各业户收领查照。俾家喻户晓，了若指掌。①

据此，梁凤翔自己捐备纸张，发给花户一纸赋役清单，将该户名下所有的山地丘田和科米数目开载在一起，使之能清楚明白每户名下所拥有的田亩和应缴纳的税粮。而梁凤翔对于归户册亦有界定：

则壤科粮，撮田从户，会各一册。开载业主、花户田地若干，正米若干。阖邑秋粮数万石，归之烟民数万家。如众壑支流之归海也，故曰归户册。②

按，归户册其实就是将全县的赋税按照"撮田从户"的方式，一一细分到每家每户，以便于每家知晓并照此缴纳赋税。在鱼鳞图册和归户册之后，梁凤翔还在孝感县推行独具特色的田赋册籍——"块册"，其《块册序》云：

第归户之后，田有交易，人有迁移。恐相沿日久，户册既有纷更，鳞册必致弁髦。若不永定规式，为善后之策，安知不有猾胥豪右，如曩时之飞诡并兼而为无畸者耶。查孝邑五乡二十三里一百七十八会，以里统会，大者五六会为一里，小者十数会为一里。以一会为一块造册，各二本，胪编花户的名田粮确数，总散分合，务期相符。存县一本，每里选德行一人为耆约，给一本，使收掌之。俾编氓周知，自某年始定立章程，如树之根柢不可动摇。后有交易者，但缴知单，更换姓名。田坐、处所不许那移。总使此会之田不得跳入彼会，此块之米不得飞入彼块。以人从田，不以田从人。即有豪强凭何兼占？即有奸究从何欺隐？每年终，将授受开收之户，另造更名析户册各二本，收掌如前例。俾内外划一，历年不替。虽百世以后，溯流穷源，可按籍而考也。节岁开征，各会发单一张给里约，使里约传催会甲，会甲传催烟民。如身之使臂，臂之使指，不烦差比，人乐输将。此《周礼》均土之法、同井之意，故曰块册。③

这里的"块册"建立在鱼鳞图册和归户册之上，可以杜绝以后土地买卖过程中出现人户与田亩、田亩与税粮混淆的局面。而采取按区域攒造册籍，其关键之处在于"以人从田，不以田从人"，实行"一会一块也，一里一块也，一乡一块也，一县亦一块也。扩而极之，天下一大块也"④。据此，今后征税，就地问粮，而不论其地上之人户变动如何，以此来杜绝各种飞洒之弊端。此种"以人从田"的编纂原则基本是与清初摊丁入亩的赋役改革相适应的，即征收依据由人丁向田地转移。

---

① 康熙《孝感县志》卷6《田赋下》，清嘉庆十六年（1811年）增刻本，第24页。
② 康熙《孝感县志》卷6《田赋下》，清嘉庆十六年（1811年）增刻本，第33页。
③ 康熙《孝感县志》卷6《田赋下》，清嘉庆十六年（1811年）增刻本，第33—34页。
④ 康熙《孝感县志》卷6《田赋下》，清嘉庆十六年（1811年）增刻本，第34页。

（五）蓝花册

湖南所属各县，于康熙五十三年（1714年）前后编定实征册，当地称之为"蓝花册"。据民国二十三年（1934年）李之屏所著《湖南田赋之研究》中《征收册籍》的相关史料记载：

> 查各县田赋征收处原用之征收册籍，大抵为前清康熙五十三年编纂之蓝花册籍。印刷之格式用蓝色，详载花户姓名，故曰"蓝花册籍"。每本共有二百五十页，每页载一户地名、按亩科银、旧管、新收、开除、实在等条目。但因兵灾迭经，蓝花册籍散佚殆尽，偶有收藏至今者，亦受虫蚁之剥蚀，毁坏不全，遂致征收田赋无所凭借。各县有以旧时粮书所藏之秘本为根据者，有参考历年券票存根办理者。在当时固属权宜之计，厥后历年编造征册皆以此为根据。此项征册只载花户姓名，正银若干两，小数至厘位为止。及花户、地名，其用堂名别号者甚多，而用真实姓名者实属寥寥之无几也。①

以上史料所记载的蓝花册，即地方州县所编纂的实征册，因印刷格式用蓝色而得名，每本有250页，每页详细记载花户姓名、地名、按亩科银等信息，并开列有"旧管、新收、开除、实在"四柱清册。清代这些册籍保存于各县衙之内，民国之后归各县田赋征收处保存。当时还有一种册籍，是由各县粮书所收藏之秘本，应当就是实征底册，笔者抄录了这种蓝花册的样式：

一户	地名
上田弓口	上粮
下田弓口	下粮
山水田弓口	山水粮
地弓口	地粮
塘弓口	条银
各科则	科粮
五十三年垦田	
按亩科银	
实在连前年共科粮	
人丁	丁银
实在连前年共科丁饷银	
旧管原额粮	
开除	新收

---

① 李之屏：《湖南田赋之研究》，萧铮主编：《民国二十年代中国大陆土地问题资料》，成文出版社1977年版，第5588页。

开除	新收	
开除	新收	
大贤都七甲八区	百三十六页	蓝花册籍①

这种蓝花册登记有户名、田地类型、亩数、科则、应科钱粮数，并详细记载了各年开除、新收情况。这些蓝花册成为地方实际征收册籍，但后来逐渐被粮书所掌控，成为粮册秘本，粮书不肯交出，纵或交出，也是残编断简，散佚不全，政府因为不知道花户的确切姓名和地址，只能长期假手粮书来征收钱粮。

（六）均田鱼鳞图册

湖南图书馆收藏有《湖南沅州府麻阳均田鱼鳞图册》一册，是麻阳县屯户的土地登记簿册。其首页曰：

> 湖南总理边务加道衔食知府俸署凤凰直隶厅沅州府麻阳县为均田□将麻阳县长梁甲均户田以助等均出田亩委员督同屯头　经书　算手　弓手　丈明丘段数目，理合编列字号，造具鱼鳞图册呈核。须至册者：记开　长梁甲自屯字一号起至六十七号止，通计均户一十一名，共均出田七十二丘。计积田四十亩零六分零六毫一丝一忽，地无。以上田亩数目丘段四至挨次照号开列于后。②

由上述记载可知，此鱼鳞图册属于麻阳县上乡长梁甲屯字1—67号，均户11名，共均出田72丘，田40余亩。在首页之后，该鱼鳞图册中田地山塘挨次排列、逐段连缀绘制，标注所有人、田形、四至、积步、税粮、承耕情况等信息，其详情可参见图2-1、图2-2。

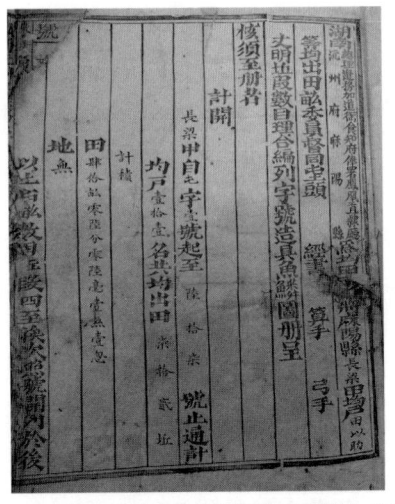

图2-1 《湖南沅州府麻阳均田鱼鳞图册》之首页

---

① 李之屏：《湖南田赋之研究》，萧铮主编：《民国二十年代中国大陆土地问题资料》，成文出版社1977年版，第5589—5590页。

② 《湖南沅州府麻阳均田鱼鳞图册》，清刻本，湖南图书馆藏，第1页。

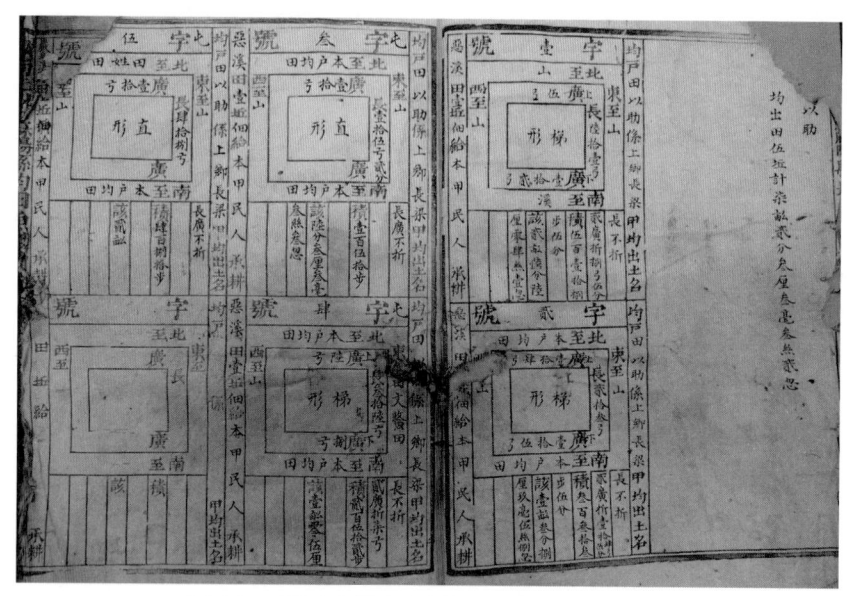

图 2-2 《湖南沅州府麻阳均田鱼鳞图册》之内页
资料来源：《湖南沅州府麻阳均田鱼鳞图册》，清刻本，湖南图书馆藏

按，麻阳县明清时期军户与民户参半，其县境内有平、清、偏、镇四卫军户屯种，所以屯户较多。据康熙《麻阳县志》记载，清初麻阳出现了严重的里甲赋役不均的局面：

> 论曰：麻阳旧编三十九里……明永乐元年析绝户为屯田，作七里。……自域中田地之膏腴者，尽为平、清、偏、镇、辰、沅之军田，而邑之所称都甲者，零落参差矣。有彼都之甲分搀入此都者；有此都之田户坐在彼都者；又有六卫屯田互相坐落者。弹丸封域，几何不可问也。即七里田粮不均殊甚。有一甲丁粮百余，有一甲人止数丁，粮止数石者。每逢大差，最为不平。麻邑于辰七属颇有人满之忧，而佃屯田者仍多麻民。①

康熙二十六年（1687年），知县黄志璋为了解决麻阳县里甲丁粮多寡悬殊、差役因此偏累的问题，实行"均平里甲"的举措，其中重点解决由明代军户屯田所专门编排的七里，这七里共征粮一千六百有零，于是"合七里均之，每里该粮二百三十一石有零，每甲则该粮二十三石一斗有零"②。均编粮甲之后，麻阳县还编纂有"均编里甲丁粮清册"，并将花户姓名、额丁若干、额粮若干登录下来，这些册籍就是由知县主持编制的实征册。但这次并没有丈量田亩，因此也就没有编纂鱼鳞图册的举措。兹据康熙年间的贡士聂愈岩在《丈田义学合纪》中记载：

> 麻阳居山箐，田硗而地确，军民错壤。……他弗具论，如温陵黄公（按，即

---

① 康熙《麻阳县志》卷1《方舆志·都甲》，清康熙三十三年（1694年）刻本，第9—10页。
② 康熙《麻阳县志》卷1《方舆志·都甲》，清康熙三十三年（1694年）刻本，第12页。

黄志璋）之均里甲，衰多益寡，诚善政也。然粮未按亩，其中之宽狭瘠腴尚阙焉而未晰。……孰有如岭南陈侯之清丈必按地宜，训迪设有义学也哉。侯负性明敏而又将以慈惠迹其所行。每有诚求百姓之心。岁辛未，奉檄履亩。侯恐民之隐匿自庋也，先令其各书己册；恐民之兼并自匿也，先令其各插牌签；恐登纪有司致蹈鲁鱼亥豕之讹也，必据印白草册，考其弓步，合其亩行，如是而后即安。……侯任麻甫三载余，其始丈田有均赋之才，继而立学有作人之功。①

按，这里的陈侯，即陈辉壁，广东增城举人，康熙中任麻阳知县，文中的"岁辛未"应为康熙三十年（1691年），是年陈辉壁在麻阳县进行了履亩丈田活动，但是否在清丈之后进行了鱼鳞图册的编纂，根据目前的资料尚难以判断。不过值得注意的是，在同治《新修麻阳县志》中有一位老者名曰"田以助"：

田以助，长潭人，年九十一岁。教谕杨登训赠有上古大椿匾额，其子朝麟亦九十三岁。②

上述史料中并没有注明年代，而循着赠给他匾额的教谕杨登训这一线索，我们也可以发现一些信息。同治《新修麻阳县志·秩官志》载："杨登训，宁远选贡，（嘉庆）二十一年任（教谕）。"③那么田以助则当为嘉庆前后之人士。如果地方志中的"田以助"就是《湖南沅州府麻阳均田鱼鳞图册》中的均户"田以助"，则该鱼鳞图册的编纂时间似乎应晚于康熙年间。但考虑到赋税册籍中的税户名称往往有长期沿用的习惯，而且大多数情况下实征底册所登记的户名，只是赋税征收单位，是"赋税户"，并非实际的农户家庭，大部分"赋税户"和实际纳税人户已经脱节，因此在目前的有限史料下，我们暂时难以坐实均田册籍中的"田以助"就是地方志中记载的"田以助"。而同治《新修麻阳县志·赋役志》曰："附边字号均田粮石银数。嘉庆二十五年均田案内，各都甲花户共均去民粮六十八石一斗七升七合三勺。又均去五屯粮十石九斗四升六合五勺。"④显然在嘉庆年间，麻阳县进行过均田活动。

对于嘉庆年间麻阳县的均田活动，兹据刘汉源《湘西屯田之研究》第二章"屯田之创设经过及其分布"第二节"麻泸两县均田之经过"中记载，湘西在清初修建了八百余座碉卡，需要屯丁六千名，为了养活这些屯丁，政府采取了"均田屯丁""以屯养丁"的举措。由于这些屯丁分授屯田之后，凤凰厅均出的田地只够四千人屯种，其余两千名屯丁尚缺额一万亩，督抚于嘉庆七年（1802年）决定从麻阳、泸溪两县各均补五千亩。但在"均田"的过程中，由于部分生员及士民赴省、赴京"呈控"表示反对，所以直到嘉庆九年（1804年）夏天，"始续办麻阳上乡均田，该县应均田五千余

---

① 同治《新修麻阳县志》卷10《艺文志·丈田义学合纪》，清同治十三年（1874年）刻本，第71—72页。
② 同治《新修麻阳县志》卷8《人物志·寿耆》，清同治十三年（1874年）刻本，第51页。
③ 同治《新修麻阳县志》卷6《秩官志·文秩》，清同治十三年（1874年）刻本，第20页。
④ 同治《新修麻阳县志》卷3《赋役志·附各里额粮应征数目》，清同治十三年（1874年）刻本，第7页。

亩，除下乡已均田二千九百余亩外，其上乡只应补足二千一百余亩"，而且这些均出的田亩"屯丁不能自种，皆系标给原佃承耕"①，此情况与《湖南沅州府麻阳均田鱼鳞图册》中"佃给本甲民人承耕"的记载相符。

又据《苗疆屯防实录》卷二十一《均田一》记载，其均田办法之一载：

> 各该户实有田丘若干，除分别留养口存三之外，将所有应均田地，着落总散屯头、保甲人等，按约按图团，将坐落、地名、丘段、种数，开造清册呈送，以凭查丈。②

显然，嘉庆年间湘西各地的均田活动是编纂有丈量册籍的。而麻阳县的均田情况，相关史料记载如下：

> 查麻邑田地，自康熙三十三年丈量以后，历年已久，私垦甚多。……拟将该户粮数查明，临田逐一清丈。……选派诚实衿士数十余名充当总屯长、屯头，分司其事。每名日给饭食银五六分至七八分不等。至现在查开丁亩，及将来大量造册等，责兼之一切。③

这里明确指出了麻阳县的土地清丈是由屯长、屯头来进行的，除了负责逐一现场丈量土地之外，也肩负着嗣后进行大量造册，即编纂均田鱼鳞图册的任务。又据其随后的史料记载："其均田册档，亦经该令督率绅士、书算人等，漏昼攒造，已有眉目。将凤、乾、永、保等处屯防诸务，逐一清理，并先期札调承办各委员，携带修边用款底册，来算核算。……兹拟于十七日前赴麻阳，会同姚署倅、曹署令，均办该县上乡田亩。"④这里出现了"均田册档"的记载，并且有"承办各委员"等称谓，且使用"修边用款底册"，这些信息共同指向了《湖南沅州府麻阳均田鱼鳞图册》中的相关记载内容。又据《禀麻阳续办均田情形》记载：

> 查麻邑应均田五千余亩，除山后各屯，及下乡已均出田二千九百余亩，当应续均二千一百余亩。吊阅上乡额粮册，亩田宽广，户多富饶，抵须于业产最厚之众，分别差等，令衿士自行公议明捐，可以足数。中、下各户，无须劝均。……至往来传唤俱派诚实甲首，绝不假手吏胥。而承办造册丈田之绅士耆保，以及弓算人等，俱各优给盐粮，严为督率，并无丝毫扰累。⑤

---

① 刘汉源：《湘西屯田之研究》，萧铮主编：《民国二十年代中国大陆土地问题资料》，成文出版社1977年版，第35208页。
② （清）佚名氏编，伍新福校点：《苗疆屯防实录》卷21《均田一·禀办均田屯守酌议章程三十四条》，岳麓书社2012年版，第456页。
③ （清）佚名氏编，伍新福校点：《苗疆屯防实录》卷21《均田一·夹单禀凤属田亩短缺不得不与麻、泸均补》，岳麓书社2012年版，第467页。
④ （清）佚名氏编，伍新福校点：《苗疆屯防实录》卷21《均田一·禀苗疆安贴并均田情形》，岳麓书社2012年版，第469页。
⑤ （清）佚名氏编，伍新福校点：《苗疆屯防实录》卷21《均田一·禀麻阳续办均田情形》，岳麓书社2012年版，第470—471页。

综上所述，我们应该可以大致推断，湖南图书馆所藏《湖南沅州府麻阳均田鱼鳞图册》应该为嘉庆年间所编纂，当时为了安顿镇守湘西苗疆的屯丁而进行了一次"均田"活动。此册籍则是湘西地区嘉庆年间开展的均田活动所留下的重要土地册籍。

（七）实征底册

湖北省潜江市档案馆收藏有《太和乡实征底册》两卷，其中一卷封面左侧题为"太和乡实征底册，并毕"，中题"光绪十七年分"，旁有小字五行："实征。内凡做推收，或新立户柱，从中格起，转至下格，后至上格。如三格均满，或挨同姓移前移后，另立户柱，不可粘搭纸条。特记。"右侧一行，作"砖淌外垸"（图2-3）。另一卷封面内容基本相似，而其右侧则作"垸湖流滩子垸，并毕庐、太平、福抵、黄中"。仔细研究"砖淌外垸""垸湖流滩子垸"这两卷底册，可以断定，此册籍于光绪十七年（1891年）造册，后来相沿使用至民国时期，因为里面有大量民国时期的税粮推收记录，其中最晚的推收记录是民国三十六年（1947年）。

图2-3 湖北省潜江市档案馆藏《太和乡实征底册》封面

太和乡是潜江县五乡之一，而"垸"则是江汉—洞庭湖平原地区因修建堤坝挡水而逐渐形成的经济生产区域与生活聚落形态，当地又通称"垸子"。据康熙《潜江县志》记载，太和乡垸田包括仁和垸、新兴垸、荷湖垸等45垸，其中并无实征底册中的垸湖流滩子垸与砖淌外垸。① 光绪《潜江县志续》载："潜邑征收钱漕，自康熙年间修志后，编户五乡一坊，曰长安、长乐、太平、太和、通政五乡，谓之实粮；一坊更名曰毕公乡，谓之尾粮，共计六乡。"② 光绪《潜江县志续·堤防》中记载有砖淌垸，属于黄汉区。实征底册中的砖淌外垸，应该就是砖淌垸的外垸。黄汉区所属各垸均在潜

---

① 康熙《潜江县志》卷3《舆地志》，清康熙三十三年（1694年）刻本，第17—21页。
② 光绪《潜江县志续》卷9《赋役志》，清光绪五年（1879年）刻本，第1页。

江县河以东，因此推断太和乡应位于潜江县东部。

潜江县征粮按垸归乡，始于清初。据康熙《潜江县志》所载，顺治十年（1653年），潜江知县柯赓昌曾实行"均平图赋"的赋役改革，"以四十三石为一里，征输用官民细户单"，其中"官民细户单"的内容如下：

> 细户简明单，前开载某乡某里甲户某人，若干丁，若干税米；次开载本户有无免丁免米，并加饷额数；又次开载某年分丁条饷共该派银若干。一年均作四季，一季该完银若干；一季均作四限，一限该完银若干。后开载春季一限二限三限四限完数。夏、秋、冬例如之。其末注云以上定宜照限完纳，以免差拘。①

以上的所谓"官民细户单"应该是由官府开给粮户，并由粮户收执的。因为在细户单之后，史料又云："官执册比，民执单照。黠户蠹胥无贿填卖限之弊，完户实数无小票墨帖之烦。"②这里的"册"，后据邑人朱绂以灾荒等事给安陆府之呈文中载："潜江河北，坐落泗汉湖，底额册编列田地、民田，名曰外九垸，官田名曰外九总。"③因此"底额册"大概是当地的实征册籍。光绪《潜江县志续》载：

> 潜邑征收钱漕，自康熙年间修志后，编户五乡一坊，曰长安、长乐、太平、太和、通政五乡，谓之实粮；一坊更名曰毕公乡，谓之尾粮，共计六乡。每田一亩，摊派毛粮一升，春秋缮写红簿，某户原粮几升几合几勺几抄，即田几亩几分几厘几毫，所谓升合摊粮者是也。每升派完大饷银一分四厘七毫，派完漕、南二米四合零八抄零五圭。此外，又有福、惠、光、圻、潞五王租饷，即前明各藩邸之稞（课）租也。……又有老志所未载、现今红簿所列之福抵、惠抵、光抵、蕲抵、潞抵、官抵各名色，臆度抵即邸也。每亩派完银一分七厘八毫五丝，仍系更名地亩之下则田也。因经管实征底册各粮书，希图简便，且恐户有遗漏，凡系抵租皆以每亩一分八厘科派。④

以上史料中所提及的"红簿"，应该就是我们在潜江市档案馆所见之《太和乡实征底册》，其分割线都是红色印制，其"粮艮米"也是红色印制。由此我们可以推测出，在康熙年间，潜江县已经编制有实征红簿，也就是实征底册。而且前揭史料明确指出，这些实征底册是由粮书经管。

《太和乡实征底册》中各户名之下，详细登记有各户所负担的粮、银、米若干及其推收之变化，试以实征底册之砖淌外垸中的"陈友常"户这一页为例，将相关赋税史料抄录如下（亦参见图2-4）：

空

---

① 康熙《潜江县志》卷9《赋役志》，清康熙三十三年（1694年）刻本，第39页。
② 康熙《潜江县志》卷9《赋役志》，清康熙三十三年（1694年）刻本，第39页。
③ 康熙《潜江县志》卷9《赋役志》，清康熙三十三年（1694年）刻本，第40页。
④ 光绪《潜江县志续》卷9《田赋志》，清光绪五年（1879年）刻本，第1—2页。

陈友常

陈明第

本名陈胡氏 五十六

  粮：一斗一升三合八勺。

  艮：一钱六分七厘二毫。

  艮：四升六合四勺三抄。

  十八年，收陈正会二升三合，收陈烈山六合一勺三抄，

  又收陈克进六合一抄，收陈振万一升三合一勺。

  共一斗六升二合四抄，艮二钱三分九厘。十九年，艮收陈振万一升六合一勺四抄。共一斗七升八合一勺八抄，艮二钱六分二厘。

  廿一年，收陈心山一升六合八勺六抄，收陈振万一升五合。存二斗一升四抄，艮三钱九厘。廿二年，艮收陈廷贡四合九勺四抄，又收陈振万（绅户）一升二合零三抄，又收民户陈振万二合三勺三抄。

  共二斗二升九合三勺四抄，艮三钱三分七厘一毫。

  廿四年，艮收陈烈山九合九勺，又收周德广一升七合七抄，又收周焕文一升四合九勺六抄。存二斗七升一合二勺七抄，艮三钱九分九厘。

  廿五年，收陈若连三合七勺五抄，又收陈金友三合七勺五抄。

  存二斗七升八合七勺七抄，艮四钱一分。廿九年，艮推六合二勺二抄赵登宏。

  存二斗七升二合五勺五抄，艮四钱零六毫。三十一年，

  艮一升八合七勺一抄陈方茂，又推四合九勺一抄陈光宗。

  存二斗四升八合九勺三抄，艮三钱六分五厘九毫。

  卅一年，推九合八勺六抄陈□善。存二斗三升九合七抄，艮三钱五分二厘。

  又推一升五合五勺八抄陈玉汗。存二斗二升三合四勺四抄，艮三钱二分九厘。

  元年，艮推一升二合三勺陈光连。存二斗一升一合一勺四抄，艮三钱一分一厘。三年，艮推二合三勺三抄陈光恺。存二斗八合八勺一抄，艮三钱七厘。民国元年，艮推七合六勺五抄陈汉方。存二斗零一合一勺六抄，艮二钱九分六厘，米八升二合。二年，艮推一升七合一勺一抄胡才德。又推二升二合一勺一抄朱体宣。存一斗六升一合九勺四抄。

  存一斗五升一合九勺四抄，艮二钱二分四厘，米六升二合。

  民国八年，艮推二升二合四勺陈执康。

  共一斗二升九合五勺四抄，艮一钱九分一厘，米五升三合。

民国十年，艮推一升七合六抄陈明扬。
存一斗一升二合四勺八抄，艮一钱六分六厘，米四升六合。
民国十一年，艮推五合八勺陈光定。存一斗六合六勺
八抄，艮一钱五分七厘，米四升四合。民国十二年，
艮推二升九合三勺五抄阳德方，又推一升五勺
陈光运，又推一升七合一抄陈明扬。存四升九合
八勺二抄，艮七分四厘，米二升一合。民国十二年，
艮推二升九合三勺五抄阳德方。存二升四勺七抄，
艮三分，米九合。民国十四年，艮推一升五合陈代南。
存五合四勺七抄，艮八厘，米三合。
民国十八年，艮全推陈楚才。存无。

陈裕万

陈明高

本名　年六十

粮：一升七合八勺八抄。

艮：二分六厘三毫。

米：七合二勺九抄。

十八年，艮推三合六勺陈克进。

共一升四合二勺八抄，艮二分一厘。

十九年，艮推三合六勺陈克臣。存一升六勺八抄，

艮一分五厘六毫。二十三年，艮收陈烈山一升五勺。

存二升一合一勺八抄，艮三分二厘六毫。卅年，艮收陈光宏

五升一合九勺。共七升三合八抄，艮一钱七厘四毫。

三十一年，艮推八勺七抄陈正邦。存七升二合二勺一抄，

艮一钱六厘一毫。民国二年，艮推二升零二勺七抄

陈明善，又收陈光葵九合五勺七抄。共六升一合五

勺七抄，艮九分一厘，米二升六合。六年，艮收陈明福九合，

又收陈光芹五合五勺。共七升六合一抄，艮一钱一分二厘，

米三升一合。又收陈君达六合。

共八升二合一抄，艮一钱二分一厘，米三升四合。

十九年，艮推一升九合八勺六抄陈明元。

存六升二合一勺五抄，艮九分二厘，米二升六合。

二十九年，收赵秀扬田一亩一分二厘八毫。

共田七亩三分四厘三毫。卅二年，推三亩陈大壮。存四亩三分

四厘三毫。卅五年春，推一亩二分陈明坤。存田二亩一分

四厘三毫。卅六年，收陈大壮三亩，又收陈士准三
　　亩六厘。共田八亩二分三毫。
陈万周
陈光升　民国卅年复立，民国卅年又复立户
本名明必　卅一岁
　　粮：五升五合七勺。
　　艮：八分一厘八毫。
　　米：二升二合七勺三抄。
　　元年，艮推一升九合四勺一抄
　　陈□善，又推一升八合八勺四抄
　　陈汉方。共二升四勺五抄，
　　艮三分正。
民国元年，米推五合九勺陈静三。存一升四合五勺五抄。
二年，艮推一升二合三勺六抄陈光中。存二合一勺九抄，
艮三厘，米一合。廿三年，艮全推陈明珍。存无。后正。
民国卅年立，收陈明仁田四亩，又收周巨心田二亩八分。
共六亩八分。卅二年，收陈正春二亩，又收陈士德四分。
共田九亩二分。①

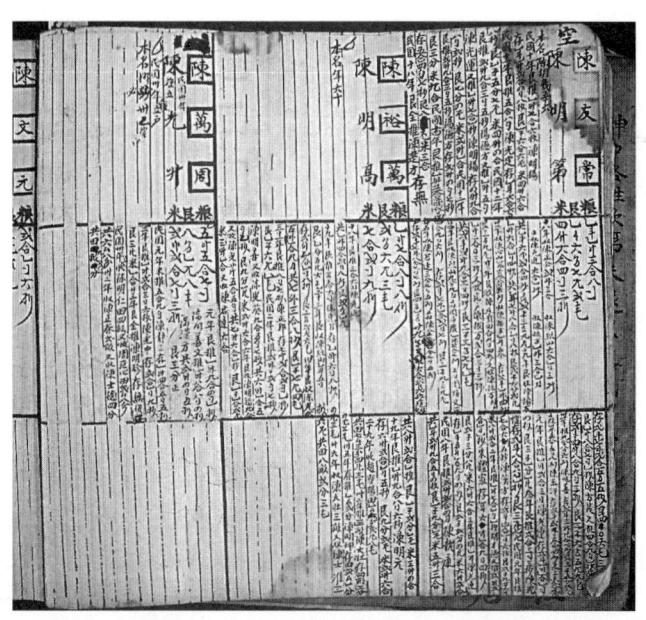

图 2-4　湖北省潜江市档案馆藏《太和乡实征底册》内页

---

① 《太和乡实征底册·砖淌外垸》，清末民国时期抄本，湖北省潜江市档案馆藏。

由以上史料并结合《太和乡实征底册》的内容可知，实征底册每页记载有花户一到四户不等，分为三格，上格第一行记录户名，并注明花户的身份，即"绅"或"民"，第二行登记编号；中格顶部（或上格底部）为印制的"粮艮米"三个红字，分为三行，其下分别记录该户名下应纳粮、银、米数。其左侧用下格记录推收即税收变动情况，其篇幅大小不一，详情参见图 2-4。能否严格按照规定开展推收，是实征底册能否作为赋税征收依据的基础。如果实征底册不能及时反映田产过割、赋税推收的真实情况，必然会造成赋税征收册籍失实，而不能发挥征税凭证的作用。对《太和乡实征底册》的推收过程，以及新立户主与无产户名之剔除，已有学者进行了初步探讨，并指出该实征册从光绪十八年（1892 年）到民国三十五年（1946 年），一直有推收的情况。其中，仅流滩子垸就有新立户名 88 项，无产户剔除的情形有 99 宗。① 因此我们可以认定，这两卷实征底册，在晚清到民国时期的赋税征收过程中，一直被使用并发挥实际作用。

（八）赤历册

在明清赋役制度中，河泊所及其渔户管理制度亦具有重要的地位，特别是在江河湖泊众多的两湖地区，其渔户群体众多，有学者指出，湖北是明代河泊所设置最早、数量最多的地区。② 为了便于对这些渔户进行控制，以及征收鱼课，湖北各河泊所曾经编纂有一种专门针对渔民征收鱼课的特殊赋役册籍——赤历册③。《汉阳府志》载郡人王光裕《附七所鱼课税》云：

> 汉郡自则壤成赋之外，泽梁虽有禁，未尝不酌鱼利之多寡，因年岁之丰歉，小民之便否，分制七所，各随地之所近，以便催征。自洪、永以来，以及宣德，先议钞，后议稞（课）米。……凡大小湖池有名可查，有地可稽者，责军户闸办，各领为业，取鱼办稞（课）。其湖水泛阔，长且渺者，责令所官某、所吏某同经纪某、商客某，招集大网户、浅网户、扒网户、岸罾户、手罾户、花罾户等，鱼利以月计钞，稞（课）以利计。各分浪业，众轻易举，行之三朝而均平长久之法定矣。汇造赤历，永为遵守。不期时异事殊，法久弊生，除各子湖绳埠约帖顶补，业有定主、稞（课）有定额者不敢混淆外，其余水面虽载在赤历，而又无定

---

① 鲁西奇：《中国古代乡里制度研究》，北京大学出版社 2021 年版。
② 张建民：《明代湖北的鱼贡鱼课与渔业》，《江汉论坛》1998 年第 5 期。
③ 按，本部分所言之"赤历册"主要是指湖北地区明清河泊所体系下为征收鱼课而编纂之赋役册籍。而据前揭之清代王庆云《石渠余纪》卷 3《纪赋册粮票》中也曾经记载有"赤历册"，主要是清初顺治至康熙年间所使用的一种赋役册，为顺治十三年（1656 年）政府所颁令纳户自填应纳赋额的簿册。册内开列纳户姓名、纳粮数目等项，每年由州县汇交布政使司查核。此种"赤历册"于康熙十八年（1679 年）停止。据康熙《长沙府志》卷 15《典章下》第 64 页所载，湘乡人龙吟在《均图谋野议》一文中即云："今所据以均者，止实征烟火赤历册耳。"又，道光《永州府志》卷 17《事纪略》第 91 页载："（顺治）十三年秋九月……始定五年一次编审人丁；始设州县赤历册，令民自登纳粮，大有年。"这里长沙及永州府所提及的"赤历册"，即是清初顺治至康熙年间一度让花户自行填写纳税数额的赋役册籍。

主，其邻近土豪奸习，可摄小民机变，可乱成法。①

以上史料较为详细地解释了明代湖北渔户的管理与鱼课的征收机制，其中值得注意的是，其鱼课征收的册籍为"赤历册"，其登载的内容之一就是渔户对水面的占有情况。又，康熙《潜江县志》载："河泊所岁有常稞（课），载在赤历。"②据此可知，赤历册还应该登载有渔户缴纳水课的情况。

河泊所赤历册的攒造肇始于明洪武年间。在洪武十四年（1381年）至十六年（1383年），朝廷就派遣官吏到各地丈量水域、核定面积并编定鱼课课额。③而湖北省档案馆所藏档案"顺治四年黄冈零残湖赤历甲册"收录了"洪武赤历甲册"，由此可以窥见明初赤历册的部分内容：

顺治四年二月
谨依赤历甲册编定数目于后
湖广黄州府黄冈县零残湖河泊所翎鳔事
洪武赤历甲册编定　本府课钞春夏秋冬四季
春季钞六百二十八贯三百文
夏季钞一千一十八贯五百文
秋季钞二千五百三十一贯七百文
冬季钞三千五百五十一贯七百文
又计开
本府课钞共七千七百七十三贯二百文，有闰月加钞五十贯
子池业户编定管解干鱼共八百五十三斤
春季干鱼六十八斤
夏季干鱼一百八十斤
秋季干鱼二百八十三斤
冬季干鱼三百九十四斤
有闰月加鱼七十斤
子池折解黄白麻等共四千六百五十三斤一十四两□钱
连闰月四千六百八十一两四钱
鱼油七百五十斤　折黄麻九百三十七斤八两
桐油五十斤　折熟铁五百斤　黄麻三□七百五十斤
折白麻一百斤　鹅翎二万根　折熟□□□斤

---

① 康熙《汉阳府志》卷5《食货志·附七所鱼课税》，清康熙八年（1669年）刻本，第42—43页。
② 康熙《潜江县志》卷3《舆地志》，清康熙三十三年（1694年）刻本，第33页。
③ 尹玲玲：《明代的渔政制度及其变迁——以机构设置沿革为例》，《上海师范大学学报（哲学社会科学版）》2003年第1期。

熟铁一千六百七十五斤　鸭翎一万一千二百根　折熟铁四百五十斤

鱼鳔八斤八两　折鱼线胶八斤　鹅翎二百根　折解熟铁八斤

俱在子池长江业户名下，照依原闸课米石数收银，买办麻铁等料解京。①

从以上引文并结合其他相关史料可知，赤历册在编审初期，其内容主要包括三个方面：一是本河泊所应该承担的鱼课总额；二是隶属于本所渔户的编组分甲，以及每业甲应承担的具体课额；三是渔户各业甲具体办课的水域，以及办理课程的具体数额。②图 2-5 为赤历册之一页。

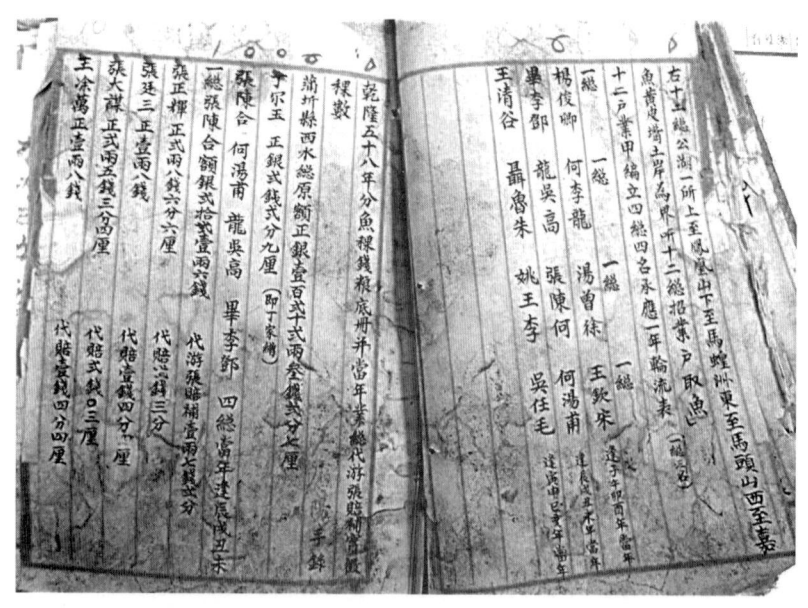

图 2-5　湖北江夏《万历十七年金东西水鱼鳞册》
资料来源：湖北省档案馆藏民国卷宗 LS7-2-302，由武汉大学徐斌教授提供

显然，河泊所赤历册的编造，目的主要有两个：一是管理渔户；二是征解鱼课。其中管理渔户就涉及"业甲"的编排问题，与陆上里甲组织相似，业甲系统是对渔户的一种编排组织。据黄冈《刘氏宗谱》所载清道光十六年（1836 年）的《业甲序》云：

业甲者，业渔以供国赋也。甲有八，我居其一。八家同业，是业私以营生，公以裕国。其奔泥湖，坐落霍家围中，周围湖岸、田地计四担有零。每年承谷稞（课）三担有零。八甲输流催收，周而复始。又输车河一段，抵过牛埠，下抵竹叶湾，计二十余里。轮流管绍。与奔泥湖同，然此八业之公所也。至我甲之私管绍业，以供国赋者，则有三店上之圩渠垱、赤土坡之铁杆□、郏城北之旧洲湖、团

---

① 《湖北省高等法院对蒲圻县民王明新、余新祥等湖地共有权纠纷案的判决》附录《万历十七年金东西水鱼鳞册》，湖北省档案馆藏民国卷宗 LS7-2-302，转引自徐斌：《明清河泊所赤历册研究——以湖北地区为中心》，《中国农史》2011 年第 2 期。

② 徐斌：《明清河泊所赤历册研究——以湖北地区为中心》，《中国农史》2011 年第 2 期。

湖西之白湖、许家庙上之五似嘴、黄家畈之锁基塘、过贤埠之龙家潭、三盆港之猪婆垱，以及近地小河大垱、长沟短泊。无非上以供国赋之有常，下以垂子孙之永远，而不敢舍业以嬉云。①

这里黄冈刘氏宗族所在的河泊所编户业甲有八户，他们八户既有轮流管理的公产，以供国家赋税，同时又有各自管理的私业。而赤历册的结构基本就是以渔户的编甲为纲，将渔户及其办课水域系于其下，册中登录信息包括渔户编甲的信息，如黄冈县零残湖河泊所编排业甲有六甲，每甲十几户不等；江夏县金口垱河泊所编有十八甲，每甲两户到十四户不等。这些编排显然和水域的大小、距离的远近有直接关系。它既类似陆地上民户的里甲编排，又进行了一定程度的变通。业甲之上还有"业总"，类似里甲中的"甲首"，在日常办理鱼课征解活动中，一般就是由业总带领业甲办纳。

赤历册下其业甲应役的具体措施也是采取轮流的方式。如明万历年间江夏县金口垱河泊所在业甲，有鉴于渔户逃亡，将原来的十八甲重新编为十二甲，设立十二总，并以十二地支的顺序进行轮流应役。如一总杨俊卿、何李龙、汤曾徐、王钦宋逢子、午、卯、酉年当差。而考察赤历册从明到清编纂的演变，与里甲系统由以人户为主转向以土地为主的赋役变革相类似，业甲系统的编排也有一个由以业甲人户为主转变为以水域为主的过程。并且赤历册到了晚清民国时期，名称也改变为"湖册"，由此也更彰显了该册籍主要是针对水域的登记册籍。②

三、账簿与权力：实征册籍的功能与地位

日本学者高嶋航指出：实征册是在黄册失去作为征税根据之价值的背景下，为了应对征税运作过程中产生的实际问题，由各州县衙门分别编制并使用的。因此，与根据统一的样式编制的黄册、鱼鳞图册不同，实征册没有统一的样式，而是因应于各地征税的实际运作而各式各样。③所以实征册籍的最大意义在于能及时更新，并随时反映田土的变动情况，以便实际征收赋税。以上笔者对于两湖地区诸多实征底册的研究，目的即在于弄清两湖地区赋役征收之实态，有些册籍，包括赤历册、均田鱼鳞图册、丈量册等，可能都是应对特殊情况的一种册籍形态，具有地方性特征。

在实征册的编制过程中，既需依赖各种名目的胥吏、职役，由他们负责编制基层的实征底册（以甲、图、会或村为单元），年岁既久，实征底册遂由里书、册书等职役所掌握，成为他们的"私册"。④在湖南蓝山县，编制、掌管各里甲实征钱粮册的职役，称为"册书"。民国《蓝山县图志》卷十八《财赋上·民屯徭庄转业拨粮法及粮册

---

① 湖北黄冈《刘氏宗谱》卷1《业甲序》，民国三十五年（1946年）藜照堂活字本。
② 徐斌：《明清河泊所赤历册研究——以湖北地区为中心》，《中国农史》2011年第2期。
③ 〔日〕高嶋航：《实征册与征税》，《东方学报》第73册，京都大学人文科学研究所2001年版，第86页。
④ 杨国安：《册书与明清以来两湖乡村基层赋税征收》，《中国经济史研究》2005年第3期。

之责任》云：

> 凡征赋田地分民、屯、徭、庄四种，取赋轻重不同，因之转业拨粮亦异，要其事例，载在粮册，历由各里甲册书掌之。其收除方法，诸管册人往往视为秘宝。……凡承充粮册，分掌各甲粮户，谓之册书。稍有不符，册书是问。遂以开征之前一月，县官令行各册书，送新造粮册入署，谓之总粮册，按册稽征。若总粮册所载，尚不足额征总数，仍以问之册书。①

如果说明代的赋役黄册为"达部之册"，清代的实征册为"存县之册"，两者皆为"官册"，那么保存于乡村册书手里的"实征底册"就属于"私册"。从明到清，由于黄册逐渐脱离实际，实征册也开始失控，于是乡村基层赋税征收的依据转而以"私册"为凭，由此呈现出一种由"官册"到"私册"的嬗变轨迹。与此相对应的是，朝廷通过"原额主义"和田赋"定额化"的举措来确保国家赋税收入，而地方州县则通过编纂实征册来完成税粮征收。而到了清代中后期，保存于州县的实征册亦出现编纂不及时，或者散佚不全的情况，地方官又不得不仰赖基层粮书、里书、册书等书差手里的"私册"来完成税粮征收。到了晚清，由于书役控制了实征册籍，地方官府离开了熟悉"实征底册"的"里书""册书"之类的赋税承办人，就难以完成赋税征收。由此也造成了书役的专业化、世袭化倾向，书役包揽钱粮就成了普遍现象。②

而就征税的权力而言，文本即权力，也就是说，谁控制了实征底册，谁就控制着赋税征收的权力。美国学者雅各·索尔《大查账——掌握账簿就是掌握权力，会计制度与国家兴衰的故事》一书的副标题中就有"掌握账簿就是掌握权力"几个字③。对此，清光绪年间的沔阳知州李辀可谓深有体会，他在《牧沔纪略》一书中对于实征册的重要意义做过如下阐述：

> 总之，钱粮征收之利害，在乎底册。底册在官，则权归官，底册在书，则权归书。官有底册，如里书有亏欠及作弊，官革一人，或追前书所给之底册，或将署内原存底册照抄一份给办，以便征收。前书虽不能当时呈缴，终可追缴前书，不敢挟底册以为奇货，则里书有所畏惧，而不敢拖欠，公然为非矣。④

因此，清代围绕着实征底册的掌控问题，地方州县官员与书差之间存在着一种博弈关系。清代地方官员可以通过主持编纂实征册或者清丈土地重新编制丈量册等方式来争取对乡村人丁土地等税源的掌控权，但这需要官员付出足够的时间、精力和才干，且有扰民之嫌。也有地方官员通过行政手段勒令书差们交出手里的私册，甚至在

---

① 民国《蓝山县图志》卷18《财赋上·民屯徭庄转业拨粮法及粮册之责任》，民国二十二年（1933年）刊本，第12页。
② 杨国安：《册书与明清以来两湖乡村基层赋税征收》，《中国经济史研究》2005年第3期。
③ 〔美〕雅各·索尔：《大查账——掌握账簿就是掌握权力，会计制度与国家兴衰的故事》，陈仪译，时报文化出版公司2017年版，第1页。
④ （清）李辀：《牧沔纪略》卷下《钱漕善后事宜》，清光绪十九年（1893年）刻本，第47页。

部分地区，地方官通过购买的方式夺回对私册的控制权。如民国二十三年（1934年）《湖北县政概况》记载，广济县的官绅于民国九年（1920年）通过集资两万串，将该县所有册书手里的底册完全收买入官。但勒令上交私册往往会遇到册书们藏匿不交，或者上交的私册由于作弊而无法识别的情况，至于官府购买私册之行径显然非常态。①

如果说征收钱粮被认为是国家控制乡村社会程度的指标之一，那么显然到了晚清，随着国家对基层社会税源的失控，其突出的标志就是对于实征底册的失控，其对地方社会的控制力也不断降低，这也是明末清初国家逐步实行赋税定额化的原因所在。

---

① 湖北省政府民政厅：《湖北县政概况》第2册，汉口国华印务公司1934年版，第367页。

第三章　税收工具、征收方法与纳税图景

纳税与当差，是中国古代发生在地方官与普通民众之间的活生生的社会生活场景。政府通过编纂户籍、地籍及其他相关的赋役册籍，力图掌握辖区内所有编户齐民的人丁、事产等诸多情况，并根据一定的程序和规则进行税粮的征收和徭役的摊派。而在皇权体制下，编户齐民都必须无条件服从国家的相关赋役政策，服徭役或者纳赋税。而其纳税的场景，则根据各地吏治、风土、物产、环境等诸多区域差异而呈现出不同的图景。

一、纳税通知与赋役催征

税户要将钱粮上缴给官府，其间需要经过诸多环节，包括缴纳的物品是实物还是银钱；数额是多少；其数额中多少是正额，多少是附加；什么时间缴到什么地方。缴纳物的不同，输纳的距离远近，带给纳税人的负担也是不尽相同的。所以在讨论农民赋税负担的轻重问题时，除了纳税的标准高低之外，其实更主要的是要考察纳税的过程。在多数情况下，农民真正感到负担过重的原因，往往不是纳税的标准高，而是纳税的过程过于烦琐，额外的浮征过高。

有学者曾经将清代的田赋征收册籍分为三个系统：户籍、地籍和征籍。

（1）户籍，包括印牌、保甲牌册、简明黄册、编审册、编审人丁清册等，多半是产生于全国的人丁编审、保甲制推行等户口管理过程中的户籍册籍。

（2）地籍，包括鱼鳞图册（又称丈量册）、执照联单、契约（白契、红契、卷书）等，都是和田地清丈、买卖、推收过程有关的土地册籍。

（3）征籍，包括《赋役全书》、红簿、截串注销簿、流水簿、日报簿、丈量册（又称鱼鳞图册）、黄册岁记、会计册、易知由单、截票印簿、循环簿、粮册、奏销册、串票、滚单等，都是在征收赋役过程中形成的各种簿册。①

以上分类是否精准尚有待讨论，比如征籍中亦有与地籍（鱼鳞图册）、户籍（黄册）等交叉雷同之处。但有学者指出在户籍、地籍之外，国家为了赋役的征派还产生了各种"征籍"，此种提法倒是非常有启发性。户籍与地籍主要是针对人丁和田地的一种统计、编排册籍，并成为赋税征收的标准。其主要功能在于确定征税的标准、数额、等级等，明初以户籍（黄册）为主，以地籍（鱼鳞图册）为辅，到明中后期及清

---

① 曹徐濂编著：《中国田赋档案史考》，内部刊印，1999年版，第154—164页。

代，以地籍（丈量册）为主，以户籍为辅，总体来看，依然是一种人丁、事产的结合，是国家确定向某州县某花户征派赋役的标准。

但仅仅制定这些赋役标准是远远不够的，更重要的是如何完成和达到足额征收，即花户的税粮如何能按时、足额缴到官府手里，这个过程其实更为复杂。也就是说，征收的过程比征收的标准更为重要。于是乎，为了达到足额征收的目标，各地各级官员在征税过程中，采取了不同的方法、手段和工具，在此征收过程中，自然而然就形成了一批用于征收的册籍，即征籍。下面仅就两湖地区的部分征籍进行探讨。

（一）易知由单

有学者指出，明代钱粮催科制度经历了三次变化：明初设粮长制，明中后期为里甲催粮制度所代替，到了明代万历以后，又转向以花户为赋役征收对象。①此种举措就可以避免里胥等相互勾结、苛派勒索花户的弊端，因此到了清初两湖地区就出现了革除里排的举措，康熙四年（1665年）潜江县邑人朱士尊请求"革除当年里长名色，以杜诸凡苛索"②。光绪《蕲水县志》记载："康熙二十三年，革除里甲，户置花册，生民获福无量矣"③，光绪《黄冈县志》记载："康熙二十三年，奉旨革除里甲，户置花册，生民获福。"④

当官府直接面对花户进行催征之时，就需要州县直接向花户颁发赋税通知单，以便告知花户各自所需要缴纳的钱粮数，并且让他们自行投柜缴纳。这种催粮的通知单，就是"易知由单"。关于易知由单的起源和作用，梁方仲先生已有深入的研究。⑤一般认为易知由单至迟在明正德年间就已出现，嘉靖以后盛极一时。当时人们大多认为它有防止征收弊端的作用，积极加以倡导。

据两湖相关史料的记载，似乎在明初洪武年间即有易知由单的使用，如史料记载："赵贯，洪武初知浏阳县，户给由票，使民知赋额，豪强无缘飞洒，输将者深怀其惠。"⑥这里的"由票"是否就是后来的易知由单目前还难以确定，但从其功用而言，当是同一类型的征税工具。万历《桃源县志》载：

> 今议将阖邑赋役等项编银四千五十五两零，征收支用止令里长一人勾稽伺遣，民各归农，以免不经之费……至于征收之期，户给易知由票一纸，定数分限，虽至鲜少，必令赴县交纳。⑦

这里的"易知由票"应该就是用来催纳花户的一种通知书，其中包含了纳税的数

---

① 陈支平：《民间文书与明清赋役史研究》，黄山书社2004年版，第100—102页。
② 康熙《潜江县志》卷9《赋役志》，清康熙三十三年（1694年）刻本，第41页。
③ 光绪《蕲水县志》卷4《赋役志》，清光绪六年（1880年）刻本，第15页。
④ 光绪《黄冈县志》卷4《赋役志》，清光绪八年（1882年）刻本，第9页。
⑤ 梁方仲：《易知由单的研究》，《梁方仲经济史论文集》，中华书局1989年版。
⑥ 乾隆《湖南通志》卷99《名宦四》，清乾隆二十二年（1757年）刻本，第1页。
⑦ 万历《桃源县志》卷上《人文志·里甲》，明万历四年（1576年）刻本，第57页。

额和期限。而又据明代张居正在《答楚按院陈燕野辞表闻》中所云：

> 辱示敝省钱粮查刷，已有次第。易知单册正月可完，知公为楚民计虑深远。仰戴，仰戴。孙方伯前已言其仰承德意，悉心措画。此外如温大参、刘粮储，亦诚一时之选也。楚人何幸，何幸。①

由上可知，万历初年，两湖地区已经完成了全省的易知单册的编造。光绪《黄州府志》载：

> 周骥，江津人。崇祯初以乡举任广济知县。吏治勤敏，左右无敢欺者。征比以单为率，法归划一。乡民皆得自输，里胥无能作弊，至今法之。租赋皆手册细书，一目可晓。灵东四图宦米居半，黠者凭焉，多为欺隐。骥集诸书吏核校，飞诡诸奸状搜剔无遗。②

这里广济知县周骥征比税粮所使用的"单"和"手册细书"，因为能让乡民"一目可晓"，大体应该就是易知由单之类，由此表明崇祯年间还在使用，并被吏治勤敏的知县作为杜绝里胥作弊的重要举措之一。

清初两湖地区则沿用明代以来的易知由单，即政府用来催促纳税人纳税的通知单。单内开载田地种类、科则、应缴款项及缴纳期限等事项。这种通知单应当在钱粮开征前下发给纳税花户，以便其能按期如数缴纳钱粮给政府。它具有使钱粮缴纳者知道缴纳钱粮的成案及其事由的用意，所以被称为易知由单。而据史料记载，湖南衡州府对易知由单的刊刻做出了详细的规定：

> 照得征收钱粮漕米，例应刊刻由单，照实征底册，核算清楚，填明里甲花户姓名，应完某年钱粮漕米数目。该州县核对相符，盖用印信，交保甲分给各花户。该花户持单按数赴完，收纳之日立时换给串票。如此在花户既先知应完确数，在官收纳钱粮以发给实收为凭，可杜私收侵挪重完等弊。此定例办理章程立法最为妥善。③

这里衡州府的易知由单是遵照实征底册的内容进行填写的，并由保甲发给花户，花户凭此由单赴柜缴纳钱粮。事实上，清顺治年间在全国颁行易知由单，其格式和内容则因时因地而有所不同。并且由于易知由单有许多弊端，或因记载内容日渐繁杂而脱离了便民易知的本意，或因刊刷经费的缘故少印或不印，虚应故事，或因胥吏为了便于侵渔，延迟颁发，失去了监督的作用，所以康熙二十六年（1687年）之后，朝廷并没有要求在全国普遍推行。根据相关史料可知，在乾隆年间，由于湖南各地居民较为分散，易知由单的使用并不普遍：

> 乾隆二十八年九月十五日，布政使来朝详为清理催科之积弊以省扰累

---

① （明）张居正：《张太岳集》卷23《答楚按院陈燕野辞表闻》，上海古籍出版社1984年版，第279页。
② 光绪《黄州府志》卷13《职官志·秩官传》，清光绪十年（1884年）刻本，第31页。
③ （清）张五纬：《风行录》卷4《衡州府·严禁征收钱粮私给墨挥》，杨一凡、徐立志主编：《历代判例判牍》第8册，中国社会科学出版社2005年版，第283页。

事。……查各省催征之法，先有易知单发给各户，继用滚单顺庄滚催，所以省差催之扰。湖南各州县因民居星散，难以顺庄滚催。而每户易知单亦多缺而未给。每届二月开征，不过将征册贮放大堂，听民查阅。开征不久，辄出票差催。①

这里很明确指出，湖南各州县由于粮户居住分散，难以按户发给易知由单，所以直接将征册放在粮柜大堂上，听任老百姓查阅。其背后的根本原因还是在于易知由单开载的款项越来越繁杂，粮户难以通晓，而且各地官吏还会乘机勒索纸版之费，最后朝廷于康熙二十六年（1687年）下令免除了易知由单的刊发。不过江苏依然在使用，且嗣后也有江苏之外的其他部分地区依然在沿用易知由单，其中就包括湖北。图3-1即为光绪年间湖北荆门州的易知由单样本（由于当时腐朽的清政府需要向西方列强支付战争赔款，故此由单上列有赔款捐）：

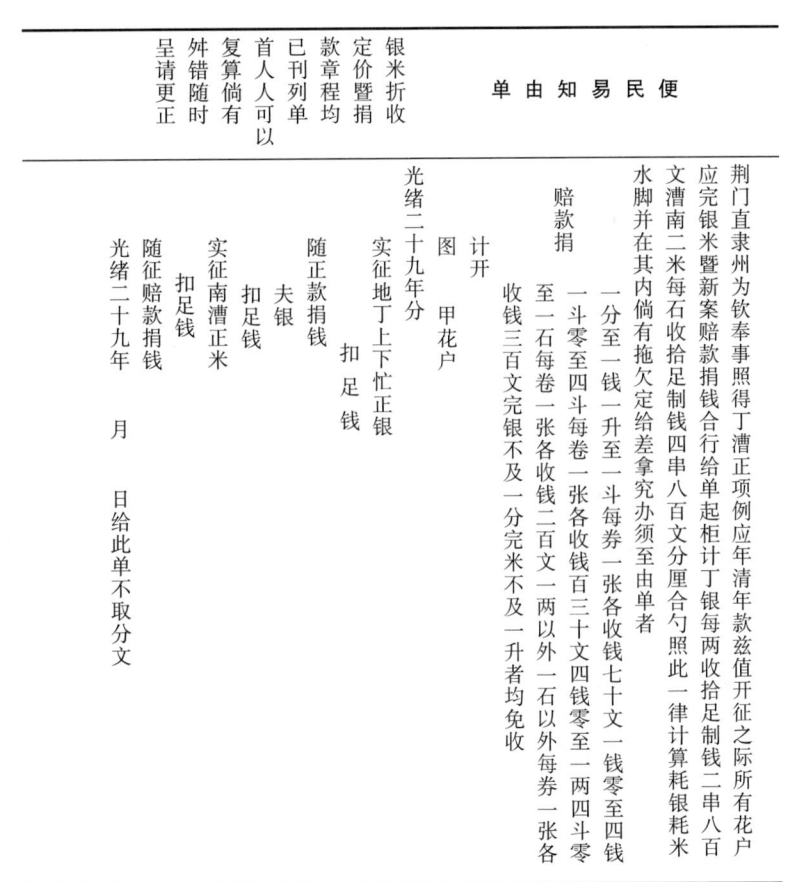

便 民 易 知 由 单

荆门直隶州为钦奉事照得丁漕正项例应年清年款兹值开征之际所有花户应完银米暨新案赔款捐钱合行给单起柜计丁银每两收拾足制钱二串八百文漕南二米每石收拾足制钱四串八百文分厘勾照此一律计算耗银耗米水脚并在其内倘有拖欠定给差拿究办须至由单者

赔款捐
　　一分至一钱一升至一斗每卷一张各收钱七十文一钱零至四钱
　　一斗零至四斗每卷一张各收钱百三十文一两以外每券一张各
　　至一石每卷一张各收钱二百文一两四钱零
　　收钱三百文完银不及一分完米不及一升者均免收

计开
甲花户
光绪二十九年分
图
实征地丁上下忙正银
　　扣足钱
随正款捐钱
夫银
　　扣足钱
实征南漕正米
　　扣足钱
随征赔款捐钱
光绪二十九年　月　日给此单不取分文

银米折收
定价暨捐
款章程均
已刊列单
首人人可以
复算倘有
舛错随时
呈请更正

图 3-1 荆门州征收丁漕及赔款捐之"便民易知由单"样本

资料来源：梁方仲：《跋清光绪二十九年湖北荆门州便民易知由单》，《岭南学报》1950年第2期，第188页。转引自武汉大学历史系中国近代史教研室：《辛亥革命在湖北史料选辑》，湖北人民出版社1981年版，第227页

---

① 《湖南省例成案·户律·仓库》卷19《各属催征钱粮分别上中下三等次第征收》，东京大学东洋文化研究所图书馆藏微缩胶片。

（二）滚单

滚单是取代易知由单而来的。关于滚单的使用方式，《清朝文献通考》中记载如下：

> （康熙）三十九年，设立征粮滚单。凡征粮，立滚单。每里之中或五户或十户，止用一单，于纳户名下注明田亩若干、该银米若干、春应完若干、秋应完若干。分作十限，每限应完银若干，给与甲内首名，挨次滚催。令民遵照部例，自封投柜，不许里长、银匠、柜役称收。一限若完，二限又依此滚催。如有一户沉单，不完不缴，察出究处。①

以上关于滚单的催征钱粮方式，在两湖地区也得到了体现和执行。在湖南长沙县，其滚单催征的方式与《清朝文献通考》中的做法大体相同，只是局部略有改动：

> 如一邑每里之中，或五户或十户立一滚单。于某户名下注明田粮若干，该银若干，春应完若干，秋应完若干。或分作十限，一限该完银若干，发给甲内首名，挨次滚催。令民遵照部法自封投柜，不许包户、银匠、柜役执秤称收。一限若完，二限又挨次滚去。如有一户沉单不完不缴，查明即严拿究处，是即省差役之滋扰，又省里排之科敛。②

这里长沙县的滚单是以五户或者十户作为单位，而在清初衡阳县，则是以税粮作为单位，"以每粮四十石为一单"，与当时里甲编排以税粮为单位有异曲同工之效：

> 衡邑征输旧规，每里每甲无论人户粮之多寡，总以每粮四十石为一单，于开征之时填发滚单一张，单内开载各户姓名田塘顷亩，以及额征粮饷数目。先以单内之粮多者点作单头，下年又以次多者点充，逐户输流，即使斗升钱粮之户，亦不能免一年催征之苦。③

设立滚单显然是催征钱粮方面的另一重要工具。湖南图书馆收藏有一张雍正十三年（1735年）地方官签发的《湘乡县征收钱粮便民滚单》，抄录内容如下：

> 奉宪　便民滚单
>
> 湘乡县正堂加三级在任守制杨为设单滚催事
>
> 照得征收钱粮，奉宪设单，递次滚催，以免差扰，久经遵行在案。今惟雍正十三年分兵饷，合行给单滚催。为此单，仰花户知悉，俟单一到，即照单开数目，限三日内赴柜完纳，以便改滚下户。如违限一日者，责五板。再违限一日者，倍责。倘有沉搁刁抗，定行差拿枷究□□省□便民实政，均毋故违干咎，须至单□
>
> 计开　三十九都一区

---

① 《清朝文献通考》卷2《田赋考二》，浙江古籍出版社1988年版，第4867页。
② 同治《长沙县志》卷19《政绩一》，清同治十年（1871年）刻本，第22—23页。
③ （清）赵申乔：《赵恭毅公自治官书类集》卷16《谳断·户政类·批衡阳署令详剔弊已见成效事一案》，清雍正年间刻本，第10页。

一，户颜喜晤　　该饷□□□八九

一，户颜吾吉　　该饷□□□五九

一，户颜珍　　　该饷九升□九正

一，户朱国材　　该饷□□□□

一，户颜祉　　　该饷□□□□

雍正十三年二月①

以上雍正年间湘乡县的滚单应该是为了催征兵饷而签发的。其中不仅罗列了湘乡县三十九都一区五户应缴纳的兵饷，而且强调了缴纳的期限和处罚措施：粮户接到滚单之后，三日内赴柜完纳，如违限一日，则打五板，违限两日，则打十板，倘若对抗不缴，则枷锁拿人，可见其催征之严厉。同样在雍正年间，时任麻城知县的李作室，有鉴于该县"旧例催科多用差役，反致迟延"，故"定三限征收。每限二十日为期，以里长董之，不事追呼而输将恐后"②。这里限期是二十日为一限，为了杜绝差役作弊，而交由里长来执行。乾隆二年（1737年）八月，湖南知县王功为了杜绝漕粮征收过程中奸胥加征浮收等弊端，也采用滚单的方式，将所有钱粮征收信息登录其上，使广大民众能对漕粮数目一目了然：

今漕粮漕费总数业已遵奉勒石晓谕仓前在案，惟是各米加派细数尚未家喻户晓，诚恐不谙加算之乡民复受奸胥浮多之累。故卑职复将各数逐一核算，分晰开列于各花户名下，一面再为大书告示，使知定数。遵照完纳。

但漕粮关系国储，征解例有定限，未便延缓。各花户又不能不待催输。倘一经差役，即生扰索之端，实为民害。复查本年上届卑县军民饷折正粮数目及派征科则，经卑职俱刊入滚单之内，使粮户一见了然，并可再为查核，飞洒影射俱无所施，士民颇喜便利。今值漕米开征之际，卑职现将漕粮亦照地丁用单滚催，将前示内各花户名下应完细数一并列入滚单之内，发交头户，递相挨催，使其将应完银米之数悉知底里，不致复受奸胥暗加之害，乡民并免差索之扰矣。③

以上史料表明，滚单不仅能起到催征钱粮的功用，亦能杜绝各类奸胥暗中浮收加征的种种弊端，使花户能清清楚楚明白自己该纳税粮多少。在蒲圻县，光绪年间的知县廖润鸿在清理包揽的同时，就创立了滚单，注载额征欠数，希望能达到"滚单一立，乡民洞悉"的效果，让花户明确知道每户征额多少，积欠多少，按数缴纳，照单催缴，书差无从需索，包揽不能渔利。其滚单样式如图3-2所示：

---

① 《湘乡县征收钱粮便民滚单》，清雍正十三年（1735年）签发，现藏于湖南图书馆古籍保护中心。

② 光绪《黄州府志》卷13《职官志·秩官传》，清光绪十年（1884年）刻本，第49页。

③ 《湖南省例成案·户律·田宅》卷4《漕米开征照地丁用滚单将花户名下应完细数列入交头户递相挨催使知应完银米各数免受奸胥暗加之害》，东京大学东洋文化研究所图书馆藏微缩胶片。

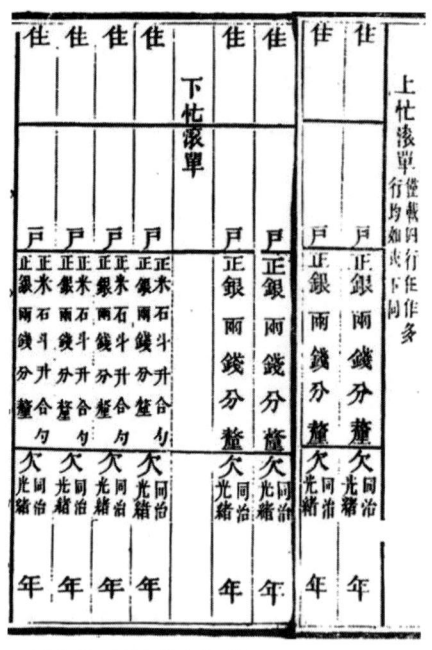

图 3-2　清光绪年间蒲圻县上下忙滚单

资料来源：（清）廖润鸿：《官蒲被参纪略》卷上，清光绪九年（1883 年）刻本，第 31—32 页。

而就滚单的内容和实施的对象而言，随着时间的推移，除了钱粮、兵饷之外，可能还包括征收一些役费在内，其催征的对象和范围似有不断扩大的趋势。如协办大学士讷亲等在奏折中曾经指称：

> 至该署督鄂弥达等所奏，荆江修堤土数，核定确价，填入滚单，随粮究官雇夫修筑之处……且分给滚单本为征粮而设，更不便以民修之项入于官征之内，以致头绪纷如，碍难稽察。①

以上表明，本来只是用来催征钱粮的滚单，在清代湖北维修荆江大堤的过程中，其核定修堤土石方等一并登录在滚单之中，以致滚单的登载信息越来越复杂，而且当地借助滚单筹措地方公共工程的经费，也改变了滚单为征收国家赋税而设的本意。为了使催征手续更加简化，乾隆九年（1744 年），湖北巡抚晏斯盛主张将易知由单和滚单合二为一。他在奏折中称：

> 查原任藩司严瑞龙详内有由单简明式样……今再简之，可将额数载于滚单之首，石斗升合勺抄撮颗粒俱备，一甲止须一纸。额数该数一目了了。数有不符，花户于自封投柜时即可禀改。②

---

① 《协办大学士讷亲等奏议鄂弥达等请清厘征收钱粮积弊折》（乾隆十年四月二十一日），转引自何平：《清代赋税政策研究：1644—1840 年》，故宫出版社 2012 年版，第 260 页。
② 《湖北巡抚晏斯盛为请行简明由单合滚单为一折》（乾隆九年十月初六日），转引自何平：《清代赋税政策研究：1644—1840 年》，故宫出版社 2012 年版，第 260 页。

但乾隆帝朱批称："知道了，有治人无治法也。"这的确道出了中国古代官僚体制下的最大政治特点，法久弊生几乎是古代社会的通病，仅靠改革征税手段和方法难以清除赋税征收中的弊端，在此之外存在着更为重要的"人"的因素。以滚单为例，同治《长沙县志》载：

> 滚单之设，原以速催科，免差扰，法至善也。查有奉行不善者，凡征催民屯银两，名虽设立滚单，又不即时印销转发，在乡民无由得知，延至届期，出票差拿，有正差、副差，更有持一必到签者，如狼似虎，借端吓索，稍不遂欲，则以一岁之额征勒，令一起全完，逼拿到官，留措守候，动经月余。[1]

这些便民之举最后都在执行中演变为扰民之端，其中最关键的原因就在于执行者本身，所以在有治人无治法的社会中，任何政策的效果关键在于运用政策工具之人。赵申乔即指出："滚单阳奉阴违，名存实异。"[2] 总督喻成龙也注意到滚单奉行不力："滚单之设，原以速催科，免差扰，法至善也。查有奉行不善者，凡征催民屯银两，名虽设立滚单，又不即时印销转发，在乡民无由得知，延至届期，出票差拿，有正差副差，更有持一必到签者，如狼似虎，借端吓索，稍不遂欲，则以一岁之额征勒，令一起全完，逼拿到官，留措守候，动经月余。"[3]

图3-3、图3-4、图3-5为清代两湖部分地区不同时期使用过的纳税凭证，据此也可以管窥当时征税之实态。

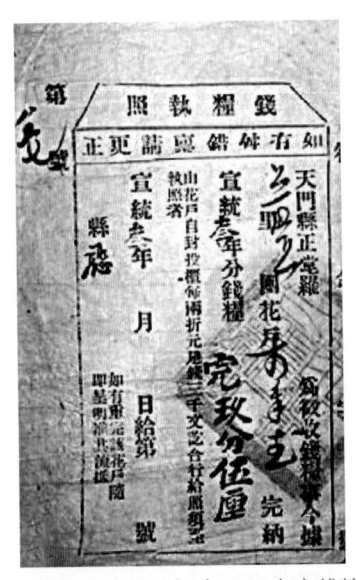

图3-3　天门县宣统三年（1911年）钱粮执照

图3-4　浏阳县咸丰元年（1851年）业户执照

---

[1] 同治《长沙县志》卷19《政绩一》，清同治十年（1871年）刻本，第35页。
[2] （清）赵申乔：《赵恭毅公剩稿》卷7《批详·批衡州府详覆各属设立滚单由》，清乾隆年间刻本，第29页。
[3] 乾隆《长沙府志》卷22《政绩·志·檄谕知府条规》，清乾隆十二年（1747年）刻本，第84页。

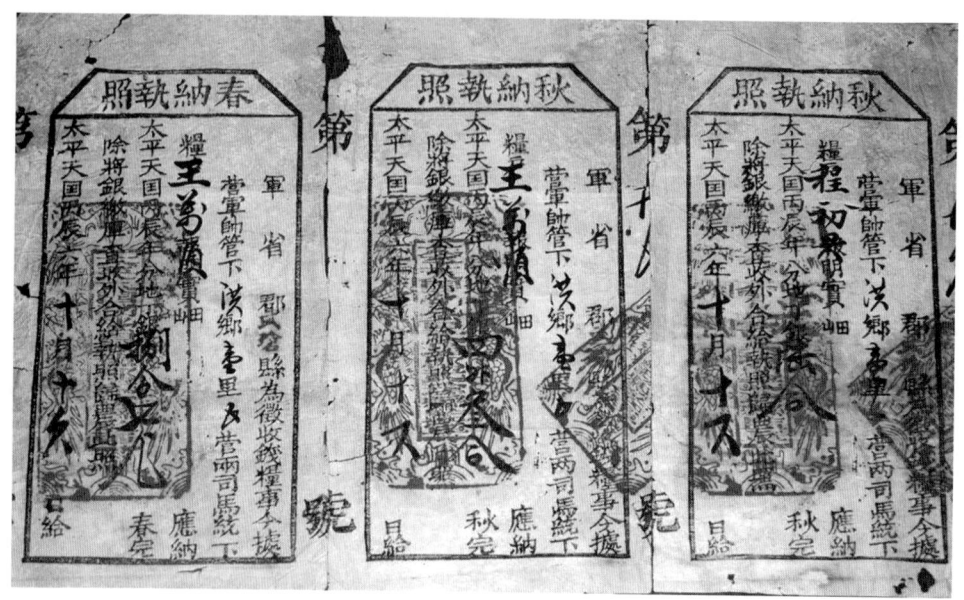

图 3-5　咸丰六年（1856 年）太平天国湖北武珑（昌）县纳粮执照

（三）串票、循环簿及其他

清初顺治年间，在明代黄册和鱼鳞图册的基础上编纂有全国性的《赋役全书》，又名《条鞭赋役册》，是政府公布的征收赋税税则，也是清代赋役定额化的具体体现和载体所在，地方上征税即按照这个税额进行征派。而串票则是清代赋税征收的工具之一，亦称作"截票""粮串"等。据王庆云在《石渠余纪》中所言：

> 顺治十年行二联串票，而奸胥作弊。康熙二十八年乃行三联串票，一存官，一付役应比，一付民执照。雍正三年更刻四联串票，一送府，一存根，一给花户，一于完粮时令花户别投一柜，以销欠。至八年仍行三联版串。①

三联串票的行用，旨在为征税有关各方提供凭据，纳户执有的一联作为已纳税额的证据，排里催役执有的一联作为临限检查赋税征纳情况的依据，官府保存的存根用于稽查钱粮完纳情况。这种措施应该比较完备，所以陈宏谋在湖广任上即指出："（花户）完米照给票钱，即给串票归农，不得借转票名色，另有需索。"②在湖南常德府龙阳县，甚至有五联串票：

> 各花户亲身投柜完纳，登时截给串票。年内不完，限至次年三月为止。倘花户不肯来城，再不完纳，必须书差执串沿乡登门催收。均勒限于四五等月。催收缴清，花户不以书差收条为凭，所有串票概悉五联印串，并无活串。③

---

① （清）王庆云：《石渠余纪》卷 3《纪赋册粮票》，北京古籍出版社 1985 年版，第 112—113 页。
② （清）陈宏谋：《培远堂偶存稿·文檄》卷 25《严禁收粮积弊檄》，《清代诗文集汇编》编纂委员会：《清代诗文集汇编》第 280 册，上海古籍出版社 2010 年版，第 609 页。
③ 光绪《龙阳县事宜清册》，清光绪九年（1883 年）抄本。

以上龙阳县的规定较为规范，首先，投柜之后马上截给串票；其次，不能以书差收条为凭证，必须以五联串票为准；最后，串票必须是统一印制的，不能是活串。这些都是为了杜绝书差从中作弊。在浏阳县则更细致，征收地丁钱粮使用五联串票，征收南漕则用三联串票："花户自行投柜，所收钱文随收随缴，系内征内解。完粮花户均须裁截印券，不以收条为凭。所用券票，地丁五连板券，南漕均三连板券。"①这些规定在实际运用中依然还是会产生诸多问题，据卞宝第在《抚湘公牍》中云：

> 照得民间上纳钱粮，官给串票，写明某都某团某户粮米几石几斗几升几合，上忙、下忙地丁几两几钱几分几厘，原所以征信于民。乃闻各州县粮书，每于粮票石数及斗升合数、上下忙票两数及钱分合数，字迹均潦草模糊。诸如应完一钱者，告以应完二钱三钱。不独愚民难于辨认，即识字人亦无从分别。弊混侵欺，殊堪痛恨。合行札饬。札到该（司、道）通饬所属州县，收纳钱粮，凡给民间串票，务必一律书写楷字，或盖用楷字数目木戳。均不得潦草模糊，以祛积弊。②

粮书们在使用串票的过程中，通过潦草书写的方式来蒙骗识字不多的老百姓，从而达到侵吞多收的目的。如湖北"尝见州县粮票于几升几合字样，皆故作大草，使人不得辨识，以为任意浮收，地步不过舞文数字，而各省一律，则其横取于小民者，不知其几千亿万。利归官吏，怨归朝廷，莫此为甚"③。有鉴于粮书们故意潦草书写以作弊，湖南巡抚卞宝第不得不饬令各地粮书在书写串票之时，必须用楷体字，可见当时制度之实施完全依靠人之素质。

嘉庆年间，在湖南衡州府，书差们在花户缴纳钱粮之际，因为串票填写不及时，甚至私下发给"墨挥"作为凭据，导致纷争不断："所有征收钱粮漕米，串票俱系收纳之后填数给发，以致花户输将踊跃之际，该书等填写不及，私给墨挥，而代纳之户即为转给。习俗相沿，遂以墨挥为凭，转置串票于不问。往往事隔经年，完粮印照反在包户之手，影射滋弊，致兴讼端。"④在长沙县，当地书差也"擅出墨券，私相授受。该书截串在家，小民偶尔迟延，欲求给串，有费十数倍而尚不可得者。稍不遂欲，禀官拖押，门丁差役，从而需索"⑤。

与此同时，康熙年间湖南编制官册，在征税过程中立"循环二簿"：

> （康熙）十八年，覆准州县征收，务将各区花名缮造粮册，使纳户细数与一甲总额相符，易于摘追。又州县官不许私室称兑，各置木柜排列公衙门首，令纳户眼同投柜，以免扣克。又令立循环二簿，照《赋役全书》款项，急者居先，缓者

---

① 光绪《长沙府浏阳县奉饬查询各项事宜清册》，清光绪十六年（1890年）抄本。
② （清）卞宝第：《抚湘公牍》卷1《札藩司粮道通饬完粮串票楷书》，清光绪十五年（1889年）刻本，第33—34页。
③ （清）邵云棠：《皇朝经世文统编》卷66《理财部十一·赋税》，文海出版社1980年版，第2596页。
④ （清）张五纬：《风行录》卷4《严禁征收钱粮私给墨挥》，杨一凡、徐立志主编：《历代判例判牍》第8册，中国社会科学出版社2005年版，第283页。
⑤ 同治《长沙县志》卷20《政绩二·禁革钱粮积弊札》，清同治十年（1871年）刻本，第37页。

居后，按月循环征收。又覆准布政司并州县征收钱粮，俱遵部颁法马称兑，勿令吏胥高下其手。①

湖南历经兵燹，官册大量散佚，地方赋役征发以实征册为主。前揭滚单之上列有田地名目及应征科则、应完银米，直接交与花户收执，小民将应纳钱粮自行投柜。此种征收方法设立的目的是避免吏胥在征收赋税中的私征苛索之弊。关于两湖征收过程中所涉及的诸多征籍，《湘潭赋役成案稿》对湘潭县乾隆年间的纳税情况记载如下：

> 柜书红簿串票，俱令浓墨大字书写，每日务将簿册、串根，俱送内署核对比销，如字迹草率模糊，数目丝毫互异，均一并严究。其钱粮全完之后，凡征册、流水、串票等项，俱逐一加谨收存备案流传交代。倘经征各官，仍有因循懈忽，知情不究，并经承故将册串弃置不存，一经道府州访闻吊验，即行严参重处。至完纳漕粮，原听粮户将米自注制斛斗升之内，执槩平量，其席上余米，仍听花户扫回，不许斗级人等干预把持。②

以上所交代之事，以及所使用之征收册籍，包括书写之要求，都一一详加规定，从制度上力图杜绝各种可能产生的腐败行径，应该说一些励精图治的地方官也为钱粮征收的公平、公正做出了当时能达到的各种努力。

二、输纳期限和纳税地点

（一）缴税的时间：起征和完纳期限

清雍正十三年（1735年）规定地丁钱粮上期从农历二月开征，五月截止，名曰上忙；下期从农历八月开征，十一月截止，名曰下忙。上下两忙征收的地丁钱粮称为"忙银"。并以此作为考核地方官政绩的一项内容。如咸丰二年（1852年）朝廷规定：

> 直省布政使督催钱粮，合计所属，如上忙能完至三分，下忙能完至五分，免其议处。上忙完不及三分者，罚俸一年，下忙完不及五分者，降一级留任。③

实际上，各省对上忙、下忙的起征和完纳时限的规定不尽相同。因为赋税出自田亩，而每个地方的气候、土壤不同，所出产之物种也不同，诸如树艺谷麦等各随其地宜，而妇女纺纱织布以换钱、农户收割物产以纳粮，等等，也各有迟速，而且每年三月至六月，正是南方地区农民忙于耕田、车水、割麦、插秧等农活之际，因此不可能全国一律采用一个标准时间段。以湖南衡阳县为例，该县地域辽阔，其自封投柜所设有城柜和分柜，由于空间位置的不同，其钱粮缴纳的时间就不一致：

> 县地都区辽阔，又多有不通水道者。公议于渣江设立分柜，由官派请委员幕

---

① 乾隆《湖南通志》卷26《田赋一》，清乾隆二十二年（1757年）刻本，第5页。
② 《湘潭赋役成案稿》卷1《布政司赫升额粮储道刘秉愉议》，清咸丰八年（1858年）刻本，第27页。
③ （清）昆冈等修，刘启端等纂：《钦定大清会典事例》卷107《吏部·处分例·征收地丁钱粮》，《续修四库全书》第799册，上海古籍出版社2002年版，第703—704页。

友及丁胥差役人等，届期同赴渣江征收。一切章程均照城柜一律。惟城柜上忙系于二月初开征，分柜则每年定期四月十五日起，至六月三十日止。城柜下忙系七月初开征，十月全完，十一月十五日扫数。漕折定期七月初开征，十二月十五日封柜。分柜则均以十月初一日起，其扫数封柜日期仍与城柜同，至四月十五日及十月初一日以前，票未至乡，均仍由城柜完纳。凡渣江就近各都划定，从九都起，及十都、十一都、十二都、十三都、十四都、十五都、十六都、十七都、四十二都止，共计十都，全地界所有钱漕印串概归分柜完纳。至于分柜所有官幕胥役人等用费均系由官自行筹备，不取民间分文。①

以上湖南衡阳县在一县之内，由于添设了分柜，其缴纳的时间就出现了不同。这背后主要是出于缴纳距离的考虑，设立分柜以便于让那些远离县城的花户能就近缴纳税粮。但由于分柜的征收人员需要从县衙委派过来，且其开支等一切费用由官府承担，所以分柜征收的时间就较为集中，其所管辖的范围也是渣江附近的十个都，每年定期从四月十五日至六月三十日，合计才两个多月的时间。这显然是考虑了征收的成本问题。再以湖南华容县为例：

> 起解钱粮向于七月垫解漕折银二百两，十一月约解六成之谱。次年二三月扫数。其所以不能依上下忙之限者，盖阜县花户必俟秋收后，察看地方丰歉，有无水旱偏灾，分别征缓，始据完纳。夏输之限竟是虚设也。②

华容县之所以不能按照上下忙的时间来完纳，是因为当地为垸田经济，水患灾害频繁，所以需要等秋收之后，根据水旱灾害和丰歉情况来决定征收的时间，体现出制度的灵活性和人性化操作。再以湖南缴纳漕粮为例，其时间和朝廷规定的时间也有很大的不同：

> 漕粮定例，七月开征，十月全完。湖南各州县因花户向于白露后始行办交，是以开征日期迟早不一。或竟有已报七月开仓，并无一人完纳。捱至八九月内，各乡花户拥挤完交。不肖家丁书役斗级得以乘忙觅利。留难刁掯，故意抛撒以致各花户守候艰难，不得不包给铺户代纳。此重价折收之弊所由起也。

> 查漕粮冬兑冬开有一定之严限，非地丁钱粮四月完半，十月全完可比。楚南七八月内新谷业已登场，正可及时完纳。难容任意延捱。应请通饬嗣后有漕州县于六月内即印刷易知由单，将应征正四耗赠贴米数逐一开载，分给花户收执。其开仓日期各按地方情形，最迟以七月底为率，不得逾期不开。该州县于开仓前数日即大张告示，将某日收某都挨定日期，晓谕周知，俾花户按期赴仓交纳，不致

---

① 《衡阳永定征收钱粮全案》之《姚际虞等呈请钱漕仍照旧章设柜大堂征收并拟请于渣江添设分柜严禁包户完纳公呈》，清光绪十六年（1890年）刻本，第3—4页。

② 光绪《华容县咨询各项事宜清册》，清光绪九年（1883年）抄本。

拥挤不前。每日定以卯时开仓，酉时封仓。①

据上可知，湖南各州县漕粮交兑的时间不一，七月开仓之日，往往不见花户踪影，等到最后的八九月则蜂拥而至，而此时接收的书差、斗级等则故意拖延，最后花户不得不委托铺户等代为缴纳，形成事实上的包揽。

此外，明清两湖地区有北漕和南粮之分，以湖北为例："窃惟湖北通省有漕州县凡三十有三，额征北漕正耗米十五万石有奇，南米十三万七千石有奇。北漕由丁船兑运京仓，南米由州县解交荆州满营及各标绿营。"②据此可知，北漕是运往京城的漕粮，而南粮则就近供应荆州驻防八旗和绿营等。由于用途和解运方向不同，其解运方式也有军运和民运的区别，因此有的地方是分开缴纳解运，有的地方是合并在一起缴纳解运。如此也造成各地起征和完纳期限不一致。在明代，黄冈县漕粮系军运，"临兑急如星火"，而南粮系民运，"里欠易于耽延"。按照以往的惯例，"分项各征。先征漕粮于秋，刻期发兑，俟漕完始征南，则南粮征于次春矣。沿袭既久，上下因循，甚且捱至次冬开征。及今则历再次春，竟相去一年。以今年征本年之漕粮毕，而方征旧岁之南粮，曰此例也"③。而在汉川县，南粮和北漕征收对象都有差别，据史料记载：

> 汉川钱粮征收册籍注明红粮、渔粮、芦课、房租、楚屯、新升、新增、改则、溢港九项。惟红粮、新升两项摊征南米，房租带派芦课项下，各具条说。红粮者，以田地高阜，可望夏秋两收，完纳执照注明民赋字样，南粮在此项内摊征。④

汉川县因为地处江汉平原湖区，故有渔粮、芦课等征收，该县合计有九项征收类别，而南粮则主要从地势较高的红粮中征收，其征收难度可想而知。有鉴于南粮、北漕分开征收给花户和里长们增加了繁重的负担，明代官员茅瑞征特意上疏两院申请将南粮、北漕合并征收。到了清代乾隆年间，朝廷甚至为湖北的南粮、北漕合并征收下达圣谕予以规定：

> 乾隆四年十一月十六日奉上谕，朕闻湖北地方每年额征粮米二十七万八千余石，以十五万一千余石，运赴通仓，名曰北漕，以十二万六千余石，为荆州官米，名曰南漕。此二项粮米虽有不同，而征之于官、纳之于民，则同一干圆洁净之米，即额定之耗米脚价亦属一例，原可合收而分解者，乃有不肖州县，巧为多取，分设仓口，分点仓书，令粮户分作两处完纳，以图多得盈余，民间未免苦累。近年以来，上官访知此弊，已出示禁革，小民称便。但未着为定例，恐将来官吏贪得盈余，仍有复蹈旧辙者，着该部行文该省，将南北二项漕粮合收之处，永远遵行。如有分限征收、零星多取者，该督抚即行查参，倘别省收漕地方，有

---

① 《湖南省例成案·户律·仓库》卷21《严禁征收漕粮耗费银米驴脚银两积弊各款》，东京大学东洋文化研究所图书馆藏微缩胶片。
② （清）胡林翼：《胡文忠公遗集》卷23《奏疏·革除漕务积弊并减定漕章密疏》，清同治六年（1867年）刻本，第5页。
③ 光绪《黄州府志》卷8《赋役志·户口》，清光绪十年（1884年）刻本，第10页。
④ 光绪《汉川图记征实》第4册《田赋·简明赋额》，清光绪二十一年（1895年）刻本，第16页。

似此分收者，着该督抚酌量查禁，钦此。①

应该说除了特殊情况，到了清代，大多数有漕州县基本上都是按照南粮、北漕合征分解的方式进行的。这既可以减轻花户完纳的负担，也有利于按照规定时限完成相关任务。

（二）输纳的地点：钱（粮）柜的设立与放置

在古代交通较为不便的情况下，各地输纳钱粮的地点及其距离的远近就不能不详加考虑，梁方仲先生就曾经专门探讨了田赋史上起运和存留的划分与道路远近的关系，并指出为了减轻基层民众的困难，明代起运和存留的缴纳一般遵循四个原则：第一，起运多派于富户，存留则派于贫户；第二，起运税粮多派于上等田地，存留税粮多派于下等田地；第三，明初规定，富户派与本色，贫户许可折色；第四，蠲免田赋时，多只及存留，而不及起运等。②

明初朱元璋创立粮长制，通过粮长来收集税粮并转运到京城，此种方法可以称得上是集中式征收税粮。到了明中后期，则由里甲分散式征缴税粮。而随着自封投柜的实施，到了清代，则主要是通过设立柜子来完成税粮的缴纳工作。比如监利县于咸丰年间"弃里归院，为五百六十余区，设六柜分征，知根三千余人，家藏鳞册，共任督催"③。

各地柜子的设置情况并不一样。比如湖北通山县，是按照固有的乡里制度，每里都设置一张木柜，并由里长、库吏等完成相关的称重、计数、投柜等工作：

> 本县征收，每户各结（给）易知由单一张，逐户开立前件限期注完。仍责里长称收。二门内，每里各设桌一张，木柜一个。原定天平于桌上。每日示谕纳户及里长秤收。库吏、注（主）簿照前粘封，计数投柜封收库内。其需索加耗之弊，一切屏斥。于是民乐输纳，不至遗负矣。④

这种按照里甲制度中的"里"来设置征收地点的方式在许多地区都存在，如光绪《黄州府志》载："孙宏甡，乐安人，恩贡。康熙十三年任麻城知县。政尚严明，苞苴悉绝。初征收法不划一，胥吏作奸，民累甚。宏甡里置一箱一册，限民自输，月终躬亲会计，遂杜挪移之弊，邑民勒石纪德。"⑤这里麻城知县于康熙年间，就在每里设置"一箱一册"，让民户自封投柜。又如同治《崇阳县志》载："里局一十，一里各一局，曩日大差时，里长征收钱粮处也，有局居，香火祀郭子仪之神，不知何取。每年移祀随征收所寓民居无定，在后禁革里排，局废。"⑥崇阳县的征税地点也是每个里设立一

---

① 《湘潭赋役成案稿》卷首《恭录列圣上谕五道》，清咸丰八年（1858年）刻本，第8页。
② 梁方仲：《田赋史上起运存留的划分与道路远近的关系》，刘志伟：《梁方仲文集》，中山大学出版社2004年版，第451—456页。
③ （清）罗迪楚：《停琴余牍》之《专折开呈征收钱粮实情并善后事宜》，官箴书集成编纂委员会：《官箴书集成》第9册，黄山书社1997年版，第407页。
④ 同治《通山县志》卷3《政务志·征收》，清同治七年（1868年）刻本，第18—19页。
⑤ 光绪《黄州府志》卷13《职官志·秩官传》，清光绪十年（1884年）刻本，第48页。
⑥ 同治《崇阳县志》卷2《建置志》，清同治五年（1866年）刻本，第8页。

个局，成为里长征收钱粮之处，更为有趣的是，这个局里面居然还祭祀郭子仪。

清乾隆年间，湖南各地普遍清查各州县存储钱粮的库房，并进行维修和加固。一般而言，库房都在县衙大堂的左右两侧，并且是城柜的主要地点。如宁远县"遵查卑县征收钱粮，向来建立库房，系在大堂右侧，周围墙垣高筑坚固，间或损漏，即时修补，并无颓坏"①。在湖南常德府龙阳县，"开征之时，署内设礼、乐、射、御、书、数六柜，听各花户亲身投柜完纳"②。而在湖南衡阳县，清代中后期，全县设置了城柜和分柜：

> 光绪十三年……从新定章，通详改由大堂设柜，并于渣江设立分柜，征收均听民自行投柜，串票概存内署。其分柜则派请亲信幕友前往经管，每届踊跃之时，并移请渣江县丞就近弹压，帮同照料一切。地方称便，乡民完饷随给印券，系楷书。遇有抗欠花户，随时饬差催完，不许裁截印串。钱粮上忙二月开征，六月扫数。下忙七月开征，十一月十五日扫数。……封柜所用系属板券。钱漕正款概系陆续批解，年清年款。南折批解最后，至次年四月间扫数解清。③

衡阳县除在县衙大堂设立总柜之外，又增添了渣江分柜。该分柜处于交通要冲，设立目的是满足远离县城的10个都的花户就近缴纳的需要。又据《长沙府浏阳县奉饬查询各项事宜清册》载：

> 花户完纳钱粮地丁，分民、安、物、阜、政、成六柜。南驴分高、明、博、厚、悠、久六柜。民、安、物、阜、政五柜户房经理；高、明、博、厚、悠五柜南粮房经理；成、久二柜库房经理。花户将钱店市纹银票自行投柜完纳。如有玩户，各都设有催差，领串往乡催收，交各柜汇齐，倾熔起解，系外征外解。漕折归漕粮房经理。东南仓由快皂两班总差召保催差分作三次领串下乡催完。西北乡仓花户自行投柜，所收钱文随收随缴，系内征内解。完粮花户均须裁截印券。……地丁分上下两忙。上忙历奉派提银一万六千两，四月先解一半，限六月底解清。下忙九、十、冬、腊月分四批解，年内扫数，随浅轻贵闲丁津贴十二月汇解。南驴十、腊月分两批解。漕折漕杂八、十、腊月解三批，次年正月扫数。杂税、地租解无定时，均系年清年款。④

以上对光绪年间浏阳县的钱柜设置情况，以及自封投柜之具体执行过程，都进行了详细的记载和描述。其中地丁钱粮和南粮是分开缴纳的，地丁钱粮由户房及其下属的五柜管理，南粮则由南粮房及其所属五柜管理，同时库房还管理两柜。漕折则由漕

---

① 《湖南省例成案·户律·仓库》卷26《各属州县修建库房于大堂左右饬设库子逐日轮流看守每晚酌拨民壮更夫加谨巡逻》，东京大学东洋文化研究所图书馆藏微缩胶片。
② 光绪《龙阳县事宜清册》，清光绪九年（1883年）抄本。
③ （清）樊森：《衡阳县奉咨询各项事宜清册》，清光绪十六年（1890年）抄本。
④ （清）唐步瀛：《长沙府浏阳县奉饬查询各项事宜清册》，清光绪十六年（1890年）抄本。

粮房管理。地丁钱粮、南粮、漕折所缴纳的期限也都不尽相同。

同样，在湖南武陵县，咸丰十一年（1861年），知县孙翘泽在重新推行设柜官征之际，将柜数增加到十三个，并将此十三柜按照各自征收范围内的村甲，于各柜上书写胪列："设柜风调雨顺国泰民安升平人瑞王庄共十三柜，每柜只须书办二人，柜上书横匾，大书某柜其上胪列某村某甲，以便花户认柜完纳。"①

总体而言，就缴纳钱粮地点及其分布，一般州县城内（大部分即在衙门大堂左右两侧）有专门的库房，同时还会于州县署大堂设置木柜，开征之日，抬出来放在空地上，让花户自封投柜。而除了县城设有城柜或总柜之外，不同地区则因为地域辽阔，可能会于县境内择几个交通要冲的市镇设立分柜，分柜的数目因各地情形不同而不等。一般而言，"小邑设柜城中，州县之大者，于四乡添设分柜"②。当然不排除有很多地方由于存在册书包揽钱粮的情况，故而自封投柜并没有得到有效执行。为了使大家有一个整体的了解，笔者将民国二十三年（1934年）《湖北县政概况》中所记载的钱粮柜情况列为表3-1。

表3-1 民国二十三年（1934年）湖北部分地区钱粮柜设置及缴纳情况一览表

县名	钱粮柜数	钱粮柜分布	缴纳方式
蒲圻	3柜	县城总柜、汀泗桥东柜、新店西柜	花户自行到柜完粮，无册书代完
武昌	2柜	县城总柜、山坡镇分柜	均系花户赴柜完纳
汉阳	3柜	城柜、蔡柜、柏泉柜	一名田赋征收所，除征收生，此外并有无名无饷之册书催吏
嘉鱼	4柜	城柜、六溪口柜、来埠柜、簰洲柜	一名田赋征收柜，但向来习惯册书代缴，自行赴柜者甚少
咸宁	1柜	城柜	领取易知由单，赴柜完纳
通城	1柜	城柜	全县分十五里，附城花户均能赴柜完纳，较远之区，交由里正转缴，里正敛取钱谷，名曰秋分谷
崇阳	无	无	按旧区划十二里，人民向不赴柜完纳，均系裁券下乡，由催征吏承办，每里一人，并各雇用帮催数人
阳新	1柜	城柜	并无册书等名目，各里征收生均藏有该里花户确实底册，借以要挟
大冶	1柜	城柜	向由人民赴柜完纳，近来则催征人员下乡收粮
鄂城	3柜	城柜、华容柜、金牛柜	花户上柜完粮，比给券票
通山	1柜	城柜（田赋征收处）	征收生六，系照旧乡区六里设置，每人分管一里

---

① 同治《武陵县志》卷16《食货志·田赋·附改正钱粮碑记》，清同治二年（1863年）刻本，第40页。
② （清）胡林翼：《胡文忠公遗集》卷85《札各州县革除钱漕弊政》，清同治六年（1867年）刻本，第14—15页。

续表

县名	钱粮柜数	钱粮柜分布	缴纳方式
蕲春	1柜	城柜（即田赋征收处）	花户自行投柜，并无册书
浠水	无	幅员辽阔，向无分柜	民间习惯，多不赴柜完粮，大都依赖册书裁券送达
黄梅	2柜	县城总柜、孔垅分柜	分新、长、永、凤四乡，钱粮柜两处，人民赴柜完粮
广济	1柜	田赋征收所，分天、地、人、和四厫	纳税人持承粮户折，直接赴柜完纳，中间并无册书经手，因县册书于民国九年经官绅集资两万串，将所有册书底册完全收买入官，册书早已全数改业
罗田	1柜	田赋征收处	全县向分六十乡，每乡旧有承册生一人，承办各乡催收事宜
英山	1柜	城柜	全县分同、安、广三里，例由各图差裁券下乡，分甲征收
黄安	无	因战乱，田赋册籍无存，待建设	田赋原分地丁、屯饷两种
黄冈	6柜	城柜、团风柜、阳逻柜、仓埠柜、新州、但店柜	总分各柜设征收生数人不等，又业户推收过户等事，由城柜征收生代办
麻城	1柜	城柜	全县向分一百二十八区，各有册书分掌，由业户有册书处领取由单，连同应纳钱粮赴柜缴纳。民国十七年，革除册书，将粮册收归公有，交由征收生负责管理
黄陂	1柜	城柜	由旧有册书代完，或册书将易知由单发给花户，由花户赴柜完纳。全县册书三百余名

表3-1尽管提供的是民国二十三年（1934年）湖北各地的钱粮征收情况，与明清时期相比有所变化和发展，但从中亦能管窥和推测出明清时期征收情况之一斑，因为各地的习惯和因袭现象还是存在的。比如包括通山、通城、浠水等地，直到民国时期依然是由册书或里正包揽钱粮，花户并不习惯自封投柜，故除了县城有征收钱粮之处外，其他乡村并无钱粮柜的设置，可见钱粮包揽一直存在于许多地方社会。而在广济和麻城，则是由官绅不惜用重金收购了册书手里的实征底册之后，才杜绝了册书包揽的局面。

三、纳税过程及缴税场景

（一）纳税粮之过程：自封投柜及其境遇

关于民众缴纳钱粮时运输粮食之具体情况，陈宏谋描述如下：

> 湖北征收漕南二粮……乡民纳米，或簰载，或驴驮，或肩挑，背负入仓，俱听民便。有须雇挑者，亦听民平价自雇，不得借称排夫承值、饷差伺应、上司盘

查名色，盘踞拦阻，多索钱文，不得索取进仓钱、进廒钱。①

这里的"簰"应该是湖区民众用竹子或木材平摆着编扎成的交通工具，多用于江河上游水浅处，以此来运载粮食及其他物品等。也有人用牲畜（驴、牛）等作为运输动力来输送税粮，但对于广大粮户而言，估计最多的情况还是肩挑背驮的方式。

以上是花户采用各种运输方式，千辛万苦将税粮运输到缴纳地点的情况，而到了缴纳地点之后，等待花户们的又会是什么场景呢？兹据《湖南省例成案》记载如下：

> 各属收粮弊窦，凡粮户肩米到仓，摆列两傍，等至数十石或百余石不等，管仓家丁始令胥役斗级，挨次盘看，将米故意抛散，称其米色不合，令粮户肩回，另换好米。复至仓前，管仓家丁又挨次盘验，以好作丑，令其筛飏，稍不如意，百般斥辱，米斛满地，延不收量，致粮户守候三四日不等，而粮户不得不向包户加其重价代纳。包户即向管仓家丁及书役斗级讲定规银，听其上纳。

> 至漕费银两，裁二留八九五色银市戥称收，备属收至二三钱不等。南米项下，驴脚银两每石额征一钱二分，各属竟至三四钱不等。层层苦累，小民何堪？更闻长善二县，上年征收南漕，并不遵照定例开征，延至八月尽，始行开仓，九月内，即行闭仓不收。任听家丁经胥串结一党，百般刁难，致使粮户只得将米卖给包户，每米一石，除照市价外，又添银一两四五钱不等，交给包户代纳，或折交该管经胥。而经胥得银，即转交本官，而本官扣作时价，仍发包户卖米上纳，除银侵收肥己，以致每日收米无几。……其应费驴脚等银，每米一石，勒收四五钱不等，任听奸胥扬言已经垫赔，不收本色，每米一石，收折价银四五两不等，任其鱼肉。种种弊端，难以枚举，兹值新漕开征伊迩，除刊示严禁外……其应作何立法厘剔……毋使看米家丁及胥役斗级，不致刁难苦累粮户。至包户代纳，久经例禁，亦即酌议征收驴脚漕费等银，如何不致勒索浮收，逐一悉心妥议，详请核夺，毋违。②

关于自封投柜之情况，《湖南省例成案》载："各该州县咸称，征收钱粮，每日早将银柜抬出大堂，听民自封投柜。晚将银柜抬贮库内，饬令库书、库子人等，每夜上宿巡更看守，并无零星私拆收存内署捏饰等弊。"③由此可知，清初湖南各地的银柜主要是库子等守柜。而在湖北通山县，清初自封投柜还是由里长负责，其征收情况如下：

> 本县征收，每户各给易知由单一张，逐户开立前□，限期注完。仍责里长称收。二门内，每里各设桌一张，木柜一个。原定天平于桌上。每日示谕纳户及里长秤收。库吏、注簿照前粘封，计数投柜封收库内。其需索加耗之弊，一切屏斥。

---

① （清）陈宏谋：《培远堂偶存稿·文檄》卷25《严禁收粮积弊檄》，《清代诗文集汇编》编纂委员会：《清代诗文集汇编》第280册，上海古籍出版社2010年版，第609页。
② 《湖南省例成案·户律·仓库》卷21《严禁征收漕粮耗费银米驴脚银两积弊各款》，东京大学东洋文化研究所图书馆藏微缩胶片。
③ 《湖南省例成案·户律·仓库》卷26《各属州县修建库房于大堂左右饬设库子逐日轮流看守每晚酌拨民壮更夫加谨巡逻》，东京大学东洋文化研究所图书馆藏微缩胶片。

于是民乐输纳，不至逋负矣。①

以上似乎显示两湖地区自封投柜的早期情形还较为理想，不至于让民众过于劳苦。但是随着时间的推移，弊端就出现了。在湖南永州府零陵县，书差阻拦民众自封投柜，而采取书差垫解，然后收取利息的方式。卞宝第在《抚湘公牍》中即云："据禀及另单均悉。查钱粮自应设柜征收，令民自封投柜。书差垫解，百弊丛生。试问不以重利盘剥小民，柜书等何所取而充此苦役，自认借家利息，为民户垫解耶？风闻书吏垫款，以六分利取偿于民。民何乐不自封投柜？明系书差把持阻隔。该县钱粮颇为民累。"②这里书差之所以千方百计阻挠花户自封投柜，而要自己代为垫解，是因为其将此作为获取高额利息的手段。正因为有利可图，所以在湖北监利县，滋生了一众依赖自封投柜和催征而谋生的差役。该县用"游差"催粮和守柜，人数多达数千人：

> 一曰游差白役累民。限后差催，非签拿不至。柜养催差二名，官给口食，照例鸣锣，毫无所济。其签拿抗户，则每柜向有游差白役不给口食之百数十人，拼年累月，充当此任。官刷印票存柜，书开抗名，由征幕填签发给，按名拿比，至次腊收柜乃止。一县之中，六柜千人，日夜在外，狼虎鬼蜮，安能一律廉洁。被差之户，非给差钱带柜，书不收粮。倘误收之，乡民又执券殴差。大约差拿十户，抗者二，完者三。差与知根刁徒，弊蚀其五。无论几票，皆必有以肥差囊。其中差肥，浮于正供徒倍。官无善法，听其所为。而民愚希图拖骗，亦竟蹈此而不悟，至聚抗之处，又悖梗不完。差役不敢过问，催强不足，陵弱有余。用之不妥，不用不能。③

监利县共有六柜，每柜有游差白役数百人，六柜达千人，由于差催较紧，因此该县就出现了大量的游差白役下乡催粮，成为地方一害。

官府为了杜绝自封投柜中的弊端，也做出了一些技术工具上的改良和努力，比如对用来称重银钱的戥进行校对。在湖北通城县，清朝初年知县盛治就规定："收粮，则照京颁抬斛较正升斗平荡量权……收银，则照司颁法码较正厘戥。纳户同柜头面弹投匣。置瓯一面于仪门，敢有重权者，许受害小民鸣瓯禀究。"④而为了避免柜书利用税收工具舞弊，湖南地方官府也规定：

> 饬令各属多制库戥，申送该管府州，照依部法，详细较兑准确，给发该县分发各银铺，听从花户不拘何铺倾泄称准，自封投柜，庶可免柜书执戥秤收之弊。⑤

---

① 康熙《通山县志》卷4《政务·征收》，清康熙四年（1665年）刻本，第18页。
② （清）卞宝第：《抚湘公牍》卷1《批永州府会零陵县禀》，清光绪十五年（1889年）刻本，第18—19页。
③ （清）罗迪楚：《停琴余牍》之《专折开呈征收钱粮实情并善后事宜》，官箴书集成编纂委员会：《官箴书集成》第9册，黄山书社1997年版，第409页。
④ 康熙《通城县志》卷3《志善政·除革陋规》，清康熙十一年（1672年）刻本，第8页。
⑤ 《湖南省例成案·户律·仓库》卷28《征收钱粮令民自封投柜不许多索票钱》，东京大学东洋文化研究所图书馆藏微缩胶片。

在漕粮的称重方面，也对斛斗进行了必要的校对，并且采用了上面的要求：

> 湖南各属有漕米、南米、秋米三项应征本色，久有定额。……斛斗俱经粮道较准，送验印烙分发，不得敲松斛板，随时燥湿，俾忽小忽大滋弊，更不得用活板夹底。……不及一斛者，始用斗量，不及一斗者，始用升量，不得俱舍斛用斗、舍斗用升，希图浮而多取，如纳米六斗，先量一斛，再量一斗，不得分量六斗。①

以上相关规定，试图在技术手段上杜绝一些可能存在的舞弊行为，比如对戥的校准，并由多个银铺来为自封投柜的花户称重，对斛斗也采取官府校准烙印下发，并对大小容量的使用也一一做了规定。但在信息和控制较为薄弱的古代社会，实际运作中依然面临诸多困境。宣统《湖南全省财政款目说明书》即云："甚矣，我国权量之不齐也！甲省与乙省异，甲县与乙县异，畸轻畸重，名目纷繁，亦几难更仆数矣。"②根据该书对晚清湖南各厅、州、县平量逐一调查，可制成表3-2。

表3-2 晚清湖南各厅、州、县平量比较表

属别	名目	每百两大	比较省平小	通用情形
长沙县	长平	与省平同		查该县地居省会，市面通行货币分三种：一生银、一银圆烂板居多、一铜元
善化县	长平	与省平同		查该县地居省会，市面通行货币分三种：一生银、一银圆烂板居多、一铜元
湘阴县	市平	七钱五分		查该县市面通行货币分银圆、铜元两种
湘潭县	湘平		一两四钱	查该县市面通行货币分银圆、铜元两种
浏阳县	市平	与省平同		查该县市面通行货币银圆、铜元占多数，间用生银，为数无几
醴陵县	醴平	一两		查该县市面通行货币分银圆、铜元两种
宁乡县	市平	四钱		查该县市面通行货币分银圆、铜元两种
益阳县	益平	一两九钱		查该县市面通行货币分生银、银圆、铜元三种
湘乡县	市平	与省平同		查该县市面通行货币分生银、银圆、铜元三种
安化县	安平	二两		查该县市面通行货币分生银、银圆、铜元三种
攸县	湘平		八钱二分	查该县市面通行货币分银圆、铜元两种
茶陵州	茶平		三钱二分	查该州市面通行货币分银圆、铜元两种
衡阳县	衡平	一两六钱		查该县市面通行货币分生银、银圆、铜元三种
清泉县	衡平	一两六钱		查该县市面通行货币分生银、银圆、铜元三种

---

① （清）陈宏谋：《培远堂偶存稿·文檄》卷38《严禁收粮积弊檄》，《清代诗文集汇编》编纂委员会：《清代诗文集汇编》第281册，上海古籍出版社2010年版，第187—188页。

② 宣统《湖南全省财政款目说明书》，陈锋主编：《晚清财政说明书》第6卷，湖北人民出版社2015年版，第432页。

续表

属别	名目	每百两大	比较省平小	通用情形
衡山县	市平	六钱		查该县市面通行货币分银圆、铜元两种
安仁县	市平	三两八钱		查该县市面通行货币分银圆、铜元两种
耒阳县	衡平	一两六钱		查该县市面通行货币分银圆、铜元两种
常宁县	常平	一两三钱七分		查该县市面通行货币分银圆、铜元两种
鄙县	市平	六钱五分		查该县市面通行货币分银圆、铜元两种
邵阳县	宝平	八钱		查该县市面通行货币分银圆、铜元两种
武冈州	市平	四钱		查该州市面通行货币分银圆、铜元、制钱三种
城步县	市平	与省平同		查该县市面通行货币分银圆、铜元、制钱三种
新宁县	新平	三钱六分		查该县市面通行货币分银圆、铜元、制钱三种
新化县	漕平	一两七钱		查该县市面通行货币分生银、银圆、铜元三种
零陵县	永平	二两二钱		查该县市面通行货币分银圆、铜元、制钱三种，其制钱易银价值与铜元略同
祁阳县	市平		四两二钱	查该县市面通行货币分银圆、铜元两种
东安县	市平	二钱五分		查该县市面通行货币分银圆、铜元两种
道州	市平	四钱五分		查该州市面通行货币分银圆、铜元两种
宁远县	广平	三两八钱		查该县市面通行货币分小银圆、铜元两种
永明县	广平	三两八钱		查该县市面通行货币分银圆、铜元两种
江华县				查该县毗连两粤，向乏银两，市面通行货币分大小银圆、铜元三种，平量大小无从查考
新田县				查该县毗连两粤，向乏银两，市面通行货币分大小银圆、铜元三种，平量大小无从查考
巴陵县	岳平		一两一钱	查该县市面通行货币分生银、银圆、铜元三种
临湘县	岳平		一两一钱	查该县市面通行货币分生银、银圆、铜元三种
华容县	岳平		一两一钱	查该县市面通行货币分生银、银圆、铜元三种
平江县	市平	七钱		查该县市面通行货币分银圆、铜元两种
武陵县	常平	一两七钱二分		查该县市面通行货币分生银、银圆、铜元三种
龙阳县	市平	二两六钱二分		查该县市面通行货币分银圆、铜元两种
桃源县	桃平	一两四钱二分		查该县市面通行货币分银圆、铜元两种
沅江县	市平	与省平同		查该县市面通行货币分银圆、铜元两种

续表

属别	名目	每百两大	比较省平小	通用情形
辰溪县	辰平		四两四钱	查该县市面通行货币分铜元、制钱两种
溆浦县	溆平	一两二钱五分		查该县市面通行货币分银圆、铜元两种
泸溪县	市平	八钱		查该县市面通行货币只铜元一种
沅陵县	市平	七钱二分		查该县市面通行货币只铜元一种
永顺县	永平	一两四钱		查该县市面通行货币分银圆、铜元、制钱三种
保靖县	保平	一两七钱		查该县市面通行货币只制钱一种
龙山县	市平	一两四钱		查该县市面通行货币只铜元一种
桑植县	市平	一两二钱		查该县市面通行货币分铜元、制钱两种
芷江县	沅平	七钱		查该县市面通行货币分铜元、制钱两种
黔阳县	市平	一两零二分		查该县市面通行货币分铜元、制钱两种
麻阳县	市平	八钱八分		查该县市面通行货币分银圆、铜元、制钱三种
郴州	郴平	与省平同		查该州市面通行货币分大小银圆、铜元三种
桂阳县				查该县向乏银两，市面通行货币分银圆、铜元两种
宜章县				查该县向乏银两，市面通行货币只粤省所铸小银圆一种，平量大小无从查考
兴宁县	广平	三两八钱		查该县市面通行货币分银圆、铜元两种
桂东县				查该县向乏银两，市面通行货币分银圆、铜元两种
永兴县	市平	与省平同		查该县市面通行货币分大小银圆、铜元三种
靖州	靖平	一钱八分		查该州市面通行货币分银圆、铜元、制钱三种
绥宁县	绥平	二两四钱		查该县市面通行货币分银圆、铜元、制钱三种
会同县	洪平	九钱二分		查该县市面通行货币分银圆、铜元、制钱三种
通道县	市平	二两		查该县市面通行货币分银圆、铜元、制钱三种
澧州	市平	三钱		查该州市面通行货币分铜元、制钱两种
安福县	福平	四钱		查该县市面通行货币分铜元、制钱两种
慈利县	市平		二钱	查该县市面通行货币分银圆、铜元、制钱三种
永定县	市平	二钱		查该县市面通行货币分银圆、铜元、制钱三种
安乡县				查该县向乏银两，市面通行货币只铜元一种
石门县	市平		四钱	查该县市面通行货币只铜元一种

续表

属别	名目	每百两大	比较省平小	通用情形
桂阳州	桂平	一两九钱		查该州市面通行货币分大小铜元两种
临武县				查该县向乏银两，市面通行货币分大小银圆、铜元三种
蓝山县				查该县向乏银两，市面通行货币分大小银圆、铜元三种
嘉禾县				查该县向乏银两，市面通行货币分大小银圆、铜元三种
凤凰厅	市平	与省平同		查该厅市面通行货币分银圆、铜元两种
乾州厅	乾平		八钱	查该厅市面通行货币分银圆、铜元、制钱三种
永绥厅	市平	二两		查该厅市面通行货币分铜元、制钱两种
南洲厅	市平	与省平同		查该厅市面通行货币分银圆、铜元两种
晃州厅	市平	二两		查该厅市面通行货币分银圆、铜元、制钱三种

资料来源：宣统《湖南全省财政款目说明书·湖南全省平量概说》，陈锋主编：《晚清财政说明书》第6卷，湖北人民出版社2015年版，第432—435页。

百姓在自封投柜的过程中，还会遇到数目对不上的情况，以湖北沔阳州为例：

> 凡百姓完纳钱粮，先赴北绅由单局领取由单，方行赴柜投纳。而百姓完粮，有粮柱不对者有之，有数目不符者有之，往往在柜横闹，而无可如何。此对柜完纳之情形也。①

由于钱粮数目对不上，花户自然会与柜书们发生纠葛和冲突。另外值得注意的是，本来自封投柜是为了减少中间环节，减轻花户的负担，但在实际运作中，却呈现出另外一番景象。湖广总督喻成龙云：

> 远乡花户上柜完纳，而坐柜人役竟日闲游燕饮，不即经收，致使远方穷民在城守候，每至妨农失业。②

这大概也是花户宁愿将钱粮交给册书包揽，忍受其额外加征，而不肯亲自纳税粮的原因之一。正是因为花户对于自封投柜不甚热情，所以光绪年间蒲圻知县不惜采取赏给投柜人员点心的方式来吸引花户：

> 谕尔花户人等知悉，现在征收下忙，自开征日起，至十一月止，凡踊跃投柜者，每人赏给点心四件，以示体恤。③

目前尚不知道这种小恩小惠能带来多大的改观，但显然不可能抵消自封投柜所带来的弊端及影响。

---

① （清）李翰：《牧沔纪略》卷下《钱漕就规办事整理》，清光绪十九年（1893年）刻本，第39页。
② 同治《长沙县志》卷19《政绩一》，清同治十年（1871年）刻本，第35页。
③ （清）廖润鸿：《官蒲被参纪略》卷上《赏给投柜人点心示》，清光绪九年（1883年）刻本，第13页。

此外，在明清时期田地钱粮的计量单位方面，经常会出现钱粮尾数计数单位极其细小的名目。试以康熙《通山县志》中的记载为例：

> 康熙四年，原额田一千一百一十六顷二十七亩三勺四厘二丝。内上田一千九十三顷四十四亩六分二厘九毫八丝。科秋粮米四千三百一十四石七斗九升三合七勺六抄四撮二圭三粒三粟……塘四十二顷五十亩七分六厘八毫六丝，科秋粮米一百六十五石四斗二合六勺三抄七撮九圭……南京户口钞本折正杠共银二十五两九钱六分五厘五毫三丝七忽四微八尘六纤九渺。①

上述赋税征收的诸多数据中，田亩计量单位精确到了"厘""毫""丝"等，米粮计量单位精确到了"抄""撮""圭""粒""粟"等，银两的计量单位精确到了"丝""忽""微""尘""纤""渺"等，即便计量工具和技术发展到今天，依然难以精确到如此细微的地步，在清代更无可能。为何要采取此种标注方法？一方面可能是书差为了表示统计的精细化而玩的一种文字游戏；另一方面可能是为了有利于书差利用"见厘收分，见合收升"的原则从中牟利，且算法越烦琐，越能愚弄普通百姓，更有利于书差垄断钱粮征收。乾隆上谕档中对此事有较为详细的记载：

> 乾隆三十一年十月二十四日，内阁奉旨，银库所奏月折内地丁款下开写丝、毫、忽、微等细数，缘各省征收之时，必须先有撒数，方可合并计算，汇成总数，是以照例开写。但此等名目，既已极其纤悉，而秤兑时，并不能将此丝、毫、忽、微之数，分晰弹收，徒属有名无实，于政体亦多未协。嗣后各省征收钱粮及一切奏销支放等事，俱着以厘为断，不必仍前开写细数，其如何将奇零名目核计归减之处，着该部详悉定议具奏，钦此。

> 臣等伏查各直省州县征收钱粮，在民系一条编征，在官则分款造报。是以每年奏销册内，旧例相沿开载零尾细数。银有丝、毫至清、净等十七字，米有抄、撮至粞、禾等十三字，其实核之法马、升斗，本无此琐屑较兑之数，而造册核对，徒致繁冗，甚或不法胥吏，借尾数奇零愚惑小民，飞洒增添之弊，皆所不免。今蒙圣明洞鉴，核定以厘为断，仰见我皇上敦崇实政，酌归简要之至意。至奇零名目如何归减之处，臣等悉心酌议，凡银数统以厘为断，其不及一厘之零数，应请折中归减。在五毫以上者，作为一厘归并造报，不及五毫者，悉行减除。再米麦等项，亦有奇零尾数，自当照此划一办理。臣等酌请米粮等项，以勺为断，其奇零在五抄以上者作为一勺，不及五抄者概行删除。又查向来搭放俸饷，制钱原以一文为止，而册内登报，虽有毫、丝、微、忽虚数，不过为合总而设，更属有名无实，应请一概删除。②

---

① 康熙《通山县志》卷4《政务·田赋》，清康熙四年（1665年）刻本，第7—13页。
② 《湘潭赋役成案稿》卷首《恭录列圣上谕五道》，清咸丰八年（1858年）刻本，第13—14页。

据此可知，清代初期，钱粮尾数后面，银有"丝、毫至清、净等"十七字之多，米有"抄、撮至粝、禾等"十三字之多，但是当时称重的砝码和量容器的升斗根本不可能达到这样的计量标准，诚如上面史料所言："此等名目，既已极其纤悉，而秤兑时，并不能将此丝、毫、忽、微之数，分晰弹收，徒属有名无实。"此种做法既导致征收和奏销的烦冗，又使不法胥吏借尾数奇零迷惑百姓以从中牟利。最后经过乾隆皇帝钦定"以厘为断"。具体而言，在实施过程中，银两"以厘为断"，后面采取"四舍五入"的办法，五毫以上作为一厘造报，不及五毫的一概减除。米麦"以勺为断"，后面亦采取"四舍五入"之法，五抄以上作为一勺，不及五抄概行减除。如此规定，也算是在计数单位上有了一个相对统一和简明的规定，对于钱粮征收未尝不是一件便事。

（二）催征、浮收与包揽

屠仁守，湖北孝感人，同治年间进士出身，官至御史，常针砭时弊，直言进谏，在其《屠光禄疏稿》中的一篇疏稿中，他直陈湖北钱粮积弊，并指出湖北钱粮征收的最大弊端就在于催役和柜书：

> 湖北钱粮积弊，自咸丰年间故抚臣胡林翼革除冗费，奏定章程，刊碑勒石，垂诸久远，江汉之民感戴皇上，莫不欢欣鼓舞，乃官吏日久生玩，凤弊潜滋，其为害民间最甚者有二：一曰催役；一曰柜书。催役者，皆以钱买成窝缺，开征之时，揭票下乡，向粮户催收，酒食供给外，每票勒索钱数百文甚者数千文。稍不遂意，辄以抗粮报官。乡民畏惧，不得不饱其欲壑，求免拖累。获利既丰，其势愈横。

> 柜书经收钱粮，乡民数十里或百余里赴柜投纳，悉听柜书核算，溢额取盈，米则零升直以斗计，银则数钱竟作两论。有所谓般脚之费，有所谓票号之费，任意浮收，无敢致诘。复不当时给票，乡民羁候，恒误农业。或且终不得票，被催重纳。有此两害，是致三农憔悴，百室怨咨，剜肉医疮，无所控告。朝廷有轻赋之名，州县有重敛之实。良法美意坏于奸胥蠹役而莫之省忧。①

在屠仁守的描述中，催役也是需要用钱来买缺的，因而在下乡催征过程中自然免不了勒索和侵吞的行径。开征之时，催役揭票下乡，在向粮户催收之际，除了需要粮户用酒食招待之外，还每票勒索数百文甚至上千文，稍不遂意，即以抗粮报官来恐吓粮户。而等粮户赴柜纳粮时，则又被柜书勒索一番，或溢额取盈，任意浮收；或延迟给票，被催重纳。如此种种，粮户焉能不心力交瘁。

事实上，因催征钱粮而引发的纠纷甚至命案也时有发生。我们不妨以一个相关案件来管窥一二。嘉庆年间，湖北应山县差役董均奉命催欠，结果殴伤民户韩殿常，最后被处决。由这件案件的发生场景，我们也可以窥见实际催征过程之一斑：

---

① （清）屠仁守：《屠光禄疏稿》卷2《请查湖北积弊片》，文海出版社1969年版，第91—92页。

据董均供：应山县人，年四十二岁。父母俱故，充当本县皂役，与韩殿常素识无嫌。嘉庆十三年八月，蒙本官签差小的协同保正余友贵催纳乌石会民欠钱粮，余友贵因值患病，叫他儿子余忠引同小的向花户催完。韩殿常有应完十三年分正饷银一钱七分五厘，又带征十二年初限饷银八分七厘五毫。十一日，小的与余忠向催，韩殿常说现值农忙，俟收割后赴县完纳。小的恐各花户效尤，完纳不前，受官责比，没有允许。当说再限三日不完，定要禀官追比。韩殿常见小的不肯宽缓，出言混骂，小的回骂。韩殿常就拾石掷伤小的左额角，小的赶拢用右手掌回殴，致伤韩殿常左腮颊接连左耳窍倒地……过不一会就死了。①

这个案件起因是催役董均下乡催促花户韩殿常及时完纳钱粮，韩殿常请求宽限时日被催役董均拒绝之后，双方发生口角，并进而斗殴，其结局是催征钱粮致人死命的董均被依照斗殴杀人判处死刑，而花户韩殿常应完钱粮，着令家属照数完纳。

地方官员在面对地方歉收的情况下，该如何追讨欠款呢？汪辉祖在乾隆五十六年（1791年）任道州知州之际，曾经采取如下办法清理民欠：

花户欠赋，是处有之，顾亦有吏役侵收，冒为民欠者。余署道州，因前两任皆在官物，故累年民欠，不得不收，因创为呈式，令投牒之人，于呈面注明本户每年应完条银若干，仓谷若干，无欠则注全完，未完则注欠数。除命盗外，寻常户婚、田土、钱债细事，俱批令完欠候鞫欠数，清完即为听断，两造乐于结讼，无不克日输将。间有吏役代完侵蚀，字据可凭，立予查追清款。其无讼案者，完新赋时，饬先完旧欠，行之数月，欠完过半。第此事必须实力亲稽，方成有效，倚之幕宾书吏，总归无济。②

这里汪辉祖其实是以不受理户婚、田土等诸多司法案卷的方式，逼迫花户先行完纳欠赋，相当于是以非常之手段达到清理民欠之目的。关于催征之事，更有效的方式可能还是通过固有的催征人员和手段，推动他们去完成催收之任务。《学治臆说》载："余至宁远……例应点卯，知三十六里各有专役催粮，乃刷印小票数百番，给役分发各里耆民，协保捕逐，使人人有捕丐之责。"③这里尽管说的是汪辉祖如何发动大家去"捕丐"，但其动用的人员却是三十六里中的专职催粮人员。

对于官府催征地方民欠漕粮的文本，笔者在湖南图书馆查阅到光绪十三年（1887年）《益阳县催征光绪十二年漕米民欠未完散数征信册》，兹将相关内容摘录如下：

湖南长沙府益阳县应催征光绪十二年漕米民欠未完散数征信册

---

① 《湖北应山县差役董均奉命催欠殴伤韩殿常身死案》，杜家骥：《清嘉庆朝刑科题本社会史料辑刊》第3册，天津古籍出版社2008年版，第1712—1713页。
② （清）汪辉祖撰，徐明、文青校点：《学治臆说》卷下《清理民欠之法》，辽宁教育出版社1998年版，第93页。
③ （清）汪辉祖撰，徐明、文青校点：《学治臆说》卷下《查逐流丐之法》，辽宁教育出版社1998年版，第65页。

应催征十二年民欠未完正四二耗漕米四百零三石五斗六升九合三勺三抄

光绪十三年，应催征光绪十二年民欠正四二耗漕米四百零三石五斗六升九合三勺三抄

自光绪十三年五月初一日起，截止十四年四月底，截数日止，除已完正四二耗漕米二百九十五石三斗八升一合八勺，毋庸开列花户姓名完纳细数外

实在民欠未完正四二耗漕米一百零八石一斗八升七合五勺三抄

二里欠户　共六户　　共未完漕米六斗零一合　内
蒋祥表　　欠漕米　三升六和六勺
刘大兴　　欠漕米　一升四合八勺
萧羽仪　　欠漕米　一斗七升三和二勺
龚歧峰　　欠漕米　七升四合
龚谔　　　欠漕米　五升五合五勺
萧合共　　欠漕米　二斗四升六合九勺

三里欠户　二户　共未完漕米八升六合五勺　内
彭佐臣　　欠漕米　二升四合四勺
邑圣宫　　欠漕米　六升二合一勺
又三里欠户　共一户　共未完漕米二升零一勺　内
育婴堂欠漕米　二升零一勺
……
光绪十四年　　月　　日①

以上是地方官府对于拖欠税粮花户进行催征的一种赋役文书，也构成征税过程的重要一环，其背后的运作实态还有待进一步的考察。而对于征税过程中的浮收和勒索现象，另一位关心地方民瘼的朝廷官员，即曾任湖南巡抚的骆秉章对于湖南的钱粮征收弊端也曾经做出过详细的揭示：

州县廉俸无多，办公之需，全赖钱漕陋规稍资津贴。缺分之优瘠，即视陋规之多寡为衡。此东南各省所同，不独湖南一省为然。湖南亦不独近日为然也，沿习既久，逐渐增加。地丁正银一两，民间有费至数两者；漕米一石，民间有费至数石者。款目繁多，民间难以析算，州县亦难逐一清厘，一听户粮书吏科算征收，包征包解，不屡不止。每遇完纳银米，整数之外，尚有奇零，则一并收作整数。如一分一厘，则收作二分，一升一合，则收作二升之类，名曰收尾。小户穷

---

① 《益阳县催征光绪十二年漕米民欠未完散数征信册》，清光绪十四年（1888年）刻本。

民，尤受其累。未完纳之先，有由单，由单有费；既完纳之后，有串票，串票有费。其完纳稍迟者，粮书先时借垫，计息取偿，多至数倍，官为出差催追，名曰揭差。每一揭差下乡，则一乡为之震詟。此弊之原于官吏害及于民而小户为尤甚者也。

官吏既视钱漕为利薮，刁衿劣监即从而挟持之，每人索费数十两百两。人数多者，一县或至数十人，名曰漕口。少不遂意，则阻挠乡户完纳，或赴上司衙门砌词控告，甚至纠聚多人，闯署殴吏，酿成事端。州县于开征之时，必先将此辈笼络安置而后可期无事，此弊之原于刁衿劣监官吏受之其害仍及于民者也。①

以上史料明确指出，纳税人要缴正银一两，其额外的费用是数两之多；缴漕米一石，额外的费用是数石。书役们的手段之一就是以零做整，名曰"收尾"，如一分一厘收作二分，一升一合收作二升，这也就难怪赋役册籍中的钱粮数目一定要精确到丝、毫、秒、忽等单位了，其实背后就是为了浮收之用。另外，所有的票据，包括由单、串票都要缴纳费用。且粮书代纳，其收取的利息也是本金的数倍。正因为漕粮征收有巨大的利润，一些绅衿也参与分肥，名曰"漕口"。对于漕粮之外征收的漕规数额，有学者估算嘉庆二十五年（1820年）湖南醴陵一县总额就高达21600两。②在湖北，此种漕粮之外的浮收，又名之曰"蝗虫费"：

又有刁绅劣监，包揽完纳，其零取于小户者重，其整交于官仓者微，民谓之曰蝗虫。更有挟州县浮勒之短，分州县浮勒之肥，一有不遂，相率告漕，甚或聚众哄仓。名虽为民请命，实则为己求财也。官谓之蝗虫费。③

钱粮包揽之事，在两湖地区较为普遍。笔者在已发表的论文中有所论及。④其中包括粮书先行代粮户垫付，然后再向粮户索取，并从中收取高利贷。卞宝第在《抚湘公牍》中即云：

照得民间完纳钱粮，例应自封投柜，不准书差人等包揽浮收。零邑钱粮近数十年来，皆由粮书包征包解，闻得垫纳粮银，向民间取利六分，按月算息，是于常赋之外，加征一半。花户受其盘剥，苦累不堪。⑤

又，湖北监利县王柏心在《上胡中丞书》中云：

通计合邑为院者三百六十有奇，为里者三十有三，经界不正，粮不归里，大抵以高乡之粮移入低乡，蒙混申报，官不能察，不应缓而缓，应缓而不缓，奸胥私征自此而起，而号为粮书代民完纳者几及千名，皆不耕而食，不织而衣者也。民间秋粮一石派米四斗六升六合六勺，银一两八钱一分。米折价五串九百四十

---

① （清）骆秉章：《骆文忠公奏议》卷12《沥陈湖南筹饷情形折》，清光绪年间刻本，第18—19页。
② 洪振快：《亚财政：非正式财政与中国历史弈局》，新星出版社2008年版，第113页。
③ （清）胡林翼：《胡文忠公遗集》卷23《奏疏·革除漕务积弊并减定漕章密疏》，清同治六年（1867年）刻本，第16页。
④ 杨国安：《册书与明清以来两湖乡村基层赋税征收》，《中国经济史研究》2005年第3期。
⑤ （清）卞宝第：《抚湘公牍》卷1《零陵县改征告示》，清光绪十五年（1889年）刻本，第20—21页。

文，银折价五串七百九十文。粮书抽丰二串四百文，米券二十四文……乡下户有完至二十余串不等者，什九皆粮书代纳，从无赴仓赴柜之事。①

对于钱粮包揽之事，多数史料都认为其是侵吞的根源，将其视作一种弊政。而"自封投柜"则得到了较多的肯定，被视作杜绝一切中间阶层（册书、胥吏）剥削的最佳举措，试举咸丰九年（1859年）钟祥刊刻的一则关于革除册书包揽、推行自封投柜的碑刻资料如下：

……如钱粮一节，前奉宪檄禁革册书，各该县久经遵办。惟查钟祥县钱粮向由书吏征解，几成锢习，弊窦丛生，殊为民害。卑府力剔前弊，改为官征官解，出示各乡，花户自封投柜，不许书吏下乡。税契亦如之，推收亦如之。②

但事实上，自封投柜同样也受到了催头、柜书等人员的勒索和浮收。而包征包解从来也未曾消失，不仅理论上如此，事实上更是如此，如前文表3-1中，湖北省直到民国二十三年（1934年）依然有许多县还是由册书等包揽钱粮征收事宜，民众一向不习惯自封投柜。而包揽现象之所以屡禁不止，自然有其一定的合理之处。比如监利知县罗迪楚就在《停琴余牍》中云：

盖包收不利民而利公，究之终利民。投柜不利公而利民，究之终不利民。监利情形，兼用包收为善，专用投柜为苦。未亲其事，实实为民打算，徒务投柜美名，而全用之，不知所以调剂，其病民也实甚。监粮地大公疲，科清户小。新陈十四柜，年轮衔接，局永书稀，闲冗不齐。乡民远至完粮，动逾数日，误农债工，在街火食，往往正供有限，而缴用多过廿倍。并有往返数次不能了结者，老弱妇女，早夜奔驰，粮之不完多由于是。③

在此，监利知县罗迪楚比较了包揽与自封投柜的优劣，显然他是倾向于包揽钱粮的，并一针见血地指出了自封投柜徒有美名，实际对百姓弊端甚多，包括往返奔波，耽误农时。且等候耽搁期间，食宿诸费用也不少，而浮收依然存在，倒不如包揽更为省时便捷，而书差之加征部分也有一部分是他们付出劳动之所得。而且从专业化角度而言，书差包揽钱粮能减轻百姓奔波之苦和缩减等候之时，并且避免单个农民直接面对官府的威权。同时，在田赋定额化的情况下，包揽钱粮也有利于减轻地方官员足额缴纳赋役的压力。当然在没有透明制度的情况下，包揽的侵吞程度则完全取决于书差的贪欲多少。总之，无论采取何种方式，百姓都会落入正供有限、浮收无穷的悲惨境地。

---

① 光绪《荆州府志》卷79《杂记志三》，清光绪六年（1880年）刻本，第30—31页。
② 《窃照为政之要》，焦知云：《荆门碑刻》，中国文史出版社2008年版，第217页。
③ （清）罗迪楚：《停琴余牍·专折开呈征收钱粮实情并善后事宜》，官箴书集成编纂委员会：《官箴书集成》第9册，黄山书社1997年版，第408页。

第四章　堤工与水利徭役的摊派

彭德怀在回忆其少年的遭遇之时，谈及他曾经在十五岁（按，1913 年）时，由于家贫而不得不前往湖南湘阴县西林围做了两年的堤工，其在自述中说道：

> 洞庭湖的稻田，主要是筑堤围坝而成的，堤工工资是包工加计件的形式。……其劳动组织形式：堤工局下设若干包头，包头下设若干棚头。工人编组最小单位是棚，每棚十五人至二十五人不等。合数棚至十数棚设包头。包头与棚头各抽工人收入的百分之五。对堤工局的监工和验收员，过年节、遇婚丧喜庆还须送礼。这些剥削都是很重的。
>
> 棚有记账员……所谓洞庭湖区是湖南米仓，就是这些堤工的血汗和骨肉累积起来的。[①]

当年彭德怀从事的堤工及其组织形式，已经由民国初年的堤工局负责。而在明清，堤工基本属于一种水利徭役性质。堤工所建设的堤防与堤垸则是明清时期两湖平原成为全国粮仓的关键所在，并享有"湖广熟，天下足"的美誉。当然这些都是"堤工的血汗和骨肉累积起来的"。要对堤防与堤垸的修筑有更深刻的认识，其关键点则在于对堤工的研究，而堤工的背后则涉及水利徭役摊派诸问题。

一、堤工图所见两湖堤工、堤防与堤垸

堤垸毫无疑问是明清江汉—洞庭湖平原最重要的经济生产方式和民众生活空间，它带来了自然和人文景观的巨变，推动了两湖平原经济结构发生重大转变，也促成了社会管理方式的深刻变化。[②]目前学界对于江汉—洞庭湖平原垸田之研究已经成果丰富，其思路大体可包括如下三种：

一是从历史地理与环境史的角度，探讨围湖造田与环境变迁诸问题[③]；二是从农业

[①] 《彭德怀自述》，人民出版社 1981 年版，第 4—5 页。
[②] 周荣：《垸：明清两湖平原社会变迁的核心要素》，《光明日报》2013 年 11 月 6 日，第 11 版。
[③] 张修桂：《洞庭湖演变的历史过程》，中国地理学会历史地理专业委员会《历史地理》编辑委员会：《历史地理》创刊号，上海：上海人民出版社，1981 年；谭作刚：《清代湖广垸田的滥行围垦及清政府的对策》，《中国农史》1985 年第 4 期；钟兴永：《洞庭湖堤垸的兴废及其历史作用》，《云梦学刊》2005 年第 6 期；周宏伟：《洞庭湖变迁的历史过程再探讨》，《中国历史地理论丛》2005 年第 2 辑；Peter C. Perdue. *Exhausting the Earth: State and Peasant in Hunan, 1500-1850*, Cambridge: Harvard University Press, 1987.

经济与土地垦殖的角度，探索垸田开垦与粮食生产及市场贸易的关系①；三是从水利组织与社会史的角度，探讨堤垸修防组织与管理制度，以及围垦纠纷背后所涉及的社会群体关系，并揭示出以垸区为核心的"水利社会"的形成②。在此思路下，各类微观、个案研究也开始兴起，如对洞庭湖流域的华容县及沅江县保安湖田之研究等。③

在如此丰富的关于明清垸田研究的成果中，大家习惯性地将堤垸视作一个既存事实和分析的基本单元，却缺乏对于围垸自身构建过程和管理机制的详细考察。而两湖地区留存众多的堤工图、堤垸图或许能从更直观的角度来透视堤垸兴筑的时空演变。

（一）由堤工图、堤垸图看湖北堤防与堤垸建设

传统中国以农立国，关乎国计民生的水利工程建设一向受到历代王朝的高度重视，清代的河工水利兴建成绩斐然，其中湖北省的表现尤为突出。湖北境内有长江、汉水两大江河在此交汇，大小湖泊星罗棋布地分布于江汉平原。河流曲折，地势低洼，一旦江河泛滥，则田庐荡析，民不聊生。为了抵御频发的水患，湖北滨江府县沿江修堤挡水就成为必然选择。自东晋肇始，历宋、元、明，湖北沿江各州县堤防不断创筑和延展，其中汉水沿岸堤防以襄阳老龙堤为较早，长江沿岸则以荆江大堤最著名。

至清代，湖北堤防逐步系统化。清雍正年间，曾经大修湖北江汉堤防。乾隆年间，多次修筑武昌江岸，修月堤，建石坝。乾隆五十四年（1789年），大修荆江大堤，除堵复决口外，普遍加高培厚，并建杨林洲、黑窑厂、观音寺等石矶。至道光年间，全省江汉堤防遍布30余州县，长江自荆州以下，两岸堤防已达近30万丈，约合1000千米。汉江自襄阳以下，两岸堤防近17万丈，合566千米。在此大兴堤防的背景下，时人绘制了一批堤工图、堤垸图，为我们直观感受当时的修防体系提供了有力的史料支撑。

此外，美国国会图书馆所藏之清代《湖北省抢修长江、汉水堤工图》，详情如下：

---

① 张建民：《清代江汉——洞庭湖区堤垸农田的发展及其综合考察》，《中国农史》1987年第2期；张建民：《清代两湖堤垸水利经营研究》，《中国经济史研究》1990年第4期；梅莉：《洞庭湖区垸田的兴盛与湖南粮食的输出》，《中国农史》1991年第2期。

② 〔日〕森田明：《民国时期湖南沅江区域关于垸田的水利纠纷》，《社会文化史学》1996年第35号；肖启荣：《明清时期汉水下游地区的地理环境与堤垸管理制度》，《中国历史地理论丛》2008年第1辑；李镇：《社会经济史与湖南的区域研究——以明清时期洞庭湖区的宗族与垸田为中心》，《湖南大学学报（社会科学版）》2012年第4期；鲁西奇：《"水利社会"的形成——以明清时期江汉平原的围垸为中心》，《中国经济史研究》2013年第2期。

③ 黄永豪：《清末湖南洞庭湖区垸田开垦初探——以〈保安湖田志〉个案研究》，《经营文化：中国社会单元的管理与运作》，香港教育图书公司1999年版；邓永飞：《近代洞庭湖区的湖田围垦与水利纠纷——以沅江白水淹闸垸案为例》，《历史人类学刊》2007年第1期；周荣：《明清江汉平原地区的堤垸水利与地方社会——以〈白营垸首总册〉为中心》，陈锋主编：《中国经济与社会史评论（2009年卷）》，中国社会科学出版社2010年版。

据考证，该图绘制于清中叶①，属于官绘舆图彩绘本长卷，未注比例尺，长74厘米×宽140厘米。所涵盖区域，西自川鄂交界的湖北省巴东县，东至鄂赣交界的黄梅县。该图以形象画法，展现了湖北省境内长江、汉水沿岸的山川、城镇，而更重要的内容则是描绘长江荆江段和蕲州段，汉水自襄阳县至汉川县江段的大堤修筑工程。因此，此图为清代供防汛抗洪之用的专门性河堤工程舆图。该图从右向左展开，视图方位是从长江、汉水的上游指向下游，因此，图的上部为南方，下部为北方。该图以形象画法展现了湖北境内长江、汉水沿岸的山川、城镇，着重描绘了长江荆江段（西起江陵县逍遥湖，东止于江夏县金沙洲）和蕲州段（西起茅林蓬、丁家坝，东止于黄梅县董家口、濯江镇）、汉江（自襄阳县万山老龙堤至汉川县谢家院）的大堤修筑工程。

图中长江、汉水涂棕黄色，其他河流涂绿色，以区别长江、汉水的洪汛和需要修筑的河段。用大小形状不同的城墙符号区别府、州、县城，山岭用立体透视形象，江堤用深棕色单线表示。图内注记分两种，黑色记录地名，红色记录需要抢修江堤的负责地段、长度及管理机构。目前国内尚未见时代相近的类似舆图，此图的内容对湖北境内长江、汉江防汛抗洪工作具有重要的参考价值。

此外，美国国会图书馆还藏有另一幅湖北堤工图，即《钟祥县部堤十八工全图》。此工程图绘制于清咸丰八年（1858年），安陆知府邢高魁筹款修部堤三四工之际。所谓"部堤"，应该是指奉部文由官帑修筑的官堤②。该图纸本彩绘，长31厘米×宽103厘米，长卷折叠装，木板封贴红墨书图题。计里画方，每方一里，比例尺约1:50000。该图方位上西下东，左南右北，右起大庙集，左讫张壁口。该图用平立面结合的山水画形象法，展示了湖北省安陆府钟祥县境内襄河沿岸18段河堤溃口之修复情况。此外，山川地貌、城镇村落、明皇陵也予以表现，以三色区别河堤类型，贴红注记所施工程状况。

这些堤工图的主要功用就是将修防江堤的负责地段与长度等信息都在地图上标注出来，以便各地官民清晰地知道各自要承担的徭役信息。现将《湖北省抢修长江、汉水堤工图》中江陵县城附近一段文字信息摘录如下：

> 上逍遥湖起，共二十五工，系官工，共长一万四千八百七十丈，计八十二里六分五厘。自院家湾起，系民工，共四十工。长一万三千一百二十二丈，计一百

---

① 有学者根据图中咸宁县写作"咸甯县"，认为没有避道光帝旻宁的名讳，而推断其绘制时间在道光朝之前。又由于图中部分工程始建于乾隆五十三年（1788年）前后，据此推断其绘制的时间在乾隆中叶到嘉庆年间（1762—1820年）。我们的确看到道光朝及以后咸宁县修纂的同治、光绪地方志都出现了避讳现象，但避讳是将之前的"咸宁"改作"咸甯"。且道光朝之前和之后，简化体的"甯"在《清实录》等相关文献中一直在使用，而此"甯"较"寧"缺少"心"，其实也符合缺笔画的古代避讳原则，因此美国国会图书馆的相关网站上大概据此推断咸宁县被写作"咸甯"，恰恰表明是避了道光帝名讳，因此标注此图的绘制（出版）时间为道光朝（1821—1850年）。在目前没有进一步确切的证据情况下，我们只能大概判定其绘制于清代中期。

② 另据光绪《沔阳州志》卷3《建置志·堤防》所载，当地人将"部堤"俗称为"皇堤"。

二十八里四分，拖茅埠止。荆州府同知辖。①
　　以上信息包括修防的起止地点、堤工数额、堤工性质（官工、民工）、堤防长度、负责官员等信息。其中官工与民工的差别，主要以水利经费的支出为标准，如以官帑为主，则为官工；如以民资为主，则为民工。从堤工图标注的文字信息来看，还包括堤的不同类型：滨江大堤、江堤、汉堤、支堤、军民堤及多县合修或协修的公堤等；不同地段负责的官员，如荆州府同知、监利县丞、白螺巡检、朱家河主簿等。值得注意的是，一般堤防多为土堤，而靠近襄阳府城的老龙堤则是石堤。
　　光绪《襄阳府志》中绘制有老龙堤图，据图中标注的文字信息可知："堤自万山起，至闸口杨泗庙止，通计四十号，每号五十丈，合长二千丈有零，为里十里三分。俱官堤，并无民堤。"②老龙堤因为是襄阳府城的屏障，修堤以卫城，故意义重大，被列为官修官堤，且较早就更换为较为坚固的石堤，在堤工图中此处亦标注为"石工"。
　　而有关湖北堤工修防体系之建设，在著名的水利志书《江汉堤防图考》中有较为详细的记载。其中关于修筑堤防方面，该志书系统总结提炼出十种方法，即"一曰审水势、二曰查土宜、三曰挽月堤、四曰塞穴隙、五曰坚杵筑、六曰卷土埽、七曰植杨柳、八曰培草鳞、九曰用石礅、十曰立排桩"③。该书对每一种办法都进行了详细的阐明，并"验之已成之效"，对当代的堤防建设依然有重要的借鉴价值。而在护守堤防方面，该志书也概括出了四种举措："一曰立堤甲、二曰豁重役、三曰置铺舍、四曰严禁令。"其中"立堤甲"一条中，对于湖北堤防修筑中的"堤甲法"有详细的记载：

　　　　江汉之堤，民命系焉。守堤之役，虽拮据并作，妻孥从事，亦所不辞者。但恐堤甲之法不立，无以齐众心而举大工耳。故因查沿江郡县各旧有圩长护守堤塍，但所辖地方甚辽远，至有周回百里者。夫江汉之波势如山倒。故呼吸之间利害立分。若以一夫而守御百里之堤，何异以一苇而障狂澜。即近日有司询之舆情，更置一法。每千丈佥一堤老，每五百丈佥一堤长，每百丈佥一堤甲。凡堤夫十人，各依信地立石为界，一应防堤事。宜官司责成于堤老，堤老责成于堤甲，堤甲率领堤夫守之。而有垸处所，亦设有垸长、垸夫。其法与堤甲同。④

　　堤甲之法是在原有圩长制的基础上发展演变而来，更为细密和严谨，按照大堤每千丈、百丈的长度分别设置堤长一人、堤甲一人、堤夫十人，平均大堤每丈有一人负责。堤夫的征派主要是依据受益田亩的多少而定，即所谓"按亩征夫"。如黄州府规定："邑令集田近某堤农民，按亩征夫，督修某堤。"⑤又，光绪《京山县志》载：

---

① 《湖北省抢修长江、汉水堤工图》，美国国会图书馆藏。另，该图可参见李孝聪编著：《美国国会图书馆藏中文古地图叙录》，文物出版社 2004 年版，第 178 页。
② 光绪《襄阳府志》卷 1《舆地志·舆图》，清光绪十一年（1885 年）刻本，第 24 页。
③ 《江汉堤防图考》卷下《修筑堤防总考》，美国国会图书馆所藏明刻本，第 4 页。
④ 《江汉堤防图考》卷下《护守堤防总考》，美国国会图书馆所藏明刻本，第 21—22 页。
⑤ 光绪《黄州府志》卷 7《建置志·堤防》，清光绪十年（1884 年）刻本，第 33 页。

顺治十二年，始分十八段，段设一堤长，一里设一堤甲。又设堤差二名，督同甲长平常防守牛马践踏、雨漏沟缺，夏汛泛涨，驻工昼夜防护，皆除田亩，免其夫工，以资在堤防守之费。咸丰九年，改章夫随粮征，后改给钱为饭食。凡遇岁修之时，皆官督民修，而以绅士董其役。首事、民夫均宜用贴近堤塍之人，督工兴作，盖取其各有身家性命，不敢偷减草率也。①

据上可知，京山县修筑堤防已经建立起较为严格的修防维修制度，并且主要是官督民修，当然官堤、官工之类有一定财力支持则可以出资雇夫，甚至在灾年还可以实行以工代赈的方式修筑堤防。

由于水患频仍，堤防兴废无常，因此湖北堤夫、堤甲之类的水利徭役非常繁重。这一方面是修防距离较远带来的往返奔波之苦。一般而言，滨江之地容易遭受水患，往往人烟稀少，所签派的堤老、堤长、堤甲、堤夫等差役人员的居住地往往距江堤较远，"多非居邻信地，甚至相去有二十余里之远者"。由此导致修堤极为艰辛："夫堤防修以春冬，防以夏秋。各役终岁勤动，真无旦夕之暇。而往来奔走，亦有终日不获再食者。此役不为独劳且苦乎？"②与此相对应的就是协修制度，更加大了修筑堤防的艰辛程度，以至曾任潜江知县的王又旦上疏指出分工协筑有五大害：

天气寒凝，春筑斯兴，百姓裹粮数百里之外，多有冻馁而死者，一害也；夫役上堤，到工完工，不得不假于胥吏之手，包折需索，势所不免，二害也；舍己芸人，致使本境之堤一概废弛，三害也；协夫不便，因议协银，水利各官，未必清白，自矢苞苴，既入私橐，上司无从稽查，四害也；文牒纷纭，彼此争办，动需时日，致误修筑之期，五害也。③

尽管该知县坚决反对协济堤工，但任何一个州县的堤防并非仅仅只是本邑境之内的事情，沿江各府县是一个水利共同体，因此协修不可能被废止。而且一般在共同利害关系下，不同区域单元或按照受益田地面积，或以税粮多少为标准，在土方、人工、经费等方面协力举办修防工程。④当然其中不同府县之间、各县山乡与水乡之间、不同堤垸之间，也存在以邻为壑、山不协湖等畛域之见。⑤

另一方面则是修防经费不足的问题，特别是对于民工、民堤而言。"堤防有不时之费，而钱粮无额设之储。日后有司不得已，终派役于残民，残民不得已竭家以供役。"⑥光绪《沔阳州志》载：

---

① 光绪《京山县志》卷4《堤防志》，清光绪八年（1882年）刻本，第3页。
② 《江汉堤防图考》卷下《护守堤防总考》，美国国会图书馆所藏明刻本，第23页。
③ 康熙《潜江县志》卷10《河防志》，清康熙三十三年（1694年）刻本，第48页。
④ 彭雨新、张建民：《明清长江流域农业水利研究》，武汉大学出版社1993年版，第211页。
⑤ 陈新立：《利害攸关：清代江汉堤工协修与江汉水利社会》，陈锋主编：《中国经济与社会史评论》第10辑，社会科学文献出版社2022年版，第272—276页。
⑥ 《江汉堤防图考》卷下《总论》，美国国会图书馆所藏明刻本，第40页。

湖北诸郡负汉水以居，百姓以堤为命。一经溃决，各官处分照黄河例革职，督催立法亦极严矣。然黄河堤工岁支国帑，有一番费用则有一番报销。而湖北诸郡县堤工皆问之百姓。水利诸臣派夫议价遂得任意以为轻重。百姓既竭其力，复竭其财。本境既劳胼胝，他邑又复告协济，严檄之下，分身无术，其厉民为最甚也。①

与黄河堤工由国家财政负担不同，湖北除了长江、汉水等少数沿江大堤属于官工外，大部分堤防，特别是州县下面的月堤、支堤、垸堤的建设，基本是由当地百姓自行承担，属于湖北比较普遍的一种水利徭役。而且由于水患频繁，堤防屡建屡溃，百姓堤工之役几乎成年累月，繁重不堪，因此一些地方官员需要多方筹措经费进行各地堤防的建设。如黄梅知县：

桂生芝，贵溪人，举人。万历三十六年黄梅知县，值大水冲堤，邑民半罹水患。生芝多方拯济。先给银米，继以请蠲请赈请建，堤工派丁，粮民皆趋事，遂成永利，称桂公堤。②

黄梅县桂公堤之得名就是为了铭记时任知县桂生芝修筑堤防之善举。此外，一些急公好义的地方士绅往往也会采取一些举措积极从事修筑堤防的事务。如乾隆《石首县志》载：

徐启溥，县诸生，同瞰子，少失怙，能自力学。县滨江大堤共十八工，每工设堤老五人，圩甲二十五人。旧例无论远近士庶，承当堤圩。溥请于有司，以近堤十里居民当堤老，住堤远者当圩甲，则缓急可恃，赏罚可行。既不得请，则以堤老烦费，而粮户贫富不一，又请于县派西、南两乡粮户公置圩田若干，俾堤老轮转收租，以为修筑时费用。至今杨林、烟墩、马林、响嘴及杨树等工，水陆田地柴薪册籍犹存。至下四工东乡费不如数，故圩田少，而溥以上工田地拨补焉。③

石首县生员徐启溥先是想解决修防距离太远的问题，提出以近堤居民当堤老，远者当圩甲，但这个建议没有被采纳。显然堤老、堤甲、堤夫的层级分工是有能力、财力等方面的考量的，的确不便以距离来决定。但他用置办公产的方式筹措修筑费用起到了很好的效果，部分解决了修筑费用不足的问题。

概言之，长江、汉水沿岸及江汉平原的民众既以堤为命，则政府和百姓无不以修堤为要务。而堤防的成功与否，除了工程技术之外，修防的组织与管理也非常重要。清代逐渐健全和完善了以防汛、岁修、大修为核心的修防制度。湖北江汉堤防虽然没有像黄河、大运河那样设置专职的河督、河道，却也在沿岸各府州县指定由官员具体负责。康熙十三年（1674年），经工部议准，沿江州县地方，武昌、黄州、襄阳、荆州、安陆、德安6府由同知，江夏、武昌、蒲圻、黄梅、钟祥、京山、天门、江陵、

---

① 光绪《沔阳州志》卷3《建置志·堤防》，清光绪二十年（1894年）刻本，第40页。
② 光绪《黄州府志》卷13《职官志·秩官传》，清光绪十年（1884年）刻本，第33页。
③ 乾隆《石首县志》卷7《人物志·乡贤下》，清乾隆六十年（1795年）刻本，第54页。

公安、石首、监利11县由县丞，潜江县由主簿，沔阳、荆门2州由州同，咸宁、嘉鱼、汉川、汉阳、广济、当阳、云梦、应山、孝感、松滋10县由典史，各自负责所辖地区内堤垸水利修防。一般夏秋督率防汛，冬春领导岁修。

雍正七年（1729年），清廷为了进一步加强湖北堤垸修防的领导力量，又给武昌、荆州、襄阳三分守道加授兼理水利事务的职衔。乾隆五十三年（1788年）长江中游发生特大洪灾，荆江大堤溃决，兵民淹毙者万人以上。以此为契机，清代的修防制度开始建立起一种旨在对官员追责的保固制度，即要求堤垸承修的官员保证所修工程在若干时间内坚固无损，否则严行参处。当时规定荆江堤防工程的保固期限为10年，遵照此条例，仅乾隆五十三年一次溃堤事件，清政府就先后处分了上至总督、下至县丞等大小官员20余人，成为中国水利史上轰动一时的大案。

湖北堤防修筑的经费来源主要有官帑、民资两大类，其负担形式则有出夫、出费、以工代赈、业食佃力（即田主出资、佃户出力）等名目。其水利赋役摊派的原则主要根据受益多少来确定，具体而言就是根据每家每户占有受益土地面积的多寡，"按亩派工"或者"按亩派费"。被征派堤工在各自州县境内负责堤防修筑的同时，不同地域单位在有共同利害关系的前提下，也存在协修工程的举措。比如坐落在江夏、嘉鱼二县境内的长江堤防就是由江夏、咸宁、嘉鱼、蒲圻四县共同承担修防，天门、沔阳二州县则共同协修万福闸工等。

堤工在明代可能是一种"按亩派工"的徭役方式，而到了明代中后期和清代，随着赋役折银化，"按亩派费"的堤费征收方式逐渐成为趋势，而且堤费在湖北各地数额巨大，据林则徐在道光十七年（1837年）五月的奏折中所云："湖北省有摊征堤费一款……楚省堤费借款截至（嘉庆）二十二年止，共请豁民欠银二十四万四千余两。"① 此折主要是林则徐有鉴于之前湖北拖欠堤费太多而申请进行豁免。又，林则徐还在道光十七年六月的奏折中云：

> 楚北江汉堤防延袤二十余州县，岁需修费甚巨，而生息款项有限，不得不集费于民；查历来收费办工章程大约有三：或官征官修，或官征民修，或民征民修。舍此三端更无他法。然三者皆不能无弊，盖费征于官，则必假手于吏胥；费征于民，则必委权于董事。吏胥之多舞弊，固不待言，而董事若不得人，亦难驾驭。②

作为关心民瘼的地方官员，林则徐在道光年间湖广总督任内，对于长江、汉水沿线的堤防建设倾注了大量的心血。根据他的调查，监利县之前是由堤长自行收费，后改为官征官修，继而改为签派董事负责。而绅董则于道光十四年（1834年）改设堤工

---

① 中山大学历史系中国近代现代史教研组、研究室：《林则徐集·奏稿》中册《奏稿八·湖北各属民欠摊征堤费银两请豁免折》，中华书局1965年版，第417页。

② 中山大学历史系中国近代现代史教研组、研究室：《林则徐集·奏稿》中册《奏稿八·稽查堤工总局申禁冒称书吏片》，中华书局1965年版，第426页。

总局。有鉴于上面奏折中所反映的各种弊端，林则徐对监利的堤工总局章程进行了规范化处理。

无论堤防是官修还是民修，实际承担者基本都是民间各种基层修防组织。明代后期由荆州知府赵贤主持建立了以"堤老—堤长—堤甲"为核心的堤长制，此种制度在清代得到进一步的发展和推广，并成为湖北堤防修筑的主要组织形式，虽然各地称呼不同，如垸老、垸甲、垸头、头人、绅首、堤长、堤老、垸总、垸长等，但其承担堤防修筑任务的实质是一样的。而就征派堤夫人役而言，也有相应的规定：

> 均派夫工宜公。按田受土，记土派夫，自有成例。但取去有远近，须相土之远近，酌夫之多寡，秉公均派。按：垸役分堤，每不论堤身之大小、取土之远近，一律摊派，劳逸不均，以致低薄者骤难高厚，且奸猾之徒复挪移堤段，诡寄躲夫。须酌定丈尺使公当，则人自踊跃。①

正是由于堤防在湖北水利建设中的重要性，因此也留下了大量的相关水利文书，如《楚北水利堤防纪要》《荆楚修疏指要》《荆州万城堤志》《嘉鱼县续修堤志》《湖北安襄郧道水利集案》《江汉堤防图考》《淡灾蠡述》等。而现藏于美国国会图书馆的《湖北省抢修长江、汉水堤工图》《钟祥县部堤十八工全图》等则是从舆图的角度绘制了湖北堤防修筑的情形。《江汉堤防图考》中还绘制了长江中游各府州县的堤图。

这些堤防建设保证了江汉平原堤垸农田的开发。在汉川县，"官垸三十四座……综计堤塍十三万一百七十六丈；民垸六十一座……综计堤塍八万九百六十六丈八尺……其他修废靡定者一百五十五垸不得入堤防例，姑存其数备考"②。据此，汉川县官垸、民垸合计95座，其他不计名者还有155座。

而湖北堤院修筑最多、最具代表性的要算沔阳州了，这里可以称得上是"堤垸王国"。其"四乡绝无山地，均系围垸"。根据清初的土地清丈，沔阳全州5个乡20图100里，共有堤垸1398个，共有田亩40 653顷72亩。这样的分布密度和如此大面积的堤垸农田，是其他地方所不能比的。其田地征收银两额达到50 621.92两，在当时湖北各州县中居于重要位置。江汉—洞庭湖平原堤垸的发展，固然有其生产上的重要意义，但所演成的水患加剧，则成为乾隆以后一个严峻的问题。所以有学者指出：以沔阳州为代表的湖北堤垸，以湘阴县为代表的湖南堤垸，都在乾隆早期发展到了一定的程度。③

---

① （清）王凤生撰，林久贵、吴婷点校：《楚北江汉宣防备览》附录《详定岁修派土条规》，长江出版社2017年版，第335页。
② 光绪《汉川图记征实》第4册《堤防》，清光绪二十一年（1895年）刻本，第4—5页。
③ 彭雨新编著：《清代土地开垦史》第3章"乾嘉时期的垦政及开垦情况"，农业出版社1990年版，第183页。

（二）湖南洞庭湖区的筑堤围垸：以湘阴县为例

湘阴县因"居湘水之南，故名湘阴"，且"湘水经其南，洞庭负其北"。其形胜则曰："襟山带湖，当越广之冲；人杰地灵，挹潇湘之胜。东抱者神鼎白鹤，西袂者荻洲鹤湖。"①从地形和地势来看，湘江由南向北流经湘阴县域中部而汇入北面的洞庭湖。穿境而过的湘江将湘阴分隔成东西两部分：东部（东乡）为山岭丘岗，地势较高；西部（西乡）为平原湖区，地势较低，港汊纷歧。县志称"崇峦巨障，皆在县东"，而"湘水以西无高山"②。

从土地开垦的历史来看，东部丘陵山地开发较早，无湖浸之害，土田饶沃，殷实之户较多。而西部平原湖区开发相对晚近，且因为濒临洞庭湖，水患频繁，宋元时期人口相对较少。从明代开始西部湖区的移民垦殖才逐渐兴起，如西乡沙田围樟湖岭的《易氏族谱》记载，其始迁祖易景从就是于明代隆庆五年（1571年）前后，由湘江之东的山区景塘，迁往湘江之西的湖区晒网洲，即后来的沙田围樟湖岭，彼时的晒网洲四面环水，洲上豺狼等野兽横行，景从公"披荆斩棘，拓土开荒，筑路修桥，凿塘蓄水，修圳疏流，使得大片荒丘变成良田"③。据学者统计，湘阴县大概有69.6%的外来氏族是在明代迁入，并且主要分布在河湖滩地。④也正是在大量移民与江湖争地的垦辟下，带来了湘阴县堤垸的大量修筑。

湘阴县诸多堤垸之兴修显然与其所在的洞庭湖区之地理水文环境，以及明清时期的人口增殖有关。关于清代湘阴县的水利形势，史书有如下记载：

> 湘邑居洞庭之滨，地势最卑。其东北一带近水，悉巨浸也。而县治之西曰淮西，其水势更甚，今其地生聚日繁，土田日广。防遏不可不豫，而围因以设焉。分观其势，各有塍堤。统计其数，则有十六。南则沙田围，逼近江，与杨柳相间，中隔樟湖岭阜，由是而军民、荆塘、金盘湾、斗韩湾等围垸，堤虽间设，各有塍限，而东庄一围则居军民之东，古塘、塞梓二围又居韩湾、湾斗等围之西北。湘水蒸水汇流，自西入长沙绕东而下，至湘阴是南水也。南水泛，水自外入沙田一围之东，实当首险。从此，水由支港涌入，杨柳、军民等堤之近东南者皆受顶冲。而东庄向南稍平余，实三面被激焉。资水、沅水出而与湘水合达于洞庭，是西水也。西水泛，水自内出，兼之西南夹涌，洪波浊浪，迂回灌激，在沙田一围之西首为出水之顶冲，次及于杨柳围，更次及于军民、荆塘各围之近西北等堤。而古塘、塞梓二围，界连沅邑，为沅水之顶冲焉。至北则有余家垸，西北又有庄家围暨黄公、鲁家、买马、葡萄等圩，滨临大湖，地益旷而土益松。其水

---

① 嘉靖《湘阴县志》卷1《提封·形胜》，明嘉靖四十四年（1565年）增修本，第12页。
② 光绪《湘阴县图志》卷19《山志》，清光绪六年（1880年）刻本，第19页。
③ 湖南湘阴樟湖岭《易氏族谱》卷首《始迁祖景从公生平简介》，内部资料，2005年版，第155页。
④ 龚胜生、于颖：《湘阴县氏族移民地理研究（121—1735年）》，《地理研究》2006年第6期。

自西而内出，自南而外入者，悉于是乎会归，而湖浪遂于是乎迎冲。一经水涨，其势弥漫，堤塍冲溃，顷刻灌满。盖统计各围之险处，共有一万九千四百九十八丈。至各围垸内出水积水之区，或则有港，或则有塘，或则请建有闸，或则疏通有沟。向系民力岁修。港则设之洄口，塘则立有到沟，闸则因时启闭，以资蓄泄，以藉灌溉，其立法至详且尽矣。①

以上史料概言之，一方面描述了湘阴县的水系、水流情形；另一方面则阐述了各堤垸面临的水患问题。从水系与水流来看，湘阴县主要有所谓"南水"和"西水"之说。"南水"就是湘江由南向北流经湘阴境内的水流。"西水"则是指资江、沅江自西向东流经湘阴的水流。这里的南水、北水主要是指水流的来向而言。由于湘阴县地势低洼，每当夏秋水涨，往往"南水"与"北水"交汇，洪水满溢，故有"湘阴泽国"之称。②随着宋元至明以来南方山区开发的加强，水土流失加剧。万历《湖广总志》载："近年深山穷谷，石陵沙阜莫不芟辟耕耨。然地脉既疏，则沙砾易崩，故每雨则山谷泥沙汇入江流，而江身之浅涩，诸湖之湮平，职此故也。今可尽心力以捍民患，惟修筑堤防一事耳。"③换言之，两湖平原诸多河流水系携带大量泥沙，奔注洞庭湖口，其中部分泥沙逐渐沉积，沧海桑田，淤塞成为肥沃的湖地，为垸田的开发提供了必要的条件，当然堤防兴筑就成为前提条件。

湘阴县在明清时期属于移民型社会，特别是对于地处湖区的西乡而言，更是如此。关于湘阴县移民之历史，仅据家谱资料可知，大概是宋代以来就有，以明代为盛。如《俞氏族谱》载："康熙年间，任、伟、晋、奋、华先后由粤来楚……此南楚俞氏之始也。任升生子三，长从龙居长沙府湘阴县沙田围，次从荣居善化县杨家冲，三从云居益阳县广合围。"④可以说整个湘阴社会，是在移民不断迁入及围垸的不断修建之中发展起来的水利型社会结构。

从宋代开始，随着南方开发的推进，湘阴就出现了民众"盗湖为田"的现象，至明代正统十一年（1446年），朝廷修建了洞庭湖堤，万历二年（1574年），修复了荆（州）岳（阳）等府县老垸堤。其中湘阴县最主要的就是荆塘围（垦田8248亩，堤5344丈）、塞梓围（垦田6490亩，堤4350丈5尺）。明末崇祯年间，湘阴县又修建了古塘围（垦田5051亩，堤3737丈5尺）、军民围（垦田1398亩，堤1740丈）。

到了清初，朝廷鼓励兴修堤垸，康熙年间允许濒湖居民在湖边荒地筑围成田，乾隆五年（1740年）朝廷又下广劝开垦之诏，并零星土地听免升科，各地富民争起应之，湘阴共有沙田围、杨柳围、军民围、荆塘围、东庄围、古塘围、塞梓围、金盘

---

① 乾隆《湖南通志》卷21《堤堰》，清乾隆二十二年（1757年）刻本，第6—7页。
② 光绪《湘阴县图志》卷22《水利志》，清光绪六年（1880年）刻本，第1页。
③ 万历《湖广总志》卷33《水利志》，明万历十九年（1591年）刻本，第28—29页。
④ 民国《俞氏四修族谱》卷1《源流》，1949年河间堂刻本，第2—3页。

围、湾斗围、韩湾围、余家围、庄家围、黄公圩、鲁家圩、买马圩、葡萄圩16个堤垸。这些堤垸在雍正六年（1728年）都曾经由官府发帑修筑。嗣后，修筑堤垸的活动在乾隆时期达到了高峰，在政府的鼓励下，仅乾隆年间湘阴县就修筑堤垸50个，并且主要集中于西乡湖区，故史料有云："西乡土田之盛，无若乾隆之世。其时年谷顺成，民殷物阜，并不知为有碍水道也。"①据光绪《湘阴县图志》记载，合计官围、民围之堤垸有65个，垦田145 888亩，平均每个堤垸为2244.4亩，详情参见表4-1。

表4-1 康雍乾时期湘阴县修筑堤围及垦田面积表

年份	堤围数（个）	堤长（丈）	累计（丈）	垦田（亩）	累计（亩）
康熙二十三年（1684年）	1	3971.5	3971.5	9302	9302
康熙三十年（1691年）	3	3660	7631.5	2626	11 928
康熙三十二年（1693年）	2	2899	10 530.5	1637	13 565
康熙三十三年（1694年）	5	15 174	25 704.5	15 294	28 859
康熙五十三年（1714年）	1	4000	29 704.5	2630	31 489
雍正十二年（1734年）	2	700	30 404.5	150	31 639
雍正十三年（1735年）	1	2180	32 584.5	7000	38 639
乾隆元年（1736年）	1	1010	33 594.5	660	39 299
乾隆二年（1737年）	7	13 015	46 609.5	20 063	59 362
乾隆四年（1739年）	16	24 157	70 766.5	40 520	99 882
乾隆五年（1740年）	7	7024	77 790.5	4350	104 232
乾隆八年（1743年）	1	630	78 420.5	479	104 711
乾隆九年（1744年）	3	6420.9	84 841.4	16 595	121 306
乾隆十年（1745年）	11	14 796.5	99 637.9	10 627	131 933
乾隆十一年（1746年）	4	8956.3	108 594.2	13 955	145 888

资料来源：光绪《湘阴县图志》卷22《水利志》，清光绪六年（1880年）刻本；彭雨新编著：《清代土地开垦史》，农业出版社1990年版，第174页

湘阴除了这些官府发帑修筑的官垸和大量修筑并且报垦升科的民垸之外，还有民众自行修筑但未报垦升科的堤垸，称为私围或私埂。乾隆十二年（1747年），是时因堤围增筑无已，"沿湖堤垸弥望无际，实无可以再行筑堤垦田之处"②。且堤垸占湖越多，水患加剧，地方官从保护生态的角度开始反对堤垸的修建，如抚臣蒋溥、杨锡绂、陈宏谋等累疏乞禁再在洞庭湖滨筑垸垦田，其中乾隆二十八年（1763年），湖南

---

① 光绪《湘阴县图志》卷5《舆图五》，清光绪六年（1880年）刻本，第1页。
② 乾隆《长沙府志》卷22《政绩·志·查勘堤垸条议》，清乾隆十二年（1747年）刻本，第59页。

巡抚陈宏谋不仅奏请严禁湖滨各县私筑堤垸，还申报刨毁阻碍水道的湘阴县私垸数处，并"永禁新筑，刨毁私围"①。乾隆以后，官府基本采取了禁止民间私自筑垸的措施。但陈宏谋的决策显然遭到了地方利益集团和非法围垸所有者的反对②，毕竟利之所在，民必趋之。民间自发修筑堤垸的活动依然存在。如道光五年（1825年），湖南布政使贺熙龄就指出："湘阴之莲蓬寨、杨林寨、傅家山、上下塘等处，俱系乾隆年间陈宏谋奏明刨毁之私围，乃闻连蓬寨、杨林寨二围现今更易名色，已将堤垸复修。"③

堤垸农田的兴衰，取决于所建之堤是否牢固。而堤的功用在湖北和湖南是不同的，"湖北之堤御江救田，湖南之堤阻水为田"④，正如有学者指出的那样，湖北的垸田多在大江两侧，必须抵御江患，才能保住垸田，所以江堤是第一道防线。同时，垸田本身又有自己的围堤。有时围堤的一面即以江堤为依靠，但江堤并非垸堤。而在湖南，则一般只有垸堤，修垸堤即建垸田⑤。

清代湖南湘阴堤垸的修筑水平已经得到提高，在各堤垸内，各种蓄水、排水设施包括港、塘、闸、沟等，已经构成了一个相对齐备的灌溉体系。以下即是史料中关于湘阴县堤垸修建情况的说明：

> 至各围垸内出水积水之区，或则有港，或则有塘，或则请建有闸，或则疏通有沟。向系民力岁修。港则设之涵口，塘则立有到沟，闸则因时启闭，以资蓄泄，以藉灌溉，其立法至详且尽矣。⑥

在堤垸修筑水平提高的同时，特别是乾隆以后民垸大量兴起，一种民间自行管理、互助协作的修堤制度开始形成。一般的岁修由当地堤长（堤总）遵照"按亩出夫"的原则，率领众人于农闲时节进行堤塍、沟渠的修治工作。而在湘阴县，乾隆年间，则"于堤总长之外，择围内之公正殷实者，任以董事之责"⑦。以后到了咸丰年间，更是出现了"堤亩册"这样一种摊派堤垸水利徭役的基层赋役文书。

二、堤亩册编纂之缘起、内容与性质

近年来，笔者一直围绕着明清两湖地方基层赋役制度展开相关的研究，并在湖南图书馆查阅到三本清代湘阴县的堤亩册——《湘邑沙田围堤册》（清咸丰六年刻本）、

---

① （清）曾继辉编纂，何培金点校：《洞庭湖保安湖田志》卷21《请查濒湖私垸永禁私筑疏》，岳麓书社2008年版，第724页。
② 〔美〕罗威廉：《救世——陈宏谋与十八世纪中国的精英意识》，陈乃宣等译，中国人民大学出版社2013年版，第337页。
③ （清）曾继辉编纂，何培金点校：《洞庭湖保安湖田志》卷21《请查濒湖私垸永禁私筑疏》，岳麓书社2008年版，第725页。
④ 《世宗宪皇帝朱批谕旨》卷60上，《景印文渊阁四库全书》第419册，商务印书馆1986年版，第26页。
⑤ 彭雨新编著：《清代土地开垦史》第3章"乾嘉时期的垦政及开垦情况"，农业出版社1990年版，第172页。
⑥ 乾隆《湖南通志》卷21《堤堰》，清乾隆二十二年（1757年）刻本，第7页。
⑦ 乾隆《湘阴县志》卷20《政绩·设立堤工董事示》，清乾隆二十二年（1757年）抄本，第34页。

《湘邑沙田围亩册》（清咸丰六年刻本）、《迎皮村堤亩册》（清代木活字本），此外还有民国堤亩册若干。这些堤亩册涉及乡村基层社会中堤垸的修筑和徭役的分配，目前学界对此类基层水利赋役文书尚缺乏深入而系统的研究。

本部分拟以湘阴县清代堤亩册所涉及的沙田围、荆塘围两个堤垸为中心，结合地方志、家谱、文集等相关文献，以及田野考察的若干心得，试图从发生学的视角，深入围垸内部，着力探讨清代堤垸修筑的具体过程和堤垸社会的运行机制，从小尺度的地理空间入手，深入堤垸内部，一方面在于增进对清代洞庭湖堤垸社会的认识；另一方面更为重要的是，揭示清代水利徭役征派体系的基本特征，从而深化清代县以下基层赋役制度实态的研究。

堤亩册是"堤册"与"亩册"的合称，是洞庭湖区民众在修筑围垸过程中形成的基层赋役册籍。从所记载的内容来看，"堤册"是记载每户负责承修垸堤的长度和起止地点的册籍，"亩册"则是堤垸内每户田地占有的情况，以及轮流承充堤长、堤总的册籍。两种册籍类似于官方的鱼鳞图册和赋役黄册，相互配合，形成"按亩承堤、按堤承役"的基层赋税徭役征派体系。

在湖南洞庭湖区，从清代开始，许多堤垸都留下了堤亩册，其形式大体有两类：或堤册与亩册分别编纂；或合二为一统为堤亩册。目前笔者所见，既有清代咸丰年间湘阴县沙田围的堤册和亩册，这两种册籍是分开编纂的，也有在清代湘阴县荆塘围之迎皮村，其堤册和亩册则合在一起编纂而成。至民国年间，洞庭湖区各县继续编纂有湘阴县《永兴垸堤亩册》，益阳县《千家洲堤册》、《长湖垸堤册》、《保安、南附、新月、人和垸田亩册》，汉寿县《五美垸田亩总册》①等，从主体内容来看，民国时期的堤亩册大体是清代的延展，其用途和性质亦大体相似，但其编纂的主体有所改变，因此在内容上有所增益。②笔者拟先就清代湘阴县沙田围、荆塘围所涉及的三部堤亩册展开相关论述。

（一）堤亩册编纂之缘起

两湖的堤垸一般分为官围（垸）、民围（垸）、私围（垸）三种类型：由朝廷拨官帑修建的堤垸为官围；未领官款由民众自行修建并得到官府承认的为民围；自修而未得到官府承认的为私围。但揆诸史实，湘阴县虽说在雍正六年（1728年）由官府拨款修建、修复了十六围垸，但这属于特殊恩典情况下的临时性拨款，这些领官帑修过的官围，如荆塘围、沙田围等，此后并未持续不断享受官款待遇，其岁修基本还是由垸

---

① 湖南湘阴《永兴垸堤亩册》，民国二十六年（1937年）刻本；湖南益阳《千家洲堤册》，民国十九年（1930年）刻本；湖南益阳《长湖垸堤册》，民国二十五年（1936年）铅印本；湖南沅江《保安、南附、新月、人和垸田册》，民国稿本；湖南汉寿《五美垸田亩总册》，民国二十一年（1932年）抄本。

② 民国时期，在规模稍大的堤垸，政府都设置有堤务局或者堤工局负责堤垸的修筑和维护等事宜。因此许多堤垸的堤亩册都是由这些政府水利组织主持编纂。

民自行负担，或摊征堤费，或摊派民工。此种情况在洞庭湖区各县皆为普遍，正如嘉庆时期湖南巡抚马慧裕所言：

> 湖南滨湖十州县，共官围百五十五，民围二百九十八，刨毁私围六十七，存留私围九十一。内官围系雍正间发帑修筑，民围系业民陆续圈筑，奏准存留，一体归入岁修。无论官围、民围，俱系业民自行修补，官为督率。每年九月兴工，不分畛域及除易工程，皆系通垸之民按亩出工，通力合作。于次年二月工竣，三月内勘明取结，详请奏闻，并无设存官修、民修、防险抢筑等费，亦无保固年限。①

由此可见，官围与民围的区别并不在于修防费用，因为所谓的官围亦是由垸民出钱出力进行正常的修防。②官围相对于民围而言，可能会受到更多官府的监督和管理（清代一般由州判、县丞兼管水利事宜）。而官围、民围与私围之间最大的区别可能在于是否得到官府的认可。兹据乾隆年间湖南巡抚乔光烈奏称：

> 查洞庭滨湖居民围筑垦田，湖地渐就埋淤，恐致水势冲决。除动帑筑堤给民岁修之官围，及报垦筑堤无碍水道之民围外，计私围七十七处。其倚山傍岸，障护城汛不碍水道者七处准其存留，余俱面谕各业户利害，俾刨开宽口，听水冲刷。但恐日久渐弛，应责成水利县丞、州判等不时巡查，每年该管州县巡查四次，府二次，道一次，巡抚间年一次。查明奏报，如奸民再行私筑严加治罪。③

这里明确指出，民围是经过报垦且无碍水道的，而私围自然是指那些没有向官府报垦，因而也没有向官府纳税升科的堤垸，其中既未报垦升科又妨碍水道防洪的私围首当其冲成为官府拆毁的对象。民围既然报垦升科，就相当于是纳入官府的田赋征收体系中了，而这一契机就是清代初年的土地清丈活动。史料记载：

> 康熙三十年，巡抚永兴朝疏言，湖南经乱以来，荒熟田亩多隐混，请分别丈量，熟者定为实征，荒者招垦。重编鱼鳞册……国朝节次丈出开垦及民首出自垦者谓之额外为田二百四十七顷七十八亩五分七厘一毫二丝……通计额外水田征粮二百四十七石七斗八升五合七勺一抄二撮……县册分都编征……其后节次开垦亦垦都也，县册列其名曰升科……其西乡粮册名目为繁。原修官围曰西二十五都，续修民围曰垦都。官民各围在沿河十八弓内者曰流沙五总。续修各围曰升科，其升科粮额仍并入流沙五总，以别于垦都。④

据上可知，湘阴县的官围和民围先后都通过丈量的方式进入鱼鳞图册之中，并且也编入征收粮册之内。围垸比较集中的西乡，其粮册系统相对复杂，明末清初修筑的官围的田赋被编入明代的都图系统之中，而清代陆续开垦的民围则被重新编纂为"垦

---

① 光绪《湖南通志》卷47《建置志·堤堰》，清光绪十一年（1885年）刻本，第30页。
② 彭雨新、张建民：《明清长江流域农业水利研究》，武汉大学出版社1993年版，第210页。
③ 《清实录·高宗实录》卷699，乾隆二十八年十一月壬午条，中华书局1986年版，第828页。
④ 光绪《湘阴县图志》卷21《赋役志》，清光绪六年（1880年）刻本，第6—19页。

都"，显然"垦都"是湘阴县专门为新开垦的围田设立的征税单位。

湘阴县的堤垸除了围田经过升科进入赋役册籍之外，其堤垸本身也于乾隆年间清查堤垸的查勘举措中被官府登记在案。湖南巡抚陈宏谋于乾隆二十八年（1763年）奏请刨毁私垸之后，清廷发布谕令，让继任的巡抚乔光烈每年亲自查勘有无占筑情形。于是湖南在继乾隆十一年（1746年）严查堤垸之后又一次查勘。经过查勘，除官围、民围列入应留清册之外，其余私围中被认为有碍水道者列入应毁册内。这里的"留册"和"毁册"，其实就是湖南各地堤垸的身份合法化与否的标志。

回到本书涉及的荆塘围和沙田围，其性质属于官围，但正如前文所言，除了雍正六年（1728年）的那次官帑修复之外，其余岁修和维护基本都是由垸民自行解决。但民众如何摊派徭役就是一个大问题。这也就是荆塘围和沙田围堤亩册编纂的原因所在。下面是荆塘围迎皮村所编堤亩册的序言：

> 昔汉高入关，萧何为相，尽收天下图籍。盖以相有政，政有法，法不可泥，必揆地势，酌土风，周知其利病，因之革之，以归于划一。舍图籍其奚据。吾人居乡，围田为业，豫防天年水患，遂以田有亩，亩有堤，堤不可疏，必分行险，派多寡，排列其姓名，修之、筑之，毋蓄奸于以推谢，舍册籍其奚凭。我围荆塘建自前明万历，爪分四，村别九。迎皮其一也。计亩一千，条约规章旧册备具，兹不赘述。惟世变沧桑，贫富不同，创守迭易，浸假而业更于此矣，浸假而业易于彼矣。规制靡常，彼推此拨，田少而亩多者有之，田多而亩少者有之，堤随亩转，临行修筑之际，不免争多竞寡，倘于此时而不续修印册，方之摘果难于寻枝矣。我村堤册续修所宜急急也，爰就旧册详细核实，老业仍之，新业易之，多者损之，少者益之，亩必核实，户不能推，备一村之册籍，为业主之文凭，一目了然，何至踳驳混淆，复有争竞之风哉。虽然土地之丰确，天时之否泰，人事之推移，或数年而小变，或数十年而大变，后之视今，犹今之视昔，多历年所又将有龃龉而不合者。乡之户版一岁不更，则登降不知矣。家之谱牒一世不修，则昭穆莫考矣。矧一村之堤册为众业之保障，上关国赋，下系民生，顾听其绝而不续耶。敢以后之守此土者。①

据此，荆塘围迎皮村编纂堤亩册之目的是修筑围堤时作为重要的凭证和依据。而且荆塘围修筑于明万历年间，当时也制定有相关的条约规章，即史料中所云的"旧册"。不过随着时间的推移，堤垸内民众难免出现贫富差异，田地买卖也就在所难免。而在土地推收过割之中出现了不少弊端，有"田多而亩少者"，也有"田少而亩多者"。当然这里的"田"应该就是垸民的耕作田地，"亩"是摊派徭役的赋役亩。而在"按亩出夫"的原则下，堤随亩转，到了修筑堤垸之时，必然出现徭役负担和占有田地

---

① 《湘阴县迎皮村堤亩册·续修迎皮村堤亩册序》，清木活字本，具体年代不详。

不相符的局面。于是迎皮村才不得不在旧册的基础上续修新册，以期达到"备一村之册籍，为业主之文凭……为众业之保障"的目的。

又，《湘邑沙田围堤册》载：

> ……有明鼎革之初，我祖旦伯公卜宅长邑之水矶口，而沙田垸西北一带皆其绾茅标记之所。余尝凭墟吊土，询各处田园农舍，父老尚能传言，盖其时……又要各县荒区淤壤例得修筑。沙田垸地势高阜，居民棋布星罗，衡宇相望。乃请帑于康熙丙午，经顾明府清丈报垦，计亩九千三百零，计堤四千四百丈有奇。尔时按亩承堤，按堤承役，任、刘、杨称三大分焉。外此若张、若赵、若僧屯分，若八六户差役总长轮派甚均。虽雍正丁未被水淹堤而补筑既坚，始于乾隆壬戌刊造印册，俟身接次无复彼推此诿。故百余年来居其间者丰衣足食，俗尚古。我祖孙父子乡国蜚声科名鼎盛，知其沐浴于圣朝相雅化者深也。然历年既久，兴废靡常，迩来置业之家往往因堤肇衅，或插点不实，或注载不清，或一则分作数户，或数则合归一户，种种情由，致滋弊窦。垸内受此陷害酿成讼端者艮堪悼叹。不询其故，辄疑所辑新册，徒凭缮录，难免谬误，岂陵容变迁，其事事必至欤。抑江河日下，不能骤挽其流欤。《诗》曰：未雨绸缪，《易》曰：思患预防，言宜早为计也。院之啧啧多故咎，总不始于册。设就有心人为之，秉公守正，校伪订讹，其贻累安有穷哉。今陈子不厌繁琐，不顾嫌疑，纠众厘定，而以册付枣梨，向之行险六则，间次分承。从此家藏一编，某名某户，开卷了然矣。更安有狯黠之徒从中渔利，得以翻云覆雨耶。①

则沙田围是康熙五年（1666年）申请官帑修建，并经官府报垦。当时是遵照"按亩承堤、按堤承役"的方式进行摊派徭役，并于乾隆七年（1742年）编纂有印册。这一规则沿用了一百余年而没有出现彼此推诿的局面。但到了晚清，印册上的人户与实际人户出现脱节，且沧海桑田、陵谷变迁，田地与堤坝的占有和分布也随着时间和环境的变化而变化，从而导致徭役分摊不均并引发各类诉讼争斗。针对这些时弊，最好的解决办法就是定期集合大家一起重新厘定新的堤亩册籍，确立新的赋役征派系统。其具体修纂沙田围堤亩册的经过如下：

> 沙田围堤亩印册历有旧章，奈百余年来，凋残剥蚀，堤册间有存者，而亩册则仅散见于各分各柱之合约散册而已。以至堤塍亩役不无推堕隐匿情弊。前年通围业户均惧积久则弊愈生，遂建议订约。遵宪示，刊刻堤亩二册，以垂久远。由是旁搜密访，不惮辛苦，历二寒暑，始得通围之堤亩，源流次第，秩然不紊。今二册已告成矣。②

---

① 《湘邑沙田围堤册》，清咸丰六年（1856年）刻本。
② 《湘邑沙田围堤册》，清咸丰六年（1856年）刻本。

由上可知，湘阴县堤亩册的出现，是因为"按亩出夫"进行堤垸维修的原则在实际运作中遇到了一些阻碍，包括垸民的人口繁衍和家族分户、田地的买卖和分割等。另外更为重要的一点是，由于堤垸地处湖区，洪水泛滥，农户田亩和堤垸的堤坝变动也较为频繁，这些都需要每隔一段时间就重新进行一次勘定，如此才能适应变动的社会和自然环境，保证水利徭役摊派的公平性和时效性。概言之，堤亩册的编纂最根本的原因就在于解决堤垸修防过程中徭役摊派的方式和方法问题，以便更好地完成堤垸的修筑和维护。堤亩册样式见图4-1：

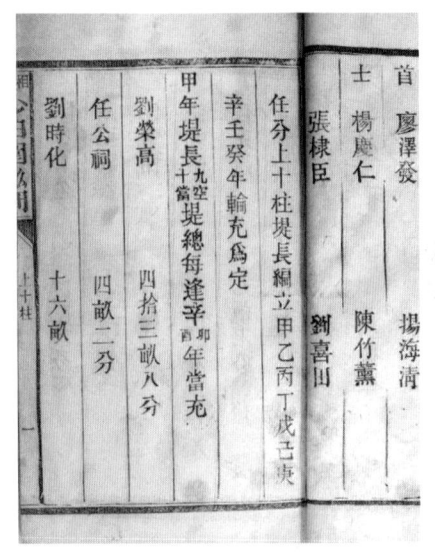

图4-1 清代《湘邑沙田围堤册》与《湘邑沙田围亩册》内页
资料来源：《湘邑沙田围堤册》，清咸丰六年（1856年）刻本；《湘邑沙田围亩册》，清咸丰六年（1856年）刻本。

（二）堤亩册编纂之体例与内容

湘阴县居于洞庭湖边，水患多，导致临湖堤围农田溃决淹滞，故每隔数年需勘察订正堤围田亩状况及属主。湘阴县沙田围堤册为清咸丰六年（1856年）重修沙田围堤亩册。但事实上从内容来看，里面包括有光绪年间的堤长轮充的安排，所以此堤亩册的最后截至时间还应该延伸到光绪年间。

仅就《湘邑沙田围堤册》而言，大约130页。其内容如下：

一，咸丰六年杨德溥和堤总陈楚杰撰写《重修堤亩册叙》序言两篇

一，纂修、协修、倡修、值年堤总、值年堤长、值年首士名单

一，道光二十五年、咸丰六年各类合约三份

一，护堤规条十条

一，莲荷垸间堤碑一通

一，沙田围堤册（承修人、承担的堤长、地点等）

一号行堤周家港北伴义山起
　　任刘杨（三分公修）　　　八丈
二号僧分帑堤周家港中起

刘鉴秋	二丈	
陈山立堂	六尺	
清醮会	一丈二尺	碧潭庵屋场
吴养元堂	一丈六尺	寺塘边屋场
陈山立堂	二丈八尺	纱帽塘屋场
吴养元堂	二丈	寺塘边屋场
吴嘉谷堂	六丈	宝塔园屋场
刘卓卿	三丈八尺	
吴嘉谷堂	六丈	宝塔园屋场
陈立山堂	三丈九尺	
吴嘉谷堂	四丈五尺	宝塔园屋场
陈立山堂	四丈五尺	
清醮会	一丈一尺	
吴嘉谷堂	四丈五尺	宝塔园屋场
吴养元堂	三丈二尺	
吴养元堂	二丈	寺塘边
吴养廉堂	二丈	长塘边屋场
刘卓卿	五尺	
刘鉴秋	一十六丈	

前十九户共堤六十九丈二尺①
……

再以《湘邑沙田围亩册》为例，其体例与内容如下：

一，序言两篇（其中一篇陈楚杰所纂写和堤册同）

一，主修堤总、秉修印册、倡修董事、值年堤长、议修业户、协修业绅、行修首士名单

一，沙田围亩册（堤长、堤总轮充方式、承修人名单、田亩数）

　　任分上十柱，堤长编立甲乙丙丁午己庚辛壬癸年轮充为定

　　甲年堤长（九空十当），堤总每逢辛（卯、酉）年当充

　　　刘荣高　　　　　　　　四十三亩八分

---

① 《湘邑沙田围堤册》，清咸丰六年（1856年）刻本。

任公祠	四亩二分
刘时化	十六亩
陈冬至公	一亩六分
关圣庄	二十八亩
任云梯	六亩
任敦树堂	九亩三分二厘
任克昌	九亩七分二厘
钟树南	六十四亩
任怀二公	二亩一分六厘

……

乙年堤长（九空十当），堤总每逢甲（子、午）年当充

任九林	十九亩二分
刘勋和	十九亩二分
刘荣高	二十亩
刘宝黎堂	十亩
任敦树堂	二亩零八分四厘
任云梯	二亩七分六厘
任昭静	九亩七分八厘
任进生	六亩零二厘
任义政堂	六亩六分
任怀二公	二亩六分
任泽湘	五亩二分
任道生	五亩二分
刘荣高	三十亩零三分三厘
刘福星堂	一亩三分三厘
观音会	一亩三分三厘
任合志堂	八亩[①]

……

（三）堤亩册的性质与意义

由堤亩册的编纂背景可知，其基本属于一种民间自发形成的水利徭役摊派性质的水利赋役文书。与官方的鱼鳞图册和赋役黄册不同，它的编纂主体是堤围中的民众，如沙田围堤亩册就是在堤总陈楚杰的倡导下，商议围内诸君暨堤长业户代管堤亩册，

---

① 《湘邑沙田围亩册》，清咸丰六年（1856年）刻本。

书立合约，请示重修，校正堤亩细数，分订堤册、亩册两卷。而且堤亩册修订之后，为了提高其权威性，都会呈送给县衙盖印。从官府而言，既然沙田围、荆塘围都曾经于雍正年间接受官帑修筑而成，属于官围，其为了维修堤垸而编订的堤亩册自然也会得到官府的认可。从这个意义而言，堤亩册和官府还是有着千丝万缕的联系。

堤亩册的作用就在于厘定堤垸内部的田亩占有情况，并根据田亩的多少，以及背后的社会关系（村落、家族、房分等），来划分修筑堤坝的长度，以及充当堤总、堤长的方式等。事实上，根据堤亩册的内容，不仅可以让时人遵照"按亩分堤"的方式来完成堤垸的兴筑和维护，同时也可以让后世学者利用这些册籍来研究水利社会所具有的运行机制，即水利共同体的构建过程。

三、按亩分堤、按堤承役：堤亩册与水利徭役摊派

在洞庭湖区的围垸社会，冬季维修堤防、夏季上堤防汛抢险成为当地民众日常生活中很重要的部分。而在国家正常的税收之外，围垸民众每年还要承担修堤的费用和徭役，那么在"皇权不下县"的传统社会，基层围垸民众如何管理这些水利设施，又如何进行水利维护方面的徭役摊派，则是一大问题。

（一）堤长制及其轮充应役方式

江汉—洞庭湖平原的堤长制肇始于明代中后期，荆州知府赵贤在江汉—洞庭湖平原的枝江、松滋、公安、石首、江陵、监利六县沿江诸堤上推行堤甲法："每计千丈设堤老一人，五百丈设堤甲一人，每十丈设一夫。令其夏秋守御，冬春修补，岁以为常。"[1]到了清代，随着堤垸规模的增长，堤长制进一步发展和推广，成为江汉—洞庭湖平原堤垸修防的主要组织形式。虽然各地所设名额和称呼各不相同，有圩老—圩甲者，有堤（总）长—堤甲者，有垸（总）长—圩甲者，但实质都是作为围垸修防的基层管理系统。这些堤总或堤长的职责大体是查勘堤防，制订修防计划，负责督促施工、防汛等，同时兼有协调沟通官府和民众的作用。由于两湖平原水患频仍，堤防任务突出，因此修防组织也在历史的演变中不断完备和周密。

这些堤总、垸长有公选的，更多则是轮充的。轮充的方式则往往和血缘群体的姓氏宗族组织紧密相连。据地方志记载，洞庭湖区沅江县的安乐垸为民垸，位于"县东四十里，系万历十七年修"[2]，而在民国年间编纂的《杨氏族谱》中则较详细地记载了三个姓氏共同修筑安乐垸的经过和修筑方式：

> 安乐坨（垸），明万历十五年，因江陵堤筑，水势渐汹，我族与石、蓝三姓分寒、来二字田亩，共二千五百亩。请县主（案讳其善）择十月十五日起工，每十

---

[1] 同治《枝江县志》卷3《地理志下·堤防》，清同治五年（1866年）刻本，第8页。
[2] 嘉庆《沅江县志》卷10《水利志·堤垸》，清嘉庆二十二年（1817年）刻本，第2页。

亩修堤九弓二分，通圫（垸）共堤二千三百弓，荫管十个，堤长十名，我族三名，杨宗僎、杨高、杨明一共管本族堤四百五十弓。除带散户之堤，堤位系南头湖至柘头湖口止。①

据此，沅江县安乐垸确为明代万历年间修建，并且是请时任"县主"其善主持开工。嘉庆《沅江县志》载："安其善，贵州举人，（万历）十一年任，修瑶湖堤，后调汉川县。"②方志与族谱记载内容契合，因此族谱所言之事不虚，而请县令起工，显然可以增加堤垸修筑的合法性和权威性。其修建方法，一方面，按亩派工，每十亩修堤九弓二分。另一方面，这些田亩是按照占有的姓氏来划分的，如杨、石、蓝三姓分为寒、来二字田亩。同时，堤垸设有十个堤长，杨姓轮充三名。杨、石、蓝三姓无疑是安乐垸的大姓，其他小姓散户则依附于大姓，被其托管。此做法类似于明代里甲编排中的畸零户代管之情形。

湘阴县围垸的修筑基本也是采取堤长（堤总）制形式。乾隆二十年（1755年）湖南巡抚陈宏谋在相关文檄中对湖南洞庭湖区长沙、岳阳、常德、澧州四个府县的堤垸岁修情况描述如下："岁修堤工向由堤总、长按田分工，均匀派拨。"③唯一特别之处在于乾隆二十年，当时的知县范元琳一度提出了《设立堤工董事示》：

> 照得湘邑濒临湖港，一切官垸、私围全赖堤塍巩固，以资捍卫。故定例于农隙水涸之时，鸠工培筑，以保田庐……强者田多堤少，巧于规避。弱者田少堤多，苦于赔累。更加奸胥猾吏，或敛钱派费……本署县博稽舆论，俯顺人情。于堤总、长之外，择围内之公正殷实者，任以董事之责，督令及时赶筑，以收实效，合行示谕。为此示。仰董事及堤总、长各业户人等知悉，趁此晴明之后，各按田亩之多寡，定修培植广狭。④

据此可知，湘阴县在各地堤长（堤总）制度的基础上，于乾隆年间一度实行了董事制，即设立了堤工董事一职，力图发挥地方士绅的作用。易言之，试图将堤长（堤总）轮充的集体领导制明确为董事负责制。究其原因，一方面，由于堤长是按照田亩派工，属于徭役性质，故民间可能不会乐意从事；另一方面，一般而言殷实者大部分为士绅阶层，在地方上具有相当的影响力和组织力，可以部分对抗地方胥吏的盘剥。且他们自身所拥有的田亩较多，分摊的堤工也相应较多，通过设立士绅董事的方式，也易于调动地方士绅的积极性，使他们更好地完成堤坝的修筑工作。在设置堤工董事

---

① 湖南沅江《杨氏族谱》之《沅江杨氏元公遗笔录》，1930年弘农堂木活字本，转引自上海图书馆编，陈绛整理：《中国家谱资料选编·经济卷》，上海古籍出版社2013年版，第558页。
② 嘉庆《沅江县志》卷23《职官志》，清嘉庆二十二年（1817年）刻本，第8页。
③ （清）陈宏谋：《培远堂偶存稿·文檄》卷37《申明堤垸利弊檄》，《清代诗文集汇编》编纂委员会：《清代诗文集汇编》第281册，上海古籍出版社2010年版，第167页；乾隆《湘阴县志》卷20《政绩》，清乾隆二十二年（1757年）抄本，第33页。
④ 乾隆《湘阴县志》卷20《政绩》，清乾隆二十二年（1757年）抄本，第33—34页。

的第二年，即乾隆二十一年（1756年），范元琳还发布了《申饬堤工董事示》，督促各董事"务须勤者益勤，怠者勿怠，共成保障之功"①。嗣后堤工董事的实际运行情况目前笔者还没有找到相关记载。

而从沙田围堤亩册和荆塘围迎皮村堤亩册的相关资料可知，堤围的基本管理组织结构还是堤长（堤总）制。不过值得注意的是，在荆塘围，其堤长的选拔和分配是按照田亩的多少而定的：

> 围内设立堤长四爪。四人原议二千亩一名，惟迎皮村一千亩承当一届，而白水村七百二十亩与谢家村上分二百八十亩合成千亩一届，以足二千亩之数。②

这里的约定是田地两千亩设立堤长一名。由于堤垸内各村落土地多寡不一，在按亩分派堤长的实际操作过程中，就出现了"组合"出任堤长的形式。譬如上面的荆塘围，其中迎皮村、白水村、谢家村合计才两千亩，于是这三个村庄共同承担一名堤长。迎皮村是一千亩承当一届堤长，而白水村（七百二十亩）和谢家村上分（二百八十亩）合计一千亩承当一届堤长。

对于堤总与堤长的轮充方式，基本是按照"分"和"柱"来进行划分的。史料记载如下：

刘老分亩册

> 本分老户孟官怀，共田一千七百六十五亩五分五厘。以天干编作十柱，每逢……年号，每柱充役两名。

杨分亩册

> 本分堤长（七空八当）以花甲支干年号横轮充为定，轮满仍照房分挨次承充。堤总（十一空十二当）则以子午卯酉寅申己亥年号轮充。其辰戌丑未之堤总则系僧屯分轮充为定。③

（二）按亩分堤：围垸徭役的摊派形式

《岭北地方志》载："旧社会堤垸修防负担是堤随田转，按业主田亩分段到户，你修他不修，造成堤塍低矮、单薄，坡比不一，凹凸不平，险工隐患不计其数，修防任务十分艰巨。"④这里的岭北镇就是清代沙田围所在的区域。

由前文可知，荆塘围始建于万历初年，堤额九村，亩共八千，最初请帑修筑，属于官围，并且围内设有东西南北四道闸，合计堤长五千三百四十四长五尺，建成之后，荆塘围其实只需要岁修加固即可。这个时候其基本是按照受益的田亩多寡摊派河

---

① 乾隆《湘阴县志》卷20《政绩》，清乾隆二十二年（1757年）抄本，第35页。
② 《迎皮村堤亩册》，清木活字本。
③ 《湘邑沙田围亩册》，清咸丰六年（1856年）刻本。
④ 岭北地方志编纂委员会：《岭北地方志》第4章"水利"第2节"防洪工程"，内部刊物，2009年版，第199页。

工水利徭役。并且在年复一年的修堤活动中，迎皮村及荆塘围所在的其他八个村，共同构成一个水利共同体。《迎皮村堤亩册》载："今我迎皮村公修堤亩清册，永定章程，缘绘周围形式，各处地名，九村九塘，四闸水路。庶各村堤塍均有长短界址，四闸去水历有消泄来由，以便览观。"①在雍正年间，迎皮村签订了一份《九村公合约》：

   立遵依合同字人，荆塘围林公秀、李奇周、颜文聚、萧弘道、刘辉章、张仕略、胡登奇、张近义、胡俊庵等，今因田亩不无混界，互争堤塍不均，致节年林公秀、李奇周等控告不修在案。今于本年正月二十一日，蒙县主周正在拘审，间有里耆街邻一干不忍坐视，从公排释，大堤行险界限各有抵止。荆塘村自荆塘湖腰起，至双又堤止。谢家村自双又堤起，至易公湾石牌止。白水村自易公湾起，至斯家堤丛竹兜止。迎皮村自丛竹兜起，至拖船埠止。红菱村自拖船埠起，至更子庙止。萧婆村自更子庙起，至胡家村界石止。胡家村自萧婆村连界起，至李公塘东边堤嘴止。黄土村自李公塘东边堤嘴起，至胡子美屋后牛车台公堤止。公池村顶金盘围堤至荆塘湖腰止。此系历来定例，实难紊乱。其黄金公堤原属堤内之堤，实无行险，分别纠集公同踩明自应照亩均派。其村内界限，俱以踩明踏白，各书合约收执。其当差一切费用公议二柱，荆塘、迎皮、白水、谢家四村一柱，红菱、萧婆、黄土、胡家、公池五村二柱。其堤总以每柱一名，内亩数或有多寡不一，费用俱照亩派，永无异言。此系各村人等甘心情愿，其中并无诡计笼套等情，在后各不得另生枝节。如有此情，听被害人执字鸣上，颁法究惩，甘罪无辞。今恐无凭，立此遵依合同九纸，并书各村古例界止间堤照亩派筑，册籍九本，赍上照过清朱，以睦邻好，永定章程，此据。

  凭 里耆 王圣臣 张作韬
    街邻 熊南滨 林滨源
  雍正九年正月二十九日 立笔②

  按，在这份合约中，九村中的四村，即荆塘、迎皮、白水、谢家为一柱；九村中的五村，即红菱、萧婆、黄土、胡家、公池为二柱，其堤总是按照每柱一名，则合计有两个堤总来组织堤垸的岁修工程。而其费用则照亩摊派。

  现在的问题在于，在堤亩册下面，各个农户是如何进行徭役摊派的呢？我们先以堤亩册合在一起的《迎皮村堤亩册》为中心进行分析。

  亩册部分共分为四柱，其中一柱（胡禄元5亩、胡鼎福堂5亩、李登仁19亩、胡大东35亩2分、胡大元31亩2分、易信成堂55亩8分、张仁义公43亩1分、李登仁12亩3分、李舟珍16亩4分、李范吴26亩9分，一柱共约250亩），另外二、

---

① 《迎皮村堤亩册·续修迎皮村堤亩册序》，清木活字本。
② 《迎皮村堤亩册·九村公合约》，清木活字本。

三、四柱所含户数不等，但亩数皆为 250 余亩。可见迎皮村是按照 250 亩一柱编排的亩册。

堤册部分共分为十则，其中一则堤自拖船埠接红菱村界石起，至熊家屋中止，堤长 54.65 丈（胡友松 6 尺、陈源远堂 2 丈 5 尺 5 寸、陈其华 1 丈 5 尺 2 寸、陈世国/世敬公 2 尺 4 寸、陈功重 1 丈、陈家佑 1 尺 7 寸、陈连生 4 尺 6 寸、陈竹亭 9 尺 1 寸、陈秀亭 1 丈 1 尺 5 寸、张仁义公 2 丈 8 寸、李登仁 5 尺 8 寸、李舟珍 7 尺 9 寸、李范吾 1 丈 3 尺、淳真/于方堂 7 丈 2 尺 4 寸、淳/于静斋 1 丈 4 尺 6 寸、九村公 2 丈 4 尺 4 寸、陈兰艺亭 2 尺、西北公 1 尺 5 寸、胡启后堂 3 尺 5 寸、胡五福堂 2 尺 7 寸、胡玉楼 6 寸、胡道清公 2 尺 9 寸、胡公田 1 尺 7 寸、喻东海 1 丈 8 尺 8 寸、胡厚吾 3 尺、安斌公 4 尺 3 寸、易信成堂 2 丈 6 尺 8 寸、胡禄元 2 尺 5 寸、胡鼎福堂 2 尺 5 寸、胡登仁 1 丈 3 尺、胡大东 3 丈 2 尺、胡大元 2 丈 9 尺、李西池公 6 尺 5 寸、陈维其 4 尺 8 寸、陈自远 5 尺 8 寸、钟树楠 7 尺 2 寸、张五兴堂 2 丈 1 尺、胡常山 3 尺 3 寸、陈南陔 5 尺 4 寸、陈松亭 2 尺 6 寸、陈菊亭 2 尺 6 寸、陈星陔 2 尺 5 寸、胡四兴堂 7 尺 1 寸、胡四余堂 2 尺 3 寸、任利仁堂 4 尺 4 寸、淳金福 2 尺 2 寸、熊甘泉 2 尺 4 寸、陈绍蕃 2 尺 1 寸、李中立堂 4 丈 3 尺、胡尽善堂 1 丈 5 尺、李新民 5 尺 4 寸、胡天奇贵 2 尺）。

二则堤自熊家屋中起，至港口止，堤长 34 丈；三则堤自港口起，至闸口止，堤长 52 丈；四则堤自闸口起，至枕头湾止，堤长 45 丈；五则堤自枕头湾起，至实竹湾止，堤长 16 丈；六则堤自实竹湾起，至小塘湾止，堤长 30 丈；七则堤自小塘湾起，至大塘湾止，堤长 55 丈；八则堤自大塘湾起，至胡四枝堂田止，堤长 24 丈；九则堤自胡四枝堂田起，至石码头西边止，堤长 18 丈；十则堤自石码头西边起，至白水村堤界止，堤长 21 丈 5 尺。①这里的堤长分为 10 则，每则的长度并不一致，主要可能是考虑地理环境和堤段的长短不一，不可能进行等长划分，只能顺着堤的走向和弯曲情况进行灵活划分。同时，类似一则一样，后面的二到十则下面都分配有一定数量的人户，以及每户应当承担的堤长。

那么亩册和堤册中的人户是如何对应和分配的呢？我们不妨以亩册中一柱下的胡禄元为例，他拥有的田亩数是 5 亩，按照堤册规定，在一则堤，他需要承修的堤长是 2 尺 5 寸；在二则堤，他承修堤长 1 尺 7 寸；在三则堤，他承修堤长 2 尺 6 寸；在四则堤，他承修堤长 2 尺 3 寸；在五则堤，他和胡鼎福一起（合户）承修堤长 1 尺 6 寸；在六则堤，他承修堤长 1 尺 5 寸；在七则堤，他承修堤长 2 尺 8 寸；在八则堤，他承修堤长 1 尺 2 寸；在九则堤，他承修堤长 9 寸；在十则堤，他承修堤长 1 尺。以上十则堤胡禄元合计承修堤长 18 尺 1 寸，约等于 6 米。就胡禄元的修堤任务而言，由

---

① 《迎皮村堤亩册》，清木活字本。

于他田亩只有5亩，在土地占有方面相对于其他农户而言，属于中等偏下的水平，按照"按亩承堤"的原则，他所承担的堤长约为6米，也就是说，平均1亩田地分摊1米多的修堤任务。目前不清楚胡禄元5亩田地的分布情况和彼此之间的距离远近，不过相对于修堤的长度而言，胡禄元的麻烦在于，他需要奔赴10个堤段进行修堤，这期间的艰辛可想而知。

而沙田围由于地亩和堤长都远较迎皮村更阔大，其田亩达到9300亩，堤长4400丈，所以沙田围在亩册上面是按照"分—柱—户"三级进行编排的，即任、刘、杨三大分加上张、赵、僧、屯合成一分，形成四大分，每一分下面按照天干地支进行十二柱编排轮充。堤册部分则分成54号进行修堤的编排，每段堤长亦不一样。就田亩与垸堤之间的关系来看，沙田围很明显出现了一个农户的田地分别编排到不同的亩册分、柱之中，其承修的垸堤也分布在不同堤段的情况。显然为了达到"按亩承堤，按堤承役"这样一种"田亩"与"垸堤"之间的均平原则，农户的修堤任务就不得不被分散到不同的堤段。这背后的逻辑在于田亩的分散，以及垸堤的不同地段、环境、难易、宽窄、主次（干堤与行堤、主堤与月堤等）的综合考量。这种分散搭配也许是一种相对公平的徭役分配方式，尽管会增加农户往返奔波的次数。如果这种奔波是针对所有的服役人员，垸民应该是更看重徭役分配的公平性。堤亩册这种水利赋役文书的编纂和行用，应该就是这种徭役分配公平原则的体现形式之一。

第五章　乡村基层赋役征收人员之考察

赋税是维持政府正常运转的经济基础。在明清以来的基层赋税征收和徭役征派中，由于基层政权建设只是到州县一级，所以需要各类乡村基层赋税征收人员的参与，才能将广大民户的钱粮征收上来。其中，以州县衙门户科书吏为主的一些胥吏，以及以里甲组织为基础的一些职役，便构成了基层赋役征收人员的主体。就两湖地区而言，户书、粮书、册书、里书、里催、甲催等是最主要的几类。他们的品行素养和行为方式直接决定着税收成效的高下和百姓负担的轻重。

一、州县衙门之户书与粮书

（一）户书

户书是清代州县衙门书吏的一种，其全称为"户房书吏"。按照中国古代官衙公务的传统划分，州县衙门分为吏、户、礼、兵、刑、工六房，对应的办公人员即为这六房的书吏，而在户房办公者，是为户书。在湖北沔阳州，"户书由官在各科之中点充"[1]，该州共设置有户粮总书八名。据此可知该地方户书可能又分为总（户）书和户书两级。

从职责来看，户书负责赋税征收及所有与钱粮仓库有关的事务。如湖南武冈州，"户口、钱粮、仓储、积贮以及盐茶、钱权之目，物产、风俗之宜，皆入户书"[2]。而在湖南石门县，"民间典卖田宅，推收粮册，历系户书分理经管，不无勒索等弊。议令户书公置书厨一架，安放公所，将粮册置放厨内。仍于户书中选择二名立为总书，督同核算。又每月令户书一名，在于柜所专司其事"[3]。这里户书之上，还设置有总书进行监督管理。

当然户书最主要的职责就是参与县级钱粮册籍（实征册）的编造与保管。方大湜曾经在湖北广济县任职五年，据他在《平平言》中所言：

> 州县征收钱粮，先造实征底册。册内所载名目，是户名不是的名，亦无住址可考。须令各里各甲户书各将所管钱粮另造一册，上列户名某某，应完钱粮若干，下注的名某某，住某乡某处，遇有拖欠便不难指名催追。但户书以此为奇

---

[1] （清）李翀：《牧沔纪略》卷下《钱漕就现办事实整理》，清光绪十九年（1893年）刻本，第40页。
[2] 嘉庆《武冈州志》凡例，清嘉庆二十二年（1817年）刻本，第3页。
[3] 同治《桂阳县志》卷8《赋役志》，清同治六年（1867年）刻本，第50页。

货，往往不肯开造。若非恩威并用，未必惟命是听。①

据此可知，出现在官方钱粮册中的仅仅是"户名"，而纳税人的真实姓名、地址则仅记录在由户书自己制作并私自存留的名册副本中。他们把这种秘册视为私财奇货，不愿向州县官和其他人出示。在石门县，"民间典卖田宅，推收粮册，历系户书分理经管，不无勒索等弊"②。此处之粮册，是一县钱粮征收的实征册。同时也可发现，户书还负责田宅买卖的推收过割，从而征收相应的契税。

户书往往有各自分管的乡里区划，并且由其管册造册的职能延伸到催征的职能。同治《新化县志》载：

> 新化二十八都，户书分管或一都，或两三都，各都均有甲首催征钱粮，是其专责，户书催甲首，甲首催花户。若钱粮属忙不能踊跃者，该管户书即照实征底册预期缮写滚单，禀官饬差勒限按催锁拿，以免拖欠。③

清初，两湖地区的漕粮兑运方式由民兑改为官兑，户书有时也充当押兑者，赴岳州府等水次仓交兑。如湖南湘阴县，"粮长名目至康熙四十三年始行革除，（漕米）通由州县派拨户书押兑，仍循明制，以正兑、改兑米为名，正兑米入京仓充八旗三营兵食，改兑米入通仓充王公百官廪俸"④。

此外，在一些州县，户书还参与地方志中赋役部分的编撰。如嘉庆《长沙县志·赋役》部分的攒造人落款为："攒造赋役稿：户书黄禹畴、仓书梁浦云、屯书张定拔。"⑤一般地方志的赋役部分都会详细开列州县现年及旧年钱粮的起运、存留、蠲免、改折等情况，同时也会收录与当地钱粮征收、漕粮兑运有关的一些官方文书，而能够全面掌握这些资料的无疑只有户书。这也表明户书的日常职责之一就是保管与钱粮征收相关的一些档案文书。

依照官方规定，户书的任职年限是五年。这一点与里甲职役的一年一换不同。毕竟户书所负责的赋税征收事宜，涉及的征收项目、税则、科则十分烦琐，要熟悉这些事务本身就需要一定的时间，甚至户书往往在五年任满之后改名换姓，从而得以专擅户书一职。即使其本人不能保留职位，往往也会尽可能地让其家人接替其位。

在明代，户书是有一定的薪水的，大致是每年十二两，但后来有所削减，而到了康熙元年（1662年），各类书吏薪给全部取消，户书也不例外。他们既不能享受正式薪俸，又没有身份头衔，所以他们常常通过非法手段从乡民那里敛财以满足自己及家人的生活需求。户书的收入来源之一，类似于州县官的"陋规"，即以纸张费、饭食费

---

① （清）方大湜著，吴克明点校：《平平言》卷4《钱粮底册》，湖南科学技术出版社2011年版，第187页。
② 同治《桂阳县志》卷8《赋役志》，清同治六年（1867年）刻本，第50页。
③ 同治《新化县志》卷9《食货志》，清同治十一年（1872年）刻本，第8页。
④ 光绪《湘阴县图志》卷21《赋役志》，清光绪六年（1880年）刻本，第14页。
⑤ 嘉庆《长沙县志》卷8《赋役》，清嘉庆十五年（1810年）刻本，第102页。

的名义收取规费。这一收入，根据所在州县钱粮征收规模的大小而有所不同。户书的第二项收入，是在颁发易知由单、出具"串票"或"粮票"时，收取一部分费用。这部分费用，一般每份文书三到十文不等。光绪三十一年（1905年），永明知县万发元《设学筹费禀》载："县署内粮书经征串票，向有陋规，分缴帐房、征比两席。"其《筹捐学堂经费清折》又载："粮书经征钱粮，串票向来每张缴帐房、征比共钱十文，提归学堂，每岁约三百余元。"①

户书之设，对于一县钱粮的足额完纳是必不可少的，但是法久弊生，一旦有人长久居于户书之职，便会从中徇私舞弊，中饱私囊。这也是为何户书一职并无薪俸而有人愿意长久担任的原因。揆诸两湖地区史料，户书徇私舞弊的记载并不少见。前面述及，户书被默许的收入主要是纸张、饭食等规费，但这些规费的收取是有限度的。一旦户书在收取规费的时候突破一定限度，纳粮花户的负担便无端加重了。和江南地区一样，湖南各地陋规名目繁多，加派无度。如衡阳县，"地丁正银一两民间有费至数两者，漕米一石民间有费至数石者。（陋规）款目繁多，民间难以析算，州县亦难逐一清厘。一听户粮书吏科算征收，包征包解，不餍不止"②。同样在湖北黄陂县，"每年户书于正项外派加补额银一百八十两"③。

户书作为州县胥吏之一种，其中也不乏一些品行端正、德行高尚的户书之事迹见诸部分方志。在此列举几例：

光绪《善化县志》载：

> 胡朝升，号进秋，少秉至性，得父母欢心。慷慨好义，乡里推重，屈身户书，贫户积欠垫赔千余金，悉焚单串于庭。④

同治《当阳县志》载：

> 贺国枏，邑户书。少读书，艰于遇，弃而为吏，性拓落，嗜酒。及城陷，与汪希夔痛饮，自缢死。⑤

民国《郧西县志》载：

> 龚安智，茨沟人。充户书、经承，性孝友。同治元年，发逆扰西境，智欲奉母逃避，母以年老恐贻家人累，坚执不从。智遂奉母城居。城陷，贼伤其母，智怨斗而死。⑥

当然，这些少数例子显然相对于户书的负面形象而言，少之又少。不过也能说明历史往往是多面和复杂的，群体也一样，各种职业及其背后的人群也是多面相的，不

---

① 光绪《永明县志》卷45《艺文志》，清光绪三十三年（1907年）刻本，第39—40页。
② 同治《益阳县志》卷5《田赋志》，清同治十三年（1874年）刻本，第41页。
③ 康熙《黄陂县志》卷14《艺文志》，清康熙五年（1666年）刻本，第13页。
④ 光绪《善化县志》卷24《人物》，清光绪三年（1877年）刻本，第51页。
⑤ 同治《当阳县志》卷12《人物志·忠义》，民国二十四年（1935年）铅印本，第8页。
⑥ 民国《郧西县志》卷9《人物志·孝友》，民国二十六年（1937年）石印本，第2—3页。

能简单化和脸谱化。

（二）粮书

在地方州县的行政衙署中，户房也被称作"粮房"，其书吏也被称作"粮书"。从性质上来看，粮书即是户书的异名，二者是同一类征收人员。粮书和户书一样，主要处于州县一级，承担赋税册籍的攒造和田地税粮的推收及征缴任务，当然也有部分人员分属乡里层级，而且有时候户书、粮书也是有分工和区别的，如《竹叶亭杂记》中载有罗国俊参劾湖南布政使郑源璹的奏折，他就认为郑源璹在任湖南布政使期间存在以下问题：

> 及到任时，钱粮则必假手于户书，漕米则必假手于粮书，仓谷、采买、军需等项则必假手于仓书，听其率意滥取，加倍浮收。上下交通，除本分利。①

据此可知，粮书主要是负责漕米，户书则主要负责钱粮。但事实上到了地方州县，两者恐怕很难区分。而且由于州县地域较广，粮书对于各州县的税粮征收与承纳也是有划片分区的，比如湘西的溪州，"粮书范必麟，即范运昌，供自咸丰五年承办三四甲里粮务"②。据此可知，溪州的粮书范必麟主要是承办该州县三四甲的税粮任务。再如岳州府，"各属户粮册，差人等均照分，定都甲。每遇秋收之后，私行下乡，勾通各甲牌保，每粮一石，收规谷五六斗、棉花七八斤不等"③。这里也明确指出，各户粮差等人都是分定有各自管辖的都甲的。

粮书涉及税粮的计算等专业技能，他们基本属于胥吏阶层，甚至是地方官招募而来的人员，而地方官是需要支付一定费用的。据康熙《长沙府志》记载，吏科给事胡尔恺在《直陈湖南利弊疏》中云：

> 有每年雇募粮书一名，费至二三十金者。里递穷多富少，各项安能出办。势必派花户津帮。故正供有限，而杂费无穷，此小民之所以重困也。④

以上明确指出雇用一个粮书，需要花费"二三十金"，其代价可谓不小。这些费用最后还是落到了粮户头上。除了加派浮收，粮书有时候也借由采买兵谷而从中侵私肥己。同治《桂阳县志》记载有桂阳县生员朱文商、何青选，里民李余三、何楚儒等具控粮书朱名扬、宋耀延、邓逢运舞弊侵剥、短价浮买一案，可作为粮书舞弊之证。各州县粮书人数不等，总体非常可观，据卞宝第《抚湘公牍》载，在零陵县，"旧日粮书，用至四百余人，本属骇人听闻。今定为总书八人，散书八十人"⑤。

与户书相似，粮书在颁发易知由单、出具"串票"或"粮票"时，也会收取一部

---

① （清）姚元之撰，李解民点校：《竹叶亭杂记》卷2，中华书局1982年版，第52页。
② （清）张修府：《溪州官牍》，清同治四年（1865年）刻本，第11页。
③ （清）张五纬：《风行录续集》卷1《岳州府续集·严禁书役滥收规例》，杨一凡、徐立志主编：《历代判例判牍》第8册，中国社会科学出版社2005年版，第339页。
④ 康熙《长沙府志》卷14《典章上》，清康熙二十四年（1685年）刻本，第79页。
⑤ （清）卞宝第：《抚湘公牍》卷1《批永州府零陵县会禀》，清光绪十五年（1889年）刻本，第45—46页。

分费用，这部分费用一般是每份三到十文不等。光绪末年，永明知县万发元《设学筹费禀》载："县署内粮书经征串票，向有陋规，分缴帐房、征比两席。"其《筹捐学堂经费清折》又载："粮书经征钱粮，串票向来每张缴帐房、征比共钱十文，提归学堂，每岁约三百余元。"①但是在清代的溪州，粮书范必麟将每张串票所收纳的钱数，由原来咸丰年间的八十文钱，逐步增加到了同治元年（1862年）的二百四十文钱，最后导致县民向荣富等上控。②

粮书掌一县钱粮之数，其徇私往往也会在钱粮册籍方面上下其手。在常德，"钱粮之数，掌在县之粮书。其每月之开比也，能颠倒其多寡；岁终之算数也，能混淆其完欠"③。这样一来，里甲民户赋税完欠与否，便都由粮书说了算，负有催征之责的里长、甲首便往往贿赂粮书，甚至从粮书手里购买实征底册，以虚应钱粮故事。同治年间，方宗诚在《鄂吏约》中曾经论及州县户粮书之行径如下：

> 州县户粮书……初则勤苦自立，版册亲操，执以追索，尚能年清年款。一二传后，骄惰日行，沉溺烟酒，一切征收等事，委之各乡各里各图之點者为之催纳，坐享其肥，而总吏绝不过问。久之而债累日深，生计日绌，并其世传之底册，展转售卖，而册书、户书、里书、里差之名所由起，权益浸大，房科之籍，仅拥虚名，乡图之册，转成实户。④

显然粮书长期负责赋役征收之事后，开始包揽钱粮，并层层转包，而其收藏的私册自然也就成了"传家之宝"，可以私相授受。而且这些私册一般都是秘不示人，即便示人，也因其从中舞文弄墨，令外人无从识别。民国年间李之屏在《湖南田赋之研究》中记载如下：

> 粮书收藏粮册秘本，畏人照抄，往往秘不示人。始示人时，其亩数区域，皆不详载。其姓名大都笔画之最简者，如丁、王等姓，其秘密记号，有十字者，有斜点者。各县局勒令交出，无论其照缴与否，即照缴亦无从识别，甚至残编断简、散佚不全。有子孙者将其内容授予子孙，子孙以有业可承，往往不求知识，惟究舞弊之技。故以知识言，子不如父，孙不如子。以舞弊言，子精于父，孙又精于子。无子孙者则传之门徒，充当门徒者，先须厚纳修金，为之服务数年，始将其内容传授。承其传授后大抵舞弊伎俩，不患不青出于蓝而胜于蓝也。⑤

以上记载生动揭示出粮书在粮册上作弊及秘册传嗣的详情，包括粮书独创的各种

---

① 光绪《永明县志》卷45《艺文志》，清光绪三十三年（1907年）刻本，第39—40页。
② （清）张修府：《溪州官牍》，清同治四年（1865年）刻本，第11—12页。
③ 嘉庆《常德府志》卷10《赋役考·田赋》，清嘉庆十八年（1813年）刻本，第11页。
④ （清）方宗诚：《鄂吏约》，（清）贺长龄、（清）盛康：《清朝经世文正续编》第3册《清朝经世文续编》卷25《吏政八》，广陵书社2011年版，第269—271页。
⑤ 李之屏：《湖南田赋之研究》第8章"积弊及整理"第1节"积弊"第3项"弊在粮书者"，萧铮主编：《民国二十年中国大陆土地问题资料》，成文出版社1977年版，第5646页。

记录符号等，除了自己知道其含义之外，外人往往无从识别，他们以此为谋生之手段和"传家之法宝"，由此导致一个关键的问题是，粮书掌控粮册、包揽钱粮，逐渐走向职业化和世袭化。

此外，有些史料显示，一些粮书也会借着衙门书吏的身份，私下开展不法营生。同治《茶陵州志》就记载了这样一个事例："（道光）十九年，粮书陈兴智在西城外老仓门前私设船行，被船户控告。知州庆岳将船行屋宇充入（南关）书院，每年实额佃租十二千文，增为膏火之费。"①

二、乡里组织之册书与里书

（一）册书

民国《蓝山县图志》载："凡承充粮册，分掌各甲粮户，谓之册书。"②由此可知，相对于州县一级的户书、粮书而言，册书（及里书）更多是指乡里一级的赋役征收人员。根据文献记载，册书最初的职责只限于管理钱粮册籍。同时，在黄册大造之年，则协助里长攒造黄册；每年征收赋税之时，协助粮长稽核钱粮，只能算作乡里制度中的一个辅助角色，并不负有催征赋役的职责。

起初，册书的设置主要是以里为单位，因此依据赋税征收单位的不同，册书职役相应的称谓也有所不同。比如在以村社为征税单位的华北地区，一般称作社书，在江浙地区则有书手、图书、算书、壕手、扇书、区书等名目。至于两湖地区，又有屯书、村书、庄书等称谓。这些人员作为基层田赋征收中的书差，在地方史料记载中往往混同，在以册书统称的同时，仍然需要厘清一些职役的不同内涵，以便更好地把握基层赋税征收的实态。

册书作为里甲职役的一种，其编制在两湖地区所属州县并未划一。设置之初，册书主要是以里为单位，每里设置一名或数名。如新宁县"每里设一册书"③。也有以甲为单位设置的，如荆门州"分五十九图，每图复分十甲，每甲粮册一本，名为一块，共计五百九十块。荆门册书有一人而管一块者，有一人而管数块者"④。而道光年间的湖南安化县甚至有甲书之设："每年征收粮饷，例外私设甲书，沿乡苛索。"⑤无论是以里为单位，还是以甲为单位，均表明册书的性质即是里甲职役。

按照明代役法，里甲职役一年一换。册书作为里甲职役的一种，一开始也是排年，由十里长户轮充。但民国《嘉禾县图志》载："民间按乡区都里选人值充，五年一

---

① 同治《茶陵州志》卷13《学校·书院》，民国二十二年（1933年）重印本，第6页。
② 民国《蓝山县图志》卷18《财赋上·民屯徭庄转业拨粮法及粮册之责任》，民国二十二年（1933年）刊本，第12页。
③ 道光《重辑新宁县志》卷27《艺文》，清道光三年（1823年）刻本，第45页。
④ 乾隆《荆门州志》卷14《赋役》，清乾隆十九年（1754年）刻本，第43页。
⑤ （清）李汝昭：《镜山野史》，中国史学会主编：《太平天国（三）》，上海人民出版社2000年版，第3页。

换。总有柜，柜有册书，又名户书，不一"①，在此，册书应役的年限即是五年。

册书最初的职责主要是管理册籍，并协助里长攒造黄册、稽核钱粮。在两湖地区，如荆门州"八山二湖，赋三万而余，而分地以村，列村以图，掌之册书。其初不过便稽察、识逋欠而已"②，新宁县"每里设一册书算数，或编差分派，或买卖收除"③，蓝山县"要其事例，载在粮册，历由各里甲册书掌之"④，嘉禾县"册书管推收过拨"⑤，攸县"爰集册书于内署，查造归户总册、丁粮派征细册，捐给纸张、饭食，数月事毕，田粮一清"⑥。册书管造册籍的职责，不仅仅是在明初，而是贯穿整个明清时期，并一直延续到了民国时期。毕竟掌管册籍是册书得以包揽赋役、徇私舞弊、侵渔肥己的基础。

册书保有的册籍，主要是通行于民间的实征底册，是为私册。而以鱼鳞图册与《赋役全书》为代表的册籍则为"官册"。官册因为每十年才重新编造一次，人丁、事产不能及时更新，与实际情况严重脱节。至咸丰八年（1858年）五月，时任湖北巡抚胡林翼曾云："湖北屡经丧乱，鳞册无存，不得不凭总书、册书、里书之颠倒影射。"⑦这样一来，两湖地区的官册要么失毁无存，要么内容失实而难堪征收之用。从明代中后期开始，两湖地区的部分州县官府不得不依赖于册书所藏之私册，以完成赋税征收与徭役金派的任务。这样一来，册书的职权从单一的"管册"逐渐变得多样化，先是具有了催征的职权，进而利用掌管册书之便包揽赋役。即便是册书交出了粮册，官府由于不熟悉册籍上各粮户的确切住址，征收也未必顺利。以湖北黄陂县为例，据民国时的老人回忆：

> 黄陂完粮不进城，由"册书"代收。"册书"由县衙门领下一个地方的田亩花名册，下乡到各户征收。他领这个册，是出了代价的。如果不想干，还可卖给别人。所以他征收钱粮时，必须从中取利。完粮这笔帐是很难算的。正税有银有米，外有火耗、券票及各种附加，一般人多不懂，只有听"册书"摆布。辛亥以后，黄陂士绅们要取消"册书"，后来"册书"交出田亩册，县政府另派人征收，可是找不到户主的地方。虽设有粮柜和分柜，叫人到柜完纳，但钱粮大半不能收齐，结果仍令"册书"送"由单"（即通知单）催征，不经手收钱，只取一定手

---

① 民国《嘉禾县图志》卷 14《财赋上》，民国二十七年（1938 年）刻本，第 8 页。
② 乾隆《荆门州志》卷 36《文苑上》，清乾隆十九年（1754 年）刻本，第 39 页。
③ 道光《重辑新宁县志》卷 27《艺文》，清道光三年（1823 年）刻本，第 45 页。
④ 民国《蓝山县图志》卷 18《财赋上·民屯徭庄转业拨粮法及粮册之责任》，民国二十二年（1933 年）刊本，第 12 页。
⑤ 民国《嘉禾县图志》卷 14《财赋上》，民国二十七年（1938 年）刻本，第 9 页。
⑥ 同治《攸县志》卷 49《艺文·清丈田亩序》，清同治十年（1871 年）刻本，第 23 页。
⑦ （清）汪士铎：《胡文忠公抚鄂记》卷 3，岳麓书社 1988 年版，第 146 页。

续费。①

此种册书包揽钱粮的情况，在湖北黄安县依然存在。据史料记载："黄安旧有五十会，每会的完粮册籍（地丁、漕米、屯饷），分别由100多家册书径管。这些册书，有各房书办兼充的，有专门经管的，某家管若干户柱（一个户名谓之一柱）。计丁漕银米若干，各有详细记载。遇有田地买卖，买主须先到册书家，请其推收过户（推收者，谓由此户推出而收入彼户也）。"②

册书作弊无非为了侵渔肥己，其行为直接造成以下两方面的后果：一方面是国家赋税流失，收入日减；另一方面是农户浮费增加，负担日重。官民俱受其害，而册书独享其利。胡林翼在回复江陵县批札中即云："该县钱漕积弊，全在册书、里书，以致官民交困，殊堪痛恨。"③直到民国二十七年（1938年）史料记载湖北各地民间疾苦之时还云："徭役繁重，摊派雇夫，保甲不胜其苦。册书里正需索抽丰之习未能尽改，粮柜浮收统算之弊未能铲除。"④

（二）里书

里书之设，性质有二：一是"里甲册书"，从这一层面来说，部分里书可以算作是册书的异名。二是其职责是与里长重合的，主要是负责一里钱粮的征收而并不保管册籍，这一类里书，又可以算作是"里长"的异名。

明初，里书最初的职责主要是协助里长负责所在里甲的赋税征收与徭役佥派。随着田赋逋欠过多及徭役加派过繁，粮长和里长的赋税征收和徭役征派之权难以为继，尤其是粮长很快遭到了禁革。"（景泰）五年，革湖广等属各县正副粮长，令里甲催征。"⑤这样一来，部分州县的里书便独自负担起了赋役催征之责。如嘉庆《石门县志》，在"里书"的条目之下，主要论及的却是里长与库书（库子）："里书，明每里十甲，以丁粮多者为里长，十年一应役。其里夏税、秋粮总输纳于里长，其均徭驿传之征贮掌于各年库子。本朝初，一切输纳责之各年里排，贮掌于该管之库书。"⑥

里书的职责既与里长混同，其充任及任职年限也与里长一样，作为里甲正役，一般是由现年应役民户充任，一年一换。只是后来一些豪绅大户买充里书之役，才使一些里书能够长久充任，并进而借机包揽赋役。光绪年间，李翀《牧沔纪略》对里书报充的情况有详细论述：

---

① 吴道南：《旧社会我乡的经济生活》，中国人民政治协商会议全国委员会文史资料委员会：《文史资料选辑》第100辑，文史资料出版社1985年版，第176页。
② 吴端伟：《从黄安县的县衙门谈起》，《湖北文史资料》1990年第4辑，第195—196页。
③ （清）胡林翼：《胡林翼集》第2册《批札》，岳麓书社1999年版，第968页。
④ 程理锠：《湖北之农业金融与地权异动之关系》第1章"全省概况"第6节"地方灾害与民间疾苦"，萧铮主编：《民国二十年代中国大陆土地问题资料》，成文出版社1977年版，第45482—45483页。
⑤ （明）李东阳等撰，申时行等重修：《大明会典》卷29《户部·征收》，广陵书社2007年版，第558页。
⑥ 嘉庆《石门县志》卷8《田赋志》，清嘉庆二十三年（1818年）刻本，第46页。

> 各州县书差由官点革，而沔阳书差，如省中各大宪书吏，皆有底缺，岁获数十金者必得百金买之。故父可传子，祖可传之孙，作弊之技，愈传愈精。如子孙年幼不能办公，请一人代办，其出息主八客二。官若革其卯名，新点者即为缺主之客司。相沿日久，牢不可破。至于差亦然，惟利是图，不知轻重，子之以利，惟命是听。官知其恶，或严惩，则逃避不见；或革除，仅除其虚卯。下乡收钱粮曰里书、块差，均系缙绅子弟买缺承充，署内并无卯名卯册，钱粮底册皆在里书、块差之手。州城内外，除各房书吏一百四五十家，差二百四五十家，里书、块差八九百家之外，不靠衙门食饭者不满百家。城内所谓绅士者，即书差、里书、块差之父兄也。联为一气，只图利己，不问小民之生死利害。若辈有利要兴，有害要除，小事使小绅言之，大事使大绅言之，挟制官长，事在必行。官若稍拂其意，使官在在掣肘，历任未有不受其欺蒙。此城内书差、里书、块差、绅士之所以难治者也。①

这一段材料不仅展示了沔阳州里书"买缺承充"的情况，而且对衙门书吏、揽头歇家和里甲书差通同作弊，把持县政的情况也有所揭示。据李辀记载，光绪年间沔阳州"五乡原有里书八百七十三名"②，可见两湖地区书吏及书差在赋税征收中盘根错节，势力强大。

同治年间，在湖南长沙各州县，人们为避免里书的盘剥，往往田土买卖并不登记注册，致使国家税源丢失，同时也使民间田产纠纷四出。据地方志记载：

> 查各州县年终攒造花名实征册，此册由里书造送，其里中田产买卖无不深知。凡有推收过割者，应听从民便。查各该管经承，遇有过割辄行需索，稍不遂欲，则以验契为词，及至投契又以印契粮名生法苛剥，不准推收。于是民间视推收为畏途。多有以本人之田地仍寄原主之粮户，一有告讦，皂白不分。奸徒乘机影射，或致因此失业，真伪互争，讦讼不已。是始因经承之需索终贻官民无穷之累也。③

在湖北省推收过程中，人们为避免官府的契税，只私下在里书处登记。里书私下推收过割而不上报官府，致使官府对于民间田产转移情况一概不知。咸丰年间，胡林翼在批札中即曰："查湖北恶习，往往买田数年或数十年，竟不赴房推收过割，只潜赴里书处开一户名，私相授受，更有田已更易数主，变产已经数世，而粮名未换，仍在旧户下完纳者，而官与粮书皆昏然不知。"④里书在推收过割中的徇私舞弊，也是造成官册不实、官府赋税流失的重要原因。这样一来，只有里书手中的私册真实可靠，这

---

① （清）李辀：《牧沔纪略》卷下《钱漕善后事宜》，清光绪十九年（1893年）刻本，第45页。
② （清）李辀：《牧沔纪略》卷下《钱漕善后事宜》，清光绪十九年（1893年）刻本，第52页。
③ 同治《长沙县志》卷19《政绩一》，清同治十年（1871年）刻本，第33页。
④ （清）胡林翼：《胡林翼集》第2册《批札》，岳麓书社1999年版，第976—977页。

也是官府征税必须依赖里书的一个重要因素。

里书往往还伙同当地官吏绅衿朋比勾结、共同作弊。乾隆九年（1744年）一月，湖北巡抚晏斯盛奏称："楚省征催钱粮，每乡每里各有里书、册书，盘踞乡曲，包揽侵收，飞洒诡寄，以及需索册费等弊。前署荆门州知州高世荣纵用里书，朋比为奸……"①这说明州县贪官是里书舞弊的有力后台。在鄂西郧县，"造册之年，里书贿弊，将粮飞洒别户，或将粳米改作麦粟之粮，以致查册不对而皆失原额之数者，又地被水崩沙塞，先勘免征，因而连畔混告，贿勘并蠲。或先崩塞而后成熟，仍瞒官不报，蠲免如故者，此其弊种种难悉也"②。

另外在乾隆《荆门州志》中，时人蔚钟颖在《除里书序》中对乾隆年间荆门地区里书的种种不法行为也进行了全面深刻的揭露：

> 里书者何？催科之胥徒也。胥徒众矣，何疾乎里书？曰里书者，百弊之所滋也，万姓之所仇也，爱民者之所痛而惩之者也。何言之？荆门八山二湖，赋三万而余。而分地以村列，村以图掌之册书。其初不过便稽查、识逋欠而已。因沿既久，百弊丛生，推收则任意增减，飞诡则恣情废置，国家赋政遂为私家奇货，互相授受，恬不知怪，体制奚存乎？且花户之完纳也，春则输银，银之外无责焉；秋则纳米，米之外无费焉。民便甚也。自册书既立，有耗羡之派，有规礼之收。民之完正供者有限，而饱溪壑者无穷。又当开征之期，巧设机械，勒以卡票，得所欲者俾令先登，失其求者迟以日月，使终不得不惟命是从，而民于是困甚矣！③

虽然说里书包揽赋役可以侵渔牟利，但这是对于不法里书而言。在两湖里书中，我们也发现过因完不成任务而致家破人亡的事例。在湖南茶陵州，州民邓狗保的祖父曾充任里书，后因管粮失数，押赔无主粮十四石三斗七升，最后导致"父死母嫁，兄卖弟鬻、合户逃散"④的悲惨结局。此事发生在康熙十一年（1672年）以前，可见当时担任里书也并不是总能获利。一些良善里书因无包揽之事，其生活也相当拮据。雍正六年（1728年），酃县参与清丈田亩的"丈手、里书无衣御寒"⑤，邑庠生谭衡瑾参与监丈并赠衣物给丈手、里书，为时人称善。

从两湖地方志中的记载来看，清初各县在应对书差包揽钱粮的弊病时，纷纷禁革里甲催征之役，采用自封投柜、滚单催征之法。然而，有清一代，甚至一直到民国时期，册书及里书并未完全被禁革，甚至是"官革而私不革"，这足以证明这些书差在赋税征收中具有无可取代的地位。

---

① 《清实录·高宗实录》卷209，乾隆九年正月戊申条，中华书局1985年版，第694页。
② 万历《郧阳府志》卷11《食货》，学生书局1987年版，第382页。
③ 乾隆《荆门州志》卷36《文苑上》，清乾隆十九年（1754年）刻本，第37页。
④ 嘉庆《茶陵州志》卷8《田赋志》，清嘉庆十八年（1813年）刻本，第38页。
⑤ 同治《酃县志》卷15《人物·笃行》，清同治十二年（1873年）刻本，第10页。

三、柜书、收头及其他征收人员

（一）柜书

在清初实行自封投柜以后，出现了柜书、柜总、柜役一类职役，应该也属于衙门书吏这一序列。如在嘉禾县，"册书交册于柜书，柜书按册征收，比缴县□。比缴完，持比缴簿与总书核结，由总书写满收帖，交柜存据。若网在纲，有条不紊"①。在桃源县，以村为单位设置八柜总书，是为"柜总"。可知姓名的有硖洲村柜总张秉彝、小泑溪柜总钟庆遑、杜青村柜总陈秉耀、上白石村柜总郭魁吾。②

柜书一般由官府选派。其职责除了在自封投柜之时看守钱粮柜之外，其实还掌管推收和征收册籍等事宜。如同治《安化县志》即云："选派柜书九人，掌造推收细册、征册，一年一造，不得飞洒遗漏。柜书九人听官选派，止令推收造册，不准下乡收粮。"③正是由于柜书之职一般由官府选派，所以一般需要输送陋规方能被选中，因此柜书一旦任职，就百般营私舞弊，在百姓自封投柜之际上下其手，以谋其利。柜书作弊手段多样，乾隆《桂东县志》载：

> 如州县佥点充当柜书，每柜一名，必送本□陋规银若干两。又道尉若干，始得充当。该柜书既费己资，必思倍利。于是私制大戥，不令粮户自封投柜，执戥勒收。乡愚无知，受其笼络。即有自封投柜之户，或偷抽封内零银，剪边换块，吊封抵盗诸弊丛生。④

又，据光绪十年（1884年）屠仁守所言，湖北之为害民间最甚者有二：一曰催役；二曰柜书：

> 柜书经收钱粮，乡民数十里或百余里赴柜投纳，悉听柜书核算，溢额取盈。米则零升直以斗记，银则数钱竟作两论。有所谓般脚之费，有所谓票号之费，任意浮收，无敢致诘。复不当时给票，乡民羁候，恒误农业。或且终不得票，被催重纳。⑤

柜书之设，原本是为了方便粮户直接纳粮，但在新化县，结果却是柜书包揽钱粮，自封投柜形同虚设："设柜大堂，听民自封投柜，大半由柜书之包征包解，甚至擅自出墨券，私相授受。"⑥而在监利知县罗迪楚看来，"盖包收不利民而利公，究之终利民。投柜不利公而利民，究之终不利民。监利情形，兼用包收为善，专用投柜为苦"⑦。

---

① 民国《嘉禾县图志》卷14《财赋上》，民国二十七年（1938年）刻本，第9页。
② 光绪《桃源县志》卷4《学校志》，清光绪十八年（1892年）刻本，第13—14页。
③ 同治《安化县志》卷33《事略·时事纪·清钱粮安定章程》，清同治十年（1871年）刻本，第19页。
④ 乾隆《桂东县志》卷11《艺文志·告示》，清乾隆二十三年（1758年）刻本，第14—15页。
⑤ （清）屠仁守：《屠光禄疏稿》卷2《请查湖北积弊片》，文海出版社1969年版，第92页。
⑥ 同治《新化县志》卷9《食货志》，清同治十一年（1872年）刻本，第8页。
⑦ （清）罗迪楚：《停琴余牍》之《专折开呈征收钱粮实情并善后事宜》，官箴书集成编纂委员会：《官箴书集成》第9册，黄山书社1997年版，第408页。

由于自封投柜需要粮户往返奔波，耽搁农时，且等候耽搁期间，食宿诸费用也不少，而柜书浮收依然存在，倒不如包收更为省时便捷。

（二）收头

明初两湖田赋的征收解运主要由粮长及里长承担，但在以后各地又衍生出一些新的名目，如湖北蕲水县在弘治及正德年间，征收赋税已经由里长变为收头，收头俨然成为当地民间与官府之间的赋税中介人，他们先通过贿赂取得收税资格，然后从征税中渔利，其作弊手法甚多，危害甚深，为当地士民所痛恨，嘉靖《蕲水县志》对"收头之弊"有翔实生动的描述：

> 蕲之弊，收头为甚。狡伪亡赖者干金此役，其先不惜称贷贿嘱官吏以图肆志。官吏既德私遗，遂相与为市，峻罚严刑，箝制人口，利兑倍加，莫敢控告，盖可岁月完输也。彼且肥马轻裘，伐狐击兔，嫁女赘郎，宿娼买妾，养汞烧铅，歌呼赌博。凡可靡费财用者，罔不视若泥沙以明得意。所以自备之术，不过埋没文移，不行查究。埋没不免则呈告之，呈告不免则奏勘之。惟以小民拖欠为辞而已。万一岁月既久，由票遗亡，是小民果遗负也。又有一术焉，蕲多水推沙瘗及硗瘠荒芜田地，求以赔费馈人而不可脱者，则欣然受之，假造契书，增添亩价，预为告陷善良之计。有司者方以公赋为重，弗察民隐，狱禁考掠，勒成和买，买田未几而先已卖田矣！以己之膏腴易人之瘠弱，剜肉医疮，卖丝籴谷，救急目前，虽为子孙他日之忧，姑未暇计不移时而减亩捐价之讼又见告矣！于此不足焉，又将曰某家吾之寄头也，某家吾之债负也。又不足焉，则宗族、亲戚以次而及矣！吾见其有累而死者若干人矣，彼固幸生焉，吁收头之肉其足食乎？①

蕲水县之收头其实是粮长的变种，但充此任者已非税粮大户，而是一些"狡伪无赖"之徒，他们上下侵渔，包揽钱粮，公私俱困，此即两湖征收赋税弊端之一例。康熙《邵阳县志》载："里分四十有二，每一里分十甲，每一甲值年。其在县守柜者为收头，其在乡督九甲输粮者为催趱，周而复始。"②这里"收头"主要是在县城守柜收税粮者，和柜书有类似之处。

（三）揽头

广济县"有州大户被揽头包纳亏损，揽头逃去，大户陷狱。六年，公至狱中，大户称冤。公见其气弱难言，命狱卒以水涤瘿，饮食数日。覆之，得其情曰事过□年，揽头必以为安，不避矣。密访之得其人，大户得以免死"③。天门县"此中最患包揽，总缘南运破家，民不乐就，故奸民得而乘之，认收认解，帮贴肥己，银米花消罄之。

---

① 嘉靖《蕲水县志》卷1《风俗》，明嘉靖二十六年（1547年）刻本，第17页。
② 康熙《邵阳县志》卷3《里甲》，清康熙二十三年（1684年）刻本，第4页。
③ 康熙《广济县志》卷12《孝友》，清康熙三年（1664年）刻本，第2页。

起运则揽头匿而正户并逃,即正户出而重输安措,延捱嚣竟,几成难问"①。

(四)知根

湖北监利县至少在光绪年间,实行的是"知根催粮"。"知根"之名称暂时不知所由,只知道它和丈量有关,取名"知根"应该是形容他们对于本地地丁钱粮的情况知根知底、了如指掌。现仅据光绪年间任监利知县的罗迪楚在其政书《停琴余牍》中所载,当时湖北监利县废保正不用,实行"知根催粮":

> 一曰知根催粮,名目未定。清丈后利权全归知根,保正废而不用,谕无人充。知根隐瞒税契,包揽钱粮,世袭其利。亦遂任催不觉署无档案,不知始自何年。新陈开征,每知根发谕帖一通,由单一纸,饬之督催,签拿抗户,首署知根。令同拿比,拖疲舞弊者责以裁券,名曰揭征,盖犹保正也。知根父死子承,兄终弟及,往往争充成讼。强者舞弊自肥,羸弱者租人朋顶,侵渔隐匿,征收之坏,是为大端。拿到抗户究之,无不中含此弊。外如粮田控案,当堂讯出,诸病不可枚计。有利争趋,无利争卸,官不能骤绳以法,书差得乘其弊挟之而官不见。知根如此,其得利也无名。未经明定,又不敢控以求伸。责之不顺不责无着。上下含糊,良莠苦乐不均,不善二也。②

以上可知,知根催粮存在非常多的弊端和问题,包括隐瞒税契、包揽钱粮、世袭其利等。但在人治的传统社会中,知县罗迪楚也只能是用对待士绅的办法来对待知根,即"用绅用士之法用知根,理法兼施……又明定功过",详情如下:

> 二拟知根催粮,申明定章。钱粮征章,省县不一。里胥书差,大抵各用所宜。保正催粮正办也,而监利之保正,不预此事已三十年。缘梦泽水乡,冲淤变迁不定。自清丈弃里归院后,并都图里甲无之。向时保正俱废,其闻有保正,或地方私团、私保、私族所置,土豪借供驱遣,多不由官,偶由号差禀充,百不存一。因无沾润,所以不管催征。前任示谕,总不遵举。辟如井田之废,乡官名目碍难再复。其催粮责任,势不能不移于明备有利之知根。可见风俗相沿,前人亦非无理。不用知根,遍地花户,无头脑矣。且知根向由丈长改名,以之催粮,提纲挈领,有数益焉:一,管块不大,五里十里,行动不劳;二,丈亩世传亲见,人不敢欺;三,田亩买卖,必由知根过割,可无飞洒诡寄。而所以杜知根之隐匿包揽把持,即在其中。惟品流不一,颇因无案为难。必须通禀立章,易其绅衿,汰其老弱,明定出息稍优,择妥人承充,以示责成。而其督催正章,仍以催令花户上柜自完为正义。③

---

① 乾隆《天门县志》卷24《余编》,民国十一年(1922年)重印本,第9页。
② (清)罗迪楚:《停琴余牍·专折开呈征收钱粮实情并善后事宜》,官箴书集成编纂委员会:《官箴书集成》第9册,黄山书社1997年版,第408页。
③ (清)罗迪楚:《停琴余牍·专折开呈征收钱粮实情并善后事宜》,官箴书集成编纂委员会:《官箴书集成》第9册,黄山书社1997年版,第409页。

以上记载提供了一个明确的信息，即"知根"是由"丈长"改名而来，而由于监利县地处湖区，田地容易崩塌或淤积，因此丈量就成为摸清土地实情，随时跟踪土地变化和交易的重要手段。由此可知，从事丈量的"丈长"应该是非常熟悉花户及其田地坐落情况的人群，因此由"知根"来催征并包揽监利县的钱粮也就成为必然。

四、里催、甲催及其他催征人员

明清时期，赋税征收以造册、催征、收缴为三个主要环节，其中又以催征最为重要。与前述册书的职能从管册造册发展到催征赋役不同，里催、甲催这一类里甲催征职役从设置之初，其职责就主要是负责钱粮催征。在两湖地区，里催的设置也比较普遍。

里催之设，大致始于明永乐末年。这一时期，明代赋役征收开始出现大量的逋负等问题。出现逋负的原因，在于国都北迁及官田、民田科则轻重不一。两湖地区距北京遥远，相较运往南京，运输成本成倍增长，而官田科则往往数倍于民田，致使民众不堪重负，故逋欠不绝如缕。为了追缴逋负并解决田赋不能足额征收的问题，里催这一职役便应运而生，并在明清时期的赋税征收中扮演着重要角色，一如前文所述的册书和里书。

里催最初的职责主要就是协助粮长和里长完成一里钱粮的征收。明初，朱元璋建立的乡里制度，把田赋的征、收、解、运等权力都交给粮长、里长。但随着逋负问题的日益严重，单纯依靠粮长、里长难以完成赋税的征收工作，而里催的设立就是作为粮长和里长的辅助。这一时期的里催还不是里甲职役，而是由粮长或里长雇人充任。关于这一点，袁一相在《设立里催议》中有详细说明：

> 所谓里催者，乃粮长所雇倩代催之人，而非报充之殷户，亦非奉差衔役也。……是以公雇一人以任催粮之事，既代催收，复代比责，众享其逸而独任其劳，于是各甲之人给以饭食，资其脚力。而任里催者，于催粮应比之外，亦叨余资以自润，此情理所宜然也。①

可见里催最初的性质，只能算是雇役，并非里甲正役，也非官派之差。在粮里制度崩坏以后，朝廷有禁革粮长的政策。到了清初，里甲制度的变异，使里甲完全变成了赋税征收的单位。按钱粮编排里甲，使里甲不再是地理单位，这样一来，里甲人户的土地占有过于分散，之前的鱼鳞图册及黄册难以囊括里甲人户的田粮状况。在这样的情况下，里甲催征机制反而显得更加重要。现有研究表明，顺庄法及滚单法的实施并不能保证州县政府实现与纳粮人户的直接对接，这就使里甲催征机制依然重要。如此一来，由里甲人户充任的里催职役，便一直发挥着作用。

和里书一样，里催也主要是由里甲应役人员（排年、见年）承担。按照这一制度最初

---

① （清）贺长龄、（清）盛康：《清朝经世文正续编》第1册《清朝经世文编》卷29《户政四》，广陵书社2011年版，第297页。

的设计，里催是由里甲人户自愿报充。康熙初年，在浙江海宁县，里催"听其自愿认充，是里长之外又有一里催"①。两湖地区的情况，虽未见相关记载，应该也是如此。

至于里催的任职年限，起初在雇充的情况下，应该是长期充任的。大户报充及衙役报充，也是长期的职役。但是在一些州县因无人愿意自愿报充而强制报充的情况下，里催便和里长之类的职役一样，变成一年一换了。如此看来，里催的充任年限，不同州县情况不同。

此外，在一些州县，虽无里催名目，但是也有与里催相同的催役存在。如汉川县：

按汉邑每里旧设有十甲，甲各有什役，即别邑所云排年是也。什役催各纳户应完钱粮，亲封投柜，而每里各有当年一人，以督什役。自兵燹后，户口流亡，向来什役大半消乏，于是每里佥纳户粮多者为什役……每月限比，照数交官入库起解，此亦变通旧制而得其平者也。或大兵经临，其夫草照粮均派，西征之役，负数斗米，冒寒暑，走丛菁岩石间千余里，小民皮骨殆尽，呜呼艰哉！至包收之多，穷民实受什役之剥削，然法立弊生，亦有无可如何者矣，若楚屯田督催各役，谓之把头，其法亦与民粮同，但旧征青银，今俱足色。至汉川县民粮谓之红粮，催役或云里长，亦云什役，楚屯芦洲谓之芦稞（课），潞藩湖稞（课）谓之渔粮。相传楚藩望青占田，潞藩望白占田，其催役俱谓之区头。②

以上史料中所提到的"什役""把头""区头"，实际负有催征钱粮之责，与里催并无二致，且素质逐渐变差，汉川县"往什役应役，必本里正身有家者当之……今之什役皆市井无赖"③。同治《益阳县志》也有改甲为区，用"区长"来催征钱粮的现象：

县域以里分，自一里至二十一里，合在城厢外通谓之里。凡二十。今征徭匀摄及绅民贯址皆以是注籍。前代乡都之名废不复行矣。里有保有甲有区，咸建以长。保则里各不一，甲区则里皆以十保统于里甲统于保，区则与甲同域。盖区司田粮，所以编审征册，甲司户口，所以稽察奸宄。区即里中粮长之职，甲即老人之职。自康熙季年并丁于粮，废甲编区，设散区、总区，区各有长，散区每甲一人，总区每里一人，专司田粮推收，而保甲仅司巡缉督率之事矣。④

此后，鉴于里催催比一里欠户的困难，又设置甲催，将催比欠户的范围缩小到甲。在湖南省，"不肖州县巧设都总、里催、甲催、区长、团正等名目，借称易于征收，其实便于苛派"⑤，长沙县"递年以来，凡征收钱粮，惟甲催是问"⑥。在湖南浏

---

① （清）徐栋：《牧令书辑要》卷3《赋役》，清同治七年（1868年）刻本，第51页。
② 康熙《汉阳府志》卷1《舆地志·里甲》，清康熙八年（1669年）刻本，第102页。
③ 康熙《汉阳府志》卷4《食货志·附汉川县利病》，清康熙八年（1669年）刻本，第41—42页。
④ 同治《益阳县志》卷1《舆地志上·里域》，清同治十三年（1874年）刻本，第4—5页。
⑤ 同治《桂阳县志》卷18《风土志》，清同治六年（1867年）刻本，第18页。
⑥ 乾隆《长沙府志》卷23《政绩·示·革除甲催示》，清乾隆十二年（1747年）刻本，第22页。

阳县则专门设有"催差"之职："各都设有催差，领串往乡催收，交各柜汇齐。"①

与册书掌管册籍而有特权，劣衿豪绅纷纷买充不同，里催这一职役往往还要代里甲欠户到州县衙门应比，同时在催征任务没有完成的情况下，还要对欠额进行包赔。如此一来，充任里催者往往还要遭受破家之苦。于是，里催的充任，便由"自愿报充"而发展到"强制报充"，甲催亦然。如湖南长沙县，"查实征规则……除绅衿上役不在应役之例外，凡有三石六斗以上户粮者，即应报充一年之甲催。令将甲内十区各户钱粮按数催完，至年终即将第二区花户应该输役姓名挨报作下年之甲催"②。里催也从雇役发展为由里甲应役人户轮充的里甲职役。

在两湖地区地方志的记载中，册书、里书的革除往往是因为包揽征收之弊，而里催、甲催革除是因为这是一项重役，往往导致应役民户倾家荡产。乾隆《长沙府志》中收录知县王克庄《革除甲催示》一文，对甲催职役之苦做了详细说明：

> 递年以来，凡征收钱粮，惟甲催是问……一则有举报之弊。查实征规则……甲内十区各户，除绅衿上役不在应役之例外，凡有三石六斗以上户粮者，即应报充一年之甲催。令将甲内十区各户钱粮按数催完，至年终即将第二区花户应该输役姓名挨报作下年之甲催。其报也公，则奸民有不愿充役者，告诉纠缠不已；其报也不公，则有挟仇愤、受贿嘱、漏富差贫等弊。及报名已定，二则有差役之弊。票唤承认，差役要钱；央人耽（担）保，保结有费。拘牵伺候，强半在城。三则有提比骚扰之弊。各户钱粮既经一身承催，如完不敷数，即行差拿。差不问欠户而甲催独受追呼。签票叠至，来去络绎。酒食使费一年供给，鸡犬为之不宁，妻子甘为奴隶。四则有拖累血比之弊。区内零户岂尽淳良，散处四境，则有奔走唇舌之劳瘁，顽抗不完则有按限代比之敲扑。刁顽赤贫，经年拖累，年复一年，縻血肉而废生业。倾家了命，卖男鬻女，尚可言哉。③

里催的设置，一方面能够保证州县赋税的足额征收；另一方面也可以使里甲民户顺利上缴钱粮。然而，清人袁一相在《设立里催议》中指出，一旦"里催不得其人，或报名充当，或衙役包揽，则其流弊有不可言者"④。尤其是一些绅衿大户买充里催、甲催职役以后，往往借机勒索敛财：

> （湖北）为害民间最甚者有二：一曰催役……催役者，皆以钱买成窝缺，开征之时，揭票下乡，向粮户催收酒食供给外，每票勒索钱数百文，甚者数千文，稍不遂意，辄以抗粮报官。乡民畏惧，不得不饱其欲壑，求免拖累。获利既丰，其

---

① （清）唐步瀛：《长沙府浏阳县奉饬查询各项事宜清册》，清光绪十六年（1890年）抄本。
② 乾隆《长沙府志》卷23《政绩·示·革除甲催示》，清乾隆十二年（1747年）刻本，第22—23页。
③ 乾隆《长沙府志》卷23《政绩·示·革除甲催示》，清乾隆十二年（1747年）刻本，第22—23页。
④ （清）贺长龄、（清）盛康：《清朝经世文正续编》第1册《清经世文编》卷29《户政四》，广陵书社2011年版，第298页。

势愈横。①

乾隆《衡阳县志》记载，康熙年间，衡阳县"虽革里排行滚单法而点甲催点单头，凡散户之正饷杂派无不问之一人。有力者承之，或因以获利，至乡曲愚民夙不谙粮役之务，一旦报举，不胜扑责之苦，举债斥产以偿之，而畴昔之生计立倾矣"②。可知在滚单催征法施行以后，甲催这一职役的金点变得十分重要，但是这也给应役甲催的民户造成了极大的困扰。能够胜任这一职役，也就是熟悉赋税征收的项目、税则、科则的殷实之家，往往能够在应役的过程中获得额外的利益，但是对不能胜任的普通乡民而言，这一职役往往会使其因衙门胥吏的需索及赔补逋欠而倾家荡产，不得不外逃以避役。

除里甲催征之外，两湖地区也存在保甲催征赋役的情况。如在湖南，"查衡、清二县保甲，近来专管包征钱粮，反置查匪事件于不问。……辄将衡阳钱粮概归保甲征收，清泉亦随同办理。厥后弊端丛生，保甲弱者则不胜垫赔之苦，强者则勾结蠹役捏票浮勒，甚至痞棍买充领票，讹索小民，浮收数倍，名曰包保包甲。以致保甲一项，专管催征钱粮，而查团之事，置之不理。匪徒充斥，毫无稽察，实为两县一大弊政，不可不急为更改"③，益阳县"各里钱粮，着各里团总保甲催完，立限扫数，不得抗延，违者禀究"④。

而在湖北通城县，当地则是由"户长"来催征钱粮："国朝（指清代）知县盛治……每甲秋粮八十一石三斗，不用老人开报，将存衙粮簿亲点粮多者十名为户长，每户长管催秋粮八石一斗，立为每月一限，每限足一两者免人应比，不足者添差拿所欠纳户。"⑤

由于基层赋役征收诸环节涉及的人色繁多，这里择其要者概述如上，难免挂一漏万，更为系统、详细的考察留待今后进一步的史料爬梳和缜密考订。就目前两湖地区的部分史料而言，可略作如下概括：

其一，县以下基层赋役征收人员层级复杂，人数众多。大体而言，一般有州县、乡里两个层级，州县主要有户书、粮书，以及实行自封投柜之后产生的（总）柜书等。乡里则包括里书、册书等。在清代田赋定额化之后，随着里甲制度向保甲制度的嬗变，里甲逐渐演变为征税单位，乡里赋役职役也就逐渐被官府胥吏制度所替代，特别是在包揽钱粮现象蔓延之际，县、乡两级赋役征收体系出现了混同合流之势，也就是吏与役的趋同。

---

① （清）屠仁守：《屠光禄奏疏》卷2《请查湖北积弊片》，文海出版社1969年版，第91—92页。
② 乾隆《衡阳县志》卷5《风俗》，清乾隆二十六年（1761年）刻本，第16—17页。
③ （清）李瀚章等：《曾文正公（国藩）全集·奏稿》卷2《厘正衡清二县保甲片》咸丰三年十二月二十一日，文海出版社1974年版，第339—340页。
④ 同治《益阳县志》卷5《田赋志》，清同治十三年（1874年）刻本，第40页。
⑤ 康熙《通城县志》卷3《志善政·定法催征》，清康熙十一年（1672年）刻本，第7页。

就其人数而言，林则徐于道光年间指出："楚省粮书、工书等名目混称者多。凡在各乡分催钱漕，经手推收过户者，皆假借书吏名色哄惑乡农。其实则与局役相同，并非在内署科房办事。而人数甚众，大县竟以千计，实属骇人听闻。从前里书、册书之名，叠经奏明禁革，而若辈互为鬼蜮，总以里粮底册私相授受，故有官革私不革之谣。"① 又据胡林翼所言，"一县之中，册书里差多至千余人"②。而且各地还有众多没有名分的"白役"存在。如清末监利县"每柜向有游差白役不给口食之百数十人，拼年累月，充当此任。……一县之中，六柜千人"③。在华容县"县役借差带领白役多人，任意滋扰，深为地方之害"④。就各县书吏差役及各类白役人等，大体可以推断赋役征收人员每县一千人，可见该群体人数之庞大。

其二，赋役征收人员出现职业化与世袭化的趋势。由于赋役征收涉及对田地丈量、户籍统计及赋役册籍的编撰等较为专业的知识，而且由于官员的流动性较强，且明代中后期到清代，以鱼鳞图册与赋役黄册为代表的"官册"逐渐脱离实际，而以"实征册"为代表的"私册"开始出现，于是掌握这些"私册"的粮书、册书们就逐步以父子、师徒等关系传承下来，呈现出专业化趋势，进而形成世袭化。值得注意的是，随着后来赋役包揽化的盛行，书差们开始分区分片（或者按照乡里区划）包揽钱粮，此时承揽者的身份也开始复杂化，既有原来的户书、粮书、册书等，也有胥吏、士绅等，且大部分开始城居化，只是在征收税粮期间才下乡。

其三，盘踞于赋役征收诸环节的中间层的存在，一定程度影响和决定着农民负担的轻重。作为一个庞大的征收群体，书差们长期盘踞于赋税征收的诸多环节，无论是赋役征收过程中的层层盘剥，还是包揽与垫付过程中的侵吞，都会在无形中增加农民的负担，由此产生国家正税不高而百姓负担不轻的局面，其问题的症结就在于征收过程中的复杂性。而征收过程中的诸多吏役人员的素质、品行、管理等直接与百姓的赋役痛苦指数息息相关，当然背后也和主政官员的素养与当地的政治生态有关。诚如胡林翼所言："犯法者当惩，奉法者当留，书吏中亦有人才。特官贪则吏必逞其私，官惰则吏必揽其权，非书差必不可用也。该令果能立志为好官，则书差亦奉令惟谨。"⑤ 书差们的形象无疑也具有多面性，故在分析传统中国农民赋税负担轻重的问题时，必须对县以下基层赋税征收群体给予足够的关注。

---

① 中山大学历史系中国近代现代史教研组、研究室：《林则徐集·奏稿》中册《奏稿八·稽察堤工总局申禁冒称书吏片》，中华书局1965年版，第428页。

② （清）胡林翼：《胡林翼集》第1册《奏疏·奏陈鄂省尚有应办紧要事情俟九江克复再行率师下剿疏》，岳麓书社1999年版，第363页。

③ （清）罗迪楚：《停琴余牍》之《专折开呈征收钱粮实情并善后事宜》，官箴书集成编纂委员会：《官箴书集成》第9册，黄山书社1997年版，第12页。

④ （清）张五纬：《风行录续集》卷1《华容县职员禹光清呈词批》，杨一凡、徐立志主编：《历代判例判牍》第8册，中国社会科学出版社2005年版，第342页。

⑤ （清）胡林翼：《胡文忠公遗集》卷85《咸丰县禀陈整顿钱粮革除册书批》，清同治六年（1867年）刻本，第7页。

第六章　户籍、税则与不同群体赋役纷争

赋役制度不仅关系到国家的统治秩序，同时也关乎民生和社会的秩序，背后涉及公平，体现着社会的结构和群体关系。而且"钱粮"是古代普通民众和衙门打交道最多的领域，不同的赋役政策、不同的征收方式，都会影响到民众的生产、生活及纳税行为的选择等。因此，不同户籍、不同地区、不同群体之间，围绕着税粮和徭役的征派标准的不同，自然会产生诸多赋役纠纷。

一、主客之间：移民与土著的税赋纠葛

改朝换代天下大乱之时，作为战略要冲的两湖地区，其人口的大量流动与死亡的确是事实[①]，源源不断的外部移民也是明代湖广社会中特别引人注目的社会现象，尤其以洪武年间江西填湖广最为学者所关注[②]。关于江西人口迁移湖南，谭其骧先生利用地方志中有关氏族的材料予以了研究。在其《湖南人由来考》中，谭先生认为："湖南人来自历古，五代、两宋、元、明居其什九；元、明又居此诸代之什九；而元末明初六七十年间，又居元、明之什九。"[③]而曹树基则利用众多民间家谱建立数学模型，进而得出结论："湖南全省人口中，56%左右是元以前移民后裔；35%左右是元代及明初移民之后裔；9%左右是明初以后移民之后裔。"[④]另外湖广地区江西瓦屑坝移民传说也吸引了学者的关注。[⑤]除了江西移民湖广，仍有众多其他移民流入湖广地区。如明初有大

[①] 当然，对于元末明初湖广地区人口的损失程度，笔者以为不可估计过高，诸如"十室九空"之类的记载更多是一种文学描述。据《明实录·明太祖实录》卷62"洪武四年三月乙巳"条记载，当时朝廷一次性征调湖广武昌、荆州、岳阳等府运粮民夫三万人。另据万历《大明会典》卷194《冶课》记载，明初各处炉冶铁一千八百四十七万五千零二十六斤。其中湖广就有六百七十五万二千九百二十七斤，为诸省之冠。众多的运夫和大量从事冶铁的劳动人口，在一定程度上证明明初湖广还是有一定数量的人口存在的。

[②] 张国雄：《明清时期的两湖移民》，陕西人民教育出版社1995年版；曹树基：《中国移民史》第5卷《明时期》，福建人民出版社1997年版；曹树基：《中国移民史》第6卷《清 民国时期》，福建人民出版社1997年版；张建民：《湖北通史·明清卷》，华中师范大学出版社2018年版等专著都对此有论述，可参阅。

[③] 谭其骧：《湖南人由来考》，《长水集》上，人民出版社1987年版，第350页。

[④] 曹树基：《湖南人由来新考》，中国地理学会历史地理专业委员会《历史地理》编辑委员会：《历史地理》第9辑，上海人民出版社1990年版，第129页。

[⑤] 代表性成果有徐斌：《明清鄂东宗族与地方社会》，武汉大学出版社2010年版；游欢孙：《祖先记忆与文献传播："瓦屑坝"三考的来龙去脉》，《中国历史地理论丛》2013年第4辑。

量的回族人由于军事征伐、卫所的设立或藩王就藩也定居湖广地区。①

(一)外来移民的大量迁入与主客之分

明初的湖广是由原先的土著居民和外来的移民共同组成的社会。但无论是原先的土著居民还是以各种方式移入湖广的移民,都要被政府尽可能地编入户籍中以便承担赋税徭役。"夫户必有籍者,以起役也"②。洪武三年(1370年)明太祖颁发圣旨曰:

> 户部洪武三年十一月二十六日钦奉圣旨:"说与户部官知道,如今天下太平了也,止是户口不明白哩。教中书省置下天下户口的勘合文簿户帖,你每户部家出榜,去教那有司官将他所管的应有百姓,都教入官附名字,写着他家人口多少,写得真,着与那百姓一个户帖,上用半印勘合,都取勘来了。我这大军如今不出征了,都教去各州县里下着绕地里去点户比勘合,比着的,便是好百姓,比不着的,便拿来做军。比到其间,有司官吏隐瞒了的,将那有司官吏处斩,百姓每自躲避了的,依律要了罪过,拿来做军。钦此。③

从以上材料来看,明初清查户口是十分严格的。洪武十四年(1381年),明太祖更是设计出里甲制度对民户进行管理:

> 命天下郡县编赋役黄册。其法以一百一十户为里,一里之中,推丁粮多者十人为之长,余百户为十甲,甲凡十人,岁役里长一人,甲首十人,管摄一里之事。城中曰坊,近城曰厢,乡都曰里。凡十年一周,先后则各以丁粮多寡为次,每里编为一册,册之首总为一图,其里中鳏寡孤独不任役者,则带管于百一十户之外,而列于图后,名曰畸零。册成为四本,一以进户部,其三则布政司府县各留其一焉。④

里甲制度既是一种户籍管理制度,也是一种赋役征派制度。尽管其实施存在一定的区域差异,但两湖地区普遍实施了这一制度则是事实。还需指出的是,明初沿用元代诸色户计制度,将民众按职业分为若干户种:"明初户口仍元之旧,命民自实。洪武十四年始颁黄册,式于郡县。军民匠灶各以本业占籍。"⑤当然,除了军民匠灶之外,尚有许多其他户种,如渔户、乐户、僧道户等。诸种户籍负担的徭役赋税均存在很大

---

① 仅列举三个家族:一是湖南邵阳海氏家族在其家谱序中说道:"吾族鼻祖盟石公,本顺天府昌平州顺义县籍,洪武元年授御前亲军指挥,二年,奉旨与东川侯胡海洋及千户江文靖、百户王容开取湖广宝郡地方,随带家属三十余口,寄住城内。"二是湖北回族马氏家族在谱序中说道:"皇明龙兴之迹,一、二世祖相继立勋,累受禄秩,可谓锡之者丰,受之者频矣。至三世祖钦调武昌左卫,遂世居焉。"三是湖北回族定氏的祖先于"洪武十三年分封楚藩,授武昌卫指挥",其子孙于是定居于湖广。以上分别参见马建钊主编:《中国南方回族谱牒选编》,广西民族出版社1998年版,第81、95、115页。
② 民国《蓝山县图志》卷10《户籍下》,民国二十二年(1933年)刊本,第1页。
③ (明)李诩撰,魏连科点校:《戒庵老人漫笔》卷1《半印勘合户帖》,中华书局1982年版,第34页。
④ 《明实录·明太祖实录》卷135,洪武十四年正月丙辰条,"中央研究院"历史语言研究所1962年版,第2143—2144页。
⑤ 道光《永州府志》卷7上《食货志》,清道光八年(1828年)刻本,第65页。

的差别。

尽管明初设计出诸种制度，尽可能将所辖区域内居民统统编入各种户籍，但是依然有人并未纳入明王朝户籍中。并且越到后来，脱离于政府户籍中的人数反而越多。按万历《大明会典》记载，户贴里甲制度实施后的洪武二十六年（1393年），"湖广布政司，人户七十七万五千八百五十一户，人口四百七十万二千六百六十口"①。到了弘治四年（1491年），"湖广布政司，人户五十万四千八百七十户，人口三百七十八万一千七百一十四口"②。而到了万历六年（1578年），"湖广布政司，人户五十四万一千三百一十户，人口四百三十九万八千七百八十五口"③。可见弘治年间与万历清丈前，湖广的人口数都比不上洪武年间，也就是说随着明王朝统治的延续和经济的发展，湖广人口数总体都在下降。特别是弘治四年与洪武二十六年相比，不到一百年，湖广人口就下降近百万，这显然不合常理。因此万历《大明会典》关于湖广的人口数指的是当时明王朝实际控制的人口数，而非实际在湖广生活的人口数。脱离户籍的人口也占湖广地区总人口的一部分。

基于以上所论，可以将明代湖广社会里的人群分为主户与客户两大类型。因为简单以土著和移民来概括，则会在研究中出现问题。例如，有的移民是被编入湖广户籍中的，有的却一直游离于编户之外。而有的土著虽然长时间居住在湖广，却一直没有入籍。因此将湖广人群分为土著与移民很难在明代赋役研究中分类取样。明初采取"令民自实"的户籍登记方法，无论是原先的土著还是后来的移民都可以入籍编户，成为承担朝廷赋役的人群，具有一定的共性。而明代中叶，湖广地区关于居民的称呼曾经有过一番争论：

> 切照南阳、荆襄、德安、安陆、沔阳等府州县所在流民，今官府文移及上下军民不分伊曾无附籍，悉称以流民名目。其已附籍者羞恶流民之名，概自称曰下户。而本境之内，世居之家无所分辨，故别称为老户。辞义不顺，名称俗陋。不惟告争等件及案牍之间开写欠美，抑且已经附籍与未附籍流民混淆无别。会同钦差分守右参将都指挥同知王信议得合将前项府州原有土居人户称为旧民，逃来附籍人户称为新民，其奸顽展转不肯附籍者仍前目为流民。如此则事寓劝惩，而漏籍转徙者愧耻，且格辞有分别而文籍开载者平顺可观。④

由此观之，明政府对居民多倾向于以附籍还是未附籍来划分，而并不主张以居民入居某地的先后来划分。已经附籍的人户（也就是主户）也是不愿意以"流民"来称呼自己的，而在官府看来"流民"一词也是带有贬义的。在明政府看来，无论是本地

---

① 万历《大明会典》卷19《户部六》，明万历内府刻本，第1页。
② 万历《大明会典》卷19《户部六》，明万历内府刻本，第6页。
③ 万历《大明会典》卷19《户部六》，明万历内府刻本，第13页。
④ （明）陈子龙等选辑：《明经世文编》卷92《杨中丞奏疏·题为议事事》，中华书局1962年版，第818—819页。

土著还是外来移民，只要入籍就是"民"，而不愿入籍则是"奸顽展转"的"流民"。这些被编入里甲户籍而又承担国家赋役的人户，无论是土著还是移民，一般都称为"主户"。而在明中后期由于赋役繁重，原来的土著逃离里甲户籍的，或者来湖广贸易、逃荒没有入籍的移民，笔者则称其为"客户"。

主与客最大的不同则是是否入籍承担赋役，而非在湖广居住时间的长短。[①]但是明代湖广主户与客户的情况也是千差万别的，例如同是入籍当差的主户，不仅各种不同的户籍（军、民、匠、渔等户）承担的赋役类别大不一样，即便是同为民户，不同府县的民户负担也是千差万别。而同是客户，有的穷困潦倒实在无法承担赋税徭役，有的却是资产雄厚的大商人。因此本部分在"主户"与"客户"两个大前提下，兼顾两种人群中的不同种类，讨论明代两湖地区诸种人群围绕着赋役不均的纠葛。

（二）主客之间的赋役分担不均问题

如前文所述，明政府统治下的湖广，各种入籍的主户往往采取逃亡的方法躲避自然灾害和政府的重税繁差。如明代督饷御史丘兆麟在其《陈楚地事宜》中所言："民穷而无可恋之土，言武汉以西，荆岳以北，每多水患，居民仅用芦枝盖居。丰年则耕，凶岁则窜，钱粮因无所出，追呼亦何以行。"[②]这种现象并不只是湖广的独特现象，其他省份的民众也会四处逃亡，乃至逃亡到湖北。客户问题就由此大量产生。所谓的"客户"就是居住在某地，却并没有入当地户籍纳税服役的人群。这样就会造成明政府承担赋税徭役的人口大量流失，诚如成化年间丘浚以湖广江西客民为例所说：

> 以今日言之，荆湖之地田多而人少，江右之地田少而人多，江右之人大半侨寓于荆湖，盖江右之地力所出不足以给其人，必资荆湖之粟以为养也。江右之人群于荆湖，既不供江右公家之役，而荆湖之官府，亦不得以役之焉，是并失之也。[③]

明中叶寓居湖广的江西人，既逃避了江西的"公家之役"，又让湖广的官府"不得以役之"。客户在某种程度上可以逃避赋役，再加上湖广一定自然条件、社会经济条件的吸引，导致湖广客民日益增多。明代客民问题最为显著的例子莫过于湖北荆襄山区。明代王恕说："荆襄一带山林深险，土地肥饶，刀耕火种，易于收获。各处流民僧道往往逃匿其中，用强劫夺，置立产业，官吏不敢科征，里甲不敢差遣。"[④]

荆襄一带山区正是由于人口稀少，自然资源相对于其他山区优越，因此吸引了大批人口迁移进来。到底该山区吸引了多少客户呢？明代官员原杰的《处置流民疏》向

[①] 不可否认的是，湖广少数方志中并非如此界定主户与客户，而是沿用当地传统习俗观念，将外来移民概称为客户，而不管是否入籍。这类情况需要我们加以辨认。但在大多数情况下，明代的客户主要是指未入籍者。

[②] 《明实录·明熹宗实录》卷59，天启五年五月壬戌条，"中央研究院"历史语言研究所1962年版，第2749页。

[③] （明）丘浚著，蓝田玉等校点：《大学衍义补》卷13《治国平天下之要·固邦本·蕃民之生》，中州古籍出版社1995年版，第207页。

[④] （明）王恕：《抚治荆襄疏》，（明）张瀚：《皇明疏议辑略》卷24，明嘉靖三十年（1551年）刻本，第4页。

我们透露出，"因原籍粮差浩繁，及畏罪弃家偷生，置有田土，盖有房屋，贩有土产货物"的荆襄山区"流民共一十一万三千三百一十七户，男妇共四十三万八千六百四十四丁口"①，这还仅仅是明政府一次清查出的流民数量。对于如此多的流民，明政府无非采取两种办法：送回原籍监管、就地附籍纳粮当差。由于并没有从根本上改变户籍制度，改变赋役不均的现实，送回原籍与就地附籍都不能彻底解决流民客户问题，这一问题反而随着明朝统治的继续日益严重。

到了明末，湖广几乎遍地皆客户。顾炎武在其《天下郡国利病书》中无不透露出对此的担忧，如汉阳府"游民时群不逞，出没飘忽，莫可谁何。所为不虞之戒，弥甚武昌云"②，承天府"在沮洳之乡，淤水成腴，而浮食奇民，操其重货，乘急贳贷，腾踊其息，积重累困，夺居民之业，并其身而有之，故丁壮盈室，而借口客丁，免于编列"③，郧阳府"其地多崇岗丰箐，民事憞悍而惮拘柙，虽岁时群处，往往以财力相雄长，有侠风。四方游民，其琐尾仳离与挺（铤）而走险者，多逸其中，久而滋煽，因易为乱。承平以来，剧盗数起"④，在长沙府，"他方游民，徒手张颐就食其间。"⑤

客民的增多，不仅使明政府丧失了一部分服役纳税的人口，而且对客民迁出地和移入地的主户造成了一定影响。对于客民迁出地，当地里甲受到破坏而残缺，但赋税仍旧，没有逃亡的主户就要代为办理逃亡人户的赋税徭役，逃亡人口的赋税不能免除，常常成为"逋赋"加在没有逃亡的主户身上。成化年间巡抚陕西右副都御史陈价曾说：

> 平凉、延安、庆阳等府所属人户，为因年荒贼扰，逃移外郡，十有七八，所遗田土、粮草、纱绢俱责见存人户代纳。存者被累，亦欲思逃。逃者惟虑追陪，不愿复业。臣愚欲将逃于河南、山西、湖广、四川地方者，或行文彼处官司差人送回，或令回文原籍府县，发人起取，无分彼此，悉与口粮。其代逃户陪纳者，悉与蠲除。凡公私逋负，一皆停免，废逃者乐于复业，而存者不致思逃。⑥

以上陈价所说的"存者被累，亦欲思逃。逃者惟虑追陪，不愿复业"，应该是客民逃亡对迁出地影响很好的概括，人口流移，原户口的赋税只好由"见存人户"代纳，导致没有逃亡之人赋役加重，也想逃亡，而已经逃亡之人害怕官府追究赋税又不敢回

---

① （明）陈子龙等选辑：《明经世文编》卷93《原襄敏公奏疏·处置流民疏》，中华书局1962年版，第822页。
② （清）顾炎武撰，黄珅等校点：《天下郡国利病书·湖广备录上·汉阳府》，上海古籍出版社2012年版，第2718—2719页。
③ （清）顾炎武撰，黄珅等校点：《天下郡国利病书·湖广备录下·承天府》，上海古籍出版社2012年版，第2839—2840页。
④ （清）顾炎武撰，黄珅等校点：《天下郡国利病书·湖广备录上·郧阳府》，上海古籍出版社2012年版，第2740页。
⑤ （清）顾炎武撰，黄珅等校点：《天下郡国利病书·湖广备录上·长沙府》，上海古籍出版社2012年版，第2750页。
⑥ 《明实录·明宪宗实录》卷52，成化四年三月庚辰条，"中央研究院"历史语言研究所1962年版，第1058—1059页。

乡，造成恶性循环。对此，陈价提出将逃亡人口重新迁回，免除逋赋来化解矛盾。其实，陈价的建议是否落实尚存疑问，就算得以落实，也没有改变明王朝的根本赋役制度，人口逃亡对逃出地造成的"逋赋"影响一直存在。

而客户的到来，对于其移入地而言，影响则更为复杂。如前文再三强调，客户是笔者对流入某地而并没有编入某地户籍，从而逃避赋税徭役人群的称呼；主户则是对编入户籍纳粮当差之人的称呼。之所以会出现大量的客户，就是因为客户可以比较容易地逃避赋税徭役，从而得到实惠。客户逃避赋税徭役，对明政府来说肯定是损失，客户与明政府的矛盾是不可避免的。但客户对于移入地的主户，并不存在"逋赋"由移入地主户代纳的情况，照理来说两者之间并不会有冲突。可是，明代湖广地区主客之间的冲突却表现在多个方面。

由于客户的赋税徭役负担远低于主户，赋役不均又导致贫富差距，从而造成人群的对立。如湖南长沙府：

> 长沙土野沃衍，下有洞庭之输，泉源潆潆出山址，故鲜水旱，称善郡。其民被襏而事钱镈，以殖衣食，无所仰于四方。乃他方游民，徒手张颐就食其间。居停之家，初喜其强力足以任南亩，往往僮客畜之。久而游民多智辨，过其居停主人，其主人亦逊谢以为不及，因请诸赋役愿与共治，或就砣确荒芜田予之垦，而代缮其赋，不以实于官。及其久也，游民或起家能自稼穑，异时居停者或稍陵替，致相倾夺，间有田则游民业也，而赋役皆主者任之。故土户强则役客，客户强则累土，讼狱兴而不可止者，其来渐也。①

长沙自然条件优厚，自然吸引了许多客民前往。刚开始时，主户将其作为"僮仆"来使用，结果天长日久，客户的实力增强，往往有凌驾于主户之上的趋势。甚至造成田业归客户、赋税归主户的现象。客户凌驾于主户的现象并不是孤立的，如湖北潜江县"占田多者皆流寓豪恣之民，土著者反为其佃仆，贫弱受累，赋役不均"②。再如钟祥县"地多异省之民，商游工作者，赁田以耕，僦屋以居，岁久渐为土著。小民或以事役急迫，向之称贷，质以田宅，久之多为其准算"③。又如湖北承天府：

> 频年积荒，困于供亿。而土著之民，贫者或逋窜转徙物故，而司籍莫为损削。殷富之民诚大且众矣。其间桀黠者，率赇胥吏而漏其籍，使所编浮于所登，是使国版不足凭，而赋役无由均也。况在沮洳之乡，淤水成腴，而浮食奇民，操其重赀，乘急赍贷，腾踊其息，积重累困，夺居民之业，并其身而有之。故丁壮盈室，而借口客丁，免于编列。夫已擅地利长子孙矣！而客之也可乎？嗟呼，弊也。④

---

① （清）顾炎武撰，黄珅等校点：《天下郡国利病书·湖广备录上·长沙府》，上海古籍出版社2012年版，第2749—2750页。
② 万历《湖广总志》卷35《风俗》，明万历十九年（1591年）刻本，第6页。
③ 乾隆《钟祥县志》卷5《风俗》，清乾隆六十年（1795年）刻本，第21页。
④ 万历《承天府志》卷6《民数》，明万历三十年（1602年）刻本，第5—6页。

承天府的例子表明，客户并不一定是真正的外乡流移之人，而客户也并非都是穷极而逃之人。承天府贫穷居民逃亡甚至死在他乡，官府却并不削籍。富豪之家却"贿胥吏而漏其籍"，成为不用承担赋税的"客户"。再加上承天府水灾频繁，水灾之后因积累大量肥料，来年反倒能丰收，因此承天府之人遭受水灾之后却并不愿意流徙，而是留下耕种，盼望来年丰收。但就在青黄不接之时，"浮食奇民"则来放高利贷，夺主户之产业。这些"浮食奇民"到底是哪些人组成的，材料并未提及，而是说他们"丁壮盈室，而借口客丁，免于编列"。

因此承天府的例子可以再次证明如下观点：客户与主户的差异并不在地域的转换上，而在于赋税徭役的承担上。客户也并非都是穷困潦倒之人，而是成为一种逃避赋税发家致富的手段，如湖南常德府："版籍每十年一更，制也。吾郡屡更屡诎者，何哉？土民日敝，而客户日盛矣。客户江右为多，膏腴之田、湖泽之利皆为彼所据。捆载以归，去住靡常。固有强壮盈室而不入版图，阡陌遍野而不出租粮者矣！"①从常德府的例子，可以更清楚地看出客户的身份有时的确是一种发财的手段，即避税的"护符"。来自江西的客户不仅不是穷困潦倒之人，还占膏腴之田、享湖泽之利，来到常德的目的也就是牟利。当然客户因逃避赋役而富，主户因承担赋役而穷也并不是一条恒定的规律，但这两种人群却是"故土户强则役客，客户强则累土"②，成此强则彼弱，互相压迫之势。对于明政府而言，最理想的办法是："造册之年，清审有法。于土户不许其漏丁，于客丁必责其附籍。"③但是这毕竟只是一种理想，在户籍制度、赋税徭役制度没有发生根本性变革之前，总是会有"主户"与"客户"的差异，差异的持续也就是矛盾的持续。

（三）主客之争引发的诸多社会问题

水利是传统中国农业持续发展的保障，湖广江汉平原的开发更是离不开水利工程的修筑与维护。但同是水利，主户与客户却有不同的历史境遇。现以湖广沔阳州为例谈谈这一问题。沔阳州地处江汉平原，河湖池沼广布，洪涝灾害是该地区主要的自然灾害，但是洪灾之后，洪水泛滥带来的肥料却能使下一年丰收，故当地民谚有云："沙湖沔阳州，十年九不收。若是一年丰收了，狗子不吃红（糯）米粥。"明代中后期，当地的农业背景是这样的：

> 沔地洼泽钟，故岁恒凶。频歉少穰，故民恒瘠。然湖多易淤，土旷易垦，食物旋给，他方之民萃焉。而江之右为甚，强者侵产，弱者就食，故客常浮于主。

---

① 嘉靖《常德府志》卷6《食货志·户口》，明嘉靖十四年（1535年）刻本，第1—2页。
② （清）顾炎武撰，黄珅等校点：《天下郡国利病书·湖广备录上·长沙府》，上海古籍出版社2012年版，第2750页。
③ 嘉靖《常德府志》卷6《食货志·户口》，明嘉靖十四年（1535年）刻本，第2页。

然客无定籍，而湖田又不税亩，故有强壮盈室而不入版图，阡陌遍野而不出租粮者。民丁口单寡，田地污莱，则至于鬻妻子，死桎梏，而不能免也。《传》曰：不患寡，而患不均。此非不均之甚乎。夫天下无无籍之民，亦无无税之田也。今使客丁必登籍，而服其常役，则口增而民徭之偏重可省也。湖田必税亩，而修其常贡，则赋增而民租之积逋可杀也。如是主不常贫，而客亦可以久富，民不寡，而力且均矣。比者诏令均田，河南北皆便之。沔之平衍，犹中土也。独不可均欤？至于民数，则其多寡岁非不核也。而聚落日蕃，尽为逋薮，版图日耗，几为鬼录，可胜憾哉。或谓民无两籍，地无两赋，客之系，非不曰某郡县也。湖之租，非不曰某河泊也。不知既已，树桑梓开畎亩矣。尚可泥于乡土，同于湖泽乎？况彼籍易窜，此籍易匿，湖租常少，田租常多，变移生死，规避重轻，其弊岂一日之积哉。夫无籍游民也，无税闲田也，二者惟沔为多，而其增，其杀，兴利湔弊，非良有司莫能调停矣。①

由上述材料可知，沔阳州虽然水灾频发，但有两点宜农因素：湖多易淤、土旷易垦。这两点因素都不需要投入大量资金精耕细作，于是吸引了大批客户前来开发。如上文所述，客户并不都是穷极而徙之人，结果造成强大的客户侵吞主户的产业，弱小的客户则仅仅为了糊口。但无论是强大还是弱小，都改变不了客户"无定籍"这一特点。客户特别喜欢沔阳州的湖田，所谓湖田，就是在湖泊浅水淤泥处开辟的水田。由于湖田"不税亩"，且宜农性强，因此受到客户的欢迎。于是，主户纳赋税"则至于鬻妻子，死桎梏，而不能免也"，客户耕湖田"强壮盈室而不入版图，阡陌遍野而不出租粮"，造成沔阳州无籍游民与无税闲田大量产生。

沔阳州的主户与客户都需要水利设施，但两者却会产生利益冲突：

自洪武迄成化初，水患颇宁。其后佃民佔客日益萃聚，闲田隙土易于购致，稍稍垦辟，岁月寝久，因攘为业。又湖田未尝税亩，或田连数十里，而租不数斛。客民利之，多濒河为堤，以自固。家富力强，则又增修之。民田税多徭重，丁口单寡，其堤坏者，多不能复修。虽院必有长，以统丁夫，主修葺。然法久弊滋，修或不以时，故土未坚实，丁夫或非其数，故工尚卤莽。夫院益多，水益迫，客堤益高，主堤益卑，故水至不得宽缓，湍怒迅激，势必冲啮，主堤先受其害。由是言之，客非惟侵利，且贻之害也。然大水骤至，泛滥汹涌，主客之院皆为波涛，虽曰主害，亦匪客便也。②

沔阳州的客户喜欢湖田，而湖田需要修建水利设施。由于客户可以规避赋税徭役，常常能将堤坝修得坚固。而主户的堤坝则由于主户"税多徭重"而无力承担修筑

---

① 嘉靖《沔阳志》卷9《食货》，明嘉靖十年（1531年）刻本，第17—18页。
② 嘉靖《沔阳志》卷8《河防》，明嘉靖十年（1531年）刻本，第3—4页。

任务，其水利组织又腐败无所作为。于是，客户的堤坝比主户的堤坝高且更加坚固。洪水来临之时，水往低处流，自然是主户的田地先遭殃。因此"客非惟侵利，且贻之害也"。但大量围垦使湖泊的天然泄洪能力遭到破坏，大洪水到来之时，客户的田地与主户的田地一样也会淹没无余。因此主客户之间堤坝的修建最终可谓是两败俱伤。

无论是富有的客户还是逃荒的客户，因其不入当地户籍，在经济上可以逃役避税，在司法行政上则又常常逃避官府的管辖，造成了一定的社会治安问题。如湖南攸县：

> 迩来闽粤之民侨居吴楚，自吉、袁至楚南各郡县所在皆是。以为主户则本非土著，以为客户则已无他徙。而其人又皆居山而不居泽，凿冈伐岭，水心叶氏所云锄耨无穷，地力竭而不应，盖不免焉！然动损地气所关尚浅，惟是其性桀骜，其俗犷悍，若置之户口之外，视同狂獉，恐不免为土著之累。①

再如，今宜昌地区，"远安县又其北二百余里，大山长谷，荒险尤甚。其土著之民余三百室，而河洛秦楚流民之集殆倍蓰焉。是以往往寇贼奸宄，嚚悍难制，真岩险用武之地。较之武城，可用文治者，固不同矣"②。"彝陵自设府以后，流庸浮食者众，五方杂处，风俗大变。井邑十倍其初，奢靡之习百倍于前。民素醇谨，不尚争讼，赋无逋欠，洵美俗也。凡健讼犯科者，多系流寓浮籍，土著者稀焉。"③明代中后期形成的承天府，更是"今教化陵迟，犷悍如故，以舞文犯科为故常。佃民多流徙，轻弃其业，桀黠好讼，欺凌主户……（京山县）游居之民，则犷悍健讼……（潜江县）田多者皆流寓豪恣之民，土著反为佃仆。奸民享淤田之利，而愚朴贫弱者有赋役不均之叹"④。以上这些，还只是定居下来的客户，那些没有"恒产"到处流徙的客户则会成为所谓的"流贼"。

明代湖广地区最大的流民军事冲突无过于明成化年间的荆襄流民问题和明末李自成、张献忠流民起义。除了这两个时期外，明代湖广的治安也时常受到流民的威胁，如明孝宗弘治年间"湖广流贼百余人，攻桂阳县，入其城劫库及狱囚，杀虏吏民，焚毁庐舍，劫学印，虏县官家属，转劫村落"⑤，"湖广流贼黄瑛等聚众至百余人，攻劫桂阳县治"⑥，"广西流贼入湖广宝庆、长沙、武冈、新宁等处杀掠"⑦，"今湖广襄阳、安陆地方，流贼白昼劫掠"⑧。嘉靖年间"湖广荆襄等府，与河陕接界，土著流民

---

① 同治《攸县志》卷7《户口》，清同治十年（1871年）刻本，第6页。
② 弘治《夷陵州志》卷4《学校》，上海书店1990年版，第297页。
③ 乾隆《东湖县志》卷5《疆域下·风俗》，清乾隆二十八年（1763年）刻本，第2页。
④ 万历《承天府志》卷6《风俗》，明万历三十年（1602年）刻本，第2—4页。
⑤ 《明实录·明孝宗实录》卷107，弘治八年十二月辛酉条，"中央研究院"历史语言研究所1962年版，第1955页。
⑥ 《明实录·明孝宗实录》卷116，弘治九年八月壬辰条，"中央研究院"历史语言研究所1962年版，第2098页。
⑦ 《明实录·明孝宗实录》卷156，弘治十二年十一月甲戌条，"中央研究院"历史语言研究所1962年版，第2799页。
⑧ 《明实录·明孝宗实录》卷159，弘治十三年二月辛丑条，"中央研究院"历史语言研究所1962年版，第2863页。

杂处，往往啸聚为盗"①。湖广地区多江河湖沼，流民引起的水上治安问题也不可小觑，嘉靖年间南京御史乔英就说道："山西草寇甫除，山东矿徒渐起；四川流贼虽减，湖广江盗未平。窃恐延蔓不绝，遂成大患。"②那么湖广江盗的具体情况如何呢？湖广嘉鱼县可以作为例子："（嘉鱼县）自成化间，江北比多水患，流民就食于外，始聚而为盗，昏夜掠商船，率于江湖无人之所，尚未敢公然入县治也。迩岁征役繁重，远近逋移，驯致剧贼，贺璋辈诱胁穷民攻县治，杀民兵，劫库狱，烧庐舍，出没险阻，日滋蔓不可制。"③由此观之，明代湖广地区大量逃离户籍之外客户的存在，的确给当地主户带来了一些治安威胁。

明代根据职业或政府需要硬性划定人群的户口类别，并以法律的形式规定其负担赋税徭役的不同，又以各种法律措施"画地为牢"，禁止人口随意迁徙。而明政府几乎所有的赋税徭役都是根据固定户口来佥派的，于是就造成了这样的局面：拥有户籍的主户之间由于户口种类、居住地域的不同，所负担的赋税徭役有很大的区别；而脱离户籍之外的客户却能在一定程度上摆脱这些负担。由于赋役不均，不同主户之间会产生赋役分担比例的纠纷，而过多的客户又势必会对主户的生产生活造成影响。如果明王朝继续扩大赋役不均，则会造成主户不断向佃农奴仆转化，或干脆直接向客户身份转移，直接导致明王朝所控制的赋役人口降低。为了扭转这一局面，明王朝在主户之间、主客户之间进行均平赋役的改革，最突出的当属一条鞭法改革。但是终明一代，明政府并未彻底改变诸种户口之间的差别，例如与推行一条鞭法息息相关的张居正自身就是军户，其在万历变革中，对诸种户口之间的差异并未有任何变更。对于客户，明政府无非两招：迁回原籍与就地入籍。这实质是将客户重新变成主户，除此之外再无良策。明政府既没有办法防止客户的大量出现，也没有对客户进行有效的财政管理，因此客户成为明中叶以后逃避赋税的工具，越积越多，最终一发不可收拾。明代主客之间关于赋役不均的纠葛实质肇始于明政府，因为明政府制定的管理人口的政策就是以赋役不均为前提的。④

二、军民之间：军役与民差的徭役纷争

严格划分各种户籍是明朝人口政策的重要特点。明代有多少种户籍，恐怕很难说

---

① 《明实录·明世宗实录》卷33，嘉靖二年十一月丙申条，"中央研究院"历史语言研究所1962年版，第860页。
② 《明实录·明世宗实录》卷133，嘉靖十年十二月壬寅条，"中央研究院"历史语言研究所1962年版，第3161—3162页。
③ 乾隆《重修嘉鱼县志》卷5《艺文志·始修城记》，清乾隆五十五年（1790年）刻本，第19—20页。
④ 到了清末民初，湖南地方习俗中土客关系依然存在一些区别，比如史料记载："其有客民未入籍以前，加以特别限制者：一、土著人编定都团外，另立一都，名曰客都。凡客籍人置业，不准于土著人都内立户。二、客籍人置业时，必缴入境费，且有不准客籍人附学，不与客籍人通婚嫁者。此种非各属普通习惯，特其少数之例外者耳。"参见湖南法制院劳柏林校点：《湖南民情风俗报告书》，湖南教育出版社2010年版，第5页。

清楚，每一府县均不相同，如湖南湘乡县将境内户籍分为 14 种："曰正军户、曰贴军户、曰民户、曰官户、曰生员户、曰吏户、曰杂役户、曰校尉力士户、曰各色人匠户、曰铺兵户、曰马站马船递运防夫户、曰医士户、曰僧道户、曰外省府县寄籍补图纳粮户。"[①]

而各类户籍基本是世袭的，一般情况下不许妄加变更："凡军、民、医、匠、阴阳诸色户，许各以原报抄籍为定，不许妄行变乱，违者治罪。"[②]种种措施，无非想达到"籍其丁口，编成里社，使就约束。如鸟之在笼，兽之在柙。虽欲放逸，有不可得"[③]的统治效果。这种画地为牢的户籍管理方式对湖广地区有深远影响，其中对于军户和匠户的控制最为严格。时人曾谓："盖终明世，于军籍最严"[④]，"军法必世继，继绝以嫡，嫡绝以支，支绝以同姓，不奉上诏旨，不得遽自免"[⑤]。朱元璋在圣旨中说："比不著（户贴）的，便拿来做军。"[⑥]也就是说"做军"是一种惩罚措施。当然军户的地位是否一定低下，需要分时段、分类型来做综合全面的考察，不能一概而论。[⑦]但民户与军户都是编户齐民，其待遇存在一定的反差还是值得进一步讨论的。

明代军户问题，史学界研究得非常深入，其中部分涉及军户的负担及其相关纠纷等问题[⑧]，在此不赘述。简而言之，军户就是一种世代负担军事徭役的人群，大体可分为两类：一类是卫所军户，即驻扎在军事卫所的军户；另一类是州县军户，即居住在州县的卫所军人的亲属。且后者为前者提供经济资助，并提供递补人员。军户的经济来源则是散布在全国各地的军事屯田。

（一）明代两湖地区的军户与军役

明代湖广军户的比率是相当高的，从嘉靖《沔阳州志》的统计可知，洪武年间，沔阳州军户在总户数中比重占据 78.2%，天门县则军户比重达到 93.1%。在湖广方志中，也常看见军户多于民户的史料记载。如湖北安陆县"军民错处，而军多于民"[⑨]。湖南长沙府则是："洪武二十四年，户八万六千六百八十四，民三万六千四百六十九，

---

① 康熙《湘乡县志》卷 3《赋役志》，清康熙十二年（1673 年）刻本，第 2 页。
② 万历《大明会典》卷 19《户部六》，明万历内府刻本，第 19 页。
③ （明）陈子龙等选辑：《明经世文编》卷 81《徐司空奏议·议处郧阳地方疏》，中华书局 1962 年版，第 721 页。
④ 《明史》卷 92《兵志四·清理军伍》，中华书局 1974 年版，第 2258 页。
⑤ （明）陈子龙等选辑：《明经世文编》卷 32《薛文清公集·送张鸣玉诗序》，中华书局 1962 年版，第 227 页。
⑥ （明）李诩撰，魏连科点校：《戒庵老人漫笔》卷 1《半印勘合户帖》，中华书局 1982 年版，第 34 页。
⑦ 张金奎：《明代军户地位低下论质疑》，《中国史研究》2005 年第 2 期。
⑧ 参见徐斌：《明清军役负担与卫军家族的成立——以鄂东地区为中心》，《华中师范大学学报（人文社会科学版）》2009 年第 2 期；于志嘉：《卫所、军户与军役——以明清江西地区为中心的研究》，北京大学出版社 2010 年版；张爱萍：《明代班军家族的军役承充——以衡州卫罗氏为个案》，贺培育主编：《湘学研究》第 17 辑，湘潭大学出版社 2021 年版。
⑨ 道光《安陆县志》卷 3《疆里》，清道光二十三年（1843 年）刻本，第 8 页。

军四万一千一百三十二。"①如此众多的军户,如前所述分为卫所军户与州县军户。卫所军户战时要冒战争伤亡的风险,如湖南长沙卫军"柳州之役,以水土不习,戍而死者十常七八,殊可哀已"②。

而军户相对于民户而言,其最大的负担则来自各种艰巨繁杂的差役,特别是漕运负担尤为沉重:"岳(州府)宿苦漕运,武卫对兑为患,至杀人攻城。"③对于军户负担沉重,湖北沔阳诸生吴致道在《沔卫利弊论》中有详细的记载:

> 前志载卫军之苦,而不知近今之苦更有甚者。……即军与民较之,民人一两正饷,科米二斗,扣钱不过八百余文。而军人一造,每两外派费五六串,一运每两派七八串,此差重之苦,百倍于民也。民人偶遇天灾,钱粮可缓。而军人运事难缓。恩颁抚恤,民人实领,而军人贴补办运,未沾一惠,此灾惠之虚实苦于民也。民人造家册,不过数十文。而军人编审,每两正饷派钱串余。此造册之轻重苦于民也。民人田亩可值数十串,而军人田亩只许顶退,一文不值。此田产之贵贱苦于民也。民人早完国课,安业乐岁,而军人设法办漕,南北奔驰,田既荒芜,人复离散,虽届岁除,未尝一聚,此居家之劳逸苦于民也。最显者莫若脱漏一事,盖脱漏者,脱危以就安,漏生以免死耳。沔卫之脱漏,集如鳞次,只闻军脱于民,未闻民脱于军。假令军人可安可生,何脱漏之有。故民人诮军有云:养女不嫁卫,悔早未立毙。借贷终是隙,株连罗非罪。有妇皆寡守,有子半乞类。纵有屯田种,肥狗亦难喂。④

以上几乎是沔阳卫军户的血泪史,相对于民户而言,其各种惨状不一而足:其差役之重百倍于民人,漕粮运输之苦、摊派之重,使民户视军户为灾难,而军户脱籍为民户则是解脱,但实际上正如前揭引文所言,"只闻军脱于民,未闻民脱于军"。

在湖广地区,军户较多的原因之一可能在于垛集制度的实施。垛集制度是抑配民户为军的一种制度,始于洪武年间,其做法就是集民户三户为一垛集单位,其中一户为正户,应当军役,其他二户为贴户,帮贴正户。⑤这一制度给湖广民户带来了严重的灾难,如湖南临湘县:"明初如宋元之制,三十六里粮额三万七千有奇,官皆全设。后以军匠垛役繁重,土著流徙,田里多鞠为莽。"⑥垛集军户给临湘县带来的编户损失如下:"洪武二十四年,以垛役繁重,丁口消耗,减为二十八里。永乐十年减为二十里,

---

① 嘉靖《长沙府志》卷3《地里纪》,明嘉靖十二年(1533年)刻本,第2—3页。
② 嘉靖《长沙府志》卷5《兵防纪》,明嘉靖十二年(1533年)刻本,第27页。
③ 康熙《岳州府志》卷22《名宦》,清康熙二十四年(1685年)刻本,第14页。
④ (清)吴致道:《沔卫利弊论》,湖北省人民政府文史研究馆、湖北省博物馆:《湖北文征(全本)》第11卷,湖北人民出版社2014年版,第240页。
⑤ 王毓铨:《明代的军户——明代配户当差之一例》,《莱芜集》,中华书局1983年版,第346页。
⑥ 康熙《临湘县志》卷4《官师志》,清康熙二十四年(1685年)刻本,第19页。

二十年减为一十四里，宣德十年减为九里，景泰元年减为八里。"①军户徭役负担太重，垛集民户为军户，只会逼迫民户大量逃亡。湖南临湘县从洪武二十四年（1391年）到景泰元年（1450年）就因垛集丧失了 20 里户口。

对于两湖民众而言，不仅军户人数众多，而且按照制度规定，除非户绝，否则军户不得脱籍，"役皆永充"，哪怕是军户只剩一丁的情况下，也必须继续补军役当差。如永乐八年（1410 年），湖广郴州桂阳县知县因为本县民户充军人数太多，户只有一丁的也被发遣补军役，造成田地荒芜，税粮无征，累及里甲赔纳，乞求将军户只有一丁者存留纳粮当差。但这个请求依然被拒绝了："旧制，军户一丁应合承继者仍令补役。"②

正因为军户差役太重，所以"脱漏"者众多，导致军户人数不足，于是明代又有"清军"制度。所谓"清军"就是卫所军人死亡或逃亡，导致军额不足，从而就要"清军"补缺。"清军"对象主要是卫军原籍的军户家庭，可是在湖广地区，"清军"却弊端重重。如明代的湖北罗田县：

  洪武二十二年，垛军四千。罗前此清军之官多付之吏书、里老，其奸猾者死生挨解，系于财帛。纵有震世之威，不能塞其无情之口。而吏书之弊则有不可胜言者，如军户孙丙原在赵甲之下，而李丁则在钱乙之下，此定籍也。一有清审，新造军册，则移孙丙于钱乙之下，捏作见解。或挨无，或跟捉，而乡实无人。钱乙不过广用赀贿又得免矣。若复有清查，则仍如前弊，改造旧册以为应证，里老吏书所得不知其几何，况其中有改名姓字画以作无人者，有户无壮丁而以幼丁补录者，有原逃不在而作挨解者，有在营有丁而解查者，有丁尽户绝不与分豁者，有挨无名籍者，有解调别卫而误勾者，有同名同姓而冒勾者，有充军在前而分析在后者，有以义男女婿而冒替充军者，有以三户垛籍而副不认正者，有正缺而副不承认者，非止一端。③

以上罗田县呈现的"清军"之弊端，其实质就是当地民众通过各种"移花接木""李代桃僵"的手段逃脱承担军户徭役的过程，其间负责"清军"工作的胥吏则通过上下其手、徇私舞弊而获得各种好处。"清军"的弊端同样也牵涉民户，如湖南邵阳县，据光绪《邵阳县志》记载，蒋雄才在万历十八年（1590 年）任县丞，当时"卫军无后者，必檄原籍家族或同姓充补，谓之勾军，久为民累，雄才力请革除，民甚德之"④。而光绪《邵阳县乡土志》也有类似记载："卫军无后者，必檄原籍，取其家丁口充补，无，则取同姓及邻近民，谓之勾军。株累动千计。"⑤

---

① 康熙《临湘县志》卷 2《建置志》，清康熙二十四年（1685 年）刻本，第 9 页。
② 《明实录·明太宗实录》卷 103，永乐八年四月戊戌条，"中央研究院"历史语言研究所 1962 年版，第 1338 页。
③ 嘉靖《罗田县志》卷 6《修武志·军政》，上海书店 1990 年版，第 179—180 页。
④ 光绪《邵阳县志》卷 7《官师》，清光绪二年（1876 年）刻本，第 7 页。
⑤ 光绪《邵阳县乡土志》卷 1《历史·政绩》，清光绪三十三年（1907 年）刻本，第 14 页。

明代将各种职业强行编制为世袭户口，不允许户口自由流动。但是由于军户徭役太重，又将民户拉入军户，将赋役不均导致的矛盾继续扩大。将民户变为军户，是这种职业世袭导致人群矛盾的一个方面。而在军民杂处的地区，军户与民户也会因赋役不均而产生利益纠葛，这种利益纠葛往往持续到清初顺治、康熙年间。

如前文所述，军户分为两种：卫所军户与州县军户，后者是前者的补充和经济支撑。当清军勾补州县军户为卫所军户时，有的州县军户会如上举罗田县民众的例子一样逃避。但是逃得了军役，却逃不了民役，由于州县军户的户籍是由州县管理，州县军户依然要负担州县的里甲徭役。但民户与州县军户徭役的负担比率则往往会引起两者之间的冲突。下面列举几个明清时期军户与民户之间围绕赋役不均所产生的纠纷，来管窥军民之间的赋役不均现象。

（二）军民纷争之一：慈利县"军买民田粮米"事件

明代的军户耕种屯田，并缴纳子粒和承担军役。民户耕种民田，并缴纳田赋和承担民差。这两者的管辖各自成系统，而两者之间的流转是有一定规定的，一般而言，军买民田服民徭，民买军田服军役，土地性质基本决定徭役的性质。但由于两者之间的赋役轻重不同，一般而言，屯田承担的军役较民田重，民田承担的田赋较军田重，于是屯田和民田之间的买卖和流转，就会出现某种为规避重役或者重赋而避重就轻的行为。

万历《慈利县志》在论及该县田赋之际曾云："慈田赋之入，岁有定额矣。然所以为慈之蠹者有二焉：军买民田，号曰寄庄，率抗官而负税；隘收民米，号曰隘粮，类诡寄以侥免。"①这里指出慈利县在明代最为田赋弊端的是两个方面，即"军买民田"和"隘粮"。关于"军买民田"事件，该方志记载如下：

> 永定卫军买民田粮米一千七百五十三石六升六合二勺。先年议纳粮差每石折银一两五钱，后因军户豪强，抗违逋欠数多。近该本县知县夏玉成议呈本司，呈详两院批允，每石折银九钱，内将五钱纳粮。共该粮银八百七十六两五钱三分三厘一毫，以抵前项。本色一千七百五十三石六升六合二勺，照旧行令该卫军户解永定仓交纳。②

这里值得注意的是，军户购买民田之后，按照规定是要向州县缴纳税粮的，每石折银是一两五钱。但是由于"军户豪强"，抗违逋欠数量太多，征收困难，最后州县不得不调整标准，将这些"军买民田"的税则改为每石折银九钱，而且改折之后，这些"民田粮米"也没有向慈利县缴纳，而是按一定的比例分别缴给卫所仓库——永定仓。由此给慈利县当地的民户和地方税粮造成很大的负担。有学者通过研究指出，这种将

---

① 万历《慈利县志》卷8《田赋》，明万历元年（1573年）刻本，第7页。
② 万历《慈利县志》卷8《田赋》，明万历元年（1573年）刻本，第4页。

应缴纳给州县的"军买民田粮米"缴纳给卫所仓库，而将应缴纳给卫所仓库的"边粮"扣存本县的做法，较好地实现了一种"互换"和让渡。①

其实，军户与民户之间围绕土地的纠纷非常普遍，特别是在一些军民杂处之地，或以豪军抢夺民田，或以民人隐占屯田，各以势力相较量。如湖北郧阳府郧县："（民户）有田地与军屯连畔，节被豪军霸占，移丘易段，改至入册而一亩无半亩之存者。"②而由于军民分属不同管理系统，各自管理者也是各为其属，因此矛盾重重。以湖南石门县为例：

> 石门一、二、三、四，上下五、七等都，屯住九、永二卫官旗军共四百二十三段，凡一百四十七顷八十一亩。永乐间二卫军旗开种屯田，本民空隙之地也。正统八年攒造四至文册，各有界段。成化、弘治以后，军多逃亡，多削弱，官豪舍余投隙占种，故一官而有百家之别墅，一军而屯数百亩之产业。非逃军之故物，即穷民之粮田。所以军民构讼不息，良以是也。司空甘为霖守澧时曰："此方守令之难者，军民构讼也。有司偏于为民，卫官偏于为军，二者皆非也，当审其势而已。民与军杂处，民强必占军田，军强必夺民业。"③

明代石门县之所以军民构讼成为令地方官非常头疼的事情，就在于民、屯土地分属于州县和卫所两套管理系统，而且两者之间的赋役管理方式和赋役的标准不同，军占民田之后，其所承担的民田田赋不复其旧，于是就大大加重了其他民田的负担。所以石门县有"三殃"，军居其一。

（三）军民纷争之二：钟祥县滥派军户之民差事

一般认为明代的卫所在清代广泛延续了八十多年，到了雍正初年才大体完成了并入行政系统的改革。④但有漕运的卫所，军民各有徭役，仍旧分隶两套系统，于是在清乾隆年间，就发生了一起滥派军户承担民差的事件。

在今湖北钟祥市柴湖镇胜利村二组狗腿湾，原来刊刻有两通清乾隆年间的碑刻：《并无派累》碑、《不当民差》碑，都涉及军民当差之事。⑤兹先将碑文抄录如下：

并无派累

特授钟祥县正堂加三级纪录五次钱（璋）为违例滥派等事。奉督粮道李除开据武昌卫军丁张聪赴道词告项宁徭裁报保甲，当行伙县注销，着谕十民户中另行

---

① 孟凡松：《赋役制度与政区边界——基于明清湘鄂西地区的考察》，《中国历史地理论丛》2012年第2辑。
② 万历《郧阳府志》卷11《食货》，学生书局1987年版，第381页。
③ 康熙《石门县志》卷中《屯田》，清康熙二十二年（1683年）刻本，第52—53页。
④ 顾诚：《卫所制度在清代的变革》，《隐匿的疆土——卫所制度与明帝国》，光明日报出版社2012年版，第43页。
⑤ 军户问题主要存在于明代，之所以选取清初的案例，是因为明代关于此类问题的史料局限性太大，且清初的军户、民户划分及其徭役分配比例，基本承袭明朝，此外清初卫所归并州县经历了顺治、康熙、雍正、乾隆四朝才大体完成，故在此通过清初的例子反观明代之情形，可弥补明代相关史料之不足。

举报去后，兹据该丁诉称，蚁祖朵武昌卫屯头，历来民差毫无派累，去遭项宁徭将伊民保混拨运军胡得、高安、陈栋及蚁等军，并将门面差事妄栽乱派，伙串党差，兹累蚁于法。七月初八日，同胡得等奔辕泣诉蒙批，已经饬县豁免，毋庸给示，蚁顶宪恩，以为安抚无恙。讵保甲等贪肥未遂，八月初四，伊侄文焕在县市卖布，竟伙差蠹雷全将蚁侄锁押蠹家，至今未放，勒认民户门面差事。嚎县公出，无处投奔，只得再嚎，俯怜军瘼，恩施一墨，赏准示禁，永除旗患。抑或饬县出示晓谕，并垦惩戒保甲，例规画一，免遭滥派军项等情。据此备牌行县，即便查明，押令项宁徭另行举报外，合行出示晓谕。为此示仰县属军民人等知悉，嗣后遵奉县檄，军民各当各差，至民户保甲一项，不许累于军户中。举报如有民顶军田之事擅行搪塞，查出重究不贷。各宜凛遵毋违。特示！

（因原碑）多年朽坏，照字重建。

……四日。告示　右仰通知①

按，《并无派累》碑因年代久远，时间落款部分字迹不清，具体立碑年代看不清楚，且系重立，但内容和原碑一样。根据引文提及的钟祥县钱知县，查乾隆《钟祥县志》卷七《职官》可知，此时的知县为钱璋，乾隆三十一年（1766年）任钟祥知县，一直到乾隆三十五年（1770年）离任，在钟祥任知县四年，此碑应该就是在钱璋任钟祥知县的乾隆三十一年至乾隆三十五年之间所立。其内容反映的是清乾隆年间武昌卫的军丁张聪等，控告项宁徭等给他们军户滥派民差之事。军丁张聪的祖上原为武昌卫的屯头，也就是从事军屯，按照明代卫所制度，这些军户不应该承担民户差役。当然在清初，政府采取了撤卫并屯的措施，一般无漕的省份，其卫所逐渐被裁撤，屯地并入州县。②不过在湖北等有漕省份，卫所屯田及其军户大部分得以保留，并转为办理漕运的运丁。这也就是此碑所立的背景。所以接到军户控诉当地保甲滥派民差的反映之后，当地官员的处理意见就是"军民各当各差，至民户保甲一项，不许累于军户"。值得注意的是，碑刻最后有"民顶军田"，"重究不贷"，说明即使民户耕种军田，显然还是要承担民徭的，不能如军户一样免除民徭。但显然这种军民各自当差的禁令似乎并没有维持多久，之后又发生了一起类似军户被滥派民差之事。详情见如下的《不当民差》碑：

不当民差

特授湖北安陆府正堂加五级随带纪录二次孙为恳赏给示以免派累事。据武昌卫坐钟祥县境内军户李敬、陈万录、张化、何伦等赴府诉称，缘身等系武昌卫运军七名，李三、张金三、何升、九里陈□、龙于兴五户历来住居钟邑三官庙地

---

① 乾隆《并无派累》碑，焦知云：《荆门碑刻》，中国文史出版社2008年版，第196页。
② 郭松义：《清朝政府对明军屯田的处置和屯地的民地化》，《社会科学辑刊》1986年第4期；毛亦可：《清代卫所归并州县研究》，社会科学文献出版社2018年版，第2页。

方，田系卫田，差应军差，凡民户杂徭，身自顶祖运以来，并无派累。先年因项宁徭将伊民保混拨卫军，张聪控准，督粮道宪批饬钟主，遇有军户地方，遍出示禁，军民各当各差。迄今多年勿敢混淆。突昨有民保孔南有借派民户碛夫去荆州办公，竟敢违例滥派身等军户。切身等乃系运军，现奉文提造船一支。办运并非民顶军田搪塞可比，曷敢听其滥派滋扰。奔钟主公出，只得抄呈示禁，禀恳赏准给示止滥派，庶军民照例各别顶祝上具等情，许粘抄告示一纸。据此赏经批饬钟祥县查复去后，兹据该县查明，李敬等悉属武昌卫二百户军丁，户首历有应办一切军差，其民徭自不应该，当担雇用碛夫，并非差徭可比，该军丁李敬等既不受雇前往，应听便。除饬该保正孔南有滥应用碛夫于民户中另行雇用等情详复前来，除详批示外，合行出示晓谕。为此示谕该地保甲军民人等知悉，嗣后军民各当各差，其民户杂徭自不容派及军家，而民顶军田一不准邀免民徭。各宜凛遵毋违。特示！

乾隆五十四年正月二十四日，纠首陈湘，石匠杨旻。告示　右仰通知①

这次控诉军户被滥派民差的是武昌卫的军户李敬等，他们此时的身份是运军，也就是负责运输漕粮的运丁。他们在乾隆五十四年（1789年）前后，突然被民户保正孔南有滥派去荆州充当碛夫，也就是修堤的一种徭役。李敬等于是拿出此前的告示，并向官府继续上控，最后获得官府的支持，依然维持"军民各当各差，其民户杂徭自不容派及军家"的规定。这两通碑刻都是制止违例滥派武昌卫军户承担民户徭役之事，说明到了清代，军户和民户依然在许多方面都是分开管理的。

关于清代军户与民户之间围绕着承担徭役之争，再试举两例如下：

雍正十三年（1735年）七月，据湖南宁乡《李氏六修族谱》记载，当时军丁傅邦定等人认为徭役过重，恳请府县勿使军役摊派重徭，并恳请勒碑严禁。于是官府亦允许刊立碑石云："永远严禁，嗣后民家敢有板扯军户重当徭役，许军户即行呈禀，以凭立拿，究处不贷。"②

嘉庆八年（1803年）七月，湖北京山县还发生了一起为了争水，民户瞿克俭打死了军户祝士元的案件。其起因是民田在溪流的上游，军田在下游，遇到干旱之时，民户在上游添加了许多水车，将该溪流上游的水抽干了，造成下游的军田无水可灌，最后军户祝士元捣毁民户的水车，被民户瞿克俭殴打致死。此案报给官府之后，其最后的判决为："该处溪河仍饬照界分管，遇有干旱之时，应令军民分日轮流车灌，所安水车，军民数各相等，不许多寡参差，以杜争端。"③这里军户与民户的身份依然保留，民田和军田也相互区别。

---

① 乾隆五十四年《不当民差》碑，焦知云：《荆门碑刻》，中国文史出版社2008年版，第197页。
② 湖南宁乡《李氏六修族谱》卷首《奉各宪分别军户碑文》，民国三十七年（1948年）龙西堂刻本。
③ 《湖北京山县民瞿克俭因争水打死祝士元案》，杜家骥：《清嘉庆朝刑科题本社会史料辑刊》第3册，天津古籍出版社2008年版，第1695页。

（四）军民纷争之三：宜城县军民徭役比例不均互讼案

与前揭安陆府钟祥县发生的军户被滥派民徭的情况不同，宜城县发生在军民之间的徭役纠纷，却是军户将徭役转嫁给民户的案件。据同治《宜城县志》记载，清朝初年，当地发生了一起因承担的徭役比例不均而引起的军民互讼案。从史料可知，明末清初的宜城县，是一个军民杂处、军多民少的县，军户占70%，而民户占30%。但凡军需、公务、采办、运役等差事，一向是军民各负担一半，但后来军户强行将徭役负担比例变成军四民六，再变为军三民七，于是出现了"民劳而军逸"的局面。

顺治八年（1651年），湖北宜城县"军生田见隆抗阻差徭，县令石中玉申详部院朱批，郡守冀审云：凡正项开销者方分军民，凡发价买办者按地方人户，不分军民，俱应急公提取到。饬知学官引领田见隆与本县令请饬票一张"①。到了顺治十八年（1661年），关于军户、民户负担徭役问题，又起了争执："武昌卫肖应启申江夏武举任其经妄呈，希翻前案。宜邑合学生员公呈治院白，蒙批按地亩之多寡定差徭之烦简，不易之良法也。何物肖应启鼻息，任其经敢为阻挠，殊堪发指，发襄刑厅审惩在案。"②康熙八年（1669年）卫军余仲明又因赋役不均上控地方政府，结果得到如下回答：

> 宜乃弹丸，军民杂处。以烟户土地计之，军居其七，民居其三，是军多于民也。以户役差徭而论，军出运丁之外，而军认其三，民认其七，是民苦于军也。何物余仲明等机乘前县行取离任之顷，妄希悖抚宪之成案。姑念无知，概从宽免。一切杂派差使，班操与编氓一遵前例，军三民七，各应各役。如遇大差，原不在额设应付一例者，相应不分军民，遵奉上檄用价朋雇可也。……何物余仲明捏词妄控，多事为也。如再混事，拿处不贷。③

据上可知，除了运丁这一差役完全由军户承担之外，其他徭役由军民朋充，且军户只愿意承担其中的30%，由此导致民户的赋役繁重。而每次的纠纷都是源于军户意图进一步减轻军户徭役，民户反控，形成缠讼的局面。康熙十八年（1679年），宜城县"刁军龚孙芝"再次上告，结果引起"宜民杨遇圣、胡彦圣、朱大美，生员刘峥、张汉公、李炜然"反控，官府回复如下：

> 宜邑军居其七，民居其三。凡军需、公务、采办、运役、向例军民各半，迨刁军屡控，一变而军四民六，再变而军三民七，前案历历可据。自康熙十八年刁军龚孙芝等以军民各当各差，耸卫申详……于是民劳军逸，虽万紧，军需有司不敢顾问。且有刁民或佃军地或为军邻者，莫不倚仗军威，抗避差徭，扭责官役。旋且丛谋诡计，民闪为军，一倡□和，莫可底止。民力几何，而能当此独累，且

---

① 同治《宜城县志》卷3《食货志》，清同治五年（1866年）刻本，第24页。
② 同治《宜城县志》卷3《食货志》，清同治五年（1866年）刻本，第24页。
③ 同治《宜城县志》卷3《食货志》，清同治五年（1866年）刻本，第24—25页。

复遭其牵引躲籍耶。此杨遇圣等所以有合邑民冤之控也。幸蒙本部院批允枝江详云屯丁一项，除在卫完纳钱粮外，其清查保甲，编立烟户，征收杂税，俱照成例，概属有司管理。并饬各州县卫所一体遵照旧制，通取遵依。今蒙转发合邑民冤之控应否仍照枝江之例？或照军三民七？伏乞宪台转详本部院批示遵行，蒙守宪杨备看转详抚都院王批允饬县令金绍祖勒石允遵。①

康熙二十一年（1682年），"刁军龚孙芝"又翻前案。宜城县令胡允庆向上级呈请道：

宜城一邑，乃水陆交冲、军民杂处之地也。其军民朋役之例，历年已久，非自卑职为之倡也。始以军多民少，军承其七，民应其三。继以军刁民懦，变而为军民各半。未几又变而为军四民六……岂刁军龚孙芝改名龚日瑚者，心犹未满，既得陇复望蜀，因而奸计百出。腋群屯之膏，冒子衿之列，盘踞省城，贿串卫弁，广印门单，遍售城乡，引致无知军民争购，诡弊揭诸门楹，有司不得睨视，保甲莫可谁何。毋论军境是军，而民境亦军矣。由是舆情鼎沸，民不堪命。当有宜民杨遇圣等奔赴宪台案下告准……孰意宪谕煌煌，墨迹未干，乃刁军龚日瑚即龚孙芝复萌健讼之故智，故违允守之成规，剥军髓，贿卫弁，申阃司，朦胧详请，尽翻前案。是妄冀更张，宪谕应严拿重惩者。龚日瑚，即龚孙芝也。违宪多事，宪谕原指名参处者卫弁与阃司也。殆有说也。县治郭门之外皆军，而郭门之内亦军，且军多民少。查保甲烟册，或军入民甲之中，或民连军甲之内，种种不一。又屯军儒童皆隶宜城应试。今如军自为军，而民自为民，则当立移卫弁，亲诣宜城，眼同勘分界限。凡军住民地，民栖军地者，当即民与民居，军同军栖，以便编立保甲，稽查奸宄。否则逐户分界，凡遇盗贼逃人发觉在军者，责归于卫，在民者，咎归于县。其应考文武诸童，亦当民试于县，军试于卫，庶可军自为军，民自为民。不然民与县岂应受其累与害，而军与卫岂应享其逸与利耶？况当多事之秋，境接二郡之交，方之偏隅僻壤，诚累卵之危区也。今县境诸军见免差之卫示遍揭通衢，昂然自居理法之外，县官莫之敢撄。万一奸宄潜藏，如叛逆陈苟四、陈玉环等皆系屯军，有司明知而不敢稽查，卫弁欲稽而相去千里。卑职若不据实详明，窃恐变生叵测，咎将谁诿，事干疆圉大计，所关匪渺，是不得不冒钺疾呼于宪台之前也。伏祈宪慈俯电原批之严谕，及府道之申详，开恩赐仍军三民七之旧例，有司兼辖之成规。仍恳严饬多事之卫弁，重惩纷更之刁军。庶军民安，而地方宁谧。不惟宜邑士民允戴鸿慈于不朽，即冲疲下吏亦□□□于无□矣。②

宜城县令胡允庆的呈请得到上级全部赞同，并将军民徭役之比例勒石县前，永为

---

① 同治《宜城县志》卷3《食货志》，清同治五年（1866年）刻本，第25—26页。
② 同治《宜城县志》卷3《食货志》，清同治五年（1866年）刻本，第26—28页。

定例。原来宜城县军户多于民户，徭役比例是军七民三，后来则是军民各半，再后来则是军四民六，最终军三民七，完全颠倒。之所以会如此，按上引材料是"刁军"不断上控造成的。但上引材料是站在民户的角度说话的，保存的材料也是有利于民户的，我们不知军户上控的理由是什么。但军户除了负担州县里甲徭役以外，还需负担军役，理应得到照顾。宜城县的军户之所以多次连续上控，就是因为赋役得以减免使其愿望不断得到满足：从"军七民三"降到了"军三民七"。

清初以来，宜城县军户的上控之所以屡遭驳斥，乃是因为不能再减，否则正常的赋役体系就会面临崩溃的危险。其实最好的办法正如宜城县知县所说："相应不分军民，遵奉上檄用价朋雇。"但是在"军入民甲之中，或民连军甲之内"的情况下，清政府还是严格区分军户、民户"三七开"的赋役比例，这仍然不能从根本上解决问题。这虽然是清初的例子，但其源头却是在明代。况且上文所引材料中，就可以看出宜城县的军民徭役比例是从明代开始经过漫长的修改才造成的，因此可以想见明代军民分籍也会遇到同样的情况：无论是轻役还是重役，军民之间总是对立的，总是不平均的。这种对立，乃是由于明代硬性划分人群户籍所造成的。只有到了清代，完成撤卫并屯之后，并且屯地也出现民地化，屯丁银摊入地粮之中，从而使明代以来的军户与民户、屯地与民地之间的差异趋于统一，军民之间的赋役纠纷才得以解决。

由上述三个案例可知，依据明代法律，军民诸色人户，皆以籍定，永当差役，不得冒乱、避重就轻。而在诸色户役中，民户纳粮当差，往往赋税繁重；军户承应军差，往往差役繁重。军民分治的两套系统在地方社会中往往存在相互影响、互相渗透之处。其中明代两湖地区军户比例很高，且多军民杂处，于是发生诸多赋役不均的问题。如湖南慈利县，在田地交易过程中，军户买民田之后却不愿如数缴纳税粮给州县，甚至出现"民与军杂处，民强必占军田，军强必夺民业"的混乱局面。到了清初，尽管大部分卫所归并州县，但有漕州县还保留有漕运卫所，其差役和民户依然不同。而钟祥县则发生军户被地方官滥派民差的事情。经过军户的多次上诉，最后官府依然维持了"军民各当各差"的规定。而宜城县则是军民之间围绕着军民徭役比例问题展开的诉讼案，军户经过不断上控，将军民徭役比例由原来的"军七民三"改为"军三民七"。这些军户与民户之间围绕着赋役产生的纠纷，其实与户籍和赋役的直接对应有关，户籍不同，意味着赋役的轻重不一，于是在利益的驱使下，各自采取"避重就轻"的策略，导致军民之间矛盾重重，只有等待卫所归并州县，两套管理系统合一之后，军民之间的冲突才基本得到解决。

三、"大小户"与赋税负担不均问题

《中国经济史辞典》在明代之"户籍与人口"部分中，对于大户、小户的解释为：明以后地多屋大、政治势力强的绅富谓之大户，土地少或者土地虽多但门第低微的庶民谓之小户。①其实据学者的考证，大小户之称谓在唐代的敦煌文献中已有出现，其中唐五代时期的"大户"是指地方的豪强或者大族人户，一般聚族合户，人多势众；"小户"则是指平民百姓，一般人口较少，比较贫穷。②这里的大小户的差别，主要是人口的多寡。到了明清时期，大小户的内涵发生了变化，它不仅仅是一种身份的差别，更主要是对一类赋税弊端的归纳。③

（一）"大户"与"小户"的划分标准

在两湖诸多史籍中，经常会出现"大户""小户"的称呼，在明代的时候，小户主要是指那些势单力薄之民户，如隆庆《岳州府志》即云：

> 夫里甲之制，即比闾族党之遗也。然田不井授，里甲安可常哉。夫十户为甲固矣。今田已属之他人，户亦何独能存昔者，里之长尝凌虐小户，今户已亡，而里亦不能独支。④

这里的"小户"，主要是相对于里长阶层而言的，相当于承担赋役的普通里甲农户。又光绪《武昌县志》载："夫州县既多冗费，势不能不向粮户浮收。州县既有浮收，势不能不受刁民挟制。于是大户折色之价日减，小户折色之价日增，土棍豪衿多有抗欠，猾胥蠹役从中欺侵。"⑤这里的"大户""小户"显然也是就经济实力而言。又万历《慈利县志》载：

> 慈旧无城，万历元年知县方肯堂以邑邻獠峒，宜城。请于巡抚，巡按题之。时公藏无羡贮。方令劝谕邑之殷实，各输其财力以赞成大工。上户筑城二丈五尺，中户一丈五尺，下户五尺。而五城门则择其巨赀者为之。⑥

慈利县在修建城池之际，其徭役摊派也是按照上户、中户、下户进行的，户等不同，其承担的修筑任务也不同。这里的户等，应该也是按照资产和经济实力进行划分的。明代户等的划分标准具体如何，我们暂时不得而知，推测应该是沿袭宋代以来的户等制度，属于人丁事产的综合划分。而到了清代，两湖部分地区对大户、小户的划分标准，则是根据纳税的多少而定的。

我们先看一下湖北蒲圻县的例子。据《官蒲被参纪略》记载，清代湖北蒲圻一带，其"大户""小户"的定义如下：

> （蒲邑钱漕）旧章以一两正者为大户，不及一两者为小户。其实银仅一两何得谓之大户，不过包揽者以钱漕作买卖，银贵完钱，钱贵完银，易于蒙混，令官民

---

① 赵德馨主编：《中国经济史辞典》，湖北辞书出版社1990年版，第487页。
② 刘进宝：《敦煌文献中的"大户"与"小户"》，《中国历史文物》2004年第6期。
③ 赵思渊：《十九世纪中叶苏州之"大小户"问题》，《史林》2012年第6期。
④ 隆庆《岳州府志》卷11《食货考》，上海古籍书店1963年版，第24页。
⑤ 光绪《武昌县志》卷4《赋役》，清光绪十一年（1885年）刻本，第8页。
⑥ 万历《慈利县志》卷3《城池》，明万历元年（1573年）刻本，第1页。

交病耳。鸿初到任时，见前任条示，每一两正并耗羡券费饭食及一切用费，完银一两六钱。大户如银不便，折足钱二串八百五十文，小户折足钱二串七百八十文。因问户书何以折钱始于何时，则曰银价起跌不一，又争平争色，因仿米折法折钱，已行多年矣。问何以大小户不一，则曰内有无著钱漕一千余两，官须摊赔，故以大户补之。问大户何以又许完银，若银价贱时，岂不大户反占便宜，小户反致多取耶？则默不敢对。①

以上蒲圻县的"大户""小户"显然是以缴税的多少来界定的。缴税一两以上的为大户，不足一两税银的为小户。但引文中也明确指出，这种单纯以银两划分大小户的做法，其实是包揽钱粮者为了从银钱比价的波动中谋利而采取的手段而已。乾隆《祁阳县志》载：

祁邑粮户为数零星，大户无几，中小户俱多。且民居星散，难于滚庄滚催。……酌定粮多之州县，数在二两以上者为大户，二两以下者为中户，不及一两者为小户。推之通省，大概相同。②

湖南祁阳县的大小户划分标准却是：税粮在二两以上者为大户，二两到一两之间的为中户，一两以下者为小户。这里小户的标准和湖北蒲圻县一样，只是大户的标准较之湖北蒲圻县增加了一倍，而且这里多了一个中户。又，《湖南省例成案》云：

今应请将粮多之州县，数在二两以上者为大户，二两以下者为中户，不及一两者为小户。粮少之州县，数在一两以上者为大户，一两至五六钱者为中户，三四钱以下者为小户。推之通省，大概相同。③

由蒲圻县和祁阳县及湖南全省的情形来看，大户与小户的标准有所不同，但背后都是涉及税粮的多少，和赋役有关而且大小户标准之不同与该州县税粮之多寡有关，即粮多之州县以二两以上为大户，而粮少之州县以一两以上为大户。那么两者之间的关系如何呢？

（二）"大户"与"小户"税收负担之差异

州县赋税征收过程中产生的大小户问题，有学者指出其实是"由于钱粮额度、省份地位乃至居住地点的差异，同属一县的花户实际上适用于不同的征价"④。道光《重辑新宁县志》曾云："何以谓之诡寄？奸贪之家，或大户诡入于小户，小户诡卖于大户，或诡入于奸书，或诡入于寺庙，不过避重驭轻。"⑤可见各种作弊行为其实存在于大户与小户之间，相互为了某种原因而彼此避重就轻。但总体而言，两湖地区存在大

---

① （清）廖润鸿：《官蒲被参纪略》卷上《作滚单说》，清光绪九年（1883年）刻本，第29—30页。
② 乾隆《祁阳县志》卷3《赋役》，清乾隆三十年（1765年）刻本，第7—8页。
③ 《湖南省例成案·户律·仓库》卷19《收粮违限》，东京大学东洋文化研究所图书馆藏微缩胶片。
④ 周健：《维正之供：清代田赋与国家财政（1730—1911）》，北京师范大学出版社2020年版，第198页。
⑤ 道光《重辑新宁县志》卷27《艺文》，清道光三年（1823年）刻本，第46页。

户欺凌小户的现象。乾隆《衡山县志》载：

> 旧小户丁粮寄大户，而大户役小户如奴隶。勋怒勾稽包蚀，俾小户各立门庭。①

这里小户势单力薄，且将丁粮寄托给大户代为缴纳，所以大户视小户如同奴隶一般。可见两者地位之悬殊。所以在耒阳县，官府不得不发布禁令："康熙三十二年，邑令蔡毓桂详请抚宪王具题立里连甲，禁大户凌小户。"②这里禁止大户欺凌小户必须有必要的措施才行，由于小户钱粮多为大户包揽，造成小户受苦，很多地方官为了保护小户的利益，便禁止大户包揽钱粮，并且不惜将小户单独编成里甲来应役。如湖南衡阳县：

> 康熙三十五年，奉抚都院杨准，各州县有小户被大户收粮赋之苦。题请将各州县各都内小户尽行抽出，乃立里甲，造册编定。故衡邑新立宁输一坊，前后共收各都甲业户册内熟粮六百七十六石零，是为宁输坊。③

这里提到的衡阳县的宁输坊是康熙年间新设立的一个乡都，其构成就是将各乡都里甲中的小户抽出来，单独成立的一个纳税单位，以避免大户包揽钱粮过程中剥削小户。但这种做法是否一定能减轻小户的负担也不确定。在湖南安仁县，其做法如下：

> 大宪□禁绝包漕诸弊，奉行者遂将零星小户漕粮不准并入大户完纳，以杜包揽。侯曰：如此则抛撒更甚，浮收必多，胥吏家人囊橐俱饱，官亦得稍分余润。而小户之受累深矣。其仍照旧例，准令各户并为一票，合斛完仓。但严禁习生劣监串同包揽而已。④

这里官府为了杜绝包揽漕粮的弊端，禁止将小户的漕粮并入大户完纳。但有时人指出这样会导致钱粮飞洒，浮收更多，胥吏获利，而小户受累更重。可见一味反对包揽并不能完全解决小户缴纳钱粮的负担问题。换言之，包揽在一定程度上或许对于纳粮较少的小户有可取之处，可以省掉他们为了少许钱粮而付出的较大缴纳成本。

所以小户纳税粮的最佳方式也许就是小户合在一起完纳钱粮。乾隆二十一年（1756年）陈宏谋在任湖南巡抚期间，就曾经下令：

> 漕南秋米，可以合收。凡零星小户，区甲虽异，亦许合户完纳，分给印串，不得借此刁难多索。小户升合漕米，更宜数户合并完纳，不得逐户零星分量。⑤

又如乾隆年间的《湖南省例成案》就记载曰："零星小户漕粮照旧合户完纳，若会银有一分以上者，一概收银，一分以下者及一分者，或银或钱，听民自便。"⑥其实大户与小户的差别不仅在于身份与地位，也在于所缴纳钱粮的成分不同。《湖北财政说明

---

① 乾隆《衡山县志》卷11下《勋名志》，清乾隆三十九年（1774年）刻本，第7页。
② 康熙《耒阳县志》卷1《方舆·乡都》，清康熙五十五年（1716年）刻本，第59页。
③ 乾隆《衡阳县志》卷3《田赋》，清乾隆二十六年（1761年）刻本，第55页。
④ 嘉庆《安仁县志》卷末《拾遗》，清同治八年（1869年）刻本，第24页。
⑤ （清）陈宏谋：《培远堂偶存稿·文檄》卷38《严禁收粮积弊檄》，《清代诗文集》编纂委员会：《清代诗文集汇编》第281册，上海古籍出版社2011年版，第188页。
⑥ 《湖南省例成案·户律·仓库》卷19《收粮违限》，东京大学东洋文化研究所图书馆藏微缩胶片。

书》载：" 至征钱各属，有大户完银、小户完钱者，夏口、江夏、武昌、大冶是也……大户收钱较多、小户收钱较少者，钟祥是也。"①据此，湖北有些地方是大户用银两缴纳赋税，而小户则用制钱缴纳赋税。但有些地方大户、小户都是缴纳制钱。而在清代咸丰年间前后，湖北还存在大户缴纳漕粮等本色，而小户缴纳折色的现象：

> 查天下漕弊，小户交折色，大户交本色。小户折色者，兴国及鄂省三十余有漕州县，均系以钱折米，未闻以银折米者。小户交折色，愚弱良善，书差欺压，数至倍徙。
>
> 向来监利每石折至三十六串文，江夏每石折至十二三千文，其余每石九千至十八千十九千文者，积弊已百余年。至于大户，则以本色完纳，书吏不敢盈取。州县用费不足，则以小户之有余，暗为取偿，是湖北二百年之虐政，亦天下有漕省份之积弊也。
>
> 尝谓不侮鳏寡不畏强御者，仲山甫是也。侮鳏寡而畏强御者，今日州县书差之于钱漕是也。经某于七年痛加删减三次，奏定一例改折，大户小户，是绅是民，较若划一……即湖北一省而论，自去年一律改折痛加删减之后，每年减收民间之钱一百六十余万串文。②

由于大户缴纳本色，即漕米等，书吏不敢多取，其受剥削较少。但小户由于缴纳折色，以钱折米，在转换过程中，往往会受到市场银钱波动的影响，以及上交过程中书差等人的欺压，其负担远较大户重。

除此之外，大户与小户在缴纳漕米之时，缴纳的次序也受到了区别对待。《湖南省例成案》载：

> 州县收粮，大户自三五石以至数十石不等，以小户斗升之粮错杂其中。设或大户在先，必俟其交完，再及小户，殊多耽搁。今议以饬置大户、小户号筹两种，各一二百根，分别三石以上者为上户，三石以下者为小户。一仓之内，两下均收。无论大户、小户，各以进仓之先后为收纳之次序，各将号筹依次散给大户插于米堆，小户即插篱筐，各自查照号筹，按次验米，毋许强悍之辈后至争先。③

按，这里的大户与小户的差别，是按照所缴纳漕粮的多寡而定的，漕粮三石以上者为大户，三石以下者为小户。由于大户漕粮较多，且势力一般较为强大，其缴纳所费时间自然要长一些。当小户和他们一起缴纳漕粮之时，往往会等候更多时间。于是当地官员想出了一个办法：令大户、小户分开缴纳，各自发各自的号筹，如此则有效化解了小户排在大户后面之际守候苦累等情况。这种"另立号筹，分户均收"的办

---

① 《湖北财政说明书·地丁》，陈锋主编：《晚清财政说明书》第6卷，湖北人民出版社2015年版，第382页。
② （清）胡林翼：《胡林翼集》第2册《书牍·咸丰九年·致罗遵殿》，岳麓书社1999年版，第233页。
③ 《湖南省例成案·户律·仓库》卷28《收支留难·收漕于一仓之内分设几棚斛随到随收运丁贫富预行核定》，东京大学东洋文化研究所图书馆藏微缩胶片。

法，显然是为了便利小户完粮的举措，非常具有人性化。而且在催征延期未完的粮户之时，对大小户也是有不同的处置方式：

  以后查明违限不完者，上半年止催大户，下半年再催中户，次年二月始催小户。①

嗣后随着时间的推移，经过两湖各级地方官府的整顿之后，特别是统一采取折例，大小户之间的差别才逐渐消除。在光绪九年（1883年）湖南省常德府龙阳县的一份县情报告中，专门就钱粮征收一栏调查"额征钱粮若干，丁地是否分征……大小户有无分别……"龙阳县的答复是："花户交纳均甚称便，并无大小户分别。"②

四、浏阳、湘乡"堕粮"及其重赋考辨

江南重赋问题长期为学界所关注，其原因较多，明清时期的时人就曾经归纳为六种：怒民附寇说、籍没富豪田产说、因张士诚之旧说、杨宪加赋说、俗尚奢靡重税以困说、民田变官田说。后来的学者则主要集中于官田重赋说、经济发展水平说两种看法。③除此之外，也有学者关注到明代江西南昌、袁州、瑞州三府亦出现官田重赋问题。④其实，在明代的湖广地区，也存在类似的重赋问题，即湖南浏阳、湘乡二县的"堕粮"问题。⑤

（一）明代浏阳、湘乡重赋之史实考证

嘉靖《浏阳县志》关于浏阳田赋部分的记载中有一段按语：

  浏赋起科，每亩一斗七合，古也。皇祖即位，有诉浏民饷助陈友谅者，上恚之。加科二斗一升四合，视古为倍矣。后又增派，不一而足，斋即等银一增一百十六两。嘉靖十九年，都御史陆批湘阴文曰："照得浏阳赋重，难以再加。诚体恤之仁也。"三十年间，驿传加矣。马匹又加矣。岁丰则伤于谷贱，岁凶不免于流殍，是以粮独称难完，有由矣。⑥

这说明在明代浏阳县便有重赋之苦，且与助饷陈友谅有关，但尚未提及"堕粮"一事。就湘乡县而言，按照《中国地方志联合目录》所载明代湘乡县方志并未留存至

---

① 《湖南省例成案·户律·仓库》卷19《收粮违限·各属催征钱粮分别上中下三等次第征收》，东京大学东洋文化研究所图书馆藏微缩胶片。
② 《湖南常德府龙阳县事宜清册》，《清末民初（未刊）府州县清档》第1册，全国图书馆文献缩微复制中心2006年版，第421、423页。
③ 范金民：《明清江南重赋问题述论》，《中国经济史研究》1996年第3期。
④ 林枫：《明代南昌、袁州、瑞州三府的官田重赋问题》，《中国社会经济史研究》1994年第2期。
⑤ 按，堕粮，清代为财政名，"堕"乃停废之意。清制，兵丁所应领之口粮，均按日计算发给。如果兵丁缘事出缺，其应食之饷粮即应停发。其所停发的那份口粮，即成为堕粮。参见朱金甫、张书才主编：《清代典章制度辞典》，中国人民大学出版社2011年版，第675页。但此处的堕粮与清代兵丁停发口粮有所区别，"堕粮"一词在明清典籍中甚至专指湖南浏阳、湘乡的重赋问题，实质上与浮粮基本相似。
⑥ 嘉靖《浏阳县志》卷下，明嘉靖四十年（1561年）刻本，第20页。

今①，但康熙《湘乡县志·凡例》载："邑志始自成化，载堕粮事甚详，嗣后嘉靖间庞侯修之，而成化之志无存。"②这一句话似乎透露出这样的事实：明代关于堕粮是有过论述的，但是文献已经亡佚了。关于堕粮，明末清初之人也有专门关注：

> 龙孔然，字简卿，湘乡人。兄弟自相师友，明末领乡荐，旋弃去。鼎革后，闭门授徒。经略洪承畴欲延之幕府，不就。湘人传有《拯湘录》《堕粮逸案》皆其所手纂也。③

因此，笔者以为浏阳、湘乡堕粮的说法确实可以追溯到明代。明代浏阳和湘乡是否重赋，可从明代方志中的统计来看（表6-1）。

表6-1 明代长沙府各州县夏税秋粮征收数额表

州县	洪武二十四年（1391年）夏税	洪武二十四年（1391年）秋粮	嘉靖元年（1522年）夏税	嘉靖元年（1522年）秋粮	万历十年（1582年）夏税	万历十年（1582年）秋粮
长沙县	小麦七十石七斗八升八合五勺	七万九千五百二十四石五斗八升四合	小麦四十七石九斗一升七合	四万八千九百六十四石七斗八升五合六勺	小麦四十七石九斗一升七合三勺	米四万九千三十五石三斗八升六合九勺
善化县	不征粮	正耗米三万九百八十一石九斗九升六合	不征粮	二万四千八百十二石六斗一升七合	不征粮	米二万四千八百二十九石二斗三升五合
湘潭县	不征粮	五万九千四百五十三石二斗五升三合	不征粮	三万五千八百四十六石一斗三升	不征粮	米三万五千八百四十八石三升陆勺
湘阴县	不征粮	八万七千一百二十七石七斗四升九合	不征粮	七万六千九百十四石三斗一升零	不征粮	米七万陆千九百三十石八斗二升六合五勺
宁乡县					不征粮	米三万二千四百四十一石七斗六升二合三勺
浏阳县	不征粮	八万三百七十五石二斗八升	不征粮	八万九百八十一石九斗二升七合	不征粮	米八万一千一百三十石四斗九升二合三勺
醴陵县	不征粮	三万一千一百七十四石九斗六升五合	不征粮	三万三千五百八十九石二升九合零	不征粮	米三万三千九百零八石五升
益阳县					不征粮	米三万五千八百七十九石六斗六升七合九勺
湘乡县	不征粮	十万三千九百五十九石七斗	不征粮	十万三千九百五十九石七斗	不征粮	米十万四千七百三十九石九斗五升三合九勺
攸县					不征粮	米五万二百七十五石六斗五升五勺

---

① 参见中国科学院北京天文台主编：《中国地方志联合目录》，中华书局1985年版，第647页。
② 康熙《湘乡县志·凡例》，清康熙十二年（1673年）刻本，第1页。
③ （清）罗正钧：《船山师友记》卷11，清光绪年间刻本，第3页。

续表

州县	洪武二十四年（1391年）		嘉靖元年（1522年）		万历十年（1582年）	
	夏税	秋粮	夏税	秋粮	夏税	秋粮
安化县				不征粮		米一万九千九百三十九石二斗九升九合零
茶陵州				不征粮		米四万二千六百六十六石一升三合五勺

资料来源：《万历会计录》卷4《湖广布政司田赋》，崇祯《长沙府志》卷5《赋役》。原文中数字大小写不一，保持原文写法，后同

据表6-1可见，在洪武时期，湘乡（10万3千余石）、湘阴（8万7千余石）为长沙府赋役之最，明显高于其他州县，而至嘉靖时期浏阳（8万余石）代替湘阴（7万余石），至此湘乡和浏阳成为重赋之地，一直持续至明末。明万历六年（1578年）湖广各府夏税秋粮征收粮食数额可见表6-2。

表6-2 明万历六年（1578年）湖广各府夏税秋粮征收粮食数额表

府别	夏税征收粮食数额	秋粮征收粮食数额
武昌府	折米九千八百一十四石六斗一升六合五勺	米一十六万四千六百二十九石九斗五升四勺
汉阳府	折米四千四百三十四石四斗九升八合	米二万四千六百二十九石九斗六升九合五勺
承天府	折米三千五百九十八石七升四合三勺	米九万六千八百六石二斗四升六合七勺
襄阳府	小麦二万三千二百二十石一斗三升六合二勺	米四万八百五石五斗五升九合三勺
郧阳府	小麦三千五百七十二石六斗九升四合二合六勺	米一万九千六百六十二石五斗三升五合三勺
德安府	小麦一千七百八十七石五升二合	米四万一千一十五石五斗一升六合七勺
黄州府	折米麦三千八百二十一石七斗一勺	米二十五万二千七百一十九石九斗八升五合九勺
荆州府	折米二万三千六百二十八石七斗二勺	米一十二万八千九百二十八石四斗四合八勺
岳州府	折米一万九千九百六十八石七斗七升四合六勺	米一十八万三千八百九十石三斗五升三合三勺
长沙府	小麦四十七石九斗一升七合三勺	米五十八万六千九百五十八石七斗六升八合八勺
宝庆府	米二千九百二十石七斗二升	米五万二千一百四十八石四斗二升八合三勺
衡州府	米一万一千三十九石七斗三升六合四勺	米二十一万一千二百七十七石一升四合九勺
常德府	折米一千八百六十一石七斗一升四合六勺	米六万九千六百一十六石三斗七升二合六勺
辰州府	折米六百三十六石七斗四升五合七勺	米五万九百五十七石七斗二升四合六勺
永州府	米八千一百一十二石四斗四升七合二勺	米六万二千一百一十六石九斗二升八合六勺

资料来源：《万历会计录》卷4《湖广布政司田赋》，明万历九年（1581年）刻本

从表6-2中可以看出，秋粮是全年粮食税收中的主要部分。毫无疑问长沙府的秋粮数额为58万余石，居全省之冠，比排名第二位的黄州府25万余石整整多出一倍多。故明代礼部尚书湖南湘潭人李腾芳在《增饷议》一文中曾曰："湖广之粮独重于天下，

而长沙一郡之粮，又独重于湖广十七州郡，此人人所知也。"①

从表6-1长沙府的数据可以看出，湘乡县负担10万余石秋粮，浏阳县负担8万余石秋粮，也就是说长沙府这两个县秋粮数比湖广汉阳府、襄阳府、郧阳府、德安府、宝庆府、常德府、辰州府、永州府这8个府一级的行政区域的秋粮数还要多。《万历会计录》是明代官修赋役史籍，从该书的数据来看，湘乡、浏阳二县的秋粮数的确是两湖之冠。相对于湖广其他地区，长沙府要负担如此多的税粮，势必造成一定程度的拖欠：

> 户部言湖广巡按御史吴楷揭称：长沙府属长善二县久缺正官，每县积欠钱粮自二十一年至今各几十万。又浏阳县欠二十一万五千，湘乡县欠十六万七千，湘潭县欠八万一千，宁乡县欠三万九千，益阳县欠四万四千，安化县欠七千三百，攸县欠四万三千。臣一见之，不胜惊愕。不知此巨万者，果无名之征艺乎？抑公家之成赋乎？果灾沴之亏损乎？抑玩愒之稽延乎？果穷民之逃累乎？抑猾吏之干没乎？果先后接管俱懵然不知乎？抑明知之而姑听之乎？此其故不难知矣。盖见任者侥幸于三年之考成，不难饰文案以蒙上。代庖者模棱于五日之京兆，不惮稍委曲以庇前。阘茸无为者，展布局于才力，既欲振刷，而不能谲巧。善宦者，精神夺于窥睨，又能振刷而不欲。其最下者，朘削脂膏，充润囊橐，且阴为鼠之穴，狐之窟，知而不复问矣。当此帑藏空竭之秋，纵不能多方搜括，别出他筹，乃于额内成数，因循亏欠，一至于此。则是朝廷张官置吏，不能得其半臂之用，徒为奸之薮，盗之魁耳。即一长沙郡县，而天下之为长沙者可知也。倘不大加惩创，一湔凤弊。则推诿欺隐，将无底止。臣即蒿目焦思，日夜拮据，亦何益于殿最哉！②

万历年间湖广巡按御史吴楷将长沙府各县亏欠钱粮如此多的原因归结为官吏的无作为，而并未说明这一事实：长沙府浏阳县欠二十一万五千，湘乡县欠十六万七千，如此巨额的数量对于长沙府是否均平合理？到了天启年间长沙府钱粮依然拖欠严重："长沙府之湘乡、浏阳，岳州府之华容、巴陵、平江，荆州府之监利，黄州府之广济，数县钱粮甲三楚，其逋负亦甲三楚。"③因此明政府对长沙府的税粮有所减免："长沙因照粮过重乃得奉旨减免七万。"④

从明代方志看，对赋重问题，官员也提出了相应措施。嘉靖十九年（1540年），都御史曾"照得浏阳赋重，难以再加。诚体恤之仁也"⑤，建议不再加征。万历时期大理寺评事长沙府湘乡县人贺宗上《奏减湘赋疏》，为陈诉水患拯溺救困事，为湘乡人请

---

① 《湘潭赋役成案稿》卷1《明礼部尚书李湘洲增饷议》，清咸丰八年（1858年）刻本，第6页。
② 《明实录·神宗实录》卷412，万历三十三年八月己酉条，"中央研究院"历史语言研究所1962年版，第7718—7719页。
③ 《明实录·熹宗实录》卷59，天启五年五月壬戌条，"中央研究院"历史语言研究所1962年版，第2749—2750页。
④ 《明实录·熹宗实录》卷59，天启五年五月壬戌条，"中央研究院"历史语言研究所1962年版，第2750页。
⑤ 嘉靖《浏阳县志》卷下，明嘉靖四十年（1561年）刻本，第20页。

命:"念湘邑僻处省隅,多石山峻岭,无广野大川,每逢暴涨,水急砂壅,固亦不乏顾自。"一旦出现灾害,则难以完纳。于是他建议"诏本土官亲临踏验,量伤处轻重,官出牛粮,招集力耕,以保目前全国帑,或此际止任开复数年后,照田清完粮饷又不然"①,要像周忱和况钟那样的官员治理苏松重赋问题。万历年间的浏阳县令朱志"知浏阳赋重民瘠,教以节俭,尤严饬吏胥"②。

综上所述,结合《明实录》和明代方志的记载,对比了湖广各府州县的税粮额度,而且浏阳、湘乡二县因赋重常难以完纳钱粮,因此亏欠较多,基本可以推断明代长沙府浏阳、湘乡二县税粮相较于其他府县为重应该是事实。

(二)"仇堕浮摊":清初湘乡、浏阳"堕粮"的历史书写

湘乡、浏阳"堕粮"这一说法主要来源于清代,甚至查阅古籍,"堕粮"也专指湘乡、浏阳赋重的这一事实。笔者在明代长沙府方志中并未查到时人对堕粮的论述,按照湖广总督张长庚的说法,是由于明代方志"不敢载明初仇怨之实事"。但"仇怨"之说明代其实早已有之,除了前揭嘉靖《浏阳县志》所记载的"浏民饷助陈友谅者"等语外,嘉靖《长沙府志》也曰:

> 长沙之土地、物产视他郡为下,而赋税独倍焉……巡按湖广监察御史刘□议照长沙府地方,国初时,因陈友谅窃据,我太祖高皇帝削平之后,刑用重典,故税亩特为加重。③

所以清康熙六年(1667年),湖南巡抚周召南在《钦奉上谕事》中即云:"上谕明洪武以后,因有仇怨或一处钱粮征收甚重等语,我朝岂容踵行。此等着部详查具奏,钦此。……要之,浏、湘得罪于明,而未尝得罪于我朝也。纵明始仇怨于浏、湘,而我朝未仇怨于浏、湘也。"④但是我们也发现,"堕粮"这个名词被大量使用的确是清代初年(前文所言明末湘乡人龙孔然曾经撰写过《堕粮逸案》,可惜仅存书名)。以下按时间顺序做一梳理。

顺治时期的湖广总督张长庚曾经叙述如下:

> 窃照湘、浏二邑凋敝残邑,实非沃土,而硗确之区科粮偏重者,盖缘明初土逆易华助粮陈友谅,致洪武初索饷倍征之间遂成仇怨。加增之事二县故尔永为定额。及考湘乡在宋元实粮三万三千三百五十九石一斗零,明初堕至十万八千七十三石九斗零。……浏阳在宋元实粮四万二千四百七十九石零,明初堕至八万一千一百三十石零。此则旧明志书之数也。究其流害沿至嘉靖、万历年间奉例丈量,

---

① 同治《湘乡县志》卷3下《赋役志》,清同治十三年(1874年)刻本,第2页。
② 雍正《浏阳县志》卷3《人物志》,清雍正十一年(1733年)刻本,第17页。
③ 嘉靖《长沙府志》卷3《食货纪》,明嘉靖十二年(1533年)刻本,第26、36页。
④ 康熙《湘乡县志》卷3《赋役志·奏疏》,清康熙十二年(1673年)刻本,第32、34页。

湘乡在宋元粮止从田地派则，后明堕派粮重悉以荒山涸地一概载入册中。浏阳粮浮田少，后清丈时将田、地、塘分为三则，而又不合浮数，不得不照粮计亩，因而加添弓口。在前之志书，既不敢载明初仇怨之实事，后之清丈只循例嘉万奉行之空文，此则明季永无求减之故也。故自元至明，田粮额增一倍有余，人民苦累三百余载。①

湖广巡抚刘兆麒说道：

臣先奉顺治十八年三月上谕，明洪武以后因有仇怨，或一处钱粮征收甚重，或一处不许牛耕叫人自耕，或并妇人女子为娼，或已故之人不许葬埋在地抛弃于河。我朝岂忍踵行此等，敕各督抚查明具题在案。经楚抚臣杨茂勋题报有长沙府属浏阳、湘乡二县堕粮情由，嗣臣谨疏堕粮一案，事关钱粮必期始末详悉……湘乡县知县陈拱照、浏阳县知县韩燝详称二邑堕粮原因：助粮陈友谅，明太祖仇怨加科，浏原粮四万余石加至八万一千一百三十石，至今为额……故田少粮多，浏阳负三百年之重累。②

湘乡知县南起凤说道：

古额秋粮原系三万六千余石，至明朝开国之初，因易华助陈友谅米十万八千斛，明太祖怒之，故照助米数加至十万八千余石。后有评事贺宗奏减四千，尚堕十万四千有奇。以一无城僻邑，在长郡十二属中亦不过百里，提封地七，原不增广，人民原不加多，而粮则独冠全楚也……湘乡之官，每如传舍，向以此地为畏途者，职此故也。③

浏阳知县王培生更在《浏阳四苦禀》中说道：

一苦堕粮之重累莫苏也，古志载浏阳原额官民田地塘三千九百七十四顷六千二亩四分，每亩一斗七合起科，科粮四万一千余石。明洪武即位，有诉浏民助陈友谅饷者。明（太）祖怒加科二斗一升四合，遂加粮至八万一千一百三十石零。吞声饮血，历三百年无敢为民诉理者。……一苦捏加顷亩之陷害也，古志原额顷亩列于前矣。永乐年清丈，志载官民田地塘四千二十六顷六亩九分六厘，仅加二三十顷耳。嘉靖年清丈，志载官民田地塘池坝山通计四千九十八顷九十八亩七分，加池坝科粮，亦止增五六十顷耳。万历十年奉文清丈，上下相蒙，遂将浏田捏加顷亩，计九千二百一十三顷二十八亩零。其时去嘉靖丈田相越仅四十余年，顷亩竟增数千。④

乾隆二年（1737年），礼部侍郎吴金针对二县浮粮问题指出：

---

① 乾隆《长沙府志》卷22《政绩·志·三太堕粮疏》，清乾隆十二年（1747年）刻本，第10—11页。
② 同治《浏阳县志》卷6《食货二》，清同治十二年（1873年）刻本，第7页。
③ 康熙《长沙府志》卷15《典章下》，清康熙二十四年（1685年）刻本，第41页。
④ 乾隆《长沙府志》卷23《政绩·示·浏阳四苦禀》，清乾隆十二年（1747年）刻本，第40—41页。

湖南长沙府属之湘乡、浏阳二县，现有浮粮颇为民累，系元末陈友谅据楚与明兵相持，增粮助饷，及平定之后，明朝遂照此征收二百余年，未曾蠲改。直至顺治年间，始蒙世祖章皇帝仁恩，减荒存熟，民累渐苏，过后又复捏报垦荒，陆续加增，仍浮原额，并闻该省督抚亦曾檄查，因循未复，两邑之民迄今被累……各省减赋蠲租不知凡几，而苏松等郡浮粮于世宗宪皇帝减除之外，再沛恩纶则此二邑浮粮自蒙一体轸念。①

乾隆三年（1738年），乾隆帝闻知浏阳、湘乡二县每亩田赋要高于邻县二三分不等，要求二县比照长沙则例，上谕湖南巡抚严查二县浮粮问题，于是署理湖南巡抚张璨、督粮道刘应鼎、盐驿道马灵阿会同查报，认为二县额粮科则较邻县重，小民唯纳艰难，应酌量减免。于是按长沙县则例减免税粮，湘乡县应减民赋和更名田地6831.699 57顷，减粮12 969.286 5石，粟应减1335.156两，应减九厘饷银2009.369两，应减南粮正耗米1144.976 7石，应减驴脚银137.311两，应减漕粮正耗米189.418 4石，应减盘船脚米12.176石，应减赠贴米39.779石；浏阳县应减民赋田地共8942.048 24顷，应减粮17 171.478石，应减条银6471.65两，应减九厘饷银2661.17两，应减南粮正耗米2618.924石，应减驴脚银314.284两，应减漕粮正耗米2421.558石，应减盘船脚米155.672石，应减赠贴米345.936石，并自乾隆四年（1739年）起按数减征，按前项应减条银内有应分派存留、官俸、役食、祭祀、杂支、驿站夫马工料等款项下支给。②

上引材料，从总督、巡抚到知县都在向清政府诉苦，从而让清政府减免长沙府浏阳、湘乡二县税粮。最终至乾隆时期，朝廷下令清查，逐渐减征二县税收。从清人对"堕粮"的书写来看，其理由有二：一是历史问题，即元末明初当地土豪易华资助陈友谅粮食，导致明太祖朱元璋愤怒，从而增加浏阳、湘乡二县的税粮。③还有一种说法是陈友谅与朱元璋对抗时，为保障军饷而加征税粮，直到明代开国后一直没有得到减缓；到了万历清丈时，又因堕粮虚捏亩数，继续维持税粮，使二县之税粮"独冠全楚"。二是现实问题，清初历经荒地开垦和更名田等，虽有减缓，但虚报升科等现象频出，又将负担摊派于民众身上，造成赋重而难以完纳。

---

① 礼部侍郎吴金奏：《为密陈湖南湘乡浏阳二县浮粮累民请减除事》乾隆二年十二月十三日，中国第一历史档案馆藏朱批奏折，档案号：04-01-01-0015-028。
② 署理湖南巡抚张璨题：《为遵旨查明湘乡浏阳湘阴三县粮额偏委请以乾隆己未年为始减征钱粮数目事》乾隆三年六月初十日，中国第一历史档案馆藏户科题本，档案号：02-01-04-13008-015。
③ 这种因输粮资助陈友谅而被朱元璋所惩罚的说法在湖北石首县亦存在。乾隆《石首县志》卷1《土田·赋役》，清乾隆元年（1736年）刻本，第25页载："明洪武初，石民输粮伪汉陈友谅，迁怒加赋示罚。故石首之田高卑不及公安，沃壤不若江、监，而科粮等则视江、公、监倍重。"

（三）何以"重赋"："堕粮"形成的历史解释

清代官员所述是否属实呢？抑或是清代官员利用易华的传说来减免清初的赋税，而非清初官员凭空捏造以豁免税粮呢？这首先需要考证易华其人其事与明代堕粮形成的关系。揆诸史实，湘乡确有易华其人，不过由于立场的不同，易华在官方文献和民间文献中呈现出不同的人物形象。

在官方文献中，易华的身份是"土酋"。元至正二十四年（1364年）九月，《明实录》即云：

> 是月左相国徐达率师至潭州、湘乡，土酋易华来降。华自壬辰兵起，集少壮，据黄牛峰。至是达遣人招之，华率其部卒以降。①

据此可知，易华也应该是元末明初的一个地方武装头目，占据黄牛峰一带。后来当徐达率军进剿湖南之时，易华主动投降明军。值得注意的是，易华事后又发动叛乱，终于被明军所杀。史料记载，易华于元至正二十六年（1366年）叛变朱元璋，于是"指挥副使张胜宗讨湘乡易华，斩之。华据黄牛峰，既降而复叛，率其余党益肆剽掠，潭湘民多被其害，至是参政杨璟命胜宗讨平之"②。后来，朱元璋在洪武元年（1368年）登基称帝之际，在祭天祝文中列举了一系列平定反叛者的名单，易华便名列其中：

> 惟臣帝赐英贤，为臣之辅，遂戡定采石水寨蛮子海牙，方山陆寨陈野先，袁州欧普祥，江州陈友谅，潭州王忠信，新淦邓克明，龙泉彭时中，荆州姜珏，濠州孙德崖，庐州左君弼，安丰刘福通，赣州熊天瑞，永新周安，萍乡易华，平江王世明，沅州李胜，苏州张士诚，庆元方国珍，沂州王宣，益都老保等。偃兵息民于田里。③

由此可见易华同陈友谅、张士诚并列，成为朱元璋的敌人。但是仔细分析可以发现，按《明实录》的说法，易华是"湘乡土酋"，其据点也在湘乡南部的黄牛峰，但是何以明太祖登基祭天祝文中说他是"萍乡易华"④呢？就算易华惹怒了明太祖，湘乡要负担堕粮，那为何浏阳也同样要负担呢？所以关于易华其人与湘乡、浏阳堕粮的关系，还存在许多疑点，需要发掘更多的史料来解释。

而在民间文献中，易华却是以"乡贤"的身份出现的。清末王礼培根据湘乡易氏族人提供的资料，撰写了《易闻远公传》，其中称易华在元末大乱时结寨自保，至正十二年（1352年），陈友谅令湖南输军粮十万八千石。民情汹怒，易华倾家财给之。至正二十年（1360年），朱元璋遂破陈友谅。"军退江西，图再举。援前事，令湘乡专任

---

① 《明实录·明太祖实录》卷15，甲辰年九月乙酉条，"中央研究院"历史语言研究所1962年版，第205页。
② 《明实录·明太祖实录》卷21，丙午年八月乙巳条，"中央研究院"历史语言研究所1962年版，第303页。
③ 《明实录·明太祖实录》卷29，洪武元年春正月乙亥条，"中央研究院"历史语言研究所1962年版，第478页。
④ 湖南湘乡《大平易氏三房谱》卷首下《先代世系》，民国三十一年（1942年）刻本，第30页载："华公起义，寄诸子萍乡县东乡漏田垫上信友何生有家。"

之，不如数者，无少长，皆屠杀。公力输其半，民众感动，卒如其数，得免浩劫。"至正二十二年（1362年），陈友谅战败，易华审时度势后乃纠合湖广拥兵据地者十余部，悉受指挥。于是吴王授易华湖广参政。朱元璋为北伐元都，借鉴陈友谅之办法，强征湖南当地赋税作为北方军饷，易华为民请命坚决不从，于是"请连七邑之兵，抗拒吴王"，而"浏阳一县，亦因例比规银八万，闻公起义，率众依以自壮，长、岳、衡、宝、永、道，同时响应"。

元至正二十六年（1366年），"吴王大举北伐，军用浩繁。江苏赋税，既因张士诚数增额率，湖广、江西、安徽以次重征。独湖南一隅梗令。……（至正）二十八年，吴王以湖南平，即位于金陵，是为洪武元年。会有言公实不死者，明（太）祖大怒，即日搜湘乡，毁所居，株连甚众。……大兵之后，田亩荒残，人烟稀少。（洪武）十七年，下令移江西居民充实之。公始得出其七子还湘乡，复姓易氏。大坪之族，由是始大。然事秘，当时莫有知其隐者"①。文中最后指出当地方志称易华为"土酋"是极不恰当的。

又据湖南湘乡《大平易氏三房谱》记载：

> 元季失鹿，天下瓦裂，其时据地而窃名位者，惟伪汉陈氏称最，楚以南皆为所属。上湘素号富庶，伪汉军资大半赖之。忽一日恒赋之外，檄加数十余万以充行营之用，否则且屠邑焉。邑中父老惶惶无措。易氏之祖讳华公者，闻而叹曰：正所谓匹夫无罪，怀璧是罪也。邑屠而吾湘宁有噍类耶？于是奋身前出，尽捐己资，率邑之中欢呼乐输十万有奇。伪汉大喜。阖邑赖以保全。伪汉灭，明（太）祖嘉其能，官为湖广行省参政。其后蝉联科甲，仕至通显者代不乏人，且啧啧有家声。今以明经荐在胶庠者，犹指不胜屈云。②

从族谱等民间文献记载可见，易华是一位乡贤的形象。他在陈友谅起兵时为民请命，自己承担大量军需，后投降朱元璋，被封为湖广参政，而在朱元璋为北伐强行征粮时又起兵反抗，维护地方利益。

而明代湘乡、浏阳二县的税粮负担的确很高，从历史来看，湘乡宋元时期税粮约为三万三千三百五十九石，明初堕至约十万八千七十三石，增加了两倍之多。浏阳县在宋元时期税粮为四万二千四百七十九石，明初堕至八万一千一百三十石，增加了约一倍之多。从地区来看，湘乡和浏阳两县的税粮也远高于湖广其他地区。

至于为何粮重，是否是因为易华惹怒朱元璋导致的"堕粮"，还需进一步考证。这一故事与江南赋重中惩罚张士诚说、湖北石首赋重与陈友谅输粮说等，都有异曲同工之妙。如同治《湘乡县志》载："康熙三年六月内抚臣刘题覆前事，因奉部驳云，查送

---

① 王礼培：《易闻远公传》，易新农、夏和顺编校：《王礼培辑》，民主与建设出版社2015年版，第165—166页。
② 湖南湘乡《大平易氏三房谱》卷首上《旧序》，民国三十一年（1942年）刻本，第9页。

到志书止传陈友谅征粮等语，并无洪武仇怨加增字样，且系嘉靖万历刊造，未蒙准行。"①因此这极有可能是地方官和地方百姓合谋，形成的一种减税舆论和寻找的历史依据。

而追溯历史可知，浏阳、湘乡早在宋代便有赋税繁重的说法，且素为难治。南宋嘉定九年（1216年），安丙上《乞湘潭等县仍旧差注京官奏》中提到：

> 潭州属县凡十有二，湘潭、浏阳、攸县三邑财赋民讼最称繁伙，而所注乃选人。湘潭、攸县本是注京官，浏阳亦是京官、选人通差，往往中间人惮繁剧，不乐注拟尚左，因无人愿就，遂作破格关侍左并注选人。②

而顾炎武在《天下郡国利病书》中论及湖广各地经济发展状况之时曾云："长沙地虽稍沃，税粮甲于他郡。"③这里似乎表明税粮繁重和当地农业相对发达有一定的关联。但无论背后原因何在，浏阳、湘乡的堕粮给民众带来了沉重的负担，造成了深刻的影响。首先如上引《明实录》所言，税粮过重导致拖欠，拖欠过多无法缴纳则使人口大量逃亡：

> 明太祖即位，有诉浏民助陈友谅粮者，上怒之，加科二斗一升四合，遂倍科，秋粮八万一千一百三十石八斗九升二合。夫以半入而完全粮，已自为难，况以半入而完倍科之粮，民何以聊生哉！所以明初疮痍未起，尚编坊里七十有八。迨正嘉之初，承平已百余年，反逃绝过半。嘉靖年间知县苏志皋行倒甲法，撮合为五十里。是浏民之死徙无算，前明盛时已然，延及明季，兵兴赋重，逃绝不可穷诘。④

税粮过重还影响到当地的水利：

> 稻田以水为命，而仰命于天，其亦危矣。所恃者，其陂堰乎。湘无广川大泽之利，溪流陡绝，雨则溢，霁则涸，迎则通，背则室，合广袤数百里之堤封，而以陂汜名者仅十有六，皆萦带之水，□□易绝者也。则仰命于天者十之九，其危甚矣。而□□愚也。方雨则惰，既旱乃骂，于是而争搏狱讼之□□，甚且以死继之，悲夫！无已则赖塘池，以小有所救，而堕粮未豁，勺水皆税，民且姑救燃眉之焰，留水畜鱼，市以应里胥之索，而一泓之水亦不能尽以沃焦原之渴，则是湘之田无非仰命于天而危焉者也。故观于陂堰之数，而湘之瘠益见矣。⑤

也难怪清代诗人侯朴在《咏怀五十韵》中写道："欷歔问父老，呜咽泪千行。愁苦

---

① 同治《湘乡县志》卷3下《赋役志》，清同治十三年（1874年）刻本，第6页。
② （宋）安丙：《乞湘潭等县仍旧差注京官奏》，曾枣庄、刘琳主编：《全宋文》第283册，上海辞书出版社、安徽教育出版社2006年版，第276页。
③ （清）顾炎武撰，黄珅等校点：《天下郡国利病书·湖广备录上·繁简考》，上海古籍出版社2012年版，第2714页。
④ 同治《浏阳县志》卷6《食货二》，清同治十二年（1873年）刻本，第15—16页。
⑤ 康熙《湘乡县志》卷2《建置志》，清康熙十二年（1673年）刻本，第10—11页。

三百载，根本伤堕粮。"①因此，同是湖广民户，由于种种原因，不同地区的赋税负担程度也会有很大的差异。明政府不管出于什么目的，加重长沙府浏阳、湘乡二县的税粮负担，故意造成地区间赋税负担的不平衡，只能导致人口大量逃亡流失。如史载浏阳县："明洪武初，相传浏阳凡七万一千九百五十余丁。时天下编赋役黄册，以百有十户为一里，浏阳编户凡七十一里，其后赋重民逃，嘉靖中仅五十坊里矣。"②湘乡县："洪武户一万一千六十三，口七万四千九十七。嘉靖户九千一百六十七，寄庄一百六十九，口五万□千一十六。"③从明初到嘉靖年间，浏阳、湘乡二县户口都减少了。也许在明代，选择逃亡是民众对抗税粮不均的唯一有效方法。洪武时期出现的堕粮之事，到嘉靖、万历时期清丈田亩后依然存在。

堕粮形成的历史逻辑，可能是由于长沙府地处要冲，相较于湖广其他府县，物产丰盈，本来就是国家汲取财富的重要地区，国家的财政政策具体落实到各地区，其执行的情况千差万别是很自然的事，但明政府制定财政政策的基础就是"画地为牢"，用行政手段强制规定各种主户赋税徭役的不同，在僵化的"洪武体制"下，常年不敢违背祖制，"原额主义"使此地税粮数额也难有变化，地方官等迫于民怨，也试图采取一些缓解民困的做法，但长达三百年的堕粮重赋一直笼罩在湘乡、浏阳二县民众头上。

清初历经招民垦荒和更名田等多项措施，力图减轻明末以来的民众负担，然轻徭薄赋只是一种政治口号而已。从湘乡县来看，顺治十二年（1655年），湘乡知县宋时彦力主垦荒，然"民间未挥一锄，未扶一犁，纸上今岁二千，明岁一千"，三四年间，浮粮增至近万石，秋粮逋负两万多担。康熙四年（1665年）清丈，又有勒报垦米1075石，"田荒赋逋，不得不责令同户之人招佃以安耕，耕者所获不足以充一岁之粮饷，又不得不责令同户之人设法以足赋。则逃田之累，存民可知矣"，自康熙七年（1668年）始逋欠更重，湘乡知县称：

> 七年、八年兵饷四月未完二分半，卑职已两受参罚，则逃粮之累印官又可知矣。盖民困至于无可苏困之日，故官为于莫可有为之时。所以，除顺治十八年以前未完蒙赦外，自元年至八年逋欠粮饷盈千累万，追呼维艰，目今卑职逐日所征比者，追六年饷、七年饷、八年饷，而又追五年米、六年米、七年米、八年米，舌敝颖秃，无一是可缓之项，而百姓每日所应比者，办六年饷、七年饷、八年饷，而又办五年米、六年米、七年米、八年米，手忙脚乱，无一非逋欠之人，故同此一人也，昨日比新旧之饷，诉苦告穷，哀泣淋淋。④

---

① 乾隆《长沙府志》卷45《艺文》，清乾隆十二年（1747年）刻本，第36页。
② 同治《浏阳县志》卷5《食货一》，清同治十二年（1873年）刻本，第1页。
③ 嘉靖《长沙府志》卷3《地里（理）纪》，明嘉靖十二年（1533年）刻本，第12页。
④ 同治《浏阳县志》卷6《食货二》，清同治十二年（1873年）刻本，第14页。

康熙九年（1670年），豁免垦米11 799担，康熙十六年（1677年）复行派垦，又增至15 239石，康熙二十年（1681年）新报垦荒地粮达61 700多石，其捏垦之严重，冠于湖广其他府县。从上可见，清代官员所陈堕粮故事与清初捏垦有明确关系。由于难完钱粮，地方官多被参罚，以至影响了浏阳、湘乡二县正印官的任免。湘乡、浏阳二县员缺，俱系繁疲难，三项相兼之，所以更加重视对知县的选拔。[①]至乾隆四十五年（1780年），因赋重人稠，讼狱繁多，湖南巡抚刘墉建议将长沙府浏阳县从繁难中缺改为繁疲难要缺。[②]

此外，当地士绅也为堕粮制造了相关舆论，配合清代湖南官员的诉求。如清初湘乡人龙孔然曾撰写《堕粮逸案》[③]，乾隆时期湘乡地方士绅刘士玺又辑佚成《豁减堕粮全书》，并呈给湖南巡抚，有力地配合了当地减赋的需求。

可以说堕粮的事实在清代被发酵出来，一方面是官员治理艰难，难以完纳朝廷所规定的钱粮数额，官员因此被参。另一方面朝廷意识到，湘乡、浏阳二县官员的选任实属不易，因此也加强了对湖南二县重赋的清查。这种堕粮舆论的生成与传播，从官员到士绅共同合力，最后推动了乾隆时期对堕粮问题的解决。

---

① 《湖南巡抚为署县试用期满称职请准实授事》乾隆八年十二月八日，台北傅斯年图书馆藏内阁大库档案，登录号：013336。
② 湖南巡抚刘墉奏：《请将浏阳零陵等县改为繁疲难简要缺缘由》乾隆四十五年十二月十三日，台北故宫博物院藏军机处档折件，文献编号：029459。
③ （清）邓显鹤：《沅湘耆旧集》卷35，清道光二十三年（1843年）邓氏南邨草堂刻本。

第七章　抗税闹漕、钱粮争讼与地方秩序

明中叶以后，各种地方共同体蓬勃发展，国家权力渗入和控制基层社会的方式更为复杂化，并逐渐形成一种间接控制体制，国家赋役征收与户籍、里甲制度开始脱节，也就是说国家已无力直接跟踪控制各地花户的纳税情况。因此，地方上士绅、书差等中介势力的作用显得更为重要[1]，国家赋役征收被地方上的士绅、书差所把持，采用的方式为包揽。包揽属于间接征税的一种。充当包税商最为积极的两种人是州县衙门里的书吏衙役和地方士绅[2]，甚至在某些地区两者的身份趋同，但是也出现了士绅、书差集团对包揽权的争夺，更出现了地方州县官因处理税粮问题不善而导致民众抗税或士绅闹漕的事件。

一、《官蒲被参纪略》所见两湖钱粮征收困境

晚清时期，随着社会危机的加深，全国各地爆发了普遍的抗粮浪潮。傅衣凌先生曾经撰写论文，对道光、咸丰、同治年间爆发的系列抗粮事件进行了初步的阐述。[3]而在这一斗争中，两湖地区无疑是重灾区，先后爆发了钟九闹漕、阳大鹏抗粮等系列抗税闹漕事件。而且两湖地区也发生过多起官员因亏短钱粮而被革职的事件，体现出钱粮征收和县域治理的困境。

（一）道光年间两湖抗税斗争：以钟九闹漕与阳大鹏抗粮为中心

道光年间，两湖地区抗税抗粮事件频发，兹先就《清实录》中涉及道光年间与抗粮相关的部分事件整理成表，如表7-1所示。

表7-1　道光年间两湖地区抗粮斗争列表

时间	地点	抗粮事件
道光十八年（1838年）	湖北蕲州	童生与书役争闹，误伤知州
道光二十一年（1841年）	湖北崇阳	钟人杰领众抗漕，杀知县，占县城
道光二十三年（1843年）	湖南武冈	州民阻米出境，戕官

---

[1] 韦庆远、叶显恩主编：《清代全史》第5卷，辽宁人民出版社1991年版，第423页。
[2] 〔美〕王业键：《清代田赋刍论（1750—1911年）》，高风等译，人民出版社2008年版，第55页。
[3] 傅衣凌：《太平天国时代的全国抗粮潮》，《明清社会经济史论文集》，人民出版社1982年版，第397—417页。

续表

时间	地点	抗粮事件
道光二十四年（1844年）	湖南耒阳	千余人抗粮，攻城
道光二十九年（1849年）	湖北	饥民要求赈济不遂，捣毁办灾首事各家

资料来源：《清实录·宣宗实录》卷307、卷364、卷398、卷405、卷470，中华书局1986年版

在以上抗粮事件中，就规模和影响而言，莫过于湖北崇阳县的钟九闹漕和湖南耒阳县的阳大鹏抗粮斗争，这背后都涉及当地钱粮征收过程中的地方俗例弊端，以及知县、书差、士绅围绕钱粮征收展开的利益争夺。

1. 钟九闹漕事件中的崇阳知县、书差与士绅

目前学界对于"钟九闹漕"的研究多集中于对钟人杰起义缘由、经过、结果等前后来龙去脉的梳理①，多运用长篇叙事诗《钟九闹漕》为史料依据，此点较为新颖。如邓建新的著作综合前人研究成果，注重文本分析，全面系统地阐述了钟人杰起义，并以"钟九闹漕"事件为中心，运用话语分析的方法阐述政治文化变迁②；而张小也吸收历史人类学研究方法的合理成分，将崇阳抗粮案作为案例置于国家与基层社会互动的视野中，并侧重从司法的角度来解读钟人杰起义③；而本书的侧重点只在于钟人杰起义前的崇阳县赋役征收，以士绅与书差因包揽利益所爆发的矛盾与冲突为突破口，并涉及与官府的博弈，以此梳理钟人杰起义与地方社会赋役征收的实态。

范文澜在《中国近代史》中简述了钟人杰起义。道光二十一年（1841年），湖北崇阳县人钟人杰聚众数千人起义，自称钟勤王，并竖都督大元帅红旗，次年战败被杀。④这里并未提及钟人杰起义的缘由，是因赋役包揽、浮收而起。揆诸史实，士绅与书差围绕着赋役包揽等利益争夺持续七年之久，只有透视这一事件发生的动因，才能更清晰地揭示钟人杰起义的本质。

崇阳县位于湖北省南陲，地处大幕山、大湖山、大药姑山之间，县境四面环山，峰峦叠嶂。交通运输以水运为主，由境内隽水河道经蒲圻至嘉鱼陆溪口进入长江，陆运均为乡间大道或傍山小路，多用人力挑抬，兼用独轮车和牛马车。⑤崇阳县地处僻远山区、交通闭塞、民风未化等自然、社会环境，使当地士绅、书差集团更加易于控制地方事务，在赋税征收上，正如《湖北近代革命史》所述："道光年间湖北'书差为政'，国课漕粮无不加倍浮收"⑥。在传统社会中，书差承担着大量的行政工作，特别

---

① 罗丽达：《道光年间的崇阳抗粮暴动》，《清史研究》1992年第2期。
② 邓建新：《钟九闹漕：变化社会中的政治文化叙事》，北京师范大学出版社2010年版，第54页。
③ 张小也：《史料·方法·理论：历史人类学视角下的"钟九闹漕"》，《河北学刊》2004年第6期。
④ 范文澜：《中国近代史》，人民出版社1955年版，第68页。
⑤ 崇阳县志编纂委员会：《崇阳县志》，武汉大学出版社1991年版，第255页。
⑥ 陈昆满主编：《湖北近代革命史》，湖北人民出版社2006年版，第16页。

是刑名和钱粮方面的事务，但由于他们不属于正规官僚体系，由此在国家财政俸禄方面，国家没法给他们提供良好的、有保障的待遇，他们遂凭借其行政技能背公谋私。而且纵观中国传统社会，书差等胥吏等具有地位低、实权大、恶评多等群体性特征。[①]

崇阳县赋税征收被书差把持，但无论是在官方档案、私人笔记还是在民间叙事长诗《钟九闹漕》中，正面、直接记述书差的甚少，多数是从史料的侧面反映出来的，属于他者眼中的书差。实际上，书差在"钟九闹漕"案中只充当配角，在赋役包揽之争中亦处于下风。与此相反，钟人杰等人的史料记述较为丰富，我们不能简单地认为钟人杰等人是崇阳漕粮案的主角，需要认知、界定钟人杰等人的社会阶层、身份。邓建新在其著作中认为钟人杰等属于下层绅士。张小也认为钟人杰等集讼师与歇家于一身，在地方社会诉讼中发挥着重要作用。钟人杰、陈宝铭、汪敦族三人被俘后的口供如下：

> 钟人杰：有素好的陈宝铭、汪敦族们，因把持钱漕，与书差构讼，我就主使向各花户敛收讼费，从中分肥。有吴石川们赴总督衙门具控，经亲提审问，把两造分别责惩革卯完案。
>
> 陈宝铭：与钟人杰、汪敦族素好，我们因敛收讼费，把持钱漕，与书差构讼，经吴石川赴控，总督衙门亲提审断完案。
>
> 汪敦族：与钟人杰、陈宝铭素好，我们因敛收讼费，把持钱漕，与书差构讼，已蒙提省审断完案。[②]

可以看到相同的陈述，即三人"把持钱漕，与书差构讼，向各花户敛收讼费，从中分肥"，该处表明钟人杰等三人为一个利益集团，他们曾参加过科举，为县学文生、武生，但却因事而被斥革了功名，后积极转向参与地方社会的公共事务，直至控制地方的钱粮征收和刑名诉讼。张仲礼认为，文生员、武生员是下层士绅，且经文科考试而形成的文生员集团在下层士绅中占有最高地位[③]，钟人杰等人实为士绅阶层，包揽赋役征收，讼师也是他们的一种重要职业。知县师长治的墓志铭中也有相似的记载："生员钟人杰、金太和者，亦虎而冠，与其党陈宝铭、汪敦起而包揽输纳，不数年皆骤富，与县胥分党角立。"[④]

值得注意的是"把持钱漕，与书差构讼"，则直接反映出以钟人杰为代表的下层士绅集团与书差衙役的矛盾与冲突。"吴石川们赴总督衙门具控"即为金太和奔赴省城上诉漕粮案。从三人的口供来看，双方的矛盾持续加深，"因案结不能敛费，书差也因被

[①] 朱腾：《简牍所见秦县少吏研究》，《中国法学》2017年第4期。
[②] 中国科学院近代史研究所近代史资料编辑组编辑：《近代史资料》（1963年第1期），中华书局1963年版，第2、4、5—6页。
[③] 张仲礼：《中国绅士——关于其在19世纪中国社会中作用的研究》，李荣昌译，上海社会科学院出版社1991年版，第19页。
[④] （清）魏源：《古微堂外集》卷4《湖北崇阳县知县师君墓志铭》，《魏源全集》第12册，岳麓书社2004年版，第268页。

控责革，彼此怀恨，遂遇事寻衅结成仇怨"①，此后接连发生"翻案""打粮房""陷害""二打粮房""起义"②等事件。钟人杰等在第一次、第二次打粮房时，均把矛头直指书差，而不是官府，打出"官逼民反"的旗号，更不是要推翻清王朝。后杀害崇阳知县师长治为意料之外，师长治持包庇书差合谋者蔡绍勋的立场，同时在崇阳漕粮的征收问题上并不妥协，双方没有达成一致，众愤之下杀死知县师长治，揭竿而起。

关于崇阳县册载赋役征收数额，同治《崇阳县志·食货志》载："原额三千二百七十顷三十七亩五分六厘三毫，上中下田塘及上地派秋粮，下地派小麦、米，俱照原顷亩则例额载秋粮八千六百六十五石六斗一升九合七勺，每年除优免外，科则不等，照额征并，新加每石该银七钱三分六厘六毫七丝……共派征银六千三百八十三两七钱一分。"③可知崇阳县秋粮征收的总额约为8665.61石，折银后约为6383.71两。在长篇叙事诗《钟九闹漕》中，金太和为花户愤不平，斥问书差："崇阳册载几千米，一年收纳两万多，贪心不足所为何？"④从中得知，崇阳县的赋役浮征额是册载额的两倍之多，如此大量的浮征钱粮被书差利益集团所剥去，诗中云：

> 提起国课好伤心，官吏依势压乡民，饷逢毫厘一分算，米上几合要一升，算盘珠子打死人。听他算来任他言，格外还要烟酒钱，见十加一还嫌少，斜平斗满又要添，千刁万恶诈银钱。粮房柜上一窝蜂，全靠花户米来供，踢斜摇斗乱行抢，三盘样米太不公，羊入虎口痛难忍。……世间狠毒是粮房，串成一党恶难当，欺天灭地多诡计，一把升子七寸方，斗米把作七升量。朝廷国课理当完，肆行刻剥实难安，千端万弊贪无厌，外嚼乡民内骗官，明贿诈索暗又瞒。⑤

诗文内容也印证了时人对崇阳县书吏的看法，"崇阳圜万山中，胥役故虎而冠，凡下乡催征钱粮漕米，久鱼肉其民"⑥。总体上，诗文内容形象生动地彰显出崇阳书差在征收赋役过程中全权包揽，将浮征钱粮收入囊中，贪婪无度、肆无忌惮地牟取利益。当然，这些积弊、陋规并不是形成于一时，地方官对其也采取放任自流、中饱私囊的态度。"湖北漕务积弊，民苦浮勒，官无经制。其取于民者厚，其交于公者微。类皆中

---

① 中国科学院近代史研究所近代史资料编辑组编辑：《近代史资料》（1963年第1期），中华书局1963年版，第2页。
② 孙敬文等搜集整理：《钟九闹漕》，湖北人民出版社1957年版。"翻案"等均为该版本《钟九闹漕》章节内容的标题，也是崇阳抗粮起义的发展脉络。
③ 同治《崇阳县志》卷4《食货志·田赋》，清同治五年（1866年）刻本，第8页。此处的各种计量单位均精确到小数点后两位。
④ 王旺国整理：《钟九闹漕》，《双合莲——崇阳县民间长篇叙事诗集》，长江文艺出版社1998年版，第102页。"崇阳册载几千米"一句在孙敬文整理的版本中为"崇阳册载千担米"。叙事诗《钟九闹漕》后文中提到崇阳全县赋役征收"实在只有七千零"。因此，有些文章中直接将"崇阳册载几千米"一句换为"崇阳册载七千米"。
⑤ 王旺国整理：《钟九闹漕》，《双合莲——崇阳县民间长篇叙事诗集》，长江文艺出版社1998年版，第98—100页。
⑥ （清）魏源：《古微堂外集》卷4《湖北崇阳县知县师君墓志铭》，《魏源全集》第12册，岳麓书社2004年版，第268页。

饱于丁船杂费及上下衙门一切陋规。"①该县每逢开征,各户书私自向花户需索耗银样米,时相吵闹,由来已久。②崇阳县下层士绅集团、花户对书差包揽赋役征收极为不满,即产生以钟人杰为代表的下层士绅集团与书差集团对赋税包揽权的争夺。这也是钟人杰抗粮起义的导火索。

道光十六年(1836年),金太和不满书差赋役浮收,为花户打抱不平,却遭官府毒打,心有不甘,访遍全县四十八堡,联合钟人杰等人赴省上诉,于是"抚院断案有主张,即行文书到部堂,崇阳污吏串一党,掠夺钱粮世无双,肆行讹诈实猖狂。总督一见文书详,两人商议出示章,两银扣钱二串四,担米完纳理应当,合行晓谕布崇阳"③。事实上,湖广总督周天爵在接到崇阳生员上控之后,就"将书差责革,禁免票钱、差票垫费"④。该诉讼案以士绅集团获胜,审判结果打击了书差集团。《崇阳冤狱始末记》载:

> (钟人杰等)以受习难为词,遂出禁革钱漕积弊及民愿加二斗二升章程,每两纳钱二千一百四十文,周制军(天爵)断案,自书告示,勒官钤判,刻石城乡。⑤

书差被革之后,金太和等"置柜十一张,分注里名,抬送县堂,刊刷传单,派定日期,依期投纳,自封投柜,不容迟乱,杜绝粮差下乡,书差之弊全除"⑥。花户自封投柜,抽离出书差在包揽中的利益,此举再次加深了士绅集团与书差集团的矛盾。

道光十九年(1839年),新任知县折锦元受书差集团的鼓动、挟持,对前任湖广总督周天爵"定粮案"进行了翻案,整复浮征旧规。正如叙事诗中所唱:

> 时逢九月是重阳,折爷又要立粮房,详文通到武昌府,放出粮房转崇阳,仍复又是虎还乡。一众粮房出牢笼,回到崇阳又行凶,改个名字居原役,仍然照旧一窝蜂,更比往年不相同。⑦

因而,金太和再次向武昌府呈控,却被官府扣押。钟人杰等人闻讯后,聚众入城,砸毁粮房,殴打书差,此即"一打粮房"事件。打粮房行动的目标也并未涉及作为王朝统治象征的县衙门,表明钟人杰的策略是把运动的矛头指向书差⑧,目的是制定章程,以求赋役征派的公平,正如诗中描述:"钟九当堂叫一声,众位花户听章程,担米只许加一斗,合勺之粮不成升,斛平斗满自公平。只许正算扣饷银,毫厘丝忽不成

---

① 同治《崇阳县志》卷4《食货志·田赋》,清同治五年(1866年)刻本,第15—16页。
② 参见罗丽达:《道光年间的崇阳抗粮暴动》,《清史研究》1992年第2期,第78页。
③ 王旺国整理:《钟九闹漕》,《双合莲——崇阳县民间长篇叙事诗集》,长江文艺出版社1998年版,第124—125页。
④ (清)殷塈:《崇阳冤狱始末记》,清道光二十六年(1846年)上海图书馆藏未刊本。
⑤ (清)殷塈:《崇阳冤狱始末记》,清道光二十六年(1846年)上海图书馆藏未刊本。
⑥ (清)殷塈:《崇阳冤狱始末记》,清道光二十六年(1846年)上海图书馆藏未刊本。
⑦ 王旺国整理:《钟九闹漕》,《双合莲——崇阳县民间长篇叙事诗集》,长江文艺出版社1998年版,第126—127页。
⑧ 邓建新:《钟九闹漕:变化社会中的政治文化叙事》,北京师范大学出版社2010年版,第124页。

分，两银扣钱二串四，水脚印号是正经，并无外规派钱文。"①知县折锦元迫于压力，同意按照章程征税，"开征不上两个月，大小花户完得清，实在只有七千零。花户一见米好完，绅士挂匾贺清官"②。"一打粮房"以士绅集团获胜而告结束，书差集团的利益再度受损。

道光二十一年（1841年）一月，两位被革去职务的书差王士奇、金两仪找到报复士绅的契机，在蔡德章婚礼时诬告其奸拐幼女，诗中描述："闻听德章娶了亲，四城讲得乱纷纷，衙门听见心不服，捶心蹬脚恨几声，告他苟合犯奸情。德章打扮上街行，撞着衙门一伙人，开口就把德章骂，拐带幼女配成婚，我今正要捉你人。"③然而，此次书差的诬告反而再次引发蔡德章等人拆毁书差房屋、殴打书差，这就是"二打粮房"事件。《崇阳冤狱始末记》这样记述：

> 逆等于二十一年灯节，手执红旗，大书"官逼民反"，统众入城。明为送灯，暗藏器械。拆毁书差房屋，抢掠资财衣物。踞城三日，拆掳无遗。虽无损于民，民亦因之闭门罢市。④

"二打粮房"与"一打粮房"不同，"一打粮房"是士绅集团与书差在包揽浮征上的正面冲突，"二打粮房"是双方矛盾不可调和后的加深，与赋役的包揽浮征没有直接关系。在两次拆打书差粮房中，书差一直处于下风。在"二打粮房"后，两者之间的矛盾越来越大，士绅与书差暗中较量，局势失控，知县折锦元被撤职。继任知县金云门在没有两方势力的介入下，亲自下乡催征钱粮。

道光二十一年秋，崇阳县三易其主，知县师长治临危受命，恰逢书差反击，向府城控诉士绅集团拆毁书差房屋，状告金太和控告书差时，司法程序不合法，并干涉赋役征派，讼词由"崇阳第一刁笔"蔡绍勋撰写，诗中部分内容如下：

> 单告太和是光棍，田无升合饷无分，假称花户告衙门。又告太和是刁民，能说会道武艺精，常在乡下欺懦弱，一虎三彪父子兵，欺压北山一源人。⑤

《大清会典事例·刑部》规定："凡实系切己之事，方许陈告……州县征派，务须里长率领众民公同陈告，方准受理。"⑥金太和既非里长，又非花户，所诉讼之事应不予审理，且当以诬告拟罪。武昌知府批准了该词讼，金太和再次下狱，并发牌到崇阳县抓捕打粮房之人。钟人杰等人认为正是蔡绍勋的讼词才使官府采取激烈的态度，只有找到蔡绍勋，让其撤诉，方可息事宁人，了结金太和控诉一案。此时，新任巡抚赵

---

① 王旺国整理：《钟九闹漕》，《双合莲——崇阳县民间长篇叙事诗集》，长江文艺出版社1998年版，第132页。
② 王旺国整理：《钟九闹漕》，《双合莲——崇阳县民间长篇叙事诗集》，长江文艺出版社1998年版，第138页。
③ 王旺国整理：《钟九闹漕》，《双合莲——崇阳县民间长篇叙事诗集》，长江文艺出版社1998年版，第148页。
④ （清）殷塈：《崇阳冤狱始末记》，清道光二十六年（1846年）上海图书馆藏未刊本。
⑤ 王旺国整理：《钟九闹漕》，《双合莲——崇阳县民间长篇叙事诗集》，长江文艺出版社1998年版，第143页。
⑥ （清）昆冈等修，刘启端等纂：《钦定大清会典事例》卷818《刑部·刑律诉讼·诬告二》，《续修四库全书》第810册，上海古籍出版社2002年版，第50页。

丙言对崇阳县书差房屋被毁之案久延不办大为不满,"乃严批候委明干大员,督提惩办"。钟人杰等人"见批不无悚惧"①。恰逢办理湖南郴州案钦差到蒲圻办案,武昌知府明峻前去谒见,更加剧了钟人杰等人的恐惧,于是钟人杰等人于十二月初十日攻城擒拿蔡绍勋。知县师长治幕友殷堃在《崇阳冤狱始末记》中记录道:

> 逆等意谓蒲圻非驻审之地,本府临蒲、委员到崇,疑有督提协捕之事,益觉惊恐。又闻金太和复收府禁之谣言,更生疑惧。复被太和子侄贵子恢先等逼迫,于十二月初十日之夜仓卒起事,仅止百人。②

但这也只是说士绅在与书差集团争夺赋役包揽权的斗争中处于下风时,钟人杰聚众寻找蔡绍勋撤诉,矛头所指依然是书差集团,并寄托于国家司法,以此保存自身。十二月初十日之夜,钟人杰等仓促起事,然并未爆发真正意义上的钟人杰起义。据钟人杰口供载:

> 那日挨晚同到蔡绍勋家。他家闻信先已逃走,听说逃到县城里去了。我们就放火把他房屋烧毁,带同众人赶到县城,时已夜深,城门关闭。十一日仍不开城,我们在城外,原想要县官捉住蔡绍勋交给我们再散。师知县会营带人在城上吆喝,我因不得蔡绍勋,不肯退回。十二日黎明时候,金青茂带人从西城墙缺处支搭木板进内,开了城门,大家拥进。搜寻蔡绍勋不见,就把师知县围住,要他发票往省求放金太和回来。师知县不允,并说要把我们拿解。我气忿,喝令汪溃仔、饶肉它三把师知县杀了。③

从钟人杰该段口供中,基本上可以了解钟人杰等人在据城抗粮起义前发生的各种事件,但知县师长治被杀,简略不详。师知县被杀之前,士绅集团与师知县仍较量了一番,焦点为金太和控诉案。殷堃在《崇阳冤狱始末记》中对师长治被杀之经过记载如下:

> (师长治)令将逆众退出城外,免扰黎民。逆云进城不易,金未到县,何可退去。乃以聚集县署,不容入市为词,立候详府请释。稍迟则群逆满院喧声震耳,于是令其退出静候,拟详草成持去。晌午复至,逆称情词不切,金何可释?请易其稿。公云:"围城两日,破城劫署,纵犯开仓,罪不缓诛,挟官请释,情理如此,尚有何切词可措?尔等自拟。"逆等自为得计,应诺而去,午后持稿来庙,其词鄙俚而抗,心知事不可行,且县印已经少君怀去,纵可详而将何钤盖。倘能多延时日,以候府援,故令其删改,逆又诺去。其时在庙者堂兄一人、幕友四人、侄婿一人、随幕者三人、家丁门价共十四人,总二十五人。自午至申,陆续潜去者二十三人,仅有殷顾二丁未逝,妾二、妹一、侄女一、甥女一、女使一、婴女一不能潜遁,甥一恋母难去。金恢先、金贵子等见事不谐,率族众赴白霓桥逼钟

---

① (清)殷堃:《崇阳冤狱始末记》,清道光二十六年(1846年)上海图书馆藏未刊本。
② (清)殷堃:《崇阳冤狱始末记》,清道光二十六年(1846年)上海图书馆藏未刊本。
③ 中国科学院近代史研究所近代史资料编辑组编辑:《近代史资料》(1963年第1期),中华书局1963年版,第2页。

人杰到县。钟逆为崇之第二刁笔，知此事难以弥缝，执笔凝思，无词可措，而双港堡山蛮野性，声色俱厉，将有反戈之祸。至黄昏时，胁钟逆至庙，前桥东堡乃逆居里，卫立庙外，金逆等入庙，拥公而出，栏绊跌卧，枪矛按捺下部，不容复起。庙僧伏地告求，仅予自免。钟逆云："叫你详，你不详。"饬党下手。公大呼："我当自任，不可伤我良民。"有汪贵子于项右一刀刺入，血出气断，殷顾二丁随出，目击肉颤，知不能免，势难救护。①

据此可知，陈宝铭等聚集在衙署，要求知县师长治向武昌知府奏请释放金太和，师长治在众人强迫下草拟了详文，但被贼众认为文词不恳切，让他修改文稿。师知县不肯妥协，认为他们围攻县城，挟官请释，哪里有"切词可措"，让他们自己草拟。但逆贼们言辞粗鄙不堪用，于是奔赴白霓桥将钟人杰逼到县里来写，钟人杰也难以下笔，最后被"裹挟"到关帝庙前，一时众怒激愤下，知县师长治被汪贵子用刀刺入脖子出血而死。钟人杰等人在师长治被杀之前，并未有叛乱起义的计划，师知县被杀也非钟人杰本意，但知县师长治被杀，聚众起事的局势失去控制，叛乱罪名也已坐实，据城起义只是眼下之事。钟人杰起义震动朝廷，道光皇帝谕令清剿匪徒，到道光二十二年（1842年）正月二十二日，钟人杰被俘，湖南巡抚吴其濬收复通城，起义共持续四十天，以失败而告终。

纵观钟人杰起义，包括金太和上诉、两打粮房、知县师长治被杀等事件，并不是道光朝爆发的唯一一次反清起义②，严格意义上说，起义缘由是崇阳县的赋役征派，其沉疴积弊、书差为政、横征暴敛，导致下层士绅的对抗，从而引发下层士绅领导的抗粮起义。与此类似的抗粮起义甚多，正如魏源在师长治墓志铭中谈及：

近年若浙之归安、仁和，苏之丹阳、震泽，江西之新喻，屡以漕事兴大狱，皆小用兵，而崇阳则大用兵。不宁惟是，距崇阳事未二载，而湖南耒阳复以钱漕浮勒激众围城，大吏至，调两省兵攻捕于瓦子山、曾波洲，弥月始解散。③

一般而言，在地方事务中，州县官需要士绅合作与支持，否则其行政不可能顺利进行。对于士绅而言，他们也要倚仗州县官来维持自己在本地区的影响力和特权。④因此，地方士绅会积极选择性地参与地方公共事务，发挥桥梁与纽带的重要作用，呈现出官绅合作的景象。但在崇阳抗粮案中，知县师长治倒向书差集团的立场，勾结串通，沉瀣一气，复征陋规，与士绅冲突，结果官绅两败俱伤，扰乱了地方社会安定与基层社会秩序，这对地方社会治理模式也有重要的借鉴意义。另外，在崇阳地方社会

---

① （清）殷堃：《崇阳冤狱始末记》，清道光二十六年（1846年）上海图书馆藏未刊本。
② 南炳文、白新良主编：《清史纪事本末》第7卷，上海大学出版社2006年版，第2265页。
③ （清）魏源：《古微堂外集》卷4《湖北崇阳县知县师君墓志铭》，《魏源全集》第12册，岳麓书社2004年版，第269页。
④ 瞿同祖：《清代地方政府》，范忠信、晏锋译，法律出版社2003年版，第307—308页。

中，地方下层士绅熟悉官府，了解法律，选择转向讼师，成为地方百姓的代理人，是地方社会职业选择的一种倾向，同样能够参与地方社会事务，是明清基层社会自治倾向的一种现象。

2. 阳大鹏抗粮事件中的胥吏与士绅

阳大鹏（亦有写作"杨大鹏"者），为湖南耒阳县监生。清道光年间，由于在基层赋税征收过程中，胥吏包揽钱粮，浮收勒索现象严重，地方官吏也假公济私，造成耒阳社会民不聊生，引起了一些地方精英的不满。首先是道光二十三年（1843年）二月，耒阳监生段拔萃两次赴京告状，控诉耒阳钱漕积弊，却被湖南巡抚以"刁生诬告"之罪名判充军，并被发回耒阳监禁。同年七月，阳大鹏也赴省城辩诉，但不仅未被受理，还反遭殴辱。八月，阳大鹏返回耒阳后，在与监生段基望、段大荣、徐恩诚等商议之后，开始采取罢考的对抗行动，即散发传单，号召全县书生罢考，企图以此来迫使官府释放段拔萃。道光二十三年八月十三日，县衙又将段拔萃之子春连等拘捕。阳大鹏义愤填膺，忍无可忍，组织四五百农民，于次日晨闯进县衙，救出段氏父子，勒令知县李金芝张贴减收钱漕告示，派人抄缴官府钱财，开仓济贫。

道光二十四年（1844年），知县李金芝因"缉捕无能"而被参革职，叶为珪继任知县。叶到任后，催缴漕钱变本加厉，还要追究阳大鹏等闹事"首恶"之罪。官逼民反，阳大鹏等便发动西乡农民开展抗粮斗争，一时遍及全县。为防止官府缉捕抗粮农民，阳大鹏组织西乡农民打造兵器，塞险防守。三月，衡永郴桂道张志咏邀阳大鹏诸监生谈判，官府假意承诺订立废除里差征收钱粮章程，事后却延宕不施行。阳大鹏等人则直接将征收钱粮章程刻碑示民，并设置粮局，自行征收钱粮，与官府抗衡。四月，衡永郴桂道张志咏、衡州知府高人鉴等到耒阳坐镇催征田粮赋税，并派人密查，拘捕阳大鹏之弟阳大鸠等。五月，阳大鹏被逼举事，率一千余名武装农民攻打县城，同时散发反清檄文，四乡农民纷纷响应。知县惊恐万状，以"刁生倚众抗粮"告急求援，永州镇总兵率兵将耒阳县城堵截包围。阳大鹏率义军转移到西乡渔陂州、哑子山一带设伏，狙击追兵。六月，义军终因力薄无援，部分骨干战败被俘。阳大鹏退至杉木岭时被捕，槛送京城后被处死。

对于该事件之原因，道光二十四年接任耒阳知县的徐台英在其《洣水客谈》中进行了较为详细的记载：

> 夫里差柜书鱼柳一串者乎？盖尝有自封投柜者，柜书先裁其串而匿之，曰某户之粮某日已全完矣。夫自行完纳而无串票之可裁，则良民莫不饮恨以去。相率而告其俦类，使知以投柜为戒。而后一县钱粮通归里差掌握之。内彼里差之自为谋，又未尝不深且密也。其富厚而近城者，则薄收其息以结之。其刁恶而远城者，则少分其利以饵之。惟贫懦之徒，俯首而任其鱼肉，稍拂其意，则受其结与

饵者且环助而抵诃之、恐吓之。洎乎，膏血已竭，棰楚无休，有不割刃于里差之腹中者，非人情矣。①

根据耒阳知县徐台英的描述，显然耒阳县也是在赋税征收过程中，完全被里差所控制和把持，他们通过示好城内之富豪和城外之刁恶，然后肆无忌惮地欺压良善之百姓，让他们没法通过自封投柜来完成税粮缴纳任务，而不得不交由里差们包揽钱粮，受其剥削。由此也就引发了为民请命的士绅阶层与里差之间的矛盾，并且也很容易点燃受里差欺压的底层百姓的不满，从而能振臂一呼应者云集。对于士绅阶层与里差之间的矛盾和冲突，知县徐台英也有清晰的认识：

> 不然阳大鹏、陈观先之流，非有英雄桀黠之才，更无陶朱猗顿之富，独能奋臂一呼，万人毕集。所抄杀者，非里差，即户书。岂非蓄怨既深，为祸必酷，铤而走险，及汝偕亡之一证乎。②

据此可知，以阳大鹏为首的士绅之所以揭竿而起，很大程度是里差的胡作非为所导致的后果，于是斗争的矛头直接指向里差。但这背后地方官府的不作为其实才是最根本的原因所在：

> 夫实征底册，钱粮之纲领系焉。若丁若漕若折，为正为耗为起运为存留为津贴为坐支，此不可不存于官而细加批阅者也。一县之村坊若干，一坊之粮户若干，某户实有几人，某人共有几户，此不可不借于官而细加稽核者也。甲买乙田，乙收丙税，粮随田转，凭契收粮，此又不可不操于官而细加料理者也。今一切憒然不知，日坐深衙门牌饮酒，奏销至矣，民欠奈何？官曰无忧也，有柜书在，包解而已矣。包解而银将何出？柜书曰无忧也，有里差在，代垫而已矣。代垫而银不能归，款将奈何？里差曰无忧也，禀官追给而已矣。夫能追给于代垫之后，则何不追给于未垫之前？彼里差者，有所不为也，惟代垫而后，可以禀官追给。惟禀官追给而后，可以鬻人之妻，卖人之子，据人之产，而百姓将无词，否则里差之终岁仆仆何为者耶？③

由上面的史料所描述的情形，我们可以清晰地窥见清代到了道光年间，基层赋税征收出现了一种非常不正常的境地，官员饮酒作乐，无心经理钱粮事务，只是简单地交给粮书包征包解，而粮书又转嫁给里差，里差代垫之后，又依靠官府追讨欠款，大肆侵夺百姓的财产。最终的结果是百姓承受一切负担，而官与吏则狼狈为奸，共同视钱粮征收为利益之渊薮，共同分肥。

而以钟人杰、阳大鹏等士绅阶层为代表的地方精英，本来是传统乡村社会中诸多公共事务的参与者和领导者，并且从宋代开始"士"的地方化之后，生员阶层在地方

---

① 光绪《耒阳县志》卷8《丛谈·㴦水客谈》，清光绪十一年（1885年）刻本，第9页。
② 光绪《耒阳县志》卷8《丛谈·㴦水客谈》，清光绪十一年（1885年）刻本，第9页。
③ 光绪《耒阳县志》卷8《丛谈·㴦水客谈》，清光绪十一年（1885年）刻本，第7—8页。

社会的影响力逐渐上升，成为乡村社会的实际控制者。然而在赋税征收领域，官府却一直不太愿意让士绅阶层介入和染指钱粮事务[①]，而随着社会经济的发展，以及各种地方行政事务的增多，特别是钱粮征收因为涉及土地买卖和人口流动，其跟踪并掌握实际税源信息就非常困难，而到了 18 世纪中叶以后，州县官员任职时间越来越短，"铁打的胥吏，流动的官"，县级官僚行政人员的人数远远不足以应付各种社会问题，特别是在赋税征收问题上，几个户书、粮书也无法跟踪全县所有花户的信息，所以不得不层层依赖下面的里差等胥吏，他们又没有正式收入，只能在从事公务活动中通过非正常途径获取一定的报酬。也就是说，在"不完全财政"体系下，与人口的持续增长相伴随的是那些非正式官僚的胥吏人群的增加，他们的加入更加剧了地方财政供养的不足，于是对乡村社会的压榨就更加猖獗。

从道光年间出现的一系列抗粮的民变事件中，我们发现斗争的焦点主要是反对官府的横征暴敛，特别是里差的侵吞行径，少数是反对富人的盘剥和长官的欺凌，整个抗粮运动的规模一般较小，时间较短，除了钟人杰、阳大鹏等人领导下出现了短暂的武装暴动，其他大部分抗粮事件基本上不具有武装暴动的性质，其目标单纯，为降低赋役而抗争，而其抗争的形式多样，抗官拒捕、告状、聚众示威、张贴传单、结党图谋武装造反等，不一而足。显然，道光年间一系列的抗粮事件，在一定程度上预示着传统地方社会危机重重。

（二）《官蒲被参纪略》所见钱粮积弊与知县整饬

钱粮征收是地方官员重要的行政事务之一，清政府对钱粮考核也制定了严苛的问责制度，特别是嘉道以后，对于州县官员钱粮短亏的清查更为严厉。在鄂东南的武昌府，先后出现多位因钱粮短亏而被参革的知县：嘉庆年间通城知县余飞南、道光年间通城知县蒋沄和通山知县苏兰第、同治年间蒲圻知县孙宝国这四位知县，由于雨帘云遇风沉船、修补城垣、抵御太平军等原因挪移州县钱粮，造成钱粮亏空，陷入被严参穷追的局面。而光绪年间蒲圻知县廖润鸿的遭遇，则是由于想整顿地方钱粮积弊，被"蠹吏讼棍"上控，最后丢官。廖润鸿的遭遇可以说是清代基层钱粮征解和州县官行政的一个鲜活的个案。

根据相关史料可知，廖润鸿，字逵宾，湖南渌江（今醴陵）人，生于道光十四年（1834 年）前后，因家境贫寒，四岁入塾读书，十八岁训蒙，咸丰四年（1854 年）县试第一，因"醴俗馆谷太轻，寒士多出入衙门，以刀笔养家"，因此"鸿始习医卜星命堪舆之学，又习天文算法，每年推易知简能通书一本，刊刷出售，家道稍裕"，这也使

---

① 当然到了咸同年间之后，类似湖北沔阳州的士绅通过买缺的方式承充册书之职务也是广泛存在的，但只要是承担了差役，实际上也就委身为里胥集团的一部分。而且就官府而言，类似胡林翼等地方官员，也有意识地使用士人来代替胥吏管理钱粮事务。另外，晚清之后各级官僚聘请的钱粮师爷和刑名师爷等幕僚，大部分也是读书人出身。

廖润鸿精通天文堪舆之学，后又习得针灸之术。同治四年（1865年）获得教习之职，之后又在外游历为人相地推命。同治帝宾天之后，廖润鸿因为相地之名，担任惠陵风水官前往相度惠陵，时与翁同龢多有往来。①但翁同龢对他的评价却是"其言甚执，自负不浅"②。

光绪六年（1880年）廖润鸿就任湖北蒲圻知县，但光绪八年（1882年）他却被参革而去职。为此廖润鸿一直愤愤不平，写下了《官蒲被参纪略》，讲述自己的政绩和举措，为自己辩解。其所记任职期间的各种公文、告示等，主要是围绕着蒲圻县在钱粮征收过程中的各种地方积弊和俗例，以及他的各种整顿举措等，该书现藏于美国哈佛大学燕京学社，是管窥晚清官场风气、钱粮征收和县域治理的极好史料。

1. 蒲圻县钱粮征收中的俗例与积弊

尽管在制度上赋税的类型和额度都有明确的规定，但在实际的征收过程中，各种地方性俗例和陋规等层出不穷。从《官蒲被参纪略》中可知，在湖北蒲圻县，存在如下钱粮征收积弊。③

其一，推收过割不及时，地方官府难以掌握土地实际情况。蒲圻推收过割不及时的问题极为突出，"蒲俗向来延不税契，所有推收底册，查系已革户书周凤翥强管，三两年之久，始一开推过割"④，这使周凤翥父子牢牢把握了蒲圻的土地情况，周凤翥父子也在这个过程中借机渔利。不仅如此，当地还有"伴户"之说：

蒲俗隔年始办推收，民间置产，伴入旧户完粮，名曰伴户，甚至数年未经过割税契，伴户每年交钱旧户，旧户日贫，不能上柜，遂至民欠日多，若飞洒丢荡等弊，更无论已。⑤

这就产生了一种奇怪的现象，即土地收益人已经按照要求缴纳了赋税，但是赋税却未能进入地方州县的征收过程中，原本"花户—州县"的纳税环节变为"伴户—旧户—州县"，旧户不将赋税缴纳给州县，地方政府不能收到这块土地原本应当缴纳的赋税。

以上为土地原所有人应缴纳而未缴纳的情况，还有土地实际收益人不按照要求缴纳赋税的情况，廖润鸿还发现蒲圻民间有如下现象：

富户盘剥重息，多至四分五分，每逢借贷则先书大卖契一纸，内载许赎字样，以为质券，似典非典，以免投税，迨息满难赎，便据为己有，而粮则飞洒从轻，债主始受，甚至有无田而完空粮，田多而粮不足额者，宜其粮额渐失，而禀

---

① 有学者认为在相度惠陵的过程中，其余四人均为江西派形势宗，廖润鸿一人为理气宗，为文人所不屑，因此他的建议并不为人所看重。参见史箴、汪江华：《清惠陵选址史实探赜》，《建筑师》2004年第6期。
② （清）翁同龢著，陈义杰整理：《翁同龢日记》第2册，中华书局2006年版，第1090页。
③ 此节部分可参见朱承基：《晚清鄂东南钱粮征解与州县官治理困境》，武汉大学2023年硕士学位论文。
④ （清）廖润鸿：《官蒲被参纪略》卷上《作滚单说》，清光绪九年（1883年）刻本，第28页。
⑤ （清）廖润鸿：《官蒲被参纪略》卷上《通禀办理地方情形稿》，清光绪九年（1883年）刻本，第25页。

请无着也。①

在富户的盘剥之下，土地的实际所有权掌握在富户手中，但是他们却没有按照要求缴纳赋税，有田者不纳税，无田者却要被催科征索。

即使正常推收过割，所载卯册之中，还有"鸳鸯谱"之说，即在"卯册内多非本姓，及查询之，则云跟母家姓，俗称鸳鸯姓"，即使土地与官方记载相同，名字也往往与实际之名不符，花户之名难以核对，使张冠李戴之事丛生，更加重了"飞洒诡寄"的现象，地方官府难以掌握土地的实际归属情况。

其二，钱粮包揽弊病严重，绅衿生监与胥吏勾结谋利。同光年间，蒲圻县有毛米之说，"蒲俗买田一石，契载米三斗，谓之毛米"，使在蒲圻地方的征收单位与官方单位不一致，经过廖润鸿的计算，"其正米一石，系毛米一石九斗二升五合一撮一抄，归正银二两七钱一分四厘一毫，若毛米三斗，则仅归正米一斗五升五合八勺三撮五抄，归正银四分二厘三毫，是契载毛米，仅得正米一半有奇"②。如果不了解地方的惯例，将毛米一石混作正米一石征收，便会损失将近一半应征之额。

此外，蒲圻境内流通的货币也有所不同，"蒲俗有市钱，有制钱，制钱九百，当市钱一串"③，在纳钱过程中，有使用市钱者，有使用制钱者，易于蒙混，如以市钱作制钱缴纳，则又会产生巨额损失。

这些地方钱粮单位的混乱给包揽群体从中谋利创造了方便，廖润鸿对书差和生监群体的包揽问题十分了解，他认为："积欠之弊，不专在书差，而尤在绅痞"④，这些群体熟悉地方，充分利用地方俗例从中渔利，且形成了较为稳定的利益集团。

原本花户应当按照国家规制自封投柜，但是实际操作过程中则均被绅衿生监等人包揽，"墨收"普遍，并得到书差庇护，"绅痞包揽，照伴户算法，与差勾结，差见有某人墨收，便不上门，乡人习以为常，但图安静，若定要以银上柜，则借口秤色，更需索多矣"。在此过程中，包揽之人要求"毛米一升，并钱粮一分四厘一毫，共交制钱八九十文及一百文不等，名曰伴户当差"。而按照原本的折价，只需要缴纳制钱六十六文，如此之下，包揽之人便浮收一二十文甚至二三十文，"以毛米一石计之，已浮收钱二三百文，以正米一石计之，便浮收钱四五百文矣"，而包揽之后，包揽者并不向花户提供印券，因此被称作"墨收"。廖润鸿询问花户，花户则称"交某新爷、某一爷、某老爷代完"，这里的"新爷"便是监生的俗称，"一爷"是秀才的俗称，"老爷"则是大小职员的俗称，因此可以得知职员生监均参与了包揽钱粮的过程。⑤

---

① （清）廖润鸿：《官蒲被参纪略》卷上《作滚单说》，清光绪九年（1883年）刻本，第29页。
② （清）廖润鸿：《官蒲被参纪略》卷上《作滚单说》，清光绪九年（1883年）刻本，第28页。
③ （清）廖润鸿：《官蒲被参纪略》卷下《禀托伪修建城仓各工》，清光绪九年（1883年）刻本，第36页。
④ （清）廖润鸿：《官蒲被参纪略》卷上《作滚单说》，清光绪九年（1883年）刻本，第28页。
⑤ （清）廖润鸿：《官蒲被参纪略》卷上《作滚单说》，清光绪九年（1883年）刻本，第29页。

不仅如此,很多包揽者甚至不将代完银两交至官府,导致出现大量民欠,廖润鸿在清查的过程中,发现"竟有一户而欠至三四五年及六七年之多",调查发现是书吏在催征的过程中包揽钱粮,并"将钱私收入己,不给券票,年复一年",而"愚民见虽不给券,却未尝拿送官府,遂欣然信之,习为故常"[①],而这些未缴纳的钱粮官府也无从追查,只能不了了之。

其三,大小户弊病仍旧存在,银钱并用使包揽者从中得利。咸丰年间,时任湖北巡抚的胡林翼曾经大力整顿漕政,其中"改折大户、小户",希望能够"是绅是民,较若画一"[②],但胡林翼并没有改变银钱并用的状况,大户名义上需要缴纳更多赋税,但事实上大户可以银缴纳,由于银钱比价的变化,大户实际缴纳的赋税反而更少。廖润鸿对此有深刻认识:

> 鸿初到任时,见前任条示,每一两正并耗羡券费饭食及一切用费,完银一两六钱。大户如银不便,折足钱二串八百五十文,小户折足钱二串七百八十文。因问户书何以折钱始于何时,则曰银价起跌不一,又争平争色,因仿米折法折钱,已行之多年矣。问何以大小户不一,则曰内有无着钱漕一千余两,官须摊赔,故以大户补之。问大户何以又许完银,若银价贱时,岂不大户反占便宜,小户反致多取耶?则默不敢对。[③]

以一两区别大小户,与雍正十三年(1735年)之例相符。尤其值得注意的是,蒲圻之所以产生大小户,在制度设计上,是希望大户能够摊赔"无着钱漕一千余两",由于银钱比价的变化,实际上大户并没有付出更多的代价去弥补这部分州县摊赔款额。

廖润鸿认为,大小户之最大问题在于大户可以银钱兼用,自由选择,利用银钱比价从中减少自己应当缴纳的赋税,并且为包揽者大开方便之门,从中渔利,"包揽者以钱漕作买卖,银贵完钱,钱贵完银",如若小户亦试图完银,又会被钱店、书差等剥削,所谓"银贱则民完银,银贵则民又完钱,小户无银,必求易于有者,适启讼棍钱店、书差包揽把持之弊"[④]。

胡林翼改革的目的在于"取中饱之资",对包揽钱粮的群体加以打压限制,减少钱粮征收中间环节流向其他群体的费用,从而使州县所得赋税增加的同时减少百姓的赋税压力,但是历经二十余年,蒲圻的地方俗例如"毛米"等又以新的形式增加了钱粮征收中的浮收索费,胥吏群体并没有如胡林翼设想的那样得到压制,这些包揽群体在地方形成的强大利益集团仍然牢牢把持着地方钱粮征收的环节,他们从"花户—州

[①] (清)廖润鸿:《官蒲被参纪略》卷上《通禀办理地方情形稿》,清光绪九年(1883年)刻本,第34页。
[②] (清)胡林翼撰,胡渐逵、胡遂、邓立勋校点:《胡林翼集(二)》,岳麓书社2008年版,第233页。
[③] (清)廖润鸿:《官蒲被参纪略》卷上《作滚单说》,清光绪九年(1883年)刻本,第30页。
[④] (清)廖润鸿:《官蒲被参纪略》卷上《禀奉札据卑县绅民但循良等控户书改章浮收,查讯委系讼棍周凤翥等捏名诬控,并赍前任缴帐簿呈请查核,恳饬江汉二县一体缉拿,以便审办由》,清光绪九年(1883年)刻本,第43页。

县"的环节中仍然获得巨大利益,加重了地方小民的负担,同时造成了地方州县的长期亏空。胡林翼提出的土地不清、推收不严、包揽钱粮、田产不明等问题仍旧是地方钱粮征收的顽疾。最根本的原因在于,地方州县不能实施田产的清丈和严格的地权登记制度,因此造成官府一直不能掌握土地占有的实际情况,也就没有办法实现正常征收。

而与此同时,由于有清一代"一人政府"的实际运作模式未发生改变,地方经费不足的现实问题仍旧存在,州县官员们不得不依赖胥吏群体帮助管理地方,实现钱粮征收。咸丰年间的整漕清赋并没有从根本上解决这些问题,囿于各种限制,胡林翼所提出的清丈田亩、自封投柜、严格推收、清理户柱等举措难以在地方贯彻落实,只是在战争状态之下,运用强权暂时压制和震慑了胥吏群体,但这种状态在承平时期并不能维持长久,随着地方恢复常态,各种弊病就又显露出来。

2. 知县廖润鸿的钱粮整顿措施

廖润鸿对地方的这些弊病有清晰的认知,为了达到"陋规力革不遗余"①的目标,并弥补蒲圻的钱粮亏空,他针对蒲圻地方的钱粮积弊采取了一系列的整顿措施。

其一,严管书吏丁差,禀革劣绅讼棍。在地方弊病的认识上,廖润鸿与胡林翼一样,对胥吏群体严加防范,并从县衙开始,对相关人员进行整顿,思路也在于尽可能压制胥吏的权力和保持渔利的空间,将权力归于知县手中。

首先,他尽可能精简了门丁长随的数量,严格限制家人参与县衙事务,甚至规定"署内家丁,不准出外游荡"②,并规定不用门丁签稿,不准书差传词自坐承差,尽可能亲力亲为。其次,他制定了严密的衙门堂规,力图改变"书役疲玩,公务拖沓"的现状。其中较为重要的,一是各房案卷,不允许书差带回私宅,更不允许书差将案卷交给讼棍,以防从中生弊端;二是严格核对差役姓名,按照经承执差号簿逐名查比,清理书差中的混乱情况;三是所有案件审理,均由廖润鸿亲自按次标明,不准指名开单求案。这三项举措,尽可能降低了胥吏在衙门承接案件时牟利的可能。在此管理之下,衙内人员获利骤减,甚至"初带长随四十余人,因清苦而告假者,今则仅剩十二三人"③。

廖润鸿在县衙门口设锣一面,允许百姓随时鸣锣喊禀,"其有随时鸣锣喊禀者,本官闻声即出,值日招房从旁写供。不必定要呈词,所有书役家丁等,不准拦阻,以杜传词索取陋规及坐承坐差包揽把持之弊"④。他在《鸣锣听讼条款示》中特别规定鸣锣喊禀可"告书役舞弊,拖延案件,不禀明投审者""告差役无票私拿者""告差役私

---

① (清)廖润鸿:《官蒲被参纪略》卷首《题词》,清光绪九年(1883年)刻本,第3页。
② (清)廖润鸿:《官蒲被参纪略》卷下《附录在府署钞出蒲圻县四十四团良民留呈》,清光绪九年(1883年)刻本,第23页。
③ (清)廖润鸿:《官蒲被参纪略》卷上《通禀办理地方情形稿》,清光绪九年(1883年)刻本,第23页。
④ (清)廖润鸿:《官蒲被参纪略》卷上《牌示不用门丁签稿章程》,清光绪九年(1883年)刻本,第5页。

第七章　抗税闹漕、钱粮争讼与地方秩序　219

押者""告差役、地痞串同诈赃者"①。同时规定如果差役受贿影响案件的正常审理，百姓可以将其扭送至县衙②，希望通过百姓的力量制约差役的行为。

在防范胥吏群体的同时，廖润鸿对地方绅衿群体也严加防范，他将有劣迹的书差及生监称为"蠹吏讼棍"，并处处提防这些人员包揽钱粮和词讼。在巡乡时，其首条开列"地方绅衿、贡监、生员及上司衙役包揽钱粮，将不行查出之该管官罚俸一年"③，强调自身作为地方官员防范这些人员包揽钱粮的法定责任，他还强调，百姓不仅可以鸣锣喊禀状告书差，更可"告棍徒唆讼者"，亦希望通过百姓的力量制约地方生监人员。不仅如此，廖润鸿还主动访查地方，着重了解地方长期把持钱粮、刁唆词讼的"讼棍"，先后将地方势力最大的廪生田农敏、廪贡生石琇、曾充户书的周凤翥、卢映斗四人斥革拿办，并获得上级批准。

其二，及时推收过割，给发滚单便收。严推收是清理包揽，把握土地情况最基本的举措，所以廖润鸿急切希望改变地方存在的土地交易中的问题，严格推收过割，"谕令各户书随时推收，不准隔年开推，以清户册而杜欺隐"④，将原本掌握在被革户书手中的推收情况重新收归官府手中，由地方县官直接掌握。

在掌握推收情况的基础之上，廖润鸿又创立滚单，注载额征欠数，希望能够达到"滚单一立，乡民洞悉"的效果，即让花户明确知道每户额征多少，积欠多少，按数缴纳，照单催缴，书差无从需索，包揽不能渔利。

其三，强调自封投柜，规定一律纳钱。为应对巨额的钱粮短亏，以及革除包揽钱粮环节的弊病，廖润鸿不断强调自封投柜，防范征收环节中可能产生的问题。光绪六年（1880年）十月，其亲拟《钱粮局条示》曰：

> 谕尔花户人等知悉，现在开柜征收，均照前任向章，每一两正并耗羡券票纸笔饭食及一切用费，大户折收钱二串八百五十文，小户折收钱二串七百八十文，无论新赋旧赋，不准浮算诈索，如有书役舞弊，准花户即时鸣锣喊禀，以凭严究责惩。切切此谕。
>
> 再谕花户知悉，尔等上年积欠有系书差、地痞私收，未行缴官发券者，准鸣锣喊禀，以凭究办。特示。⑤

在强调自封投柜的同时，廖润鸿还通过多种手段向百姓宣谕纳税规定，令其及时上缴钱粮。他屡屡下乡，携带"巡乡三脚高牌"，最后一牌中称："百姓须知官民一

---

① （清）廖润鸿：《官蒲被参纪略》卷上《鸣锣听讼条款示》，清光绪九年（1883年）刻本，第3页。
② （清）廖润鸿：《官蒲被参纪略》卷上《准百姓扭禀拖案差役条示》，清光绪九年（1883年）刻本，第11页。
③ （清）廖润鸿：《官蒲被参纪略》卷上《巡乡三高脚牌示》，清光绪九年（1883年）刻本，第15页。
④ （清）廖润鸿：《官蒲被参纪略》卷上《禀奉札据卑县绅民但循良等控户书改章浮收》，清光绪九年（1883年）刻本，第42页。
⑤ （清）廖润鸿：《官蒲被参纪略》卷上《钱粮局条示》，清光绪九年（1883年）刻本，第12—13页。

体，民抗粮犯法，官因受民之累，官催征不力，上司亦受官之累。"①宣扬的是官民一体的观点，其中的官犯民犯条例十分详细，对于理解地方县官催征钱粮的问题具有较为重要的作用，故抄列如下：

　　一，地方绅衿、贡监、生员及上司衙役包揽钱粮，将不行查出之该管官罚俸一年。

　　一，官员将侵欺钱粮及抗粮不纳等项人犯不行拿解，混以逃亡申报者，降一级调用，该管府州罚俸一年，如已拿获而不行申解，亦照此例处分。

　　一，漕粮经征州县，于十月开仓，十二月兑完，依次起运。湖北自胡文忠定额改折，例限更紧，均于下忙内八月开征，十一月扫数。如限满不完，均照地丁钱粮例议处。

　　一，南粮与地丁，至次年五月，另为一本题销，征解之数，欠不及一分者，州县停升，罚俸一年；欠一分者，降职一级；欠二三四者，各如其分数降级；欠至五分，革职。其该管州县之各上司均照所欠分数，各得降级处分，欠至六七分者，革职。

　　一，遇灾歉带征银两，限满不完，均照未完分数，一体查参。

　　以上系官处分。

　　一，地丁钱粮限本年二月开征，四月完半，五月停忙，八月接征，十一月全完，逾限者即为抗欠，科罪见后。

　　一，抗粮百姓凡举人及文武进士，并在籍有顶戴人员，欠至四分以下，问革为民，杖六十；七分以下，问革为民，杖八十；十分以下，问革为民，杖一百。其贡监、生员欠四分以下者，黜革，杖六十；七分以下者，黜革，杖一百，枷号一个月；十分以下者，黜革，杖一百，枷号两个月。俱以次年四月奏销时为限，不足分数者照例治罪，仍严追未完之数。

　　一，典买田业不推收过割者，一亩至五亩，笞四十；十亩笞五十；十五亩杖六十；二十亩杖七十；二十五亩杖八十；三十亩杖九十；三十五亩以上杖一百。其田均入官。

　　一，欺隐田粮，全不入册，及自己田土移丘换段，挪移诡寄者，所犯笞杖，均按亩数，与不推收过割同，田亩均入官。如里长知而不举，受寄人不首告，罪亦如之。

　　一，将自己田粮洒派别户，按数计赃，以枉法论，田地入官，仍照其年分亩数追征。

　　一，飞洒诡寄税粮二百石以上者，发近旁充军。

---

① （清）廖润鸿：《官蒲被参纪略》卷上《巡乡三高脚牌示》，清光绪九年（1883年）刻本，第17页。

一，凡买田宅不税契者，笞五十，仍追契价一半入官。

以上系民犯条例。①

此外，廖润鸿还将此内容刊刷，在自封投柜赏给点心的同时发给花户，希望能够通过宣谕规章的方式解决乡民被蒙骗的问题。廖润鸿还注意防范征收环节中的书差浮收问题，除自封投柜外，他每日多次前往钱粮局，清查书差寻收勒索等弊病，如发现柜书多算浮收，当即革除，同时允许百姓鸣锣喊禀，告发柜书浮收，严加防范。

在了解大小户征收不同的原因后，廖润鸿又于光绪八年（1882年）四月规定："无论大户小户，凡一两正并耗羡券票纸笔饭食，及一切用费，均照小户章程，折收钱二串七百八十文，以昭公允。凡书役人等，不准援大户旧章多收。"②较为重要的是，廖润鸿在光绪六年（1880年）九月到任时，钱价较贵，银价低廉，所以廖润鸿以减少银钱比价带来大户渔利的问题为由，规定大户、小户一律均只收钱，不再允许银钱混交。事实上，这样不仅减少了大户及包揽者从中渔利的可能，而且使蒲圻官府能够利用银钱比价获得其中的利润，是渔利于官的一种举措。

（三）知县廖润鸿与书吏的钱粮博弈

《官蒲被参纪略》云："蒲邑民情健讼，每案动经数年，或经数任，甚者以户婚田债细故，动辄捏诬上控"③，而大量的词讼也是由书差等胥吏和绅衿生监群体所把持，这些群体告讼并不谋求审结，而是不断刁唆，甚至捏名诬告，不断上诉，加剧了地方矛盾，"蒲邑棍徒素多，前任移交上控京控之案，共有三十余起"④，更为严重的情况是，书差并不于县衙住宿，反而将案卷搬回家中，直接掌握词讼文书，"案卷均归经书私宅，讼棍得以翻阅取巧"⑤，所以地方知县也无法干预。

利用掌握案卷的便利，地方绅衿生监群体与书差相互勾结，长期操纵词讼，书差从中索贿甚至诞生"水葬""旱葬""水旱葬"之说：

不肖乡绅，每勾结衙门，暗地诈索，而书差疲玩舞法，尤为异常，其贿差而不赴案者，俗称"水葬"；其贿丁书而搁案者，俗称"旱葬"；其内外俱贿而搁案者，俗称"水旱葬"。⑥

即使知县将这些书差或者生监参革，他们也能够用其他卯名于下任知县任内再次充任，或者由父子相互充承，父革子进，长期把持衙门，知县难以清理，反被挟制，

---

① （清）廖润鸿：《官蒲被参纪略》卷上《巡乡三高脚牌示》，清光绪九年（1883年）刻本，第16—17页。
② （清）廖润鸿：《官蒲被参纪略》卷上《再示》，清光绪九年（1883年）刻本，第13页。
③ （清）廖润鸿：《官蒲被参纪略》卷上《通禀办理地方情形稿》，清光绪九年（1883年）刻本，第21页。
④ （清）廖润鸿：《官蒲被参纪略》卷下《禀遵奉督宪批县报交代清楚京控案》，清光绪九年（1883年）刻本，第48页。
⑤ （清）廖润鸿：《官蒲被参纪略》卷上《通禀办理地方情形稿》，清光绪九年（1883年）刻本，第22页。
⑥ （清）廖润鸿：《官蒲被参纪略》卷上《通禀办理地方情形稿》，清光绪九年（1883年）刻本，第21—22页。

无可奈何。

廖润鸿在上任后，很快参革了他称为"蠹吏讼棍"的田农敏、石琇、周凤鬶、卢映斗四人，此后四人通过捏名诬控、层层上控的方式开始了与廖润鸿的斗争。

就身份而言，这些人都是有一定功名的。田农敏，本名田大苏，又名田泽和，为蒲圻县上寺团人，咸丰八年（1858年）取入县学附生，同治九年（1870年）科试补廪。石琇，后改名石宝泉，为蒲圻县南勤团人，廪贡生、州判职衔。周凤鬶，卯名周永年，曾充承发房，继充户总，卯名周泽霖，又名周贵发、周祥林，被革后更名永祥，复革纳监，取字祥廷，又绰号天王，蒲圻县城厢团人，廖润鸿称其六品军功为冒充。卢映斗，又名仙楂，也是蒲圻县城厢团人，先年充当刑书，卯名余逢元，后捐从九衔。

这四人中，周凤鬶是"蠹吏"的代表。他同时把持钱漕和词讼。前文已述，周凤鬶曾任户书，被革后又捐纳获取职衔，在各收钱柜内每日强拿额外火耗二三百文甚至五六百文，称之为"窝本"。除此之外，所有推收底册被他强管，两三年才推收过割一次，他与儿子周炳元长期把持推收底册，从中浮收，其子曾充当清书并伺机充承户房，后被廖润鸿查出。在把持词讼方面，"每逢构讼者来城，住宿伊家，如未能遂其欲，伊即从中把持，乡民书役均畏之如虎，甚者唆使上控，或捏名具控……有案莫审，有审难结，上控京控，层见叠出，合计三十余起"[1]，历任地方县官为之所累，毫无办法。如若地方县官希望惩治，周凤鬶便利用各种方法散布谣言，甚至在道光年间阻挠钱粮征收，越控京师，咸丰年间蒲圻知县孙宝田亦受其害，尽管时有惩罚，但是周凤鬶及其子仍旧把持地方数十年之久。廖润鸿曾派遣丁差前往捉拿，但是没想到周凤鬶父子携带"铁尺凶器"，丁差无可奈何，最后任由周凤鬶遁逃。

廖润鸿发现"该棍等羽翼甚多，各衙门半其徒党，即重赏饬拿，亦不能获。贴有招告，随即撕毁"[2]，还有训导邹兆的门斗雷桂森依仗训导为护符，在学署之中与上述人等勾结，干涉法纪。这些人在地方盘根错节，具有强大实力，地方县官很难彻底斥革，即使廖润鸿多次上禀，并请求江汉二县协助访拿，但是他们立即前往武昌等其他地方藏匿，多次锁拿不获。在廖润鸿任内被斥革的这些"蠹吏讼棍"反而开始不断上控。

1. 控告户书改章浮收案

光绪七年（1881年）三月，但循良等人前往布政使司，控告户书曾兆栋等人浮收，其案禀如下：

> 卑职各团绅民但循良、章步瀛、贺良经、陈文奎、马俊卿、王家壁、罗焕廷、鲍树森、张仁堂、杨兆春等禀称，缘蒲邑钱粮蒙前抚宪胡奏请定章，每正银

---

[1] （清）廖润鸿：《官蒲被参纪略》卷上《通禀访拿讼棍稿》，清光绪九年（1883年）刻本，第35页。

[2] （清）廖润鸿：《官蒲被参纪略》卷上《通禀访拿讼棍稿》，清光绪九年（1883年）刻本，第36页。

第七章　抗税闹漕、钱粮争讼与地方秩序　223

一两，照旧征收市平银一两六钱，不准浮收丝毫，勒碑永禁在案。独于去岁九月以来，身等赴柜完纳，讵该户书曾兆栋等顿改旧章，不准以银完纳，概行要钱折完。大户每正一两要钱二串八百五十文外，加补十足钱五十八文，共要钱二串九百零八文；小户每正一两要钱二串七百八十文外，加补十足钱五十七文，共要钱二串八百三十七文。查时值银价每两只一串五百六七十文，以正耗一两六钱照算，只合钱二串五百零，则大户每两浮收钱四百文之谱，小户每两浮收钱三百二三十文之谱。若以蒲邑新旧钱粮数万论之，则该书等浮收无算，而小民受害无穷矣。不思圣朝二百余年，省敛薄税，厚泽深仁，即各大宪迭次严禁浮收，轸念民艰，剔除时弊，至周且渥也。何该书等不体上意，徒资中饱，以万民之脂膏填一己之欲壑。诚恐一经改章，相习成例，大为民害。不得不公恳大人舆前，俯赐察核，应否遵照向章，抑或另照新章，仰恳宪恩分别训示，以便遵完。永感深仁，无既上呈等情。①

据上可知，但循良等人控告的关键在于，认为户书规定一律收钱，是从银钱比价中渔利，以正耗一两六钱折算，按照当时的钱价，只需两千五百文左右，但是按照之前的规定，大户两千七百八十文，小户两千八百五十文，中间存在差价，且在征收过程中，每两还要额外补交五十七文或五十八文，因此构成了浮收。前文已述，廖润鸿改革中的重要措施便是只允许缴纳钱，防止其他群体包揽操纵银钱比价渔利，而由钱价上浮导致的额外收入被廖润鸿用以发放点心。至于这里出现的二串八百三十七文，则是因为蒲圻地区"折钱定章不甚清晰"，是但循良等人"误闻每完正银一两，向只折以市用九八通钱二千五百五十文"。事实上，按照十足钱与九八市钱的折算，上柜缴纳的时候，"大户每两折完十足钱二千八百五十文，应需市用九八钱二千九百零八文，小户每两折完十足钱二千七百八十文，应需市用九八钱二千八百三十七文"②，是十足钱和九八市钱的换算问题导致的，这是禀词控告的现象所产生的原因。

这一控告产生的过程更值得注意。事实上，禀词中所出现的"但循良"等人，是周凤鬵等人炮制的结果。经廖润鸿后来查明，"但循良即但炳南，派名德达，又字爵一，其子懋修，系周凤鬵之子周丙元儿女姻家"③，当时，但氏家族正涉及其他案件，周凤鬵当时已经被廖润鸿派差访拿，逃亡在外，所以周凤鬵委身于后，嗾使但炳南按照其要求，采用化名捏名上告，借机抗粮，以户书浮收为由要求革除现有的全部以钱缴纳的规定，逼迫知县廖润鸿恢复旧章，便于重新包揽，这也是周凤鬵等人数十年内

---

① （清）廖润鸿：《官蒲被参纪略》卷上《禀奉札据卑县绅民但循良等控户书改章浮收，查讯委系讼棍周凤鬵等捏名诬控，并赍前任缴帐簿呈请查核，恳饬江汉二县一体缉拿，以便审办由》，清光绪九年（1883年）刻本，第37—38页。
② （清）廖润鸿：《官蒲被参纪略》卷下《附武昌府严看语》，清光绪九年（1883年）刻本，第55页。
③ （清）廖润鸿：《官蒲被参纪略》卷上《禀奉札据卑县绅民但循良等控户书改章浮收，查讯委系讼棍周凤鬵等捏名诬控，并赍前任缴帐簿呈请查核，恳饬江汉二县一体缉拿，以便审办由》，清光绪九年（1883年）刻本，第43页。

常用的手段。

而之所以选择曾兆栋，是因为在咸丰八年（1858年）的时候，周凤鬻曾以卯名周泽霖与曾兆栋同为户书，周凤鬻被革后盘踞地方，向柜书额外索取火耗银两，在同治十三年（1874年）的时候，曾兆栋在承解起运过程中，拒绝了周凤鬻的恶意需索，因此周凤鬻怀恨在心，经此禀告，曾兆栋等人被层层细讯，最终开释。

廖润鸿查出真相后，一方面呈缴前任账簿；另一方面请求加快捉拿周凤鬻，并希望能够得到江汉两县的帮助，追查周凤鬻的踪迹，将其拿获归案，但一直未有所获。

此案在光绪七年（1881年）三月十五日自布政使司下发武昌府，武昌府于三月二十七日下发蒲圻县，廖润鸿在四月十六日禀复布政使司，并于五月初二日得到藩司回复，前后一月有余。

此案平息之后，光绪七年十二月，周凤鬻、田大苏、雷桂森等人又以教职贺子一等二十五人之名再次向藩司控诉户书浮收，同时声称户书是假借积谷的名义每石额外收取足钱一串六百文。经过廖润鸿调查，贺子一当时年近八十，早已不干预公事，是周凤鬻、田农敏、石琇、雷桂森等人假借名义委身于后再次控告。此案是但循良之案的后续，光绪七年（1881年）十二月十七日由武昌府下发蒲圻县，廖润鸿于同年十二月下旬通禀回复，湖广总督李瀚章批复："兹据禀贺子一等前词，系周凤鬻等盗名妄控，殊属藐法，仰北布政司即饬江汉二县，一体查拿周凤鬻等务获，移解蒲圻县归案审究详办，并候抚部院批示，缴折存。"①认同了廖润鸿的调查结果。

2. 石琇赴府上控案

光绪七年九月，石琇（即石宝泉）前往武昌府控告，称原因有三：一是他被访拿，是蒲圻县征收钱粮的书吏等人诽谤所致；二是国哀期间，蒲圻县城隍祠内演戏；三是蒲圻县改征钱粮章程与规制不符，廖润鸿以催科逞功固位。廖润鸿只得再次一一调查石琇控词中的情况。

所控造谤之案，石琇所提及的李象干在光绪六年（1880年）十二月至次年三月底因丁艰离署，且只负责征收而不负责其他事项，而石琇所称廖润鸿门丁周炳臣更是查无此人，廖润鸿称长随之中并无周姓，且与石琇产生争执的廖润鸿五弟廖益鸿，只负责押解钱粮，又由于廖润鸿从不使用门丁签稿，所以造谤一事子虚乌有。②之所以会出现廖润鸿的五弟，是因为廖润鸿派遣其弟廖益鸿、廖长鸿赴各处稽查，其间曾与田农敏发生冲突。

所控国哀期间城隍祠内演戏一案，发生之时廖润鸿正在羊楼洞弹压，并不在署内。蒲圻县原有传统，每年在城隍诞辰集会敬神，其间会演戏，而光绪七年"轮管会

---

① （清）廖润鸿：《官蒲被参纪略》卷下《禀县民但循良上控户书曾兆栋改章浮收各情》，清光绪九年（1883年）刻本，第17页。

② （清）廖润鸿：《官蒲被参纪略》卷下《禀复石宝泉府控稿》，清光绪九年（1883年）刻本，第8页。

事包揽词讼之学书龚传俊私赴汉镇包雇戏班"①。而龚传俊又名龚永年,在姚绳瀛任内曾承发房,后被革除,所以又以龚传俊之名担任学书,他之所以私请戏班,是希望能够借演戏之名侵吞祭祀城隍的部分费用。等到廖润鸿回到县署的时候,演戏已经结束。

武昌府于光绪七年九月十三日下发此案至蒲圻县,廖润鸿九月二十三日禀复武昌府知府,十月二十日得到武昌府回复,此案前后又尽一月,其间廖润鸿的五弟等人均被卷入其中。

廖润鸿担任蒲圻县知县任内,得到了湖广总督李瀚章、湖北巡抚彭祖贤、武昌府知府严昉的支持,革除"蠹吏讼棍",访拿周凤翯、田农敏、石琇等人,在角力中占据主动,且以知县的力量有效推行了自己对于基层钱粮征收的改革。

3. 田农敏控告案

光绪八年(1882年)四月,廖润鸿即将卸事,被周凤翯、田农敏、卢应斗等人所知,这些地方势力并没有结束与廖润鸿的斗争。其中由田农敏撰写控词,交给雇工陈德明前往步军统领衙门控告廖润鸿在蒲圻县任内改章浮收,并谎称已经在本省各上司处控告。根据武昌府知府看语,可以大致推断田农敏控词内容:一是征收钱漕过程中,要求一律完钱,按照钱银比价其中有浮收情弊;二是认为廖润鸿纵容户书假借积谷名义私自随漕征收仓谷,且采买陈腐烂谷充数,积谷在谷仓内霉变;三是认为羊楼洞茶行四厘捐款尚有盈余,不应再因修建仓厫展抽等。

在武昌府知府看来,这三件事均由"误会"产生。第一件事是因为田农敏赴柜投纳时向来只缴银两,听闻柜书唐斯盛称必须折钱缴纳,所以怀疑唐斯盛等人浮收,同时唐斯盛告知田农敏的廪银应由库书经手请领,并不允许田农敏领取,所以两者起了争执。当时廖益鸿刚好按照廖润鸿的安排在柜稽查,防止书差等人浮收,看到田农敏争执,当即呵斥,令他离去,所以田农敏控告廖润鸿的家人参与浮收。第二件事是因为田农敏并不知道随漕征谷筹办积谷之事,所以怀疑是唐斯盛等人妄自加征,并以采买抵谷之名搪塞。第三件事则是因为田农敏不知道羊楼洞茶行四厘捐款已经因为修理庙宇、衙署等事用尽,以为还有余存,原本修建谷仓可用,但是又由经理王翰等人于商展抽,事属违例。②

有鉴于此,武昌府知府判田农敏"杖一百,再加号一个月",加越告"笞五十"。同时认为,田农敏唆讼一事查无实据,应当开复被革衣顶,更为重要的是,再次恢复旧章,允许钱银并收,使廖润鸿统一收钱的改革回到原点。

综上可知,廖润鸿作为地方知县,一度锐意改革,意图革除弊病,并在一定程度上解决了部分地区面临的问题,弥补了蒲圻县的部分钱粮亏空,因此得到了上司的肯

---

① (清)廖润鸿:《官蒲被参纪略》卷下《禀复石宝泉府控稿》,清光绪九年(1883年)刻本,第7页。
② (清)廖润鸿:《官蒲被参纪略》卷下《武昌府严看语》,清光绪九年(1883年)刻本,第53—57页。

定。但是，他的举措引发了各类控诉，给上级官员制造了麻烦，于是湖广总督涂宗瀛便采取了将其甄别革职的方法来消除这些麻烦，并对他三番两次的要求加以斥责，尽快息事。在这样的政治环境之下，地方官员只能因循行事，使地方积弊不断延续，钱粮征收问题不断累积，成为县域治理的顽疾。

二、《湘潭赋役成案稿》与湖南地方社会纷争

《湘潭赋役成案稿》为清代咸丰年间湖南地方辑录的一部关于湘潭地方赋役的案卷集稿，其扉页也曰"粮案"。全书分上下两本，共四卷，依朝代顺序，以案例为单元，分别收录自明万历年间至清咸丰年间朝廷与地方的公文，是研究明清湘潭地方赋役制度的重要史料。本部分将围绕案卷中的赋役征收案例，对征收过程中引发的社会纷争等问题进行粗略探讨。

（一）康熙年间湘潭生员石仑森京控湘潭重赋案

清朝初期，由于会剿"西山之役"，平定"三藩之乱"，湖广地区都成为战乱的前沿地区，其赋役非常繁重，且由于军需紧急，财政困难，各种私征滥派异常严重，民众生活水深火热。[①]另外，清代初期，由于人口膨胀，政府大力鼓励垦荒，并且出台了各种奖惩措施，在此政策驱使下，一些官员出现捏报、勒垦等上下相欺的现象。其后果是虚粮加于现征实额之上，成为粮民的赔累。据学者的研究，此种浮夸之风在康熙初年和中后期就已出现，到了雍正年间，这种浮夸风更甚，其中尤其以湖北、河南两省最重。雍正年间，湖北报垦额是 17 880 顷，位居全国第一；河南报垦额是 14 545 顷，位居全国第二。[②]

康熙年间，"三藩之乱"甚嚣尘上，湖南作为战争的前沿地区，民生日困，地方官员私征暗派、掠取民财的现象十分严重。湘潭生员石仑森进京状告地方官员侵渔恶行，引起皇帝重视，令刑部彻查。由《湘潭赋役成案稿》卷二所录关于此案调查前后的公文，我们可以窥见其中牵涉的官府、胥吏与百姓等不同阶层之间的赋役纠纷。

此案中的主人公石仑森为湘潭县的儒学廪膳生员，出自书香门第，自宋代就移居湖南，湘潭十八里士民对他的评价如下：

> 仑乃先朝宦裔，颇有清白家声，历世书香，曾负倔强气概，以天下为己任。故伏阙而上书，不遑恤于我躬，遂当途而触讳致身罹不测，几垂虎口之涎。路出一生，终嫌鹰眼之疾。功成身退，特少范氏之扁舟。嫉恶性生，竟似尧阶之瑞

[①] 详情参见杨国安：《明清两湖地区基层组织与乡村社会研究》，武汉大学出版社 2004 年版，第 161—168 页。另见陈锋：《清初"轻徭薄赋"政策考论》，《武汉大学学报（哲学社会科学版）》1999 年第 2 期；陈支平：《民间文书与明清赋役史研究》第 9 章 "从《令梅治状》论清初黄梅县的赋役"，黄山书社 2004 年版。

[②] 彭雨新编著：《清代土地开垦史》，农业出版社 1990 年版，第 76—78 页。

草。以故穷奇难于恣食，鬼蜮因而含沙。①

石仑森在康熙二十六年（1687年）撰写的《陈情纪事》中也自我介绍曰："仑森自宋初以守信公裔，世袭于湘，耕读为业，忠厚传家。情属同室之斗，敢为不平之鸣。思范文正作秀才时，以天下为己任。仑森才不逮公，心切同患。忍令南楚一隅地若晋人视秦人肥瘠而漠不相关者乎？"②

那么，让生员石仑森愤愤不平，并进而进京告御状的原因是什么呢？这需要从清初湖南及湘潭县的赋役状况说起。湖南在明末清初之际，先后遭遇各种战乱。先是明末遭受李自成和张献忠等起义军的杀戮，等清初定鼎中原之后，又值西山用兵，当时地方民众已经十分疲困。而康熙元年（1662年）上任的湖南巡抚周召南，尽管曾经上疏解除了湖南驿递夫马之困，并且在各地创办义学，振奋了湖南文风，且偏沅巡抚的驻地移驻到长沙也是由他开始的，但在勒垦方面也给湖南带来了一些负担。从《清实录》中我们可以发现，周召南多次向朝廷报告湖南的垦荒成绩：

> （康熙四年正月）偏沅巡抚周召南疏报：长沙衡州等府，康熙三年开垦荒田共三千一百三十三顷六十六亩。下部知之。③

> （康熙四年八月）偏沅巡抚周召南疏报：康熙三年……湖南共垦荒田七千二百一十九顷，照例起科。下部知之。④

据上可知，仅仅康熙三年（1664年）一年，湖南报垦荒田就多达7219顷，其中是否有前揭所言之捏报和浮夸不得而知，但我们可以明确的是，周召南因劝垦有功而获得了朝廷的奖励："加偏沅巡抚周召南工部右侍郎。以劝垦荒地议叙也。"⑤而这些新垦荒田都"照例起科"，此种举措毫无疑问是加重了湖南民众的赋役负担。

而让生员石仑森上控告状的原因之一是湖南各级官员侵吞巨额的荒田蠲免钱粮。康熙年间兵燹之后，湖南报荒田地有四万八千七百六十七顷，其中湘潭县荒田两千五百十三顷，这些报荒田地从康熙十八年（1679年）起，至康熙二十三年（1684年），朝廷先后蠲免六年的钱粮。但这些蠲免的钱粮，被先后继任的湖南巡抚韩世琦、丁思孔，以及长沙知府任绍燨、湘潭知县姜修仁等鲸吞了。刑部在审问石仑森之际，他的状诉如下：

> 康熙二十六年五月初八日，乾清门侍卫韩起坎传旨，奉旨这所告状子，着交与刑部，钦遵于本日交部审问石仑森。据你状称荒田共四万八千七百六十七顷，每年侵欺正饷共一十九万七千八百两，每年侵欺漕米共八万六千四百石。自十八

---

① 《湘潭赋役成案稿》卷2《明冤录·湘潭十八里士民合词》，清咸丰八年（1858年）刻本，第22页。
② 《湘潭赋役成案稿》卷2《陈情纪事》，清咸丰八年（1858年）刻本，第17页。
③ 《清实录·圣祖实录》卷14，康熙四年正月丁酉条，中华书局1985年版，第208页。
④ 《清实录·圣祖实录》卷16，康熙四年八月戊午条，中华书局1985年版，第239页。
⑤ 《清实录·圣祖实录》卷16，康熙四年九月癸巳条，中华书局1985年版，第243页。

年起，私派瓜分百数十万等语，此银米系何府州县的何人私征？各分得多少银米？官员系何名字？今住在何处？将此荒田钱粮征收之处，你如何知道了？

据石仑森供，湖南所属共六十三州县，此内报荒三十二州县，共四万八千七百六十七顷，内湘潭县荒田二千五百十三顷，一年所征正饷钱粮六千四百两有零。此项荒田钱粮，于康熙十八年起，至二十三年，共蠲免六年。此所蠲免钱粮，二十一年，韩世琦在任时，将十八、十九、二十、二十一，四年分蠲免荒田钱粮，仍行追征。二十二年钱粮，巡抚韩世琦并不全征。二十三年二月内，巡抚丁思孔到任，又将二十二年蠲免荒田钱粮追征。至所征湘潭县五年银，共三万两有零。此银内一年六千四百两，系巡抚韩世琦得了。又一年六千四百两，系原任布政司薛柱斗得了。又一年六千四百两，系原任长沙府知府任绍燨得了。又一年六千四百两，系知县姜修仁得了。又一年六千四百两，系巡抚丁思孔得了。此银系知府任绍燨、知县姜修仁送与两巡抚、布政司，我曾见来。知府任绍燨、知县姜修仁他们分内银子，是他们亲身到湘潭县征的，我亦曾见来。再长沙府所属八县荒田钱粮，俱系知府任绍燨亲去照湘潭县催征，听得众人讲的话，这银子巡抚、布政司与府县官员，如何分了之处，我不曾看见。其余六府属二十三县，蠲免十八、十九、二十、二十一，四年荒田，俱照湘潭县征了，此银俱是巡抚韩世琦、布政司薛柱斗得了。系岳州府慈利县知县袁贻训将布政司征钱粮票与我，我知道的，布政司的票现在。再康熙十八、十九、二十、二十一，此四年的三十二万石米，巡抚韩世琦七分、粮道胡戴仁三分分得了。二十二年，湘潭县所征荒田六千四百两银子，并七府属三十一州县荒田，共银一十九万七千四百两，米八万石，俱系巡抚丁思孔得了。司道府县官员，不曾分得。二十三年一年钱粮实系蠲免。以上所征蠲免银米，干证赵大魁等一十七人知道等情。①

以上这些关于清代康熙年间，历任湖南巡抚及长沙知府、湘潭知县等共同分肥的事情，都是出自生员石仑森之口，其可信度如何不得而知，因为笔者目前暂时找不到朝廷以侵吞钱粮而将他们治罪的相关史料记载。按说假如真如石仑森所言，他们这几个官员每年侵吞正饷十九万七千八百两，在清初是非常了不得的数字了，不可能不引起朝廷的重视和追查。事实上，当石仑森进京告御状之后，刑部审讯的初步意见是，由于石仑森涉及的被告和证人都在湖广，全部提至京城审讯的话牵涉的人员太多，于是决定将石仑森反映的情况发回湖广，令湖广总督徐国相会同湖北巡抚张汧严审，并于康熙二十六年（1687年）六月初三日，将石仑森给予驿站口粮，让官兵护送他回湖南，但回湖广审判之事后来不了了之。

但值得好奇的是，恰如刑部主审官所询问的"你如何知道了？"按说作为一个普

---

① 《湘潭赋役成案稿》卷2《刑部审讯供状》，清咸丰八年（1858年）刻本，第5—7页。

通的生员，石仑森是难以接触和洞悉巡抚、知府等高官们潜在的贪污行为的。他所提及的干证人赵大魁其实和他一样，也只是湘潭县的生员。上述诉说中他多次说自己见到知府、知县送银子给两任巡抚及布政司，此点也值得怀疑。当然作为世家子弟及生员的石仑森也显然和官场是有联系的，比如岳州府慈利知县袁贻训将布政司征钱粮票给他。另外，石仑森在京城告状三年之久，背后其实也得到了一些官员的支持，并给他提供了一定的食宿：

审问石仑森，据你状称抛弃八旬老母，无家可还，到京三载，冤情难达等语。你有何冤情？来到此处，何年月日到的？曾在谁家？

据供，（康熙）二十一年，知县姜修仁向我借四百两银子，因我不给，挟仇，说我曾受吴三桂札付，造写无名状纸，申送署按察司粮道胡戴仁。我送给胡戴仁四百两银子，将此案不审，存案讫。二十三年二月内，巡抚丁思孔到任，我将匿名状诬我之处，并荒田征收钱粮之处，出首控告，批任知府，曾将我枷号。众生员将我无辜之处，控告巡抚，始将我释放。随向学道姚淳涛递了游学呈子来京。二十四年十月内，来到此处，在我认得的原任湖广随州知州，今为户部湖广司员外文又新家，住有半载，后在长沙会馆住着。自今年三月内，又在我认得的六品官张敬先家住着。张敬先在林军下做总兵，在湘潭时，我曾认识等情。①

以上其实在一定程度上揭示了石仑森告状的心路历程，以及他的个人关系网络。我们注意到，最初告状的起始原因其实是他和湘潭知县姜修仁之间的矛盾。由于石仑森拒绝了知县姜修仁向他借四百两银子的请求，于是遭到了姜修仁的诬陷，向按察司胡戴仁申说石仑森与叛逆吴三桂有联系，这等于说石仑森有通匪的嫌疑，不过石仑森通过行贿的方式将此案压下来了。到了康熙二十三年（1684年），石仑森将被诬告与县令悖旨征荒之事上禀知府，反被收监，地方生员为其向巡抚陈情，方被释放。蒙冤之后，石仑森以为民请命为己任，于康熙二十四年（1685年）进京，等候时机向皇帝告御状。康熙二十六年（1687年），值康熙帝出巡，石仑森挡驾呈状，状内详细陈述湖南地方官吏私征侵渔、盘剥扰民的乱象。康熙帝阅状后，令刑部核查。刑部提审石氏，就状内所诉官员罪行详情一一审问清楚并录口供。

据此我们发现，除了以上控诉湖南各级官员鲸吞正饷钱粮之外，其实石仑森更为重要的控诉对象是时任湘潭知县姜修仁，其矛盾也集中在湘潭县生员群体与湘潭知县姜修仁之间，双方围绕着赋税征收过程而产生了矛盾。据乾隆《湘潭县志》记载，姜修仁为三原人，康熙二十年（1681年）任湘潭知县。县志中还专门有姜修仁的传记，对他评价颇高：

姜修仁，三原人。顺治丙戌举人，初仕闽中，凡数年。康熙辛酉复授湘潭知

---

① 《湘潭赋役成案稿》卷2《刑部审讯供状》，清咸丰八年（1858年）刻本，第12页。

县。时潭当兵燹后,百废未举,军需孔亟。公能一一调剂,无弛事。才性锋敏……潭人士有铁面御史之称。其自题署联云:一腔正气非时尚,两袖清风只自如。……时蔬养鱼种麦便自供给,不仰食市民,此又矫矫一清吏……不以作吏为苦者,如此至于四郊,安堵人民和乐,官与民如家人父子,则今日吏治之仅见者。①

以上显然是一个标准的勤政爱民、两袖清风的好知县形象。非常有趣的是,《湘潭赋役成案稿》中也收录了县志中姜修仁的传记,但他们认为这是因为姜修仁自己纂修的《湘潭县志》,言下之意这些传记是姜修仁自我标榜、自我吹嘘的溢美之词。撰诸史书,历代《湘潭县志》其实并没有姜修仁亲自编纂的版本,当然这篇名宦传记出自何人之手,不得而知。由于是收录于乾隆《湘潭县志》,自然与当时编纂县志者的立场和态度有关。在后来的光绪《湘潭县志》中舆论就完全变过来了,光绪《湘潭县志》中收录了石仑森控诉重征的事例,姜修仁则成为"重刑勒限"的酷吏形象。②

那么知县姜修仁和以石仑森为首的生员之间有何过节呢?首先,知县姜修仁因为催征钱粮,将湘潭廪生甘明道、聂元瑞刑毙:

> 审问石仑森,据你状称刑毙廪生甘明道、聂元瑞等语。将这二人为何情由、如何刑毙致死?见证是谁?当时伊等亲属,曾控告么?
>
> 据供,甘明道,系湘潭县廪膳生员,离城三十里住,康熙二十四年四月内,因甘明道欠荒田钱粮一两八钱,知县姜修仁差衙役家丁,将甘明道拿来,锁至衙内掌脸,打得从口内吐血,当时殒命。湘潭县生员赵大魁、胡兴证,本年六月知县姜修仁差家丁杨震、何光等,带领衙役有七十人,催征荒田钱粮。到离城七十里所有聂元瑞居住村庄。杨震等令聂元瑞办吃食及马草料,因聂元瑞不行备办,打了回来,禀了知县,将聂元瑞拿去监禁。伊子聂良奇控告长沙府,仍批湘潭县将聂良奇一并监禁。聂元瑞夹打致毙狱中,将聂良奇释放。聂良奇证,伊等亲属,并不曾控告等情。③

以上反映的情形是清康熙年间湘潭知县姜修仁为了催征荒田钱粮,先后将拖欠钱粮的生员甘明道、聂元瑞等殴打致死的事件。此事激起了湘潭及长沙府各地生员的不满,于是他们纷纷起来控诉官员的不法行径,其中矛盾的焦点就在于官员在赋役征收中的贪污行径,特别是在战乱前后,民生凋敝之际,各级官员却中饱私囊,纵容家丁和胥吏欺压百姓。对于湘潭知县姜修仁的各种不法之举,石仑森的控诉如下:

> 审问石仑森,据你状称中船、秋船加倍叠派外,火耗解费每两加四。又有额荒奏销、三节寿诞、花红脱业、封柜谒见、私帮编审、水脚补库、丈荒杂项名色、奇酷异贪等语。此项系何官从何年要起?中船、秋船额数多少?加倍要了多

---

① 乾隆《湘潭县志》卷16《名宦志》,清乾隆二十一年(1756年)刻本,第9—10页。
② 光绪《湘潭县志》卷6《赋役》,清光绪十五年(1889年)刻本,第10页。
③ 《湘潭赋役成案稿》卷2《刑部审讯供状》,清咸丰八年(1858年)刻本,第7—8页。

少？此等各项，每人得银共多少？

据供，康熙二十一年三月内，本县知县姜修仁用恶蠹王成甫等，指用载大兵中船，每一只计派银四十四两。此银内知府得银十两，知县得银十两，送巡抚二十四两。本年五月内，用载逆贼家口秋船，每一只计派银三十二两。此银内知府得银八两，知县得银八两，送巡抚十六两。自此以后，每年派取或一次，派船二三十只，或一次十只、十五只不等。按船科派银两。其派数次及银两数目，俱不记得。又征收正项钱粮，每两加火耗二钱，解费二钱。

又康熙二十一年，姜知县报湘潭县额荒田地二千五十三顷。该荒粮一石，计征银一两七钱，共得银二千九百两。又指称湘潭县奏销钱粮费用，按一万二千两有零，钱粮每百两派银四两，计得银五百两。又湘潭县姜知县每年三节，每一次送巡抚一百二十两，布政司、按察司各六十两，知府四十两，知县自己向十八里要银一百二十六两，俱向民派取。知县传谕民间派取时，我曾见来。又寿诞每年送巡抚二百四十两，布政司、按察司各一百二十两，知府六十两，知县自己得三百六十两，此银俱向民间派取。又因更换里长，每年向民间取派花红银四百两。因旧里长脱业，每年向十八里共派银二百两，俱姜修仁入己。又每年收钱粮，将盛收钱粮柜子抬出，向十八里每里要银六两，共得银一百零八两。

又二十一年起，谒见各上司，向十八里派银，所派次数、银两数目俱不记得。又二十一年起，姜修仁将本县驿站夫银，每年侵克一千二百两，将此项向各里派补。又康熙二十一年、二十五年两次编审，知县姜修仁向各里派银九百六十两入己。又自二十一年以来，每年解岳州粮米，用水脚额外向民派银一千二百两。又因各项紧急事务，那动库银支应指称补库，向各里派取无数，因派次多了，银两数目不等，不记得。此银俱系姜知县入己，姜知县行令追取时，我亲见来。二十五年编审派银，系我家丁可爱寄信与同县民郭治九，今年四月带来给我方知道的。又二十五年，巡抚丁思孔因丈荒，行文各该地方，每县派银一千两，曾派未收，此亦系郭治九来时，我家人可爱寄信说来，我知道的。以上各项俱系知县姜修仁于康熙二十年到任始行派取，从前并没有别处照此，要不要之处，我不知道。①

以上供状如果全部属实，则几乎是清康熙年间一个地方知县贪污行贿的详细记录，或者说为我们勾勒了一幅清初地方知县生活的真实图景，也很形象地揭示了清初地方行政的财政经费运作实态。这里面包括各种陋规，如知县给每只中船派银44两，其中知县、知府各分得10两，巡抚分得24两；秋船派银32两，其中知县、知府各分得8两，巡抚分得16两；每年的三节，每次送巡抚120两，布政司、按察司

---

① 《湘潭赋役成案稿》卷2《刑部审讯供状》，清咸丰八年（1858年）刻本，第8—11页。

各 60 两，知府 40 两，知县自己得 126 两。以上这些谒见上司、过节等费用，都是知县姜修仁向民间摊派而来，比如向百姓派取花红银、驿站夫银、水脚银、编审银等，甚至将收钱粮的柜子抬到十八里，也要向十八里每里索要银两 6 两。这些额外征收的钱粮，其实最后在知县、知府、巡抚之间进行层层"分肥"，从而形成了一个庞大的利益集团。所以即便有类似石仑森这样的生员为民请命，但"候督抚二宪执法、行提湖南各府州县征荒派费册卷批回，一闻檄至，县商于府，府请于司，虽丁抚索还原行牌票，概未曾缴，始终徘徊瞻顾，延挨观望"①。朝廷下旨敕总督、巡抚等官员亲自核查。督抚偏袒庇护涉事官吏，从中作梗，也就是说这种告状的结果并不乐观。

石仑森最后的结局很悲惨，康熙三十六年（1697 年）二月初，湘潭县刁棍陈天祥诬告石仑森父子挖掘陈家的祖坟，之前又有石家佃户罗祥丁、袁祥生等告卖子鬻妻，许贵甫告抢夺妻女等，最后石仑森被时任湘潭知县杨笃生以"势恶婪虐"情由详请督抚参革追缴单卷，并于康熙三十七年（1698 年）二月初三日被杀。为此，湘潭十八里士民合词写《明冤录》为其申辩和抱屈，认为石仑森是因控告浮征钱粮而得罪官府，又揭露地方胥吏在征收过程中的种种弊端，最后被上下串通诬陷致死。②

总览石仑森案卷，首先，由于巡抚在清初报垦荒田的过程中好大喜功，造成湖南的田赋征收额度增大。其次，在"三藩之乱"前后，湖南地方官不仅置百姓的疾苦不顾，还将朝廷的蠲免政策置之不理，且追征多年漕粮税银。最后，知县等地方官在向民众征税的过程中，各种私征滥派层出不穷，造成民怨极大。而这些多征派的银两，则按照"分润上司"的方式，层层输送，形成官场的"陋规"。而以石仑森为代表的读书人——举人、贡生、监生、秀才等，由于他们自身多半是纳税大户，对于这种私征滥派自然是首当其冲的受害者，加上他们有文化，有官场上的人脉关系，因此挺身而出，为民请命。从某种程度而言，这些读书人意图主持正义，控诉腐败，可歌可泣，尽管其在强大的官僚体系面前往往结果并不理想，但至少能为减轻民众的负担起到一定的推动作用。

（二）士绅倡导与咸丰五年"湘潭章程"之制定

咸丰五年（1855 年）"湘潭章程"的制定是为晚清湖南钱漕改章之先声。严中平先生在其主编的《中国近代经济史（1840—1894）》一书中曾经指出：巡抚骆秉章采纳湘潭举人周焕南的方案，首先在湘潭实行，接着，长沙、善化、宁乡、益阳、衡阳、衡山等县也照"湘潭章程"办理，这是所谓"减赋"的先声。③已有学者根据王闿运主

---

① 《湘潭赋役成案稿》卷 2《陈情纪事》，清咸丰八年（1858 年）刻本，第 18 页。
② 《湘潭赋役成案稿》卷 2《明冤录》，清咸丰八年（1858 年）刻本，第 22—25 页。
③ 严中平主编：《中国近代经济史（1840—1894）》第 2 章 "农民大起义时期的经济形势" 第 3 节 "大起义期间清政府的筹饷措施及其经济后果"，人民出版社 2012 年版，第 610 页。

持编修的《湘潭县志》，以及骆秉章自订年谱进行对比，对"湘潭章程"的核心条款进行了考证，并聚焦于探讨该章程的价值，认为"湘潭章程"是自下而上地突破"不加赋"思想禁锢和政策禁区的第一次成功的尝试。①

事实上，"湘潭章程"是由湘潭举人周焕南等士绅率先倡导，并经过地方知县、知府、藩司、巡抚各级官府反复博弈之后才得以出台的。而《湘潭赋役成案稿》恰好系统收录了自咸丰五年七月起，周焕南等人先后禀明县、府、藩司所呈文书，为我们探究"湘潭章程"的制定过程提供了远较《湘潭县志》更为翔实的赋役史料。

咸丰初年，太平天国起义甚嚣尘上，太平军自广西取道湖南北上，长江漕运航线被切断。湖南各州县有筹措协济军饷之任务，而湖南的征缴方式为："钱粮多系经承包征包解，而民间完纳又多系以钱折收。刻下银价日昂，每制钱一串扣银四钱二三分不等，加以火耗解费，名色不一，以致州县视为畏途。州县胥吏又复有浮收之弊，民间完纳因而裹足。"②可见当时百姓苦于银贵钱贱及胥吏浮收，各地漕粮征收不足，积欠日增，解运遇阻。对于各地官吏浮收积弊严重之现象，湖南巡抚骆秉章在访查各地征收漕粮情形之后，曾经对其种种不法行径和名色进行了详细的阐明：

> 本部院访闻，征漕积弊，浮费实多。有言州县借以办公者，名曰漕余。又有刁劣衿民，渔利分肥把持漕务者，名曰漕口。此外上司衙门，则有漕规、漕馆等名色，州县衙门，则有书差包征、揭垫、勒取利息等情弊，凡此浮费之所出，无非百姓脂膏，虽各属情形不一，传闻未必尽同，而弊累相仍，在所不免。③

按，对于"漕规"，民国《醴陵县志·赋役志》的解释为："（地方官吏征收漕粮时）加派外费银两，曰漕规；漕规例勒高价折银，以之分润上司，曰漕馆；分肥劣衿，曰漕口；而州县所得，曰漕余。"④以上这些诸如"漕规""漕馆""漕口""漕余"等名目，都是不符合国家规定的税外收费。

如果说湖南巡抚骆秉章的访闻只是代表地方要员的一种自上而下的调研活动，那么来自地方民众的切身体会，也许更能说明各种弊端的存在及其对于民众生活的影响。咸丰五年（1855年）六月，湘潭县团总黄常泽等人就曾经上书布政使，陈诉地方漕粮赋税征收中的种种积弊：

> 黄常泽、刘石渠、侯泽森、黄临川……充任团总、仓长，非关民瘼不敢冒陈情。因潭邑八都地近大河，田多碛业。二年被旱灾，三年遭水患，均禀县候查勘详请缓征在案。旧岁颇丰，谷贱伤农，加以团练捐项入不偿出。惟念天庚正供急宜按候完纳，职等爰谕都内花户，变卖食谷，竭一岁收成，清两年田赋，间有奉

---

① 晏爱红：《清咸丰五年"湘潭章程"考析》，《厦门大学学报（哲学社会科学版）》2010年第4期。
② 《湘潭赋役成案稿》卷4《湖南巡抚部院骆为札饬遵照事》，清咸丰八年（1858年）刻本，第1页。
③ 《湘潭赋役成案稿》卷4《巡抚部院骆札行布政使司文》，清咸丰八年（1858年）刻本，第3页。
④ 民国《醴陵县志·赋役志》，民国三十七年（1948年）铅印本，第2—3页。

谕缓征或被土匪抢劫,带欠未完之户,于前四月内陆续投柜完纳。粮书莫七等串卡勒制,称正银已发揭差许忠、许十三手。旋五月初,许等带同白役十余人,在乡倚势吓诈,挨户逼吵,加倍索利,拂辄锁带,窘辱百端,遂诈方止。现茹翰香、宾阿罗、向长恩等家凭职等诈付钱挥,其余受害之家不可胜数。职等目击,深恐骚扰激变酿成巨测,欲赴县禀,许等神通署内气嘱代书不记不收,欲投县缴,许等盘踞虎口,指名禀为包抗入人于罪,投纳无门。似此违例发揭,坐受卡勒,民命何堪?窃潭邑钱漕陋规,正银上忙一两,外加六钱八分,下忙一两,外加五钱六分,串票每张索银二分,扣户揞串不发,每张索银四五分不等。漕米每石折银六两,南米每石折银一两五钱,串票每张索银二分五厘,浮收勒折,可谓极矣。①

黄常泽等一干人皆在地方上充任团总、仓长,相对更加熟悉地方各种征收漕粮的弊端。而且他们反映的情况更加具体和详细,包括粮书莫七等如何勒索,差役如何下乡威吓,以及湘潭地方漕粮陋规中,正银上忙一两之外,再加六钱八分,下忙一两之外,再加五钱六分,串票每张索银二分等。咸丰五年,湘潭县出台的《阖邑公启》,对各种浮收的总数及胥吏的催征恶行也有进一步的揭示:

……种种盘剥,敲骨吸髓,不遗余力。合各项通算,浮收勒折,每岁约吞银八九万两。可怜民所倚赖者惟谷,谷之外别无生息。谷价既贱,又不流通,家家户户束手无策。惟有坐以待毙而已。若逢催粮差役来乡,十数成群,到处叫嚣骚扰。既给酒食,又索多钱,稍拂其意,即行锁带。此犹曰"催征"也。更可恨者,揭差邀集诸无赖沿门坐索,照浮勒加倍不足,甚欲加至数倍。其苛勒情形,凶毁器物,宰杀鸡鹅。愚夫愚妇,遭其横恣,难填欲壑,至欲轻生自缢自刎投水者,不可枚举。呜呼痛哉。②

据上可知,仅湘潭一县,每年的额外浮收就达到八九万两之多,而该县钱漕正银也才三万九千余两,也就是说浮收是正税的两倍左右。而差役下乡催征,勒索酒食,税赋加倍,稍不遂意,就宰鸡毁物,让民众痛不欲生。针对这些在漕粮征收过程中暴露出的弊政,湖南巡抚骆秉章曾经饬令全省革除各种浮收之陋规:

嗣后州县起解地丁、存留、驿站、本折、驴脚、随封等项银两,照批弹收,不准借端勒索,所有从前一切陋规,概行革除。此外,有无可以变通办理,得收实效之方,仰司道官吏迅速筹议,三日内申覆,以便核酌施行。③

湖南巡抚骆秉章的这一纸"概行革除"种种"陋规"的饬令,真正推行起来并非易事。比如前揭湘潭团总黄常泽所揭示的湘潭县粮书莫七等人,在征税过程中的种种

---

① 《湘潭赋役成案稿》卷3《咸丰五年六月十八日禀藩司词》,清咸丰八年(1858年)刻本,第33—34页。
② 《湘潭赋役成案稿》卷4《阖邑公启》,清咸丰八年(1858年)刻本,第6页。
③ 《湘潭赋役成案稿》卷4《湖南巡抚部院骆为札饬遵照事》,清咸丰八年(1858年)刻本,第2页。

扰民侵吞行径使百姓苦不堪言，但官府要依靠这一群体完成地方的赋役完纳，故对其苛索行为听之任之，甚至作为其横行地方的后盾，百姓往往诉冤无果。黄常泽向布政使请愿"裁革揭差"，得到批复饬湘潭县官府核查，县官做出答复：

> 完纳钱粮，自有旧章，岂容额外诈索。饬黄常泽等遵照旧章完纳，毋许差役许忠等再行浮诈滋事。①

实际上，众人皆知晓地方浮收积弊，然而由于牵涉各方利益，在地方实际推行革除减赋之法则困难重重，湘潭县官府的答复也只是一种官方的表态而已。周焕南等人申请改章的上书中便提到：

> 近岁叠遭灾害，谷价低贱，每硕仅抵钱四五百文不等，窘极苦极，是以力难扫完，书吏违例发揭串差诈扰，民病愈甚。经胡维章、黄常泽等先后控藩宪，蒙批照旧章完纳。并奉宪讯谕照旧章，禁差滋扰，无不欣颂。殊户粮书蠹等藐批藐示，漕米仍欲六两一硕，正津南折仍要浮加，花户完缴无门，差役滋扰仍迫，穷黎受害，何以聊生。②

由于漕粮改革触及粮道衙门和地方官吏的既得利益，正如县志所言，新章申请议定之初曾多番受阻，"焕南等议之，宗棠主之，藩司百计挠之，知县明阻之"③。八月初九日，周焕南、彭星焕等人分别向湘潭知县上书，而两次均未批示，越日退出，"冯县到任，请见两次不见，连禀两纸不收，只得禀府、禀道、禀司，俱蒙批示"④。九月十八日，周焕南在向巡抚部院呈递的文书中首次提出了新定章程内容：

> 漕米恪遵折银一两三钱，每硕外帮办公各费九钱，助军饷八钱，正银屯津，每两外加耗费四钱，南米每硕原折银七钱七分八厘八毫，外加二钱二分一厘二毫。⑤

骆秉章据此批复："该举人等所议，每硕米价一两三钱之外，另捐办公助饷，一以稍济军需，一以保卫身家，实属深明大义，可嘉之至，自可俯如所禀办理。"⑥接着，九月二十二日，周焕南再次上禀巡抚部院，具列拟定章程内容：

> 一，合邑百姓，既蒙上宪体恤下情，俯准各都士民所禀，均应激发天良，赶紧限于两月内扫数完清，接济军饷，如过限不完，禀官追缴。
>
> 一，各都钱漕，着各都甲团总、团长、保甲，催齐汇总，投柜完缴，不得玩延，致干禀究。
>
> 一，漕米，每石缴折价银一两三钱，外缴平水办公各费银九钱，又缴助军饷银八钱，照以元年公议，较定湘平比兑，以昭划一，如以制钱完缴，照时价折扣。

---

① 《湘潭赋役成案稿》卷3《黄常泽刘石渠奉县审讯供词》，清咸丰八年（1858年）刻本，第36页。
② 《湘潭赋役成案稿》卷4《咸丰五年七月初七日禀县词》，清咸丰八年（1858年）刻本，第10页。
③ 光绪《湘潭县志》卷6《赋役》，清光绪十五年（1889年）刻本，第14页。
④ 《湘潭赋役成案稿》卷4《咸丰五年八月二十八日禀院词》，清咸丰八年（1858年）刻本，第22页。
⑤ 《湘潭赋役成案稿》卷4《咸丰五年九月十八日禀院词》，清咸丰八年（1858年）刻本，第24页。
⑥ 《湘潭赋役成案稿》卷4《咸丰五年九月十八日禀院词》，清咸丰八年（1858年）刻本，第25页。

一，南米，每石原折银七钱七分八厘八毫，外加平水各费二钱二分一厘二毫，通作一两完缴。

一，民屯，正银加津，每两外加平水耗费四钱，如数完缴。

一，各花户钱漕，均有厘合尾数，不得见厘收分，见合收升。

一，国课，原应年清年款，间有元二三年蒂欠，应邀恩带征，其四年民欠，赶紧完纳，均照新定章程。

一，串票，民正南漕一户共串四张，屯正加津，一户共串三张，每张出钱五文，不得抗违。

一，刊定章程，奉宪准行。各都团总、团长、保甲，自应帮同妥办，如有暗行阻挠，及各花户听信奸徒唆耸，抗不遵办者，公同禀究。

一，钱漕蒙上宪如此施恩，民困大苏，各都甲尤宜力行团练。如有不安本分之人，公同送究。嗣后务宜各紧各团，各紧各都，各紧各族，共为盛世良民，以无负上宪抚字之德意。①

（三）减赋与减浮："湘潭章程"背后的争议与性质

士绅周焕南提出的上述条规遭到了时任知县孙氏的反对，据光绪《湘潭县志·官师志三十》可知，时任知县为孙坦，山阴人，咸丰五年（1855年）九月二十二日就任湘潭知县。上任伊始孙坦就陆续接到各士绅禀商漕粮事宜，当时因为倡导者周焕南等人在省城未归，所以一直等到九月二十七日周焕南回湘潭之后，双方才进行了面谈。但周焕南因为到省城得到了巡抚骆秉章的批复，态度似乎较为强硬，按照知县的原话是："该举人（指周焕南）面称只可遵批传谕。"并且周焕南还在"奉抚宪批示后，并不回县会同诸绅妥筹定议，辄将呈院条陈及奉抚宪批示，并又私拟条规刊刻传送"，这些做法在知县孙坦看来"殊属荒谬"，并认为其所刊各条内多"隔碍难行"，且认为周焕南"似此借批影射，其居心险诈，已可概见。安分绅士断不肯出此"②。特别是知县孙坦对于章程中第一条的"两月内扫数完清"非常关心，询问周焕南是否可以保证两个月内完成漕粮征收事宜，但周焕南回复说毫无把握。

咸丰五年九月二十七日和周焕南的见面显然让知县孙坦很不满，于是他上书府院批驳周焕南私刊条规，并针对第二、四、五、七条，陈述其认为不妥之处。比如第二条关于令各都甲团总、团长等催齐汇总完缴钱漕，孙坦认为该县众团总、团长有侵吞挪用团费、抗粮欠粮的风气，若委之以征漕重任，其中必有陋习相沿的隐患："现以抗粮之户作为催收之人，征收大局必致日坏。"③关于第四、五、七条，孙氏皆认为应按旧章办理：

---

① 《湘潭赋役成案稿》卷4《九月二十二日禀院词》，清咸丰八年（1858年）刻本，第29—30页。
② 《湘潭赋役成案稿》卷4《九月二十九日湘潭县知县孙禀府》，清咸丰八年（1858年）刻本，第32—34页。
③ 《湘潭赋役成案稿》卷4《九月二十九日湘潭县知县孙禀府》，清咸丰八年（1858年）刻本，第32页。

一，第四、五条，载南折每硕完银一两，民屯地丁加津等项，每正银一两，加耗费四钱一节。查潭邑完饷，向用元丝银两，成色自七八成至九成零不等。湘平又较库平每两短六分有零，是以向章南折一硕，收湘平低成银一两五钱，应解驴脚等项一并在内。又民屯地丁加津等银，每正耗银一两一钱，收湘平低成元银一两六钱零，官为倾镕批解，通盘核计，亦无盈余。咸丰元年奏明有案，今该举人等，擅行减数，刊刻条规，其亦借有抚宪批奖条规，漕米一事借此影射，殊属朦（蒙）混，自应请照旧章办理，以符奏案而昭公允。

一，第七条，载有元二三年民欠，应邀恩带征。其四年民欠，赶紧完纳，均照新定章程一条，查漕例应年清年款，非奉奏准不可。今该举人擅刻邀恩带征字样，转使欠户有所观望，实属谬妄已极。且查四年以前钱漕，全完之户，已属不少，今将未完民欠，概照新章完纳。在抗欠者反为得计，而早完者，必致纷纷借口滋事，不特不足以昭公允。且人数众多，其患巨测，应请出示，凡四年前民欠，仍照旧章完纳，以杜衅端。[1]

以上知县孙坦的不同意见，主要是担心改章之后，地方士绅擅自减轻漕则，会导致官府收额不足。而对于前几年民欠的漕粮"邀恩带征"，会让之前已经完粮的粮户不满，而未完的粮户则会观望拖延。总之，作为基层亲民之官，显然他更关心钱粮的征收如何能顺利完成，以及固有的利益格局不被改变，毕竟之前各种陋规的"分肥""分润"之中，知县是所占份额最多者。但士绅周焕南则站在减轻民众负担的立场上，具有道义的高度，同时这些士绅又主要是针对征税过程中充斥其间的各色上下其手的胥吏，而他们恰恰就是各种浮收勒征的具体执行者，是与士绅和百姓直接打交道的群体，故而两者之间矛盾最尖锐。而巡抚骆秉章则从全局出发，为了聚拢民心，并高扬轻徭薄赋的旗帜，也站在士绅的一边。对于这些矛盾和纠葛，光绪《湘潭县志》记载如下：

县人周焕南约城乡士民合词诉巡抚，时骆秉章委事左宗棠，宗棠习知牧令重征厚敛，思改制，取中饱者充公佐饷。因为焕南画计，以助军为名，定丁粮银两加四钱，减于前三钱；漕折石银三两，减于前四两；南折石一两，减于前二两。凡减浮收银四万余两，实增于正纳三万余两。焕南等议之，宗棠主之，藩司百计挠之，知县明阻之。咸丰五年九月改例，十月开征，户吏不肯收漕，焕南等复诉之。巡抚许士民设局自征解，十二月收银一十一万两，本年全完，并带征前欠过半，而户粮吏及漕口反抗欠，巡抚严檄勒拿，知县孙坦、知藩司权不胜巡抚，亦改计从民便，漕事大兴，于是定章，每漕石银三两，除旧折一两三钱加助饷银八钱，余九钱以资办公，又定券票纸张钱，每票五文，共岁得一千二百余千，以为

---

[1]《湘潭赋役成案稿》卷4《九月二十九日湘潭县知县孙禀府》，清咸丰八年（1858年）刻本，第33页。

诸吏外费，湘潭既行新章，更推之列县。①

以上内容就很简要地勾勒出"湘潭章程"出台之后，各级官员、士绅、胥吏的不同态度，以及最后执行过程中的一些遭遇。以骆秉章、左宗棠为首的封疆大吏和地方士绅阶层是共同推动"湘潭章程"的主要力量，并且时任骆秉章幕僚的左宗棠还想出了"以助军为名"自定新章的新方案，即地丁每两加耗四钱；漕米折色照部章每石完纳一两三钱，外加纳一两三钱以资军饷，又加纳银四钱作为县署公费，其他款目，一概裁革。所以时人评价"湘潭章程"的贡献之时曾云："积弊除，民困苏，军需济，一举而三善备。"②

我们会发现，"湘潭章程"的核心在于，改章之前，湘潭漕米折色每石收银七两，改章之后，漕粮每石纳银三两，较之前减少了四两。减少的这部分其实很大程度源自原来胥吏和官员的各种陋规和浮收，当然其中也有一些必要的成本开支，但因为没有明确的加征标准和规定，就容易形成"黑洞"。所以在"湘潭章程"中，尽管士绅主动提出了每石漕粮加赋的代价，但却获得了少纳银两的实惠。

而藩司、知县及书差等胥吏则反对新的章程，因为他们是原来旧章程下各种陋规的受益者，新章程则挤压了征收过程之中产生的各种额外浮收。但是在督抚一级地方大员的严饬下，又迫于基层广大士绅的不断诉求和施压，在上下夹击之下，藩司、知县不得不改变立场，"改计从民便"。由于胥吏受到官府的压制，于是在士绅的带领下，民众缴粮的积极性高涨，湘潭县的漕粮税赋在短时间内也较为顺利地缴完，并且新章程被湖南各州县所推行。后来胡林翼任湖北巡抚、曾国藩任两江总督，都仿效"湘潭章程"，实行减浮收、裁陋规的举措。③但我们也可以想见，胥吏长期控制钱粮征收诸环节，只要外在制度约束松弛、官员治理松懈，他们对于利益的渴望和追求依然会导致苛征与浮收层出不穷，使地方陷入浮收、治理、再浮收、再治理的循环往复之中。

三、长善二县暨衡阳之粮案与钱粮征收纠纷

据清代《长善二县钱粮征收案牍》和《衡阳永定征收钱粮全案》等赋役文书的记载，清代咸丰朝至光绪朝期间，湖南长沙、善化、衡阳三县发生过多次钱粮纠纷，但每次纠纷的焦点也各具特色。长沙、善化两县的钱粮征收纠纷主要集中于征收数额多少的问题，衡阳县钱粮纠纷则主要是自封投柜与包户包揽两种征收方式的分歧。现根

---

① 光绪《湘潭县志》卷6《赋役》，清光绪十五年（1889年）刻本，第13—14页。
② 《湘潭赋役成案稿》卷首《湘潭赋役案稿序》，清咸丰八年（1858年）刻本，第3页。
③ 相关成果可参见戴鞍钢：《晚清湖北漕政述略》，《江汉论坛》1988年第10期；吴琦：《清后期漕运衰亡的综合分析——兼评胡林翼漕运改革》，《中国农史》1990年第2期；洪均：《危局下的利益调整——论胡林翼整顿湖北漕政》，《江海学刊》2012年第6期；洪均：《漕政视阈下的晚清财政变革——以湖北为例》，《中州学刊》2012年第6期；周健：《维正之供：清代田赋与国家财政（1730—1911）》第6章"改折与海运：胡林翼改革与19世纪后半期的湖北漕务"，北京师范大学出版社2020年版。

据前揭两本赋役文书,以及地方志书、政书等史料,对这些问题进行一定的探讨。

(一)咸丰五年善化县钱粮征收纠纷

咸丰五年(1855年),善化县士绅爆发了一场反抗赋税浮收的斗争,这次斗争并不是一个孤立的事件,它是咸丰五年湘潭县钱粮纠纷的延续及扩展。据有关史料记载:

> 先是湘潭举人周焕南等条陈漕规,已奉批准在案。善邑监生陈宗朴、生员黄一心等,会商绅民,仿照潭规,具禀奉院批准,并饬永远遵行。①

可见,在以举人周焕南为首的湘潭士绅拟定钱粮征收章程,并获得湖南巡抚骆秉章的批准后,有鉴于湘潭花户的赋税负担有了实质性减轻,因此善化县士绅紧接着便发布了一篇《善邑士民启略》,标志着善化县第一次钱粮纠纷的开始:

> 历来南漕实征,不准淋踢。饷银实兑,不准浮加。单票每张钱三文,不准外索。此旧章也。嘉庆年来,蠹弊层出,包征包解,违例私吞,官长受欺朦,花户遭浮勒。②

按,这里所言的"旧章"的规定,只是强调不准浮加,但并没有更为具体的规定。所以当有关抚宪接到翰林院庶吉士黄履初"面称长善二县去冬加收钱粮,乡民不愿,恳求示禁"之后,让长沙知县景天相、善化知县李弼清查相关卷宗,结果发现"查长善二县征收钱漕,向无一定章程"③。正是因为没有一定的章程,于是自嘉庆以来,善化县钱粮征收过程中存在种种弊端,尤其是咸丰四年(1854年)善化县的各种浮收如下:

> 民屯饷额征共一万七千零八十二两零七分,加津额征一千二百六十二两九钱六分六厘,户、屯两蠹每两浮加五钱六分二厘五毫,除应征外,浮银一万零三百一十九两一钱二分。南米三千九百零一石,去年米价时值九钱,一石粮蠹勒加五两,每石浮加四两一钱,除应征外,浮收一万五千九百九十四两一钱。漕米四千六百一十八石七斗八升。现奉上谕每石折银一两三钱,拨归军饷,上年粮蠹勒折五两,每石浮加三两七钱,除应征外,浮银……又漕米每石勒加耗六升,共二百七十七石一斗二升。每石勒折五两零,共勒银一千三百八十五两六钱。单票二万余户,民屯每户索银六分,津费每张索银四分,共索银一千二百有零。每岁通算合计共浮勒银四万六千九百有零。外有渔都银及无耗闲丁银,均照饷浮征银收高色秤。又重大若将米一色银兑,每百勒补银十余两,方抵高元。加以见厘收分,见合收升,如此等类,每岁又浮勒银二万余。种种蠹弊,难以尽述。④

---

① 光绪《善化县志》卷8《赋役》,清光绪三年(1877年)刻本,第43页。
② 《长善二县钱粮征收案牍·善邑士民启略》,清光绪年间刻本,第20页。
③ 《长善二县钱粮征收案牍·司道二宪详文》,清光绪年间刻本,第7页。
④ 《长善二县钱粮征收案牍·善邑士民启略》,清光绪年间刻本,第20—21页。

现根据《善邑士民启略》归纳各种浮收如下：

其一，地丁银浮收，"民屯饷额征共一万七千零八十二两零七分，加津额征一千二百六十二两九钱六分六厘，户、屯两蠹每两浮加五钱六分二厘五毫"，浮加10 319两有余。

其二，南米浮收，善化县南米总额3901石，当时米价每石值银9钱，而善化县在征收的过程中则每石折银5两，这无疑使农民的负担增加了将近5倍，此项浮收总额达15 994两。

其三，漕米浮收，其县漕米总额是4618石7斗8升，朝廷上谕"每石折银一两三钱，拨归军饷"，而实收则是每石收银5两，并且每石另有加耗6升，共277石1斗2升，每石依旧折银5两，导致农民负担增加。

其四，加津、户票两项浮收达1200余两。

综合以上四项内容，"每岁通算合计共浮勒银四万六千九百有零"①，由此可见善化县钱粮实际征收数额与国家法定赋税之间的巨大差额，广大士绅的抗议行为也合乎情理。

善化县的浮收严重是不争的事实，但这种严重的浮收情况在咸丰四年（1854年）以前也是存在的，显然浮收严重并不是激起这次钱粮纠纷的唯一关键因素。激起这次钱粮纠纷的其中一个导火索是"湘潭章程"的实施，另一关键因素是咸丰四年、咸丰五年（1855年）谷价严重下跌：

> 在昔谷价稍昂，尚能勉强凑纳，目今谷价太贱，每石值银二钱零。南米一石，需谷二十二石零。漕米一石，需谷二十三石零。正饷一两，需谷七石零。屯单每户需谷一斗八升。民单每户需谷一斗三升。可怜售谷凑完难偿浮勒。②

可见，民众除了遭受胥吏的浮收之苦外，还要遭受市场波动的影响。农民的粮食产量总是相对固定的，一旦遇到谷价大幅度下跌，其所需要缴纳的谷物数量势必大增，由此带来沉重负担。湖南巡抚骆秉章在咸丰五年九月下发给各县的一封札文及其自订年谱中均有描述"谷贱银贵"现象的内容：

> 咸丰四五年间湖南谷价甚贱，每谷一石值钱五六百文，钱价亦贱，每钱一千，换银四钱五六分不等。③

可见虽然在咸丰四年及其以前也存在以上浮收现象，但其负担总量还在农民可以承受的范围内，咸丰四年、咸丰五年谷价下跌严重，以至"南米一石，需谷二十二石零。漕米一石，需谷二十三石零。正饷一两，需谷七石零"④。农民以耕种土地为生，其所缴纳的赋税主要来自售卖谷物所得银钱，谷价降低，缴纳赋税的银钱数额却不

---

① 《长善二县钱粮征收案牍·善邑士民启略》，清光绪年间刻本，第21页。
② 《长善二县钱粮征收案牍·善邑士民启略》，清光绪年间刻本，第21页。
③ （清）骆秉章：《骆文忠公自订年谱》卷上，清光绪十三年（1887年）思贤书局刻本，第39—40页。
④ 《长善二县钱粮征收案牍·善邑士民启略》，清光绪年间刻本，第21页。

变，较之往年，农民的负担无疑增加了数倍。骆秉章在咸丰五年的札文中要求官吏革除钱粮征收过程中的累民弊政，"此外弊重累民之处，或应分别裁减，或应实力禁革"①。面对增加了数倍的钱粮负担，再加上湘潭县已经实施了负担相对较轻的"湘潭章程"，善化县农民自然不会照旧章完纳，善化县的钱粮纠纷就在这样的背景下发生了。

在这篇《善邑士民启略》发布后，咸丰五年（1855）十月善化县监生陈宗朴、生员黄一心等上书湖南巡抚骆秉章，要求按照"湘潭章程"征收各项赋税。但是假如按照"湘潭章程"征纳各项赋税，必然会有损善化县衙门的利益，因此士绅在上书过程中受到了善化县令的强硬阻拦，"署善化县谢令廷荣派差在街上拦阻，不准百姓赴院递呈"。但善化县民并未因此而放弃，他们在夜间成功将自己的请求送到湖南省衙门，"一日掌灯时候，忽有善化绅民十余人到大堂递呈"②。

因实施"湘潭章程"可以给湘军筹措急需的军饷，骆秉章决定在更多的县域实施"湘潭章程"。他首先进行人事调整，免去原本兼署粮道和臬司但反对在善化县实施"湘潭章程"的谢煌在粮道的职务，令其专司臬司，另外委任了一名粮道。在善化县则免去了阻碍实施"湘潭章程"的县令谢廷荣。接着便批准在善化、长沙、宁乡等有漕县内实施"湘潭章程"：

> 是时，臬司是粮道兼署，遂札谢道专署臬司，另委徐道署粮道，又将善化谢令撤任……嗣后长沙、善化、宁乡、益阳、衡阳、衡山等县钱漕较重者皆呈请照湘潭章程，均已批准。③

虽说善化县要求仿照湘潭例子，但其征收标准与湘潭县稍有不同，善化县新定的征收标准主要有两个方面的内容，其一是漕粮方面，"漕米每石缴纹银一两三钱，耗米在内，缴助军饷纹银八钱，均系库平比兑。如用钱平每两补平银四分外，缴办公各费银一两三钱，以省城公议钱平比兑"④。其二是南米方面，"南米每石缴折银七钱外，缴办公银七钱，均以钱平比兑"⑤。除此之外，还有民屯、津贴等方面的内容。

显然，骆秉章在此次钱粮征收的改革中削减了大量的浮收，与先前相比，确实减轻了农民的负担，也为他开掘了一条筹措军饷的渠道，但是各县一级的衙门及书手、户手的利益则受到了较大影响，因此他们必然设法阻挠新章程的实施。

首先，在咸丰五年（1855年）征粮的过程中，各书手分别用拖延解省、拒不结算截串等手段进行抵抗，陈宗朴向骆秉章控诉粮户书不法的禀报书中曾提到：

---

① 《长善二县钱粮征收案牍·咸丰五年九月内湖南巡抚部院骆为特札查办事》，清光绪年间刻本，第18页。
② （清）骆秉章：《骆文忠公自订年谱》卷上，清光绪十三年（1887年）思贤书局刻本，第40页。
③ （清）骆秉章：《骆文忠公自订年谱》卷上，清光绪十三年（1887年）思贤书局刻本，第41页。
④ 《长善二县钱粮征收案牍·善邑士民启略》，清光绪年间刻本，第24页。
⑤ 《长善二县钱粮征收案牍·善邑士民启略》，清光绪年间刻本，第24页。

生等与各都团绅奉县宪札，挨户催完，花户无不踊跃赴柜完纳。今只半月，查粮户书单册总数，自开征至今，连前县宪所征，南漕米已征六千石零，民屯正饷银已征一万二千两零，军饷银各随漕折缴柜。而粮户书除前县批解外，只解漕折银一千三百两，解饷银三千两。查新旧粮户书多系富户，本身应完钱漕无从查核，粮户书至亲密友交银搁串者尚多。①

骆秉章在随后下达关于此事的札文中，要求布政司会同粮储道将事件查明，并将已收银两解省。

其次，新的政策执行仅仅一年，善化县令陈氏便以"度用支绌不敷，兼之米价照往年增长"②为由，请求在咸丰五年所定标准的基础上，于漕米、正饷、南米等各项名目下加征若干银两，以补贴地方办公费用。骆秉章严词驳回了陈氏的请求，并要求严格执行咸丰五年所定钱粮征收标准。虽然善化县令加增赋税的请求并未获得批准，但在接下来的两年，善化县便出现了加增赋税的情况。

咸丰六年（1856年）、咸丰七年（1857年），善化县绅民周以南、周绍秉等人均因"弊革复生"③、"蠹书漕口各款浮加"④向巡抚骆秉章控告粮户书等人。尽管骆秉章也曾严饬各级衙门，要求"妥为办理，毋任蠹书、漕痞伙串浮加"⑤，但浮收之弊似乎并未得到有效遏制。

综上可知，与湘潭县一样，在此次钱粮征收标准调整中，以湘潭士绅为代表的纳粮花户的赋役负担有了实质性的减轻，湖南巡抚骆秉章则为湘军开辟了一条稳定的军饷来源。善化县衙门虽然钱粮浮收被大量减少，实际利益受到一定的折损，但其浮收并未被完全革除，而是被合法化，形成了定例。

(二) 光绪十七年长沙、善化钱粮纠纷

光绪十七年（1891年），长沙、善化两县士绅发起了激烈的反对浮收的斗争。该年二月，翰林院庶吉士黄履初向湖南巡抚张煦控告长沙、善化两县违法浮收，"照得翰林院庶吉士黄履初面称，长善两县去冬加收钱粮，乡民不愿，恳求示禁"。在接到黄氏的控告后，张煦极为重视，立即札饬长沙府，要求"传集乡城绅民并长善二县粮房，查询巅末，当面环质明白，据实禀覆"⑥。长沙府派员询问各都士绅章舒翘、盛文臣等五十余人，士绅控告称自咸丰五年（1855年）开始，湖南巡抚骆秉章所定的钱粮征收

---

① 《长善二县钱粮征收案牍·善邑士民启略》，清光绪年间刻本，第25页。
② 《长善二县钱粮征收案牍·善邑士民启略》，清光绪年间刻本，第26页。
③ 《长善二县钱粮征收案牍·咸丰六年十二月周以南等为蠹批另议再吁饬定事》，清光绪年间刻本，第28页。
④ 《长善二县钱粮征收案牍·咸丰七年十月花户周绍廉凌耀廷等为蠹批稳加禀恳究办事》，清光绪年间刻本，第29页。
⑤ 《长善二县钱粮征收案牍·咸丰七年十月花户周绍廉凌耀廷等为蠹批稳加禀恳究办事》，清光绪年间刻本，第30页。
⑥ 《长善二县钱粮征收案牍·光绪十七年二月内奉巡抚部院张为札饬查办事》，清光绪年间刻本，第1页。

标准并未被二县完全执行，而是存在浮收情况。

其中矛盾的焦点共有两项：其一，士绅认为南米的折色存在浮收，尤其是在光绪十六年（1890年）冬善化县令在以往的基础上浮收较多，"讵至同治间，南米折价递加至制钱三串三百。即漕米之助饷八钱，虽江面久清，仍未蒙恩免。去年孙县又于南米三串三百之外，再加三百"①。其二，据前揭史料可知，太平天国之乱已经平定多年，但为镇压太平天国之乱而附加于漕粮征收的助饷尚未被革除。

长沙府审问过后，认为光绪十六年长沙县南米的征收标准是每石2两，此标准是经过士绅朱森、柳熙思等人共同商议，仿照光绪十二年（1886年）、光绪十三年（1887年）的标准所定，而且光绪十六年的粮价与此两年相似，因此不属于浮收，但因为没有事先向上司禀明，应该受到薄惩。善化县在征收南米时因为仿照年代较远的同治八年（1869年）、同治九年（1870年）的标准，而且每石比光绪十五年（1889年）多征300文，被认为每石浮收300文，并且此标准未尝经过公议，属县令私自决定。最后，长沙府决定，太平天国之乱已经平定，附加于漕粮征收的助饷应予革除，并给经手征收的长沙县令记过一次，善化县令被记大过并撤职。

上述处理结果无疑标志着这次以士绅为首的农民抗争取得了胜利，但事情并没有结束。在先前的要求被满足后，光绪十七年（1891年）八月，以章舒翘、盛文臣为首的士绅继续要求变通民屯津串票的征收费用。士绅们认为咸丰五年（1855年）骆秉章所定钱粮征收章程已经完全被改变，"窃善邑粮饷，咸丰五年蒙前升抚宪骆厘定章程，官民两便，无如日久弊生，率更旧制"②，并且具体罗列了民屯津串票、更名过册、添收、津费等项赋税的增加数目。但是士绅们并不主张完全恢复咸丰五年的旧制，而是请求稍作变通：

> 必仍援旧例，则办公恐有不敷。若不明定章程，则流弊伊于胡底。再四思维，惟有稍事变通，明示限制，以为经久之计。③

士绅们提出除津费一项照旧完纳，其余民屯津串票、更名过册、添收等项均稍作变革，达到"流弊既可杜绝，办公亦甚裕如"的良好状态。不仅如此，士绅们还以"近日元银水色低毛，扣算诸多周折"为由，请求"概用钱平纹银九三折扣"，认为如此则"平水既归划一，折扣无所售欺"④。此文并没有得到批准实施。

光绪十八年（1892年）九月，以章舒翘、盛文臣为首的善化县士绅向县令禀报称，尽管米市价有贵贱浮动，但善化县南米折价自同治十年（1871年）至光绪十六年（1890年）的二十余年间，"并骡脚经费每石共征钱三千三百文，行之二十余年，未尝

---

① 《长善二县钱粮征收案牍·光绪十七年二月内奉巡抚部院张为札饬查办事》，清光绪年间刻本，第2—3页。
② 《长善二县钱粮征收案牍·为附详呈请事》，清光绪年间刻本，第12页。
③ 《长善二县钱粮征收案牍·为附详呈请事》，清光绪年间刻本，第12页。
④ 《长善二县钱粮征收案牍·为附详呈请事》，清光绪年间刻本，第13页。

稍有加减，殊属官民两便，上下相安"，并请求"定为永章"。善化县令李氏对此提议大为赞赏，认为此提议"具见关怀大局，洞澈舆情，深堪嘉尚"，并且立即同意了士绅的建议："即如所禀，永作定章。"①

经查证，善化县士绅章舒翘、盛文臣等人所建议之 3300 文之数量，虽然已经远远高于咸丰五年骆秉章所定的折征数额，但减除了善化前县令孙氏在光绪十四年（1888年）额外征收之 300 文，且此数额已经实行了二十余年，官民均可接受。由上可知，虽然士绅在光绪十五年（1889 年）的钱粮纠纷事件中得到了理想的结果，但他们并没有要求革除咸丰五年以来增加的一切浮收，恢复骆秉章所定钱粮征收章程，而是考虑到县衙、书差等相关方的利益，主动做出妥协，给出一个各方都能接受的征收标准，缓和与县衙、书差等的紧张关系，重新回到"官民两便，上下相安"的平衡状态。

（三）光绪年间衡阳县钱粮征收纠纷

据光绪《衡阳永定征收钱粮全案》（扉页亦曰《衡阳征收钱粮定章》）记载，光绪年间衡阳县曾经发生了一起钱粮纠纷，而其纠纷的关键在于"自封投柜"与"包征包揽"两种征收方式的选择。清代官方规定，钱粮征收实行"自封投柜"的方式，钱粮的征收须由花户亲自将银钱投入由官方设立的钱柜中，称为"亲输"，"亲输之法，置柜署前，听民封银亲投，以部定权衡准其轻重，若奇零之数，愿以钱纳者听，每十钱当银一分，以禁吏胥侵渔"②。尽管朝廷已经做了严格的规定，但衡阳县在实际的征收过程中却并未遵照上述条例，而是做了一定调整：

> 凡论征收，辄曰自封投柜，非通论也，农民之入城所费尤多，故旧制设里长，改制设甲长。③

可见，在衡阳县钱粮征收过程中并非所有花户皆亲自进城完纳，而是在一段时间内将钱粮交给甲长（初为里长），由甲长将钱粮再缴至县衙。但在征收过程中会出现花户拖欠的现象，官府却需要按时完成钱粮征收任务，这就需要将花户拖欠部分垫补，称为"扫差"：

> 衡阳、湘乡敝尤在扫差，扫差者，官当批解，民未尽纳税，则吏役出钱代上，请官票自往追比，乃责息于民家，视贫富能懦为重轻，良善小户辄倾其家，诉之，则理固不直，坐其害，破产者相踵……近岁扫数垫解移于钱贾，民间如期纳税者亦委之钱贾，过期者息钱亦还之钱贾，官吏权益轻矣。然钱贾取息比吏役减十之五六，亦未甚病民也。④

---

① 《长善二县钱粮征收案牍·为附详呈请事》，清光绪年间刻本，第 14—15 页。
② （清）允裪等：《钦定大清会典》卷 10《户部》，《景印文渊阁四库全书》第 619 册，商务印书馆 1986 年版，第 126 页。
③ 同治《衡阳县志》卷 3《赋役》，清同治十一年（1872 年）刻本，第 12—13 页。
④ 同治《衡阳县志》卷 3《赋役》，清同治十一年（1872 年）刻本，第 13 页。

在"扫差"时依靠钱贾（即钱店）出钱垫解，完成钱粮征收任务，钱店也可从中获得利息，并且其利息远远低于吏役的利息，可谓两全其美，后来索性花户按时缴纳的钱粮也交给了钱店。

花户无法直接将自己所要缴纳的钱粮亲自送到钱店，需要将钱粮委托包户，接受其盘剥，由包户进城缴纳，如果花户亲自将钱粮送到钱店，其通常无法拿到缴纳钱粮的凭证——截串。史料记载曰：

> 粮户两胥星散云行，莫踪厥迹，花户来城亲完，间有盘川用罄而终莫得其完票之所者。①

由于不是随时能遇到户书和粮书等书差，花户无奈，只能托包户代为完纳，但必然遭受包户的多方盘剥，包户收到花户的钱粮后缴到官方指定的钱店，最后由钱店将一些花户拖欠的钱粮代为垫付后上解，衡阳县的钱粮征收才能"年清年款"完美结束。

虽然花户受到书差、包户等人的联合压榨，但衡阳县每年的钱粮征收也均照常完成。但到光绪十三年（1887年），衡阳县的钱店数量大为减少，无法完成垫解倒折的任务：

> 自咸丰六年、光绪九年两次禀定章程，年清年款，未尝非钱店、礶坊之力，近因钱店、礶坊倒闭日多，临期不能垫解，倒折不能尽扫。②

钱店大量倒闭的原因估计和经济形势凋敝有关，失去了钱店的垫解之后，加上包户的延搁，出现了"官民交迫"的局面。以职员姚际虞、举人夏时升、拔贡马先柄、廪生常丰为首的数十名士绅，为了减少包户盘剥，顺利完成钱粮征收事宜，联名上书要求"照旧章设柜大堂征收"，并提出了数条改革的建议。

第一，便是严禁包户：

> 县中钱漕二十年来，向归钱店、礶坊派解垫缴，倒折时垫扫落脚，是以年清年款，毫无带欠。其时县人所开钱店、礶坊较多数家，故易于收效。近日钱店、礶坊或因致富收牌，或因折本亏累，所存仅三四家。加以包户先向钱店、礶坊书立手券，换领印串，按期认利，届期多无钱缴，致累钱店、礶坊，贻误正供。官既受累，商复受逼，而包户转惊恐乡民，加倍算息，甚至先取人钱，后无票归，花户愚懦，甘遭盘剥，不愿到城。兹值公议改章，先禁包户以杜弊端。③

第二，是恢复在大堂设柜，由花户自行投柜完纳的制度：

> 必设柜大堂征收钱漕，花户自行投柜完纳。……县地都区辽阔，又多有不通水道者，公议于渣江设立分柜，由官派请委员、幕友及丁胥差役人等，届期同赴

---

① 《衡阳永定征收钱粮全案·附刻樊使君便民三事》，清光绪十六年（1890年）刻本，第4页。
② 《衡阳永定征收钱粮全案·正堂樊为钱漕定章剀切晓谕事》，清光绪十六年（1890年）刻本，第9页。
③ 《衡阳永定征收钱粮全案·姚际虞等呈请钱漕仍照旧章设柜大堂征收并拟请于渣江添设分柜严禁包户完纳公呈》，清光绪十六年（1890年）刻本，第2页。

渣江征收，一切章程均照城柜。①

由于衡阳县内有些都区距离县城较远，且交通不便，故在渣江设立分柜，其征收制度一如城柜，并且规定分柜幕僚、差役等产生的一切费用，均由官府自行筹备，不另外向百姓索取。更为重要的是，要求书差在花户缴纳钱粮后立即给予截串，立即登载红簿，并向票房裁串，当面交给花户。

第三，是钱粮征收过程中的银钱比价管理制度：

> 惟零星小户完银不便，以钱折银。又恐时价低昂不一，官绅复行酌定，小户每票银一两合以耗羡三钱五分，酌定时价共折九九八当钱若干，先行悬牌柜前，自某月某日起，至某月某日止，牌上注明每银折九九八当钱几串几百几十几文。其牌十日一换，换牌之日，官即星夜着人另送一牌，悬挂渣江分柜，以昭划一。②

通过官方悬牌于柜前，统一规定银钱比价，以便全县保持一致。地丁银的正额依照咸丰六年（1856年）所定章程不变。但部分小户因为需要完纳的赋税数额较小，不便缴纳银两，只能缴纳铜钱，但铜钱与银两的比价不定，需要官绅依照时价确定票银一两及耗羡三钱五分可以折钱的具体数目，悬牌公示，牌子需要十日一换。漕粮按照咸丰六年的标准，每石征收衡斗八斗，依旧征收折色，票米及随征帮费共五串五百文，照串实收，不得以零作整，稍加匀合。

第四，是在保甲之外增设柱首，在征收钱粮时由柱首催促各族族长进行完纳：

> 于十保百甲外，又议立柱首。每区编立十区，凡倒折封柜之前，柱首预先催各族族长，族长催花户，赶先完纳。如稍有蒂欠，各归各族承认。彼此不得推卸遗累。其间族有大小，或一族而占数区数柱者，即由族长分派各房房长承认。或一区一柱之内而居有数族者，亦由柱首催各族族长承认。如有客粮，则柱首偕保甲催佃户。倘又有遗漏未完之票，即由该佃户代为完纳，日后向管户按数算明扣除租谷。③

这里的"区"应该是和都区及赋役单位有关的范围，每区的柱首也是专为催征钱粮而设立的。由于衡阳宗族势力较为强盛，因此在催征钱粮的过程中，也充分调动了族长、房长的积极性，让他们参与到催征的活动中来。事实上，在两湖地区，对待钱粮问题，家族组织体现出一种较强的纳税观念。几乎所有的家族都将"积征课，重国课，供赋税"等列入家法族规中，要求族人按时完成课税任务，并对不按时缴纳赋税

---

① 《衡阳永定征收钱粮全案·姚际虞等呈请钱漕仍照旧章设柜大堂征收并拟请于渣江添设分柜严禁包户完纳公呈》，清光绪十六年（1890年）刻本，第3页。
② 《衡阳永定征收钱粮全案·姚际虞等呈请钱漕仍照旧章设柜大堂征收并拟请于渣江添设分柜严禁包户完纳公呈》，清光绪十六年（1890年）刻本，第4—5页。
③ 《衡阳永定征收钱粮全案·姚际虞等呈请钱漕仍照旧章设柜大堂征收并拟请于渣江添设分柜严禁包户完纳公呈》，清光绪十六年（1890年）刻本，第6页。

的族人进行相应的处罚。①

第五，是对那些故意抗交者进行惩罚，"在倒折封柜以后不完纳者，是有心抗玩，公议漕折每石在定价外罚钱八百文，以昭炯戒，其钱存官核收，留作县中善举公费"②。也就是将罚款作为善款充公使用。

总结衡阳县士绅所上各条款，其主要目的就两个：其一，严禁包户盘剥，由花户亲自赴柜完纳税银，并且明确标示银钱比价，防止胥吏舞弊，这是便民的一面；其二，保证年清年款，不能拖欠，这则是便官的一面。士绅们公议的这份呈文被县令樊森以"如禀办理，候即饬房存案，并转禀各上宪可也"③批准同意。

在批准的同时，樊森于光绪十三年（1887年）三月二十五日又下达了一个《尊谕粮胥示》：

> 一，花户赴柜完纳钱漕，该管柜书应即时登注流水征册，入署内柜房扯取串票，夹入册内，送上查对盖戳，然后发给花户收执。如查出无戳，即惟该总书是问。毋违干咎。
>
> 一，每日所征丁银漕折，无论数目多寡，概须当日报数，次日缴清，均限以二鼓为度，该总书等不得借词延缓任意侵挪，致干查究。
>
> 一，每日所缴完纳银钱票据，虽不拘定某家钱店，然亦须择其殷实可靠，可以时持票往兑，不致违误者，方准呈缴，不得以外行墨挥妄行抵塞，如违即究。
>
> 一，每日所征银两，各柜总书必先各于红簿内将数目结算清楚，注明本日共征银若干两，次日则载明本日征银若干，连前共征若干，各结各柜，每晚各将红簿送上覆核，以定更为率，不得迟误干咎。④

以上这些措施，涉及征收的几个主要环节：一是要求胥吏在粮户完纳钱漕时，及时做好登记造册，并及时发给花户串票；二是负责征收的胥吏则每天需要将当天所征钱粮数目上报，次日将所收钱粮上缴；三是在征得钱粮后需要选择殷实可靠的钱店进行呈缴；四是各总书需要将每天收的钱粮数目结算清楚，并且做好各日征收数目的累进登记。县令樊森补充的这些规则主要是为了防止粮书等胥吏在钱粮征收过程中舞弊肥己，保证钱粮的安全。

光绪十三年闰四月初八日，知县将禁革包户由花户自行赴柜完纳的改革条款分别报请衡州知府、湖南粮储道、布政使、巡抚等衙门主要官员，并得到了一致赞扬和批准。衡州知府翁氏称其："尤见重正供恤民隐，顾大局而不惜小资，嘉悦深之。"湖南

---

① 详情参见杨国安：《明清两湖地区基层组织与乡村社会研究》，武汉大学出版社2004年版，第286页。
② 《衡阳永定征收钱粮全案·姚际虞等呈请钱漕仍照旧章设柜大堂征收并拟请于渣江添设分柜严禁包户完纳公呈》，清光绪十六年（1890年）刻本，第6页。
③ 《衡阳永定征收钱粮全案·姚际虞等呈请钱漕仍照旧章设柜大堂征收并拟请于渣江添设分柜严禁包户完纳公呈》，清光绪十六年（1890年）刻本，第7页。
④ 《衡阳永定征收钱粮全案·樊县尊谕粮胥示》，清光绪十六年（1890年）刻本，第8页。

巡宪吉氏不仅称赞樊森："所办极是，具见该令为守俱优，殊深嘉尚。"而且"督饬清泉县遵照前批办理"。湖南巡抚卞氏称："办法甚是，应准如禀立案，并候抄禀行司，通饬各州县一体仿照办理。"①

衡阳县推行禁革包户由花户自行赴柜完纳钱粮的改革，使纳粮花户得以免受书差、包户的盘剥，衡阳县钱粮征收也可以达到年清年款的理想状态，因此属于官民两便的善政。但这一改革条规却损害了书差、包户等胥吏的利益，他们无法像往年一样通过盘剥花户来获取巨额财富，因此必定会采用一些手段阻碍新条规的施行。书差、包户使用的其中一个手段就是在钱粮征收时不到设柜现场，使赴柜花户无法正常完纳钱粮并获得串票，最终逼迫花户求其代为完纳，取得盘剥。衡阳知县樊森在光绪十六年（1890年）的一个告示中曾讲到了胥吏的这些不法行为：

> 衡阳钱漕自光绪十三年设柜大堂，并分柜渣江，随到随给串票。原以取便于民。第日久玩生，各柜书多不能常川在柜，至乡民来柜，终日不能缴钱截串，及至数日盘川用罄，势必将完饷之钱一概扯用，空手而归，以后或钱不应手不能再来，至倒折之时即归于他人代截，加息累算，民间吃亏不少。②

在杜绝书差舞弊侵吞之后，柜书就开始消极怠工，并不是时时刻刻都能守在柜旁等候乡民缴税，于是导致民众羁留、等候多时，费时费钱。为了解决上述问题，樊森设立了新的条规：

> 兹本县议定，每日户、粮各书必须于九点钟时齐集上柜，不许一人不到，至下午四点钟时收柜后始许走散。并将某人管某都、某区，揭示大堂檐下，俾民间一望而知，按照都区人民完纳领串，不准片刻耽延。③

知县在对户书、粮书的上班时间做出了具体明确的安排之后，对于仍然不按时到柜的胥吏，经乡民击鼓后，严厉究治。如果乡民到柜缴税无人接应，准许该民连喊三次，倘仍无人答应，允许其到大堂击鼓，知县获知相关信息之后，会立即对该户书或粮书严惩不贷。对于距离衡阳县城较远的渣江分柜，则采取允许花户就近举报，然后移文至衡阳县办理的方式，对不按时到柜的胥吏进行究治。另据《衡阳县奉咨询各项事宜清册》所载，在渣江设立分柜征收之后，为了加强管理，樊森还采取了如下措施："其分柜则派请亲信幕友前往经管，每届踊跃之时，并移请渣江县丞就近弹压，帮同照料一切，地方称便。"④樊森此次设立的条规在赋税征收过程中发挥了较好的作用。光绪十六年（1890年）四月，湖南巡抚张煦札饬湖南各县，要求严厉制止书差代花户完纳拖欠的钱粮再索取高额利息的舞弊行为，规定在征收钱粮年终扫数时，如有

---

① 《衡阳永定征收钱粮全案·上抚藩粮守府五宪禀》，清光绪十六年（1890年）刻本，第11—14页。
② 《衡阳永定征收钱粮全案·正堂樊为移请照案示谕事》，清光绪十六年（1890年）刻本，第18页。
③ 《衡阳永定征收钱粮全案·正堂樊为移请照案示谕事》，清光绪十六年（1890年）刻本，第20页。
④ （清）樊森：《衡阳县奉咨询各项事宜清册》，清光绪十六年（1890年）抄本。

书差揭券垫完情事，即严行出示禁革。在知县回复巡抚张煦的覆文中可以看到衡阳县在禁革包户方面取得的成效：

> 数年以来，民间大为称便，均能踊跃输将，年清年款，既无遗误正供，并无书差揭券垫完情弊。①

光绪十六年，衡阳县士绅向湖南巡抚张煦上《樊使君便民三事》一文，文内详细陈述了樊森在衡阳期间所推行的三件善政，并表示担心樊森调离后善政难以为继，而恳求"饬县定案刊书泐石，以垂久远"②。三事中第一件便是革除包揽，在大堂设柜征收钱粮之事，可见乡民对此事的认可。

综上，此次衡阳县钱粮纠纷的解决，标志着衡阳县钱粮征收方式完成了一次巨大的变革。在钱粮征收方式变革的背后则是衡阳县衙门、书差及包户、花户三方之间的一次利益调整。通过革除包户，纳粮花户受到书差及包户的盘剥大为减少，赋役负担有了实质性的减轻。衡阳县衙门既可实现年清年款，又减轻了花户负担，防止了官民矛盾的激化。只有书差及包户无法像过去一样继续盘剥花户，利益较以前有所折损，但迫于经济凋敝的时局及上级的强力压制，他们也只能选择服从，不过也减轻了他们在民间追索钱粮的压力。

---

① 《衡阳永定征收钱粮全案·上抚宪禀》，清光绪十六年（1890年）刻本，第22页。
② 《衡阳永定征收钱粮全案·附刻樊使君便民三事》，清光绪十六年（1890年）刻本，第5页。

结　语

正如有学者指出的那样："税收是政府的，也是大众的；是理论的，也是实践的；是历史的，也是现实的，同时还是未来的。"①税收渗透到国家治理与民众生活的方方面面，研究税收，实际上就是在研究国家本身，毕竟财政税收是国家治理的基础和重要支柱，又与民众的生产和生活息息相关。

一、皇粮国税：赋役制度背后的政治法则

日本学者长野郎在《中国土地制度的研究》一书中曾经指出，赋税制度，是为便于中间阶层获取利益而出现的。而处于朝廷和人民之间的中间阶层，为了尽可能获取中间的利益，其手段如下：一是使课税手续繁杂而增多中间得利的机会；二对于中央，务必尽量减少赋税的额数；三是对于人民，务必尽量加多赋税的征收；四是征收机关或收税机关和行政机关混而为一，更使中间的利益容易获取。②以上这些说法，似乎非常契合明清县以下乡村赋役征收人员之身份、处境和做法。而征收钱粮必用差役等各色人等，又几乎是自唐宋以来就一直沿袭下来的惯习，到了明清则是更为普遍。

从官府的角度而言，因为在农业型财政体系下，以田赋征收为主体的财政收入不可能供养太多的行政官僚队伍。尽管到了明清时期，人口迅猛增长，土地大量开辟，但人口的流动和土地的买卖也变得更为频繁。如何有效跟踪变动不居的花户及其占有的田产，对于地方官员来说始终是一个棘手的问题。朝廷可以通过编定《赋役全书》，"滋生人丁，永不加赋"，以及摊丁入地的政策，在确定征收数额的标准之后，将所需税收钱粮"定额化"。但地方官却面临着如何将这些"定额化"的钱粮落实到每家每户名下的问题。而且对于地方官而言，一方面在思想宏观层面，儒家伦理道德的民本思想及"轻徭薄赋"的旗帜，在一定程度上要求他们以尽可能减少地方向中央上缴的赋税为己任；另一方面在实践操作层面，上缴国家的赋税额度越小，按时足额完成税粮的可能性越大。在这两方面因素的促使下，大部分地方官都会以"减赋"作为自己爱民的表现。在江南重赋问题及湘乡、浏阳的"堕粮"问题上，经常可以看到地方官前

---

① 〔英〕多米尼克·弗里斯比：《权力的钥匙——世界税收史》序言一，刘生孝译，浙江人民出版社2023年版，第1页。
② 〔日〕长野郎著，袁兆春点校：《中国土地制度的研究》，强我译，中国政法大学出版社2004年版，第200页。

赴后继地申诉当地税粮远高于周边地区的情况，尽管他们知道这种呼吁在强大的国家财政体系面前收效甚微。

回到地方官如何有效获取赋税资源这个话题上来，因为在各种史料记载及学者的赋役史研究成果中，从明代中期开始，一直到清代中后期，"赋役失控"是出现频率较高的字眼。赋役失控的核心和关键之处就在于"赋役册籍"的失控。所以对于实征底册的掌控就成为地方官和基层胥吏之间的一种猫捉老鼠般的游戏。正如光绪年间沔阳知州李辀所言："钱粮征收之利害，在乎底册。底册在官，则权归官。底册在书，则权归书。"①对于书差而言，其利用贴近乡村，且自身承担攒造册籍的便利，于是在实征册籍上做文章，或秘不示人，或字迹潦草，或税则款项繁多，或计量单位冗长，不仅让那些大字不识的农民茫然难知，就连地方官也无从辨识。而且只有他们能随时跟踪人户与田产的转移与买卖，因此花户可以欺官，却不可以瞒书差之辈。正因为他们手握实征底册，知道该向谁征收钱粮，所以他们就成为地方官如期完成征税任务所仰仗的关键人物。

事实上，到了晚清民国时期，书差已经不同于明清时期的乡里职役角色，而是演变为以征税为职业的赋税中介人，并走向了职业化和世袭化。而对于地方官而言，随着任期的逐渐缩短和更换的频繁，他们也懒得去认真管理钱粮事务，一切交给师爷或者书差去打理，于是包揽就成为必然的选择。揆诸史实，晚清《湖南全省财政款目说明书》详细比较了湖南省的几种征收方法：

> 至征收方法，则有书征书解、书征官解、官征官解之不同。书征书解，官只望得平余，亏欠皆书包缴。此等州县大都年清年款，毫无蒂欠。然所有飞洒之来历、隐匿之处所及逃亡故绝之不尽无着，该书均有密籍，而为之州县者转莫得而考察，只知年得平余若干，并不知平余之何以有若干也。书征官解与书征书解大略相同，不过既征之后，胥缴于官，听官之自行批解而已。官征官解则征收用款一切皆取之官，书受工食，分串票之利，所有亏欠书无责成，此等处往往民欠甚多。故论征收之法，官征官解便于民而不便于官，盖民不畏官之催科而畏书之勒索，且书之从中隐匿包庇亦有焉；书征书解便于官而不便于民，官倚书为包纳，书即视花户为产业，官坐享成功，而书之侵渔含混，厚利加收，流弊有不可胜言者，太阿倒持，党羽固结，欲其改为官征官解，又群因循而不敢更张，底册全操书手，完欠官无把握，调署频仍，谁肯肩此劳怨？咸同年间，骆前抚秉章、恽前抚世临先后奏请严禁包征包解名目，亦卒无效，此征收情形之大概也。②

由上可知，采取"书征书解"方法的州县大都年清年款，毫无蒂欠。而采取"官

---

① （清）李辀：《牧沔纪略》卷下《钱漕善后事宜》，清光绪十九年（1893年）刻本，第47页。
② 《湖南全省财政款目说明书·湖南丁漕总说》，陈锋主编：《晚清财政说明书》第6卷，湖北人民出版社2015年版，第425—426页。

征官解"方法的州县则往往民欠甚多。两者比较可知，对于地方官来说，如果让书差包揽，一则征收之事付诸书差，于己省事；二则赋税可足额顺利完成，何乐而不为。当然书差包揽背后所造成的浮收勒索自然是由百姓来承担。

当然对于欲有作为的地方官而言，为了减轻百姓的负担（主要是杜绝浮收勒索之类的弊端），并在与书差争夺"税源"的过程中，也并非毫无办法。手段之一就是可以通过土地清丈的方式，编纂新的鱼鳞图册，建立新的地籍系统，从而让州县政府重新获取赋役税源信息。这一举措在地理环境变迁较频繁的湖区平原使用较多，比如湖北潜江县，由于濒临汉江，水患频仍，淹没界址，田额紊乱。且该县有粟地、渔田、民田三等起科，头绪烦琐。一般渔课较轻，于是民众经常"以粮田假渔田"。有鉴于"赋不患多患不均""田不患寡患不清"，所以先有万历年间知县朱熙洽清丈田亩，后又有知县王又旦于康熙九年（1670年）再次清丈田亩，丈量之后都会将登记姓名、税粮数目、坐落地名的册籍呈报给县衙存放，作为均平赋役、征收税粮的重要凭据。①当然此种不断重复丈量土地的做法，不仅仅是与书差做斗争，更是与大自然做斗争。

正因为土地丈量在清代成为地方官掌握实际耕地占有情况的重要手段，所以清丈之后编纂的丈量册在很多地方直接成为纳税的实征底册。当然丈量也会面临很多困难，包括经费、组织、地方利益调整等，费工费时费力，且难免有扰民之嫌。所以相对于明代万历年间全国统一大面积（至少制度上有此要求）的土地清丈，清代朝廷对于土地清丈采取的是更为灵活的态度。换言之，土地清丈不过是政府用来调整和整顿赋役的手段，而非目的，因此丈量与否，抑或采取何种方式丈量，完全取决于各级官员的地方性选择。

除了重新进行土地丈量之外，地方官还有一种手段，即直接掌控实征底册。当地方官发现书差因掌控实征底册而操控赋税征收，并带来诸多勒索浮收的弊端之后，也会动用行政权力，强迫书差交出手里的私册。如光绪年间，沔阳州的钱粮底册全部掌握在全县二百三十四名里书手中，前任知州吴氏追缴半年，仅得三本。知州李辀上任后，通过软硬兼施的策略，在几日之内，就将"北乡三百七十三本钱粮底册，概行缴齐"。以后经过四五个月的努力，终于于该年腊月陆续收缴四乡实征底册合计一千一百余本。李辀"饬书另造一份，以老册存署为根，新造之册盖用印信，发交点派清书，承办推收"②。由此政府也重新从里书手里夺回了税源的控制权。对于实征册籍的掌控，比较有趣的可能是发生在湖北广济的事情："民国九年，经官绅集资两万串，将所有册书底册完全收买入官，册书早已全数改业，故田赋弊端，较他县为少。"③这里官绅是通过凑款从册书手里购买的方式获取实征底册。可以说，掌握实征册籍，就是掌

---

① 参见康熙《潜江县志》卷3《舆地志》，清康熙三十三年（1694年）刻本，第31—45页。
② （清）李辀：《牧沔纪略》卷下《钱漕善后事宜》，清光绪十九年（1893年）刻本，第48b页。
③ 湖北省政府民政厅：《湖北县政概况》第2册，汉口国华印务公司1934年版，第367页。

握了征税权力。明清时期两湖地区围绕着赋税册籍的争夺背后,其实就是官府与里胥之间,书差与士绅之间,围绕着赋役征派与利益分割的政治博弈。

二、经制之外:非正式财政税收的分配机制

古代赋税有诸如漕粮、田赋等"维正之供",也有漕规、冰敬、部费等"陋规",这些陋规属于非正式的财政体系,有学者称之为"非经制财政",或者"非正式的税收"(黄仁宇语)。也有称之为"亚财政"者。所谓"亚财政",是一种非正式的财政制度。有学者概括其有三个特点:一是已经普遍化、制度化,而不是个人的、个别的行为;二是尽管它已经制度化,但却不是正式的制度,并不是国家认可的;三是它和国家正式的财政制度如影随形,相伴而生。① 笔者也曾经撰文指出,除了考察正式财政制度之外,还需关注广泛存在于从中央到地方的各种非正式财政制度。②

清代"正供"之外,各类"陋规"盛行。其背后的根源就在于清代定额化财政确定后,中央财政方面支付给官吏的薪俸较为低微,明代官员的低俸禄姑且不论,即便是清代,康熙帝都曾曰:"身为大臣,寻常日用岂能一无所费?若必分毫取给于家中,势亦有所不能。"③ 地方财政方面则更是由于财政集权于中央,地方公共事务经费严重不足,于是各种私征、加派与浮收就层出不穷,形成了所谓的"非经制财政"或者"非正式的税收"。

对于这些"陋规"的性质认定,仅从名称而言,显然带有贬义且含义模糊:既是违制的、腐败的,但又是一种约定俗成的潜规则。从朝廷的立场及官方的法律规定言之,这些陋规显然是超出了官方允许范围之外的非法收入,被认定为一种贪腐行为。但是在州县衙门官员及基层吏役看来,这些法外的收入又是维系地方政权运行经费的重要来源,以及吏役承担差役执行任务的一种酬劳。有鉴于此,基层官员对于陋规的态度就呈现出一种复杂和矛盾的态度。譬如曾经担任过湖北广济知县的方大湜在《平平言》中有专门针对"陋规"的阐述:

> 陋规,乃地方历来之成例。各处名目不一:有必应裁革者,有不必裁革者,有不必裁革净尽仍须去其太甚者。至前官已裁之陋规,无论应裁不应裁,万不可自我复旧;前官未有之陋规,无论可得不可得,万不可自我作俑。汪龙庄明府(辉祖)曰:"裁陋规,美举也。然官中公事廉俸所入,容有不敷支给之处,是以因俗制宜,取赢应用,忽予汰革。目前,自获廉名适用无所出,势复取给于民,且有变本而加厉者。长贪风间讼衅,害将滋甚,极之陋规,不能再复。而公事棘手不自爱者,因之百方掊克,奸宄从而借端良善转难乐业,是谁之过欤?陋规之

---

① 洪振快:《亚财政:非正式财政与中国历史弈局》,新星出版社2008年版,第1页。
② 杨国安:《集权与分权:清代中央与地方财政关系及其调整》,《光明日报》2017年8月7日,第14版。
③ 中国第一历史档案馆整理:《康熙起居注》第3册,中华书局1984年版,第1719页。

目，各处不同。惟吏役所供，万无受理。他若平余津贴之类，可就各地方情形斟酌调剂，去其太甚而已，不宜轻言革除。"①

以上言论表明，以方大湜为代表的知县们并不一味反对陋规，对其是否裁革也持保留态度，并倡导"因俗制宜"的灵活方针，那些为了博取清廉之名的官员一味裁革陋规的行为，反倒会引发更大的不公平。因为在税收定额化的情况下，一旦地方财政出现短缺，官府势必还要向百姓摊派，而且会变本加厉，从而给百姓带来更大的负担。因此方大湜主张只是裁革那些不必要的、超过合理范围的陋规。这背后的逻辑就在于，地方财政拮据与行政事务众多之间存在内在的张力，收取这些陋规就显得至关重要。对此，甚至皇帝和一些督抚级别的官员都有所察觉和认识，譬如雍正帝在回复广东巡抚年希尧有关巡抚衙门的各项陋规时也曰：

> 朕也不知那（哪）是该取，何是不应取。此等碎小之事，朕亦不问不管，只问你总责成一个好字。从来督抚将此事上沽名钓誉，裁去不取，转湾（弯）另设他法所得更甚。此等私夺皆不中用，有治人无治法。朕如今要定规矩绳限你们，万无此理。只要你们取出良心来，将利害二字排在眼前，长长远远的想去，设法做好官就是了。②

由上可知，即便以性格刻薄著称的雍正帝，对于督抚们收受陋规的行为也持包容态度。而这些陋规产生的原因何在？湖南巡抚骆秉章就认为，州县俸禄过低，办公所需全靠陋规：

> 州县廉俸无多，办公之需，全赖钱漕陋规稍资津贴。缺分之优瘠，即视陋规之多寡为衡。此东南各省所同，不独湖南一省为然。湖南亦不独近日为然也，沿习既久，逐渐增加。③

在骆秉章看来，这种以陋规之多少来衡量官缺之肥瘠，靠浮收来维持政府的运转的现象，其实不仅湖南存在，其他各省也都普遍存在，不仅现在如此，更是沿袭很久了。那么地方上到底有哪些陋规呢？兹据民国《醴陵县志·赋役志》所载：

> 州县向恃钱漕陋规，以为办公津贴。不肖官吏辄视为利薮，积弊相沿，久益深锢。征漕时，遇有奇零，即收整数，名曰收尾。小户穷民，尤受其害。又加派外费银两，曰漕规；漕规例勒高价折银，以之分润上司，曰漕馆；分肥劣衿，曰漕口；而州县所得，曰漕余。岁盖以万计。

> 醴陵旧例，米一石，纳水力钱二百文，外费钱八百文，岁灾免纳。嘉庆二十五年，知县王述徽创例，每漕米一石，外费银三两六钱，折制钱四串四百，凡纳

---

① （清）方大湜著，吴克明点校：《平平言》卷1《陋规》，湖南科学技术出版社2011年版，第39—40页。
② 张书才主编：《雍正朝汉文朱批奏折汇编》第1册《署广东巡抚年希尧奏明节礼规银并陈地方应行事宜折》雍正元年三月二十五日，江苏古籍出版社1989年版，第195页。
③ （清）骆秉章：《骆文忠公奏议》卷12《沥陈湖南筹饷情形折》，文海出版社1986年版，第1449—1450页。

米必先缴足外费。时谷贱，每石仅易钱六百，纳米一石，并所浮收，需谷近三石。而折纳外费，又三倍之。有以岁旱求减者，则指为抗漕，立予刑杖。虽生监不免。且押令其族长及同里富户垫缴。违者拘责。民不堪命，诉诸抚藩臬道，咸置不理。①

以上史料非常详细地列举了醴陵县各种陋规名目：地方官吏在征收漕粮之时额外加派的外费银，曰"漕规"；漕规例勒高价折银，分润上司，曰"漕馆"；分肥劣衿，曰"漕口"；州县所得，曰"漕余"。这些数额加起来，每年接近上万两之巨。这还仅仅只是围绕着漕粮这一个税项的征收所产生的各种额外加征。另外，嘉庆二十五年（1820年），知县王述徽规定每漕米1石加征外费银3两6钱，而醴陵县每年漕米是6000石，仅此一项，漕规就达到21 600两之多。所以上文也明确指出，纳米1石，花户需要付出3石，而加上外费，又是3倍之多。农民的负担呈现几何式增加。

那么每年多达数万两的白银，在地方社会各阶层之间又是如何分配的呢？我们再以湖南湘潭县为例，当地正供之外，额外粮饷名目亦繁多无比，以至官民都不清楚，一切只能听之于户书、粮书。其"浮收勒折自倍徙至十百不止"，该县也有"漕规、漕馆、办漕诸规例"，故光绪《湘潭县志》载：

> 官吏既并资于漕，上司因亦饶借之加以贿索而有漕规、漕馆、办漕诸规例。本府及粮道岁规各六百金，道府同官漕馆以百数，各视势分为轻重，多者百金，少必数两。至于丁役胥隶咸有分润一漕至三四千金，解费、房费不在此数。漕口所分亦数千金。办漕书吏费以万计，县人之告病者在前明时有李腾芳议增饷征丁，于国朝有石仑森诉重征，周焕南改漕折。②

根据上面的记载可知，当时漕规中，分给知府和粮道每人各600两；府、道相关人员约100人，每人从数两到100两不等；衙门胥吏之流需要三四千两。而绅衿参与分肥的漕口也需要数千两，办理漕粮的书吏费用更多达上万两。以上还不包括解费和房费，如此计算下来，湘潭县每年要分给各级官员的"漕馆"数万两，留在本地供绅衿分肥的"漕口"，以及胥吏办漕的费用亦多达数万两。

由此我们可以看出在经制之外，各地赋税征收过程中几乎都存在一个无底的财政"黑洞"，这些财政体系之外运转和流通的灰色收入和支出，远远超过国家正规财政收支的几倍，而正如咸丰年间一位官员向皇帝的报告中所说："上司各项陋规，等于正供，不能短少。其司、道、府、州又以所得于属吏者，各效纳于上官。"③可见，非经制财政税收应该也构成中国财政税收史上的重要组成部分。咸丰年间，湖北巡抚胡林

---

① 民国《醴陵县志·赋役志》，民国三十七年（1948年）铅印本，第2—3页。
② 光绪《湘潭县志》卷6《赋役》，清光绪十五年（1889年）刻本，第4—5页。
③ （清）何绍基撰，龙震球、何书置点校：《何绍基诗文集·东洲草堂文钞》卷2《请旨饬裁陋规折》，岳麓书社2008年版，第669页。

翼就曾说过:"粮道有漕规,本管道府有漕规,丞倅尹尉各官俱有漕规。院署有房费,司署有房费,粮道署及本管道府署书吏各有房费。"①

就明清地方社会行政运作机制而言,非正式税收甚至凌驾于正式税收之上,并对社会财富分配的公平、透明产生了严重影响。事实上,在明清时期的两湖地方基层社会,围绕着赋税征收诸环节,各地士绅阶层与州县衙门胥吏、民间包税人之间展开的博弈,背后其实都是共同参与"分肥",共同侵夺和压榨老百姓的血汗钱。征税的每个环节都有作弊的现象存在,胥吏下乡催征索要饭食和钱粮,发给由单有费,缴纳钱粮后发给串票有费,推收过割有费,纳税过程中的每一个环节都有浮收和勒索,并且层层加码。衙门胥吏的压榨越来越严重,但地方官又不得不依赖这些没有正规官僚编制的胥吏来完成钱粮征收任务。恰如光绪《耒阳县志》所言:

（官员）今一切懵然不知,日坐深衙门牌饮酒。奏销至矣,民欠奈何?官曰无忧也,有柜书在,包解而已矣。包解而银将何出?柜书曰无忧也,有里差在,代垫而已矣。代垫而银不能归,款将奈何?里差曰无忧也,禀官追给而已矣。夫能追给于代垫之后,则何不追给于未垫之前?彼里差者,有所不为也。惟代垫而后,可以禀官追给。惟禀官追给而后,可以鬻人之妻,卖人之子,据人之产,而百姓将无词,否则里差之终岁仆仆何为者耶?客曰设禀官而官不为追给又将奈何?徐子曰客诚虑之过,官安敢不为之追给也。官只一回奏销耶?……奏销重件也,奏销误而官于何有然,则官安敢不为之追给也。彼里差者,惟不欲枷某人而已。果欲枷之,官奚为不为彼枷之也。②

以上记叙非常清晰地揭示出清代州县在包征包解模式下的赋税征收流程:知县—柜书—里差—粮户。知县只管坐在衙门里饮酒作乐,根本不为钱粮发愁,因为有柜书包揽。柜书包揽的银两何在呢?有下面的里差代垫。里差代垫的银两百姓不能如期归还怎么办呢?里差可以禀官府进行追讨,甚至用枷锁和杖责对付百姓。那么里差为何不在未代垫之前就追讨呢?这是因为代垫之后禀官追讨,就可以逼迫百姓卖儿卖女倾家荡产来还高利贷般的赋税。而官府因为有钱粮考核的压力,不得不配合里差的种种行为。而里差"终岁仆仆"自然是有其自身生计利益上的考虑。

作为一种非正式权力执行者,里差的非正式收入自然只能通过各种非正常手段获取,于是在征收赋税过程中收取的额外费用,以及包揽钱粮税收都是被地方官所认可的。有学者将这种行为看作是"一种功能性或权宜性的腐败方式"③。也有人指出,

---

① 光绪《武昌县志》卷4《赋役》,清光绪十一年(1885年)刻本,第8页。
② 光绪《耒阳县志》卷8《丛谈·淝水客谈》,清光绪十一年(1885年)刻本,第8页。
③ Edward Van Roy. On the Theory of Corruption, *Economic Development and Cultural Change*, Vol.19, No.1, 1970, pp.88-89.

"权力支配一切,特别是支配经济利益,是古代中国制度性腐败的基础"①。因此,在日常行政的实践领域,从具体行动者出发,将陋规等非正式财政收入置于实际历史情境中去理解,可能会发现"那些非正式的行政措施所构成的,并非对规范的一种偏离,而正是规范本身。我们与其追求对腐败下一个精确的分析性定义,还不如意识到正当行为与腐败行为之间的边界常常有着极强的渗透性,并且属于地方惯例而非官方法令的问题。我们还应当承认,腐败行为与正当行为之间的区别,经常被清代的人们在各种特定的情景与可利用的资源选项当中进行策略性利用"②。但我们也得承认,这种经制之外的非正式财政收入的存在,虽然在一定程度上有助于维系明清地方行政运作,但也逐渐腐蚀着明清中央政府对于地方行政资源的有效管控,并不断冲击和重塑着国家、地方与民众的相互关系和基层社会生态环境。

三、农民与国家:赋役负担与抗税斗争

自古以来税收就与国家统治息息相关。对于国家而言,税收与财政是国家政权存在的物质基础和物质保障。从宏观而言,中国历代王朝的兴衰存亡,几乎无一例外与人民的赋税、徭役的负担轻重有关。从秦始皇大兴土木、大派徭役而引发天下大乱,二世而亡,到明末农民起义军的"均田免粮"、太平天国的《天朝田亩制度》等,背后都与土地赋役政策有关联。而对于地方官而言,刑名与钱粮构成了地方治理的核心和重心。对于老百姓而言,则缴税是其不可避免的义务,恰如西方谚语所言,人生有两件事情无法避免,一个是死亡,一个是纳税。但是当赋役过于繁重,超过了民众的忍耐程度,而他们又无法通过合法的途径来应对这种巧取豪夺之时,那么他们就只有选择逃亡,或者发起"暴乱"。对此湖北巡抚胡林翼有所揭示:

> 鄂省漕粮弊窦太深,数十万之正额,征收不满一半。数十年之积弊,浮勒至于十倍,皆由漕蠹包户,册书里差,任意侵蚀,肆无忌惮。有米一石,折价十二三千至十五六千文者。一县之中,册书里差多至千余人。维正之供,概归中饱,小民穷困,流亡遁逃,或敢于抗粮,或甘于从贼。州县无策催科,捏报灾伤,不自咎其浮勒太过,致失民心,而因循废弛,坐视不理,国计民生,不复顾问矣。此在承平之时,积习相沿,牢不可破。③

在此,胡林翼指出了在基层社会中,里胥已经类似毒瘤一样,形成了庞大的利益集团,一县之中,仅仅册书里差就多达上千人,他们几乎都仰仗赋税的浮收生活,以至出现了"维正之供,概归中饱"的局面,这显然触及了国家权力的根本,并引起了

---

① 张宏杰:《陋规:明清的腐败与反腐败》,岳麓书社 2020 年版,第 8 页。
② [美]白德瑞:《爪牙:清代县衙的书吏与差役》,尤陈俊、赖骏楠译,广西师范大学出版社 2021 年版,第 419 页。
③ (清)胡林翼:《胡林翼集》第 1 册《奏疏·奏陈鄂省尚有应办紧要事件请俟九江克复再行率师下剿疏》,岳麓书社 1999 年版,第 363 页。

农民的抗争。

道光年间的各类抗漕抗粮斗争，在某种程度上可以视为士绅阶层与胥吏集团之间的冲突。士绅阶层在一定程度上作为地方社会的领导者和地方利益的守护者，为了对抗胥吏集团对农民的压榨，而不惜以告京状甚至暴力手段来对抗胥吏集团。但事实上，地方士绅在钱粮问题上出现了非常矛盾的表现，一方面他们不满胥吏包揽钱粮，并与之进行抗争。另一方面，他们抗争的手段之一却是自己涉足钱粮包揽，以至在湖北沔阳州，"下乡收钱粮曰里书、块差，均系搢绅子弟买缺承充"①。手段之二就是利用自己的身份地位向上级政府控诉税粮胥吏的种种不法行径，如果得不到官员的支持甚至被打压（事实上，因为前揭所言漕粮陋规方面的层层分润，官员自然是官官相护），他们就不惜组织农民发动抗税斗争，疯狂杀死那些胥吏。崇阳、耒阳等地的抗税斗争皆是如此模式。

但究其实，在对于农民利益的侵吞方面，胥吏和士绅在一定程度上又是利益共同体，各种陋规的背后除了胥吏的身影之外，其实也不乏士绅的渗透，他们共同参与分肥。所以湖北巡抚胡林翼曾经深恶痛绝地指出：

又有刁绅劣监，包揽完纳，其零取于小户者重，其整交于官仓者微，民谓之曰蝗虫。更有挟州县浮勒之短，分州县浮勒之肥，一有不遂，相率告漕，甚或聚众哄仓。名虽为民请命，实则为己求财也。②

这里胡林翼一针见血地指出这些闹漕的士绅，不过是"名虽为民请命，实则为己求财"。当然这不免带有官府的立场和个人视角。道光年间普遍爆发的抗税抗粮斗争，更多地表现为不同利益群体之间的斗争和冲突。这种围绕赋税所产生的纷争其实早就在不同户籍、不同身份的群体之间存在，比如主户与客户、军户与民户、大户与小户之间等，只不过这些利益纷争相对分散和隐蔽。而到了清代中后期，当一个地方社会的赋税完全被胥吏所操控，而官府又唯胥吏是用，自然引发了以地方事务为己任的士绅阶层的不满。崇阳、耒阳等地爆发的抗税斗争背后，其实就是胥吏和士绅阶层之间利益冲突的结果。而广受赋税浮收勒索的民众也被士绅引导而加入抗议的队伍之中，但他们的目标更多的是针对胥吏，基本属于地方性事件，所以并没有形成大规模大范围的农民起义。

与这些爆发流血事件的赋役斗争相比，"湘潭章程"的制定，意义在于它是一种反复沟通协商的机制，并且是自下而上地产生的一种模式，即由士绅主动提出解决方案，并经县、府、省级官僚体系层层上报，最后得到省级主政官的支持，然后推向全省各地，并被其他省份和地区所仿效。这似乎表明，在旧有的官僚体系僵化的情况

---

① （清）李辀：《牧沔纪略》卷下《钱漕善后事宜》，清光绪十九年（1893年）刻本，第45页。
② （清）胡林翼：《胡林翼集》第1册《奏疏·革除漕务积弊并减定漕章密疏》，岳麓书社1999年版，第365页。

下，以士绅阶层为代表的地方势力依然存在一定的活力，以及自我调适的能力。这也是胡林翼等一批务实、勤能的地方大员非常重视士绅，甚至重用士绅来经理厘金事务，以避免胥吏贪得无厌的侵吞行径的原因。而咸同年间的"减赋"举措，在一定程度上减轻了农民的负担，并巩固了清朝的统治秩序。

从农民、国家与赋税的复杂互动关系可以看出，赋税不仅关乎国计民生，更与每一个普通民众的权益休戚相关。

一方面，面对千百年沿袭下来的皇粮国税，普通民众已经形成了种地纳粮的纳税意识和责任。因此我们会看到民间契约文书中保留了大量的纳税凭证和推收税票等，以显示对国家法度的遵从，且免于官府的骚扰。同时民众将税契视为获取土地产权合法性的重要凭据，所以在民间土地买卖契约中，赋税的过割也是其中必须提及的要约之一。另外，在宗族条规中，督促族众"早完国课"以免催科也是重要的内容之一，甚至在很多族谱中都保留有宗族通过文约合同的方式将里甲赋役差徭等，按照宗族、房支轮流承担，体现出民众极强的纳税观念。

另一方面，在利益的驱使下，民众逃税漏税却又是一种普遍性的行为。无论是士绅滥用优免特权，还是民众利用投献、诡寄、花分子户甚至逃离里甲户籍等方式逃税，历朝历代皆层出不穷。朝廷逐渐失去对于土地、人口等税源的控制，到了清代直接采取税收定额化政策以应对这种失控。但随着人口的剧增、经济的发展，社会问题和行政事务也随之大量增加，州县官府不得不超额超编雇用大量书吏和差役来应对日益繁杂的行政事务。而定额化财政无法解决日益庞大的行政开支，于是书吏和差役的勒索、侵吞和浮收就成为必然。

这些书吏和差役又是与百姓接触最频繁、最直接的群体，普通民众离皇帝很遥远，甚至见县官都难，于是对官府的印象基本就来自这些替县衙当差的书吏和差役。而在大量的文献著作中，这些书吏和差役被描绘成贪腐成性的"为官之爪牙"。但从行政实际运作情形而言，他们的各种浮收加派又具有一定的合理性，实际上弥补着由于缺乏正式规则而造成的空隙。何况人都有趋利避害的本性，可见人的行为决策因素是非常复杂的，任何价值判断一定是有前提条件的。书吏和差役行为的多面性也决定着他们具有多样性特征。而知县、书吏和差役与地方士绅等围绕着基层赋役征收所构建的既合作又冲突的复杂关系网络和社会结构，形成了一种具有中国古代特色的乡村基层行政行为模式。

参考文献

一、历史文献

（一）官书、政书类

（明）陈子龙等选辑：《明经世文编》，中华书局1962年版。

光绪《大清会典》，续修四库全书本。

（清）贺长龄、（清）盛康：《清朝经世文正续编》，广陵书社2011年版。

《皇朝政典类纂》，清光绪二十八年（1902年）刻本。

（明）李东阳等撰，申时行等重修：《大明会典》，广陵书社2007年版。

（清）刘锦藻：《清朝续文献通考》，浙江古籍出版社2000年版。

《明实录》，"中央研究院"历史语言研究所1962年版。

《明史》，中华书局1974年版。

（清）穆彰阿、潘锡恩等纂修：《大清一统志》，上海古籍出版社2008年版。

《钦定大清会典事例》，《续修四库全书》第799、800、810册，上海古籍出版社2002年版。

《钦定户部漕运全书》，海南出版社2000年版。

《清朝通典》，浙江古籍出版社1988年版。

《清朝文献通考》，浙江古籍出版社1988年版。

《清臬署珍存档案》，全国图书馆文献微缩复制中心2004年版。

《清实录》，中华书局1985—1987年版。

《清史稿》，中华书局1977年版。

杨一凡点校：《皇明制书》，社会科学文献出版社2013年版。

（明）张瀚重修，（明）宋启明增考，李军校点：《吏部职掌》，凤凰出版社2023年版。

（明）张学颜：《万历会计录》，明万历刻本。

（明）章潢：《图书编》，广陵书社2011年版。

（二）文集、笔记、杂录等类

（清）卞宝第：《抚湘公牍》，清光绪十五年（1889年）刻本。

《茶陵州呈报咨询事宜清册》,清光绪十六年(1890年)抄本。
《长沙县地主田赋收租簿》,清同治四年(1865年)稿本。
《长善二县钱粮征收案牍》,清光绪刻本。
《辰州府义田总记》,清道光年间刊本。
(清)陈宏谋:《培远堂偶存稿》,清乾隆刻本。
(清)丁柔克:《柳弧》,中华书局2002年版。
(清)樊森:《衡阳县奉咨询各项事宜清册》,清光绪十六年(1890年)抄本。
(清)范鸣龢:《淡灾蠡述》,清光绪五年(1879年)刊本。
(清)方孔炤:《抚楚公牍》,清光绪十四年(1888年)刻本。
傅角今、刘岚荪:《湖南之团防》,民国二十三年(1934年)铅印本。
甘云鹏原著,吴勇等点校:《潜江旧闻录》,湖北教育出版社2002年版。
(清)龚自珍:《龚自珍全集》,上海古籍出版社1999年版。
(清)顾炎武著,黄汝成集释,栾保群、吕宗力校点:《日知录集释》,上海古籍出版社2006年版。
(清)顾炎武撰,谭其骧等点校:《肇域志》,上海古籍出版社2004年版。
(清)顾炎武撰,黄坤等校点:《天下郡国利病书》,上海古籍出版社2012年版。
(清)顾祖禹撰,贺次君、施和金点校:《读史方舆纪要》,中华书局2005年版。
光绪《汉阳府忠节全录》,清光绪五年(1879年)刊本。
光绪《嘉鱼县续修堤志》,清光绪十一年(1885年)刊本。
光绪《益阳县李德堂充当保甲委牌》,清光绪五年(1879年)稿本。
光绪《岳州救生局志》,清光绪元年(1875年)刻本。
《衡阳县丈量册》,清康熙五十一年(1712年)登记本。
《衡阳永定征收钱粮全案》,清光绪十六年(1890年)刻本。
(清)胡林翼:《胡林翼集》,岳麓书社1999年版。
胡朴安:《中华全国风俗志》,中州古籍出版社1990年版。
《湖北全省州县各款钱粮细账》,东京大学东洋文化研究所藏。
湖南法制院:《湖南民情风俗报告书》,湖南教育出版社2010年版。
《湖南省例成案》,东京大学东洋文化研究所图书馆藏微缩胶片。
《华容县咨询各项事宜清册》,清光绪九年(1883年)抄本。
(清)黄六鸿著,周保朋点校:《福惠全书》,广陵书社2018年版。
(清)江忠源:《江忠烈公遗集》,清同治三年(1864年)刻本。
(清)李经畲等:《合肥李勤恪公(瀚章)政书》,文海出版社1967年版。
(清)李汝昭:《镜山野史》,中国史学会主编:《太平天国(三)》,上海人民出版社2000年版。

（清）李有棻：《桑麻水利族学汇存》，清光绪十三年（1887年）武昌府署刻本。

（清）李有棻：《武郡保甲事宜摘要》，清光绪年间刻本。

（清）李辀：《牧沔纪略》，清光绪十九年（1893年）刻本。

（北魏）郦道元著，陈桥驿校证：《水经注校证》，中华书局2007年版。

《梁氏癸卯粮册簿》，清光绪二十九年（1903年）稿本。

（清）廖润鸿：《官蒲被参纪略》，清光绪九年（1883年）刻本。

（清）刘如玉：《自治官书偶存》，清光绪二十四年（1898年）刻本。

（清）罗迪楚：《停琴余牍》，清光绪二十六年（1900年）刻本。

（宋）罗愿：《鄂州小集》，商务印书馆1935年版。

（清）毛鸿宾：《毛尚书奏稿》，清宣统元年（1909年）刻本。

民国《崇阳县华陂堰簿》，民国三十七年（1948年）稿本。

莫东寅：《地丁钱粮考》，1942年铅印本。

《宁乡县政府田赋征收册》，民国年间稿本。

（明）钱春：《湖湘五略》，《四库全书存目丛书·史部》第65册，齐鲁书社1996年版。

（清）沈之奇撰，怀效锋、李俊点校：《大清律辑注》，法律出版社2000年版。

（清）唐步瀛：《长沙府浏阳县奉饬查询各项事宜清册》，清光绪十六年（1890年）抄本。

（明）陶晋英原著，温显贵等点校：《楚书》，湖北教育出版社2002年版。

（清）陶澍、万年淳修纂，何培金点校：《洞庭湖志》，岳麓书社2003年版。

同治《湖北节义录》，清同治九年（1870年）崇文书局刊本。

同治《醴陵县乐输局谱》，清同治七年（1868年）刊本。

同治《益阳乐输局志》，清同治四年（1865年）刊本。

（清）屠仁守：《屠光禄疏稿》，文海出版社1969年版。

（清）汪士铎：《胡文忠公抚鄂记》，岳麓书社1988年版。

（清）王葆心著，陈志平等点校：《续汉口丛谈》，湖北教育出版社2002年版。

（宋）王十朋：《梅溪集》，四部丛刊本。

《王家营堤工随笔》，民国十三年（1924年）刻本。

（清）王庆云：《石渠余纪》，北京古籍出版社1985年版。

（明）王士性撰，吕景琳点校：《广志绎》，中华书局1981年版。

（清）吴敏树：《柈湖文集》，续修四库全书本。

（清）夏燮著，欧阳跃峰点校：《粤氛纪事》，中华书局2008年版。

《湘藩案牍抄存》，清宣统三年（1911年）铅印本。

《湘潭赋役成案稿》，清咸丰八年（1858年）刻本。

《湘乡县征收钱粮便民滚单》,清雍正十三年（1735年）签发。
《湘邑沙田围堤册》,清咸丰六年（1856年）刻本。
《湘邑沙田围亩册》,清咸丰六年（1856年）刻本。
熊道瑞：《湖北田赋概要》,汉口新昌印书馆1932年版。
（清）徐栋：《保甲书》,清道光二十八年（1848年）刻本。
（明）徐光启著,陈焕良、罗文华校注：《农政全书》,岳麓书社2002年版。
徐珂编撰：《清稗类钞》,中华书局1984年版。
徐明庭、张颖、杜宏英辑校：《湖北竹枝词》,湖北人民出版社2007年版。
（明）杨嗣昌著,梁颂成辑校：《杨嗣昌集》,岳麓书社2005年版。
《益阳县催征光绪十二年漕米民欠未完散数征信册》,清光绪十四年（1888年）刻本。
《益阳县光绪十三年带征节年灾缓南驴征信册》,清光绪十四年（1888年）刻本。
（清）俞昌烈原著,毛振培等点校：《楚北水利堤防纪要》,湖北人民出版社1999年版。
（清）俞樾：《彭刚直公奏稿》,清光绪十七年（1891年）刻本。
（清）恽祖翼：《鄂游偶识》,清光绪二十五年（1899年）刊本。
《曾国藩全集》,岳麓书社1994年版。
（清）曾国荃：《曾国荃全集》,岳麓书社2008年版。
（明）张居正：《张太岳集》,上海古籍出版社1984年版。
（清）张五纬：《风行录》,杨一凡、徐立志主编：《历代判例判牍》第8册,中国社会科学出版社2005年版。
（清）张行简：《汉阳府保甲录》,清光绪十九年（1893年）汉阳保甲总局刻本。
（清）周凯：《襄阳必告录》,清抄本。
（清）周乐：《宦游纪实》,清光绪二十三年（1897年）刻本。
（清）朱克敬著,岳衡、汉源、茂铁点校：《儒林琐记·雨窗消意录》,岳麓书社1983年版。
（清）朱孙诒：《团练事宜》,清同治二年（1863年）湖南文蔚堂刊本。
朱峙三：《朱峙三日记》,《辛亥革命史丛刊》第10辑,湖北人民出版社1999年版。
（清）左辅：《杏庄府君自叙年谱》,清木活字本。

（三）方志类

道光《蒲圻县志》,清道光十六年（1836年）刻本。
道光《云梦县志略》,清道光二十年（1840年）刻本。
光绪《巴陵县志》,清光绪十七年（1891年）刻本。
光绪《重修龙阳县志》,清光绪元年（1875年）刻本。

光绪《道州志》，清光绪四年（1878年）刻本。
光绪《湖南通志》，清光绪十一年（1885年）刻本。
光绪《黄州府志》，清光绪十年（1884年）刻本。
光绪《靖州直隶州志》，清光绪五年（1879年）刻本。
光绪《浏阳乡土志》，清光绪三十四年（1908年）稿本。
光绪《善化县志》，清光绪三年（1877年）刻本。
光绪《武昌县志》，清光绪十一年（1885年）刻本。
光绪《湘阴县图志》，清光绪六年（1880年）刻本。
光绪《孝感县志》，清光绪九年（1883年）刻本。
光绪《兴国州志》，清光绪十五年（1889年）刻本。
光绪《续辑咸宁县志》，清光绪八年（1882年）刻本。
光绪《应城县志》，清光绪八年（1882年）蒲阳书院刻本。
光绪《永明县志》，清光绪三十三年（1907年）刻本。
光绪《永兴县志》，清光绪九年（1883年）刻本。
嘉靖《大冶县志》，明嘉靖十九年（1540年）刻本。
嘉靖《湖广图经志书》，书目文献出版社1991年版。
嘉靖《罗田县志》，上海书店1990年版。
嘉靖《沔阳志》，明嘉靖十年（1531年）刻本。
嘉靖《蕲水县志》，明嘉靖二十六年（1547年）刻本。
嘉靖《兴国州志》，明嘉靖三十三年（1554年）刻本。
嘉靖《长沙府志》，明嘉靖十二年（1533年）刻本。
嘉庆《巴陵县志》，清嘉庆九年（1804年）刻本。
嘉庆《浏阳县志》，清嘉庆二十三年（1818年）刻本。
康熙《湖广武昌府志》，清康熙二十六年（1687年）刻本。
康熙《黄陂县志》，清康熙五年（1666年）刻本。
康熙《通城县志》，清康熙十一年（1672年）刻本。
康熙《通山县志》，清康熙四年（1665年）刻本。
康熙《武昌县志》，清康熙十三年（1674年）刻本。
康熙《孝感县志》，清嘉庆十六年（1811年）增刻本。
赖中霖编著：《明·洪武永州府志注释》，湖南人民出版社2013年版。
隆庆《岳州府志》，上海古籍书店1963年版。
民国《湖北通志》，民国十年（1921年）刻本。
民国《京山新志》，1949年铅印本。
民国《蒲圻乡土志》，民国十二年（1923年）蒲圻县教育局铅印本。

民国《通山县乡土志略》，民国七年（1918年）手抄本。
民国《溆浦县志》，民国十年（1921年）活字本。
民国《宜章县志》，民国三十一年（1942年）活字本。
民国《月山乡土志》，民国初年稿本。
乾隆《武昌县志》，清乾隆二十八年（1763年）刻本。
乾隆《郧西县志》，清乾隆四十二年（1777年）刻本。
天启《下雉纂》，明天启四年（1624年）传抄本。
同治《巴陵县志》，清同治十一年（1872年）刻本。
同治《长沙县志》，清同治十年（1871年）刻本。
同治《崇阳县志》，清同治五年（1866年）刻本。
同治《大冶县志》，清同治六年（1867年）刻本。
同治《桂阳直隶州志》，清同治七年（1868年）刻本。
同治《汉川县志》，清同治十二年（1873年）刻本。
同治《汉阳县志》，清同治七年（1868年）刻本。
同治《黄陂县志》，清同治十年（1871年）刻本。
同治《嘉鱼县志》，清同治五年（1866年）刻本。
同治《江华县志》，清同治九年（1870年）刻本。
同治《江夏县志》，清同治八年（1869年）刻本。
同治《浏阳县志》，清同治十二年（1873年）刻本。
同治《蒲圻县志》，清同治五年（1866年）刻本。
同治《松滋县志》，清同治七年（1868年）刻本。
同治《通城县志》，清同治六年（1867年）活字本。
同治《通山县志》，清同治七年（1868年）刻本。
同治《武陵县志》，清同治七年（1868年）刻本。
同治《湘乡县志》，清同治十三年（1874年）刻本。
同治《益阳县志》，清同治十三年（1874年）刻本。
同治《郧西县志》，清同治五年（1866年）刻本。
同治《竹溪县志》，清同治六年（1867年）刻本。
万历《黄安初乘》，清康熙四年（1665年）刻本。
雍正《湖广通志》，清雍正十一年（1733年）刻本。

（四）族谱类

光绪《黄冈梅氏宗谱》，清光绪五年（1879年）乐道堂刊本。
湖北崇阳县《谈氏宗谱》，1988年重修本。

湖北鄂州《夏氏宗谱》，1994年重修本。
湖北黄陂县《周氏宗谱》，民国十二年（1923年）刻本。
湖北麻城《王氏族谱》，民国年间刻本。
湖北通山县《舒氏宗谱》，1988年重修本。
湖北通山县《义门陈氏宗谱》，1989年重修本。
湖北阳新县《梁氏宗谱》，1988年重修本。
湖北阳新县《袁氏宗谱》，1988年重修本。
湖北郧西县《双圳柯氏族谱》，清乾隆年间垂远堂刻本。
湖南平江《碧潭余氏族谱》，民国三十一年（1942年）刻本。
湖南平江《叶氏族谱》，民国年间刻本。
湖南湘乡《大平易氏三房谱》，民国三十一年（1942年）刻本。
湖南湘阴《俞氏四修族谱》，1949年刊本。
湖南新化《长塘李氏家史》，民国二十三年（1934年）铅印本。

（五）碑刻类

光绪《课会序碑》，碑存阳新县白沙镇梁公铺梁氏宗祠。
光绪《三义庙碑刻》，碑存十堰市黄龙镇三义庙。
湖北省十堰市档案局（馆）：《武当山金石碑刻选录》，湖北人民出版社2018年版。
嘉庆《刘氏重建祖堂捐资碑记》，碑存阳新县龙港镇门楼村刘氏祠堂。
焦知云：《荆门碑刻》，中国文史出版社2008年版。
焦知云编著：《荆门墓志》，中国文史出版社2012年版。
康熙《袁氏重建祖祠碑记》，碑存阳新县富池镇袁广村祠堂。
刘南陔等编著：《荆门古迹碑文抄注》，华中师范大学出版社2011年版。
乾隆《并无派累》碑，碑存钟祥市给水之家碑苑。
乾隆《不当民差》碑，碑存钟祥市柴湖镇胜利村二组。
乾隆《豁免杂徭》碑，碑存钟祥市潞市镇土门村。
王晓宁编著：《恩施自治州碑刻大观》，新华出版社2004年版。
咸丰《柯家祠堂碑刻》，碑存郧西县香口乡柯家湾。
咸丰《民赋定例》碑，碑存嘉鱼县陆溪镇玉带河街财神殿。
咸丰《窃照为政之要》碑，碑存钟祥市冷水镇大林观寨。
雍正《重修石枧堰碑记》，碑存崇阳县白霓镇堰下村白石港桥。

（六）资料汇编类

常建华主编：《清嘉庆朝刑科题本社会史料分省辑刊》，天津古籍出版社2019年版。

陈锋主编：《晚清财政说明书》，湖北人民出版社 2015 年版。

杜家骥：《清嘉庆朝刑科题本社会史料辑刊》，天津古籍出版社 2008 年版。

故宫博物院明清档案部：《清末筹备立宪档案史料》，中华书局 1979 年版。

郭成伟、田涛点校整理：《明清公牍秘本五种》，中国政法大学出版社 1999 年版。

李少军编译：《武昌起义前后在华日本人见闻集》，武汉大学出版社 2011 年版。

李之屏：《湖南田赋之研究》，萧铮主编：《民国二十年代中国大陆土地问题资料》，成文出版社 1977 年版。

彭文和：《湖南湖田问题》，萧铮主编：《民国二十年代中国大陆土地问题资料》，成文出版社 1977 年版。

彭雨新：《清代土地开垦史资料汇编》，武汉大学出版社 1992 年版。

皮明麻等：《出自敌对营垒的太平天国资料——曾国藩幕僚鄂城王家璧文稿辑录》，湖北人民出版社 1986 年版。

前南京国民政府司法行政部：《民事习惯调查报告录》，中国政法大学出版社 2000 年版。

上海书店出版社：《清代档案史料选编》，上海书店出版社 2010 年版。

上海图书馆编，陈绛整理：《中国家谱资料选编·经济卷》，上海古籍出版社 2013 年版。

徐秀丽：《中国近代乡村自治法规选编》，中华书局 2004 年版。

杨鹏程主编：《湖南咨议局文献汇编》，湖南人民出版社 2010 年版。

杨奕青等：《湖南地方志中的太平天国史料》，岳麓书社 1983 年版。

一凡藏书馆文献编委会：《古代乡约及乡治法律文献十种》，黑龙江人民出版社 2005 年版。

张建民主编：《湖北天门熊氏契约文书》，湖北人民出版社 2014 年版。

周正云辑校：《晚清湖南新政奏折章程选编》，岳麓书社 2010 年版。

二、今人著述

（一）著作类

〔葡〕安文思：《中国新史》，何高济、李申译，大象出版社 2004 年版。

〔美〕白德瑞：《爪牙：清代县衙的书吏与差役》，尤陈俊、赖骏楠译，广西师范大学出版社 2021 年版。

〔美〕白凯：《长江下游地区的地租、赋税与农民的反抗斗争：1840—1950》，林枫译，上海书店出版社 2005 年版。

〔加〕卜正民：《明代的社会与国家》，陈时龙译，黄山书社 2009 年版。

蔡少卿：《中国近代会党史研究》增订版，中国人民大学出版社2009年版。
曹树基编著：《契约文书分类与释读》，广东人民出版社2021年版。
曹树基：《中国移民史》第5卷《明时期》，福建人民出版社1997年版。
〔美〕查尔斯·亚当斯：《善与恶——税收在文明进程中的影响》，翟继光译，中国政法大学出版社2013年版。
〔日〕长野郎著，袁兆春点校：《中国土地制度的研究》，强我译，中国政法大学出版社2004年版。
常建华：《清代的国家与社会研究》，人民出版社2006年版。
陈宝良：《中国的社与会》，浙江人民出版社1996年版。
陈锋：《清代财政政策与货币政策研究》，武汉大学出版社2008年版。
陈锋主编：《明清以来长江流域社会发展史论》，武汉大学出版社2006年版。
陈支平：《民间文书与明清赋役史研究》，黄山书社2004年版。
〔美〕戴维·波普诺：《社会学》，李强等译，中国人民大学出版社1999年版。
戴炎辉：《清代台湾之乡治》，联经出版事业公司1979年版。
邓正来、〔英〕J. C. 亚历山大：《国家与市民社会：一种社会理论的研究路径》，中央编译出版社1999年版。
丁旭光：《近代中国地方自治研究》，广州出版社1993年版。
〔美〕杜赞奇：《文化、权力与国家——1900—1942年的华北农村》，王福明译，江苏人民出版社1995年版。
杜正贞：《村社传统与明清士绅：山西泽州乡土社会的制度变迁》，上海辞书出版社2007年版。
费孝通：《乡土中国　生育制度》，北京大学出版社1998年版。
冯尔康：《18世纪以来中国家族的现代转向》，上海人民出版社2005年版。
冯尔康、常建华编：《中国历史上的农民》，内部资料，1998年版。
冯天瑜：《"封建"考论》，武汉大学出版社2006年版。
傅衣凌：《明清社会经济史论文集》，人民出版社1982年版。
高寿仙：《明代农业经济与农村社会》，黄山书社2006年版。
郭艳茹：《经济史中的国家组织结构变迁：以明清王朝为例》，中国财政经济出版社2008年版。
〔美〕何炳棣：《明初以降人口及其相关问题：1368—1953》，葛剑雄译，生活·读书·新知三联书店2000年版。
何平：《清代赋税政策研究：1644—1840年》，故宫出版社2012年版。
〔日〕鹤见尚弘：《中国明清社会经济研究》，姜镇庆等译，学苑出版社1989年版。
侯官响：《明代苏州府赋税研究》，中国社会科学出版社2019年版。

胡铁球：《明清歇家研究》，上海古籍出版社 2015 年版。

胡英泽：《流动的土地——明清以来黄河小北干流区域社会研究》，北京大学出版社 2012 年版。

黄国信：《区与界：清代湘粤赣界邻地区食盐专卖研究》，生活·读书·新知三联书店 2006 年版。

黄平主编：《乡土中国与文化自觉》，生活·读书·新知三联书店 2007 年版。

〔美〕黄宗智：《华北的小农经济与社会变迁》，中华书局 2000 年版。

〔美〕黄宗智：《经验与理论：中国社会、经济与法律的实践历史研究》，中国人民大学出版社 2007 年版。

〔美〕黄宗智：《清代的法律、社会与文化：民法的表达与实践》，上海书店出版社 2007 年版。

姜义华等：《历史变迁与历史学》，上海人民出版社 2009 年版。

金其铭：《农村聚落地理》，科学出版社 1988 年版。

〔美〕卡尔·A. 魏特夫：《东方专制主义——对于极权力量的比较研究》，徐式谷等译，中国社会科学出版社 1989 年版。

科大卫：《皇帝和祖宗——华南的国家与宗族》，卜永坚译，江苏人民出版社 2010 年版。

〔美〕孔飞力：《中国现代国家的起源》，陈兼、陈之宏译，生活·读书·新知三联书店 2013 年版。

〔美〕L. 科塞：《社会冲突的功能》，孙立平译，华夏出版社 1989 年版。

雷家宏、王瑞明：《湖北通史·宋元卷》，华中师范大学出版社 2018 年版。

〔美〕李怀印：《华北村治——晚清和民国时期的国家与乡村》，岁有生、王士皓译，中华书局 2008 年版。

李培林：《村落的终结——羊城村的故事》，商务印书馆 2004 年版。

李平亮：《卷入大变局——晚清至民国时期南昌的士绅与地方政治》，经济日报出版社 2009 年版。

梁方仲：《明代粮长制度》，上海人民出版社 2001 年版。

梁方仲：《明清赋税与社会经济》，中华书局 2008 年版。

林济：《长江中游宗族社会及其变迁：黄州个案研究（明清—1949 年）》，中国社会科学出版社 1999 年版。

刘凤云：《钱粮亏空：清朝盛世的隐忧》，中国社会科学出版社 2021 年版。

刘志伟：《贡赋体制与市场：明清社会经济史论稿》，中华书局 2019 年版。

刘志伟：《在国家与社会之间——明清广东里甲赋役制度研究》，中山大学出版社 1997 年版。

鲁西奇:《区域历史地理研究:对象与方法——汉水流域的个案考察》,广西人民出版社 2000 年版。

鲁西奇、林昌文:《汉中三堰:明清时期汉中地区的堰渠水利与社会变迁》,中华书局 2011 年版。

鲁西奇、潘晟:《汉水中下游河道变迁与堤防》,武汉大学出版社 2004 年版。

栾成显:《明代黄册研究》,中国社会科学出版社 1998 年版。

〔法〕马克·布洛赫:《法国农村史》,余中先、张朋浩、车耳译,商务印书馆 1991 年版。

〔法〕马克·布洛赫:《历史学家的技艺》,张和声、程郁译,上海社会科学院出版社 1992 年版。

〔法〕马克·布洛赫:《为历史学辩护》,张和声、程郁译,中国人民大学出版社 2006 年版。

〔德〕马克斯·韦伯:《经济与社会》,林荣远译,商务印书馆 1997 年版。

〔德〕马克斯·韦伯:《儒教与道教》,洪天富译,江苏人民出版社 1995 年版。

马敏:《拓宽历史的视野:诠释与思考》,华中师范大学出版社 2006 年版。

马小泉:《国家与社会:清末地方自治与宪政改革》,河南大学出版社 2001 年版。

梅莉:《明清时期武当山朝山进香研究》,华中师范大学出版社 2007 年版。

〔美〕莫里斯·弗里德曼:《中国东南的宗族组织》,刘晓春译,上海人民出版社 2000 年版。

〔美〕裴宜理:《华北的叛乱者与革命者(1845—1945)》,池子华、刘平译,商务印书馆 2007 年版。

彭勃:《乡村治理:国家介入与体制选择》,中国社会出版社 2002 年版。

彭雨新、张建民:《明清长江流域农业水利研究》,武汉大学出版社 1993 年版。

钱杭:《库域型水利社会研究——萧山湘湖水利集团的兴与衰》,上海人民出版社 2009 年版。

钱杭、谢维扬:《传统与转型:江西泰和农村宗族形态——一项社会人类学的研究》,上海社会科学院出版社 1995 年版。

邱涛:《咸同年间清廷与湘淮集团权力格局之变迁》,北京师范大学出版社 2010 年版。

瞿同祖:《清代地方政府》,范忠信、晏锋译,法律出版社 2003 年版。

〔法〕热拉尔·努瓦利耶:《社会历史学导论》,王鲲译,上海人民出版社 2009 年版。

任放:《明清长江中游市镇经济研究》,武汉大学出版社 2003 年版。

任吉东:《多元性与一体化:近代华北乡村社会治理》,天津社会科学院出版社 2007 年版。

〔美〕芮玛丽：《同治中兴：中国保守主义的最后抵抗（1862—1874）》，房德邻等译，中国社会科学出版社 2002 年版。

〔日〕森田成满：《清代中国土地法研究》，牛杰译，法律出版社 2012 年版。

〔日〕森田明：《清代水利与区域社会》，雷国山译，山东画报出版社 2008 年版。

〔日〕森正夫：《明代江南土地制度研究》，伍跃、张学锋译，江苏人民出版社 2014 年版。

〔日〕山田贤：《移民的秩序——清代四川地域社会史研究》，曲建文译，中央编译出版社 2011 年版。

尚春霞：《清代赋税法律制度研究：1644 年—1840 年》，光明日报出版社 2011 年版。

〔美〕施坚雅：《中国农村的市场和社会结构》，史建云、徐秀丽译，中国社会科学出版社 1998 年版。

宋昌斌：《编户齐民——户籍与赋役》，长春出版社 2004 年版。

岁有生：《清代州县经费研究》，大象出版社 2013 年版。

谭必友：《清代湘西苗疆多民族社区的近代重构》，民族出版社 2007 年版。

谭崇台主编：《中国人口（湖北分册）》，中国财政经济出版社 1988 年版。

汪荣祖：《史学九章》，生活·读书·新知三联书店 2006 年版。

王汎森：《权力的毛细管作用：清代的思想、学术与心态》修订版，北京大学出版社 2015 年版。

王美英：《明清长江中游地区的风俗与社会变迁》，武汉大学出版社 2007 年版。

王庆成：《太平天国的历史和思想》，中国人民大学出版社 2010 年版。

王日根：《乡土之链：明清会馆与社会变迁》，天津人民出版社 1996 年版。

王日根：《明清民间社会的秩序》，岳麓书社 2003 年版。

〔美〕王业键：《清代田赋刍论（1750—1911 年）》，高风等译，人民出版社 2008 年版。

王毓铨：《王毓铨史论集》，中华书局 2005 年版。

韦庆远：《明代黄册制度》，中华书局 1961 年版。

魏光奇：《官治与自治——20 世纪上半期的中国县制》，商务印书馆 2004 年版。

温春来：《从"异域"到"旧疆"：宋至清贵州西北部地区的制度、开发与认同》，生活·读书·新知三联书店 2008 年版。

闻钧天：《中国保甲制度》，商务印书馆 1936 年版。

吴琦主编：《明清地方力量与地方社会》，中国社会科学出版社 2009 年版。

吴琦主编：《明清社会群体研究》，中国社会科学出版社 2009 年版。

吴琦等：《清代漕粮征派与地方社会秩序》，中国社会科学出版社 2017 年版。

吴滔、〔日〕佐藤仁史：《嘉定县事——14 至 20 世纪初江南地域社会史研究》，广东人民出版社 2014 年版。

吴滔：《清代江南市镇与农村关系的空间透视——以苏州地区为中心》，上海古籍出版社 2010 年版。

伍丹戈：《明代土地制度和赋役制度的发展》，福建人民出版社 1982 年版。

伍跃：《中国的捐纳制度与社会》，江苏人民出版社 2013 年版。

〔美〕萧公权：《中国乡村——论十九世纪的帝国控制》，联经出版事业公司 2014 年版。

萧志华主编：《湖北社会大观》，上海书店出版社 2000 年版。

谢宏维：《和而不同——清代及民国时期江西万载县的移民、土著与国家》，经济日报出版社 2009 年版。

行龙、杨念群主编：《区域社会史比较研究》，社会科学文献出版社 2006 年版。

徐斌：《明清鄂东宗族与地方社会》，武汉大学出版社 2010 年版。

许顺富：《湖南绅士与晚清政治变迁》，湖南人民出版社 2004 年版。

薛理禹：《清代人丁研究》，社会科学文献出版社 2014 年版。

〔美〕雅各·索尔：《大查账——掌握账簿就是掌握权力，会计制度与国家兴衰的故事》，陈仪译，时报文化出版公司 2017 年版。

严昌洪：《20 世纪中国社会生活变迁史》，人民出版社 2007 年版。

〔日〕岩井茂树：《中国近代财政史研究》，付勇译，社会科学文献出版社 2011 年版。

阳信生：《湖南近代绅士阶层研究》，岳麓书社 2010 年版。

杨国安：《明清两湖地区基层组织与乡村社会研究》，武汉大学出版社 2004 年版。

杨念群：《中层理论——东西方思想会通下的中国史研究》，江西教育出版社 2001 年版。

杨正泰：《明代驿站考》增订本，上海古籍出版社 2006 年版。

尹玲玲：《明清两湖平原的环境变迁与社会应对》，上海人民出版社 2008 年版。

于志嘉：《卫所、军户与军役——以明清江西地区为中心的研究》，北京大学出版社 2010 年版。

袁良义：《清一条鞭法》，北京大学出版社 1995 年版。

〔美〕曾小萍：《州县官的银两——18 世纪中国的合理化财政改革》，董建中译，中国人民大学出版社 2005 年版。

〔美〕詹姆斯·C.斯科特：《国家的视角——那些试图改善人类状况的项目是如何失败的》修订版，王晓毅译，社会科学文献出版社 2011 年版。

张晨怡：《清咸同年间湖湘理学群体研究》，中央民族大学出版社 2007 年版。

张芳：《明清农田水利研究》，中国农业科技出版社 1998 年版。

张国雄：《明清时期的两湖移民》，陕西人民教育出版社 1995 年版。

张海瀛:《张居正改革与山西万历清丈研究》,山西人民出版社 1993 年版。

张建民:《明清长江流域山区资源开发与环境演变——以秦岭—大巴山区为中心》,武汉大学出版社 2007 年版。

张建民主编:《10 世纪以来长江中游区域环境、经济与社会变迁》,武汉大学出版社 2008 年版。

张建民、鲁西奇主编:《历史时期长江中游地区人类活动与环境变迁专题研究》,武汉大学出版社 2011 年版。

张金奎:《明代卫所军户研究》,线装书局 2007 年版。

张俊峰:《水利社会的类型——明清以来洪洞水利与乡村社会变迁》,北京大学出版社 2012 年版。

张宁:《15—19 世纪中国货币流通变革研究》,中国社会科学出版社 2018 年版。

张小也:《官、民与法:明清国家与基层社会》,中华书局 2007 年版。

张研:《清代县级政权控制乡村的具体考察——以同治年间广宁知县杜凤治日记为中心》,大象出版社 2011 年版。

张研:《清代族田与基层社会结构》,中国人民大学出版社 1991 年版。

张应强:《木材之流动:清代清水江下游地区的市场、权力与社会》,生活·读书·新知三联书店 2006 年版。

张枬、王忍之:《辛亥革命前十年间时论选集》第 1 卷,生活·读书·新知三联书店 1960 年版。

赵鼎新:《社会与政治运动讲义》,社会科学文献出版社 2012 年版。

〔美〕赵冈:《鱼鳞图册研究》,黄山书社 2010 年版。

赵世瑜:《小历史与大历史:区域社会史的理念、方法与实践》,生活·读书·新知三联书店 2006 年版。

赵秀玲:《中国乡里制度》,社会科学文献出版社 1998 年版。

赵旭东:《权力与公正——乡土社会的纠纷解决与权威多元》,天津古籍出版社 2003 年版。

郑锐达:《移民、户籍与宗族:清代至民国期间江西袁州府地区研究》,生活·读书·新知三联书店 2009 年版。

郑振满:《明清福建家族组织与社会变迁》,湖南教育出版社 1992 年版。

郑振满:《乡族与国家:多元视野中的闽台传统社会》,生活·读书·新知三联书店 2009 年版。

〔日〕中岛乐章:《明代乡村纠纷与秩序:以徽州文书为中心》,郭万平、高飞译,江苏人民出版社 2010 年版。

中国唐史学会、湖北省社会科学院历史研究所:《古代长江中游的经济开发》,武汉出版社 1988 年版。

周保明：《清代地方吏役制度研究》，上海书店出版社 2009 年版。

周健：《维正之供：清代田赋与国家财政（1730—1911）》，北京师范大学出版社 2020 年版。

周荣：《明清社会保障制度与两湖基层社会》，武汉大学出版社 2006 年版。

庄吉发：《清世宗赋役制度的改革》，学生书局 1985 年版。

〔日〕佐伯富：《清雍正朝的养廉银研究》，郑樑生译，商务印书馆 1976 年版。

（二）论文类

〔日〕重田德：《乡绅支配的成立与结构》，刘俊文主编：《日本学者研究中国史论著选译》第 2 卷，高明士等译，中华书局 1993 年版。

陈春声：《乡村的故事与国家的历史——以樟林为例兼论传统乡村社会研究的方法问题》，黄宗智主编：《中国乡村研究》第 2 辑，商务印书馆 2003 年版。

陈锋：《顺治朝的军费支出与田赋预征》，《中国社会经济史》1992 年第 1 期。

陈锋：《清代的钱粮征解与吏治》，《社会科学辑刊》1997 年第 3 期。

陈锋：《中国古代的土地制度与田赋征收》，《清华大学学报（哲学社会科学版）》2007 年第 4 期。

陈桦：《清初的私征私派》，《求是学刊》2013 年第 3 期。

程民生：《中国古代北方役重问题研究》，《文史哲》2003 年第 6 期。

樊树志：《明代荆襄流民与棚民》，《中国史研究》1980 年第 3 期。

范金民：《江南重赋原因的探讨》，《中国农史》1995 年第 3 期。

冯贤亮：《明清江南的"蠹吏"》，《学术月刊》2014 年第 3 期。

华立：《清代保甲制度简论》，中国人民大学清史研究所：《清史研究集》第 6 辑，光明日报出版社 1988 年版。

黄忠鑫：《明清时期徽州的里书更换与私册流转——基于民间赋役合同文书的考察》，《史学月刊》2015 年第 5 期。

黄忠鑫：《清代中叶徽州的顺庄滚催法探析》，《中国农史》2015 年第 1 期。

江国华：《权力秩序论》，《时代法学》2007 年第 2 期。

科大卫：《动乱、官府与地方社会——读〈新开潞安府治记碑〉》，《中山大学学报（社会科学版）》2001 年第 2 期。

科大卫：《告别华南研究》，《学步与超越：华南研究会论文集》，文化创造出版社 2004 年版。

李济贤：《明代塘长述略》，王春瑜主编：《明史论丛》，中国社会科学出版社 1997 年版。

李晓路:《明代里甲制研究》,《华东师范大学学报(哲学社会科学版)》1983 年第 1 期。

李蓁、李映发:《明代四川州县田赋征收考察》,《中国农史》2004 年第 1 期。

林枫:《清代徽州赋役户名的私相授受》,《中国经济问题》2004 年第 5 期。

林枫、陈支平:《论明末清初民间户粮推收之虚实——以休宁程氏〈置产簿〉为中心的分析》,《厦门大学学报(哲学社会科学版)》2004 年第 3 期。

刘伟:《明代里甲制度初探》,《华中师院学报(哲学社会科学版)》1982 年第 3 期。

刘永华、郑榕:《清初中国东南地区的粮户归宗改革——来自闽南的例证》,《中国经济史研究》2008 年第 4 期。

刘志伟:《从"纳粮当差"到"完纳钱粮"——明清王朝国家转型之一大关键》,《史学月刊》2014 年第 7 期。

栾成显:《明代里甲编制原则与图保划分》,《史学集刊》1997 年第 4 期。

栾成显:《论明代甲首户》,《中国史研究》1999 年第 1 期。

〔美〕罗威廉:《治水与清政府决策程序——樊口大坝之争》,王先亭节译,《安徽史学》1996 年第 3 期。

马勇虎、李琳琦:《清代祁门县王鼎盛户实征册研究》,《中国经济史研究》2017 年第 2 期。

申斌、黄忠鑫:《明末的里甲役与编户应对策略——徽州文书〈崇祯十三年四月二十日杨福、杨寿立合同〉考释》,《中国社会经济史研究》2015 年第 3 期。

舒满君、曹树基:《太平天国战后歙县的田赋征收机制——以"胡六贵隐匿田粮案"为例》,《近代史研究》2016 年第 3 期。

孙海泉:《清代保甲组织结构分析》,《河北学刊》1992 年第 1 期。

孙海泉:《论清代从里甲到保甲的演变》,《中国史研究》1994 年第 2 期。

唐文基:《试论明代里甲制度》,《社会科学战线》1987 年第 4 期。

王昊:《明代乡、都、图、里及其关系考辨》,《史学集刊》1991 年第 2 期。

王昊:《明代乡里组织初探》,明史研究编辑部:《明史研究》第 1 辑,黄山书社 1991 年版。

王日根:《近年来明清基层社会管理研究的回顾与展望》,《江苏社会科学》2001 年第 3 期。

魏光奇:《清代雍乾后的赋役催征机制》,《河北学刊》2012 年第 6 期。

吴佩林:《有序与无序之间:清代州县衙门的分房与串房》,《四川大学学报(哲社版)》2018 年第 2 期。

夏维中、崔秀红:《明代乡村地域单位的主要类型及其作用考述》,《江苏社会科学》2002 年第 5 期。

肖启荣：《明清时期汉水下游地区的地理环境与堤防管理制度》，《中国历史地理论丛》2008年第1辑。

杨国安：《主客之间：明代两湖地区土著与流寓的矛盾与冲突》，《中国农史》2004年第1期。

杨国安：《册书与明清以来两湖乡村基层赋税征收》，《中国经济史研究》2005年第3期。

杨国安：《清代康熙年间两湖地区土地清丈与地籍编纂》，《中国史研究》2011年第4期。

杨国安：《集权与分权：清代中央与地方财政关系及其调整》，《光明日报》2017年8月7日，第14版。

杨国安：《账簿与权力：清代实征册与乡村基层赋税征收》，《光明日报》2018年12月3日，第14版。

张建民：《论明清时期的水资源利用》，《江汉论坛》1995年第3期。

张静：《关于国家政权建设与乡村自治单位——问题与回顾》，《开放与时代》2001年第9期。

赵世瑜：《分水之争：公共资源与乡土社会的权力和象征——以明清山西汾水流域的若干案例为中心》，《中国社会科学》2005年第2期。

赵思渊：《十九世纪中叶苏州之"大小户"问题》，《史林》2012年第6期。

郑振满：《明后期福建地方行政的演变——兼论明中叶的财政改革》，《中国史研究》1998年第1期。

衷海燕、唐元平：《陂堰、乡族与国家——以泰和县槎滩、碉石陂为中心》，《农业考古》2005年第3期。

周健：《清代中后期田赋征收中的书差包征》，常建华主编：《中国社会历史评论》第13卷，天津古籍出版社2012年版。

周绍泉：《徽州文书所见明末清初的粮长、里长和老人》，《中国史研究》1998年第1期。

周晓虹：《中国研究的可能立场与范式重构》，《社会学研究》2010年第2期。

周亚、张俊峰：《清末晋南乡村社会的水利管理与运行——以通利渠为例》，《中国农史》2005年第3期。

朱英：《近代中国的"社会与国家"：研究回顾与思考》，《江苏社会科学》2006年第4期。

（三）外文著作类

Frederic Wakeman，Jr，Carolyn Grant. *Conflict and Control in Late Imperial China*，

Berkeley: University of California Press, 1975.

Hilary J. Beattie. *Land and Lineage in China: A Study of T'ung-Ch'eng County, Anhwei, In the Ming and Ch'ing Dynasties*, London: Cambridge University Press, 1979.

James W. Tong. *Disorder Under Heaven: Collective Violence in the Ming Dynasty*, Stanford: Stanford University Press, 1992.

Jerry Dennerline. *The Chia-ting Loyalists: Confucian Leadership and Social Change in Seventeenth-Century China*, New Haven and London: Yale University Press, 1981.

John W. Dardess. *A Ming Society: T'ai-ho County, Kiangsi, Fourteenth to Seventeenth Centuries*, Berkeley: University of California Press, 1996.

Jonathan D. Spence, John E. Wills, Jr. *From Ming to Ch'ing: Conquest, Region, and Continuity in Seventeenth-Century China*, New Haven and London: Yale University Press, 1979.

Kung-Chuan Hsiao. *Rural China: Imperial Control in the Nineteenth Century*, Seattle: University of Washington Press, 1960.

Peter C. Perdue. *Exhausting the Earth: State and Peasant in Hunan 1500-1850*, Cambridge: Harvard University Press, 1987.

Robert J. Antony, Jane Kate Leonard. *Dragons, Tigers, and Dogs: Qing Crisis Management and the Boundaries of State Power in Late Imperial China*, New York: Cornell University Press, 2002.

Roger V. Des Forges. *Cultural Centrality and Political Change in Chinese History: Northeast Henan in the Fall of the Ming*, Stanford: Stanford University Press, 2003.

Shao-Kwan Chen. *The System of Taxation in China in the Tsing Dyansty, 1644-1911*, Beijing: The Commercial Press, 2015.

附 录①

湖北省潜江市档案馆藏《太和乡实征底册》抄录整理

0001（封面）：

太和乡实征底册

并毕

实征内凡做推收或新立户柱
从中格起转至下格后至上格
如三格均满或挨同姓移前移
后另立户柱不可粘搭纸条特记

---

① 按：鲁西奇、吴鹏飞在发表《湖北省潜江市档案馆藏〈太和乡实征底册〉的初步研究》(刘兰兮、陈锋主编：《中国经济史论丛》，武汉出版社 2013 年版）之际，曾对相关录文进行整理，本附录多有参考，特此说明并致谢意！

光绪十七年分（份）

垸湖流滩子垸　并　毕芦太平
福抵黄中

0002：
绅户各姓次第未遂，只遂民户各姓。
吴　邓　黄　陈　曾　关　周　郑　夏
王　许　黎　欧阳　杨　萧　徐　张（刘）　郝
李　柴（赵）　僧　蒋　古　方（尹）　毛　文　闵（何）　胡（孙）　流
　　毕
王　黄　许　周　吴　陈　习　邓　萧

0003：
光绪十二年实征底册

0004：
吴光彦（和流绅）
光□　七二
　　粮：一斗三升三合五勺六抄。
　　艮：一钱九分六厘三毫。
　　米：五升四合四勺九抄。
　　十八年收曾国进七合三勺。又收邓东海三合三勺。
　　共一斗四升四合一勺六抄。艮二钱一分二厘。
　　又推一升一合二勺黄土玉。
　　共一斗三升二合九勺六抄，艮一钱九分六厘。十九年，艮推
　　一升二合三勺黄土玉，又收张入会一升九合六勺四抄。
　　存一斗四升三勺，艮二钱六厘二毫。
　　二十二年，艮收吴正福七合三勺六抄，又毛主彪一升零三勺。

共一斗五升七合九勺六抄，艮二钱三分二厘二毫。

二十三年，艮推四合一勺吴怀。存一斗五升三合八勺六抄，

艮二钱二分六厘一毫。廿六年，艮收张仁惠三合三勺。

共一斗五升七合一勺六抄，艮二钱三分一厘。

卅一年，收邓明全一升二合。存一斗六升九合一勺六抄，艮二钱四分九厘。

卅二年，收□格□六合四勺五抄，又收张仁惠五合六勺一抄。存一斗八升一合二勺二抄，

艮二钱六分七厘。

（宣统）元年艮推六合一抄吴大山。存一斗七升五合二勺一抄，

艮二钱五分八厘。民国二年春，推五升二合吴家同。

存一斗二升三合二勺一抄，艮一钱八分二厘。三年，

艮推一斗零一合三勺四抄吴明扬。存二升一合八勺七抄，

艮三分二厘，米九合。

0005：

戴道铜

民国卅五年春收关光炎田二亩二分

0006：

吴西周（民）

光兆　五十

粮：一合六勺六抄。

艮：二厘二毫。

米：六勺七抄。

十九年，艮收郑文选一升五勺，共一升二合一勺六抄，

艮一分七厘八毫，米五合。

吴东杨（吴大东）

光法　卅二

粮：一斗四升三合一勺五抄。

艮：二钱一分四毫。

米：五升八合四勺一抄。

廿年，推八合二勺许大相。

共一斗三升四合九勺五抄，

艮一钱九分九厘。

廿一年，推一升六合四勺许大相。

存一斗一升八合五勺五抄，

艮一钱七分五厘。二十三年，艮推七合三勺邓□心。

存一斗一升一合二勺五抄，艮一钱六分三厘五毫。

二十八年，艮收张仁惠七合三勺二抄。共一斗一升八合

五勺七抄，艮一钱七分四厘三毫。

民国元年，艮推五升六合吴大林。存六升二合五

勺七抄，艮九分二厘。三年，艮推七合四勺吴大林。

存五升五合一勺七抄，艮八分一厘，米二升三合。民国十二年，

艮推一升二合四勺四抄邓培道。存四升二合七勺三抄，

艮六分三厘，米一升八合。民国十五年，艮推

一升二合六勺五抄黄学茂。存三升八抄，

艮四分四厘，米一升三合。

吴相　　空

明仁　卅二

　　粮：九升七合五勺五抄。

　　艮：一钱四分三厘三毫。

　　米：三升九合八勺。

　　廿五年，推一升八合五勺吴大云。

　　存七升九合五抄，

　　艮一钱一分七厘。

　　卅四年，艮推三合八勺邓季华。

　　存七升五合二勺五抄，艮一钱一分一厘，米三升一合。

　　民国十一年，艮推二升六合三勺六抄吴正德。存四升八合八勺

　　九抄，艮七分二厘，米二升。又推一升九合八勺五抄

　　黄光炎。存二升九合四抄，艮四分三厘，

　　米一升二合。民国十二年，艮推一升九合五勺吴大前。

　　存九合五勺九抄，艮一分四厘，米四合。

　　卅五年春，全推流滩赔。存无。

0007：

吴朋榜（吴正诚）

大清　四十

　　粮：一斗九合八勺四抄。

艮：一钱六分一厘四毫。
　　米：四升四合八勺二抄。
　　（光）绪廿年，推六合五勺邓楚心。
　　共一斗三合三勺四抄，
　　艮一钱五分二厘。
　　廿四年，艮收邓振周八合。
　　存一斗一升一合三勺四抄，
　　艮一钱六分四厘。廿五年，收吴良刀三合六勺。存一斗一升四合九勺四抄，
　　艮一钱六分九厘。廿七年春，收黄运思一升五合五勺，
　　又收黄大云四合七勺。共一斗三升五合一勺四抄，
　　艮一钱九分九厘。卅年，推五升四合八勺二抄。存八升零三勺二抄，
　　艮一钱一分八厘一毫。卅一年，推三升一合八勺九抄吴正玉。
　　存四升八合四勺三抄，艮七分二厘。（民国）元年，艮收肖玉官四合五勺九抄。
　　共五升三合二抄，艮七分八厘。三年，艮推一升五合三勺邓学华。
　　存三升七合九勺，艮五分六厘。民国四年秋，推一升三
　　合六勺吴正彪。存二升四合三勺，艮三分六厘，
　　米一升。卅二年，收黄光炎二亩一分二厘八毫。
　　共田四亩五分五厘八毫。

吴顺照（吴友升）
其富　卅六
　　粮：一斗一升六合二勺二抄。
　　艮：一钱七分八毫。
　　米：四升七合四勺二抄。
　　十八年，艮推八合一勺邓得升。
　　共一斗八合一勺二抄，艮一钱五分九厘。十九年，艮推
　　七合陈正贵。存一斗一合一勺二抄，艮一钱四分八厘六毫。
　　廿年，推五分九勺邓休福。共九升五合二勺二抄，艮一钱四分。
　　二十三年，艮一升三合一勺八抄吴怀。存八升二合四抄，
　　艮一钱二分一厘一毫。廿四年，艮推二合五勺曾师文，又推四合五勺邓学银。
　　存七升五合四抄，艮一钱一分一厘。又推六合七勺黄士玉。
　　存六升八合三勺四抄，艮一钱一厘。廿五年，艮推五合三勺二抄。
　　存六升三合二抄，艮九分二厘七毫。廿七年春，收吴云山
　　四合三勺。共六升七合三勺二抄，艮九分九厘。
　　卅二年，收吴顺拜二升一合八勺二抄。存八升九合一勺四抄，艮一钱三分一厘。

卅三年，艮收吴有常五合五勺二抄。

共九升四合六勺六抄，艮一钱三分九厘二毫。

民国元年，艮收吴圣之四合四勺一抄。共九升八合零

七抄，艮一钱四分五厘。民国三年，艮收吴其详二合四勺八抄，

又收吴云三二合四勺八抄。共一斗三合三抄，艮一钱五分二厘，

米四升二合。六年，艮收吴有坤一合二勺二抄。

共一斗四合二勺五抄，艮一钱五分四厘，

米四升三合。民国十一年，艮收吴毕见二合

二勺三抄。共一斗六合四勺八抄，

艮一钱五分七厘，米四升四合。民国十二年，艮

收吴云山六合八勺。共一斗一升三合二勺八抄，

艮一钱六分七厘，米四升七合。廿六年，艮推一亩

二分刘明珍。存十亩一分二厘八毫，艮一钱四分

九厘，米四升二合。

吴一之（吴必登）

本名　六一

　　粮：六升三合九勺三抄。

　　艮：九分三厘九毫。

　　米：二升六合九抄。

　　民国十二年，艮推六合四勺吴福有。存五升

　　七合五勺三抄，艮八分五厘，米二升四合。十九年，

　　艮推一升二合六勺吴必冲。存三升三抄，

　　艮四分四厘，米一升二合。

0008：

吴圣之

友伦　六十三

　　粮：二升七合二勺二抄。

　　艮：四分。

　　米：一升一合一勺。

　　二十二年，艮推四合四勺

　　吴品三。

　　存二升二合八勺二抄，

　　艮三分三厘五毫。

民国元年，艮推四合四勺一抄

吴友生。存一升八合四勺一抄，艮二分□厘，米八合。

吴美之（吴必正）

其官　三岁

粮：三升二合三勺二抄。

艮：四分七厘五毫。

米：一升三合二勺。

卅年，收陈作善九合六勺

九抄。共四升　二合一抄，

艮六分一厘七毫。民国二年春，推四

合三勺尹同友。存三升七合七勺一抄，

艮五分六厘，米一升五合。

吴怀一（吴友心）

吴其升　年二十五

粮：四升六合二勺二抄。

艮：六分七厘九毫。

米：一升八合八勺六抄。

（光）绪廿年，推七合四勺吴心周。

共三升八合八勺二抄，

艮五分七厘。

廿五年，收陈大周八合。

存四升六合八勺二抄，艮六分九厘。

廿七年，艮推七合二勺陈正贵。存三升九合六勺二抄，

艮五分九厘。二十八年，艮推七合九勺五抄专外（砖外）

陈俊三。存三升一合六勺七抄，艮四分六厘六毫。

卅年，推九合三勺周文定。存二升二合三勺七抄，（艮）三分二厘九毫。

卅二年，艮推七合四勺一抄周良元。存二升九合七勺八抄，

艮四分三厘八毫。又推三合吴心舟。存二升六合七勺八抄，

艮三分九厘四毫。卅三年，艮推七合四勺一抄周良元。

存一升九合三勺七抄，艮二分九厘。民国六年，艮

推三合周良臣。存一升六合三勺七抄，艮二分四厘，

米七合。民国十一年，艮推二合九勺九抄尹同友。

存一升三合三勺八抄，艮二分，米六合。

0009：

吴林先

吴福友　年卅六

　　　粮：二升八合七勺三抄。

　　　艮：四分二厘二毫。

　　　米：一升一合六勺三抄。

吴云林（吴友华）

其法　廿三

　　　粮：五升五合四抄。

　　　艮：八分九毫。

　　　米：二升二合四勺五抄。

　　　十八年，艮推七合邓学寅。

　　　共四升八合四抄，艮七分一厘。二十三年，艮推五合七勺吴玉山。

　　　存四升二合三勺四抄，艮六分二厘五毫，

　　　米一升八合。民国十一年，艮推一升八合吴友艮。

　　　存二升四合三勺四抄，艮三分六厘，米一升。

吴自修

吴福友　年卅六

　　　粮：二升九合五勺三抄。

　　　艮：四分三厘四毫。

　　　米：一升二合五抄。

0010：

吴正全（吴友伦）

本名　六十三

　　　粮：三升六合二勺八抄。

　　　艮：五分三厘三毫。

　　　米：一升四合八勺。

　　　十八年，艮收吴顺科五合七勺八抄。

　　　共四升二合六抄，艮六分二厘。廿四年，艮收吴仲林五升七勺八抄，

　　　又收吴又昭四升二合八勺七抄，又收吴顺祖三升一合一勺三抄。

　　　存一斗六升六合八勺四抄，艮二钱四分六厘。廿五年，收陈光起五合一勺三抄，

　　　又收陈光延九合一勺二抄。存一斗八升一合九抄，艮二钱

　　　六分六厘九毫。卅三年，艮推一升零五勺五抄尹同友。

共一斗七升五勺四抄，艮二钱五分零七毫。（宣统）二年，艮推一升
四勺七抄周良元。存一斗六升七抄，艮二钱三分六厘，
米六升六合。民国元年，艮推八合五勺曾繁云。存一斗
五升一合五勺七抄，艮二钱二分四厘。民国二年春，推二
合七勺一抄赵楚万。存一斗四升八合八勺五抄，艮二钱一
分九厘，米六升一合。民国十一年，艮收陈士法
一升八合。共一斗六升六合八勺五抄，艮二钱四分六厘，
米六升八合。廿五年，艮收外垸陈明士八分。
共十七亩四分八厘五毫，艮二钱五分七厘，米七升二合。
卅五年春，推田一亩一分吴友常。存田十六亩三分八厘五毫。

吴恒子（吴光珩）
　　粮：一升八合五勺九抄。
　　艮：二分七厘三毫。
　　米：七合五勺八抄。
　　卅三年，艮推一升五勺五抄
吴光富。
存八合四抄，
艮一分一厘九毫，米四合。

吴大咸（吴良）　　空
　　粮：二升七合三勺五抄。
　　艮：四分二毫。
　　米：一升一合一勺五抄。
　　卅三年，艮推三合七勺四抄
郑格至，又推八合三勺五抄
古立福。存一升五合二勺六抄，
艮二分二厘四毫。
民国四年秋，全推吴光远。存无。

0011：
吴贞子（吴大敏）　　空
　　粮：二升九合六勺八抄。
　　艮：四分三厘六毫。
　　米：一升二合一勺三抄。
　　廿五年，推五合三勺三抄郑□全。

存二升四合三勺五抄，艮三分六厘。

卅二年，收郑格廷一升四合九勺五抄。

存三升九合三勺，艮五分八厘。

民国四年，艮推四合七勺

二抄郑继传。存三升四合五勺八抄，艮五分一厘，米一升五合。

民国十二年，艮全推吴大金。存无。

吴玉子（吴光远）
本名　五四

粮：二升三合九勺一抄。

艮：三分五厘一毫。

米：九合七勺六抄。

民国二年春，推七合三勺吴光富。存一升六合

六勺一抄，艮二分五厘。民国四年秋，全收吴大良

一升五合二勺六抄。共三升一合八勺七抄，艮四分七厘，

米一升三合。

吴平三（吴友云）
其法　廿三

粮：一斗二升五合四勺九抄。

艮：一钱八分四厘四毫。

米：五升一合二勺。

（光）绪廿年，推二合一勺吴□□。

共一斗二升三合三勺九抄，

艮一钱八分二厘。

二十三年，艮推八合七勺九抄吴□。

存一斗一升四合六勺，

艮一钱六分八厘四毫。民国九年，艮推一升二合王顺方。

存一斗二合六勺，艮一钱五分一厘，米四升二合。民国

十一年，艮推三合五勺王顺云，又收吴必见八合五勺。

共一斗七合六勺，艮一钱五分九厘，米四升四合。

十九年，艮推二升七合五勺尹同友。

存八升一勺，艮一钱一分八厘，米三升三合。

0012：

吴殿英　空

粮：一升六勺七抄。

艮：一分五厘七毫。

米：四合三勺五抄。

卅三年，全推流滩赔。无存。

吴康侯　　只

粮：三升四合六勺五抄。

艮：五分九毫。

米：一升四合一勺四抄。

二十二年，艮推二合二勺许正免。

存三升二合四勺五抄，

艮四分七厘七毫。

二十二年，艮收吴进山六合五勺，又吴友冲七合三勺。

共四升六合二勺五抄，艮六分八厘。

廿七年，艮推三合四勺吴品三。存四升二合八勺五抄，

艮六分三厘。又推曾吕端七合八勺。

存三升五合五抄，艮五分二厘。二十八年，艮推

四合五勺吴玉山，又推一升三合四勺七抄砖外

陈栋才。存一升七合八抄，艮二分五厘一毫。

卅二年，全推曾吕端。无存。

吴仲林　　只

粮：五升七勺八抄。

艮：七分四厘六毫。

米：二升七勺二抄。

光绪廿四年，艮（粮）推全户吴正全。

无存。

0013：

吴超群（吴光元）

明宽　卅二

粮：一升三合三勺四抄。

艮：一分九厘六毫。

米：五合四勺四抄。

吴云三　　空

粮：八升九合八勺四抄。

艮：一钱三分二厘一毫。

米：三升六合六勺五抄。

十八年，艮推六合三勺邓得升。

共八升三合五勺四抄，艮一钱二分三厘。

廿三年春，推七合曾光大。存七升六合五勺四毫（抄），艮一钱一分三厘四毫。

廿四年，艮推一合七勺七抄周福广。存七升四合七勺七抄，艮一钱一分。

又推七合黄士玉。存六升七合七勺七抄，艮一钱。廿七年，艮推四合三勺

吴顺召。存六升三合四勺七抄，艮九分四厘。民国三年，

艮推二合四勺八抄吴友生。存六升一合，艮九分，米二升五合。

民国七年，艮推一升一勺吴友常。存五升九勺，

艮七分五厘，米二升一合。民国十二年，艮推六合八勺

吴又生，又全推流滩赔。存无。

吴奉高　空

粮：五升八合九勺四抄。

艮：八分六厘六毫。

米：二升四合五抄。

民国十二年，艮全推流滩赔。

存无。

0014：

吴富怀（吴光富）

明早　廿一

粮：一斗七升五合五抄。

艮：二钱五分七厘三毫。

米：七升一合四勺三抄。

十八年，艮收曾宏山五合二勺。

共一斗八升二勺五抄，艮二钱六分五厘。十九年，艮推

一升二勺邓楚心，又收张仁会一升二合二勺三抄。共一斗八升

二合二勺五抄，艮二钱六分七厘九毫。又收肖才章一

合九勺五抄，又收曾松山八合三勺三抄，又收郑云表

七合五抄。共一斗九升九合五勺八抄，

艮二钱九分三厘三毫。廿年，收曾松三一升三合二勺，

又收邓子龙一升六勺，又收邓振周六合五勺。共二斗二升三合三勺八抄，

艮三钱二分九厘。二十三年，艮收陈进远七合，又收吴平三八合七勺九抄，

又收吴心友九合一勺八抄，又收吴瑞林一升三合一勺五抄，又收

吴顺总一升三合一勺八抄，又收吴友冲一升一合七勺七抄，
又收吴光彦四合一勺。存二斗九升五勺五抄，艮四钱二分七厘一毫。
廿四年，艮收邓瑞林五合三抄。存三斗五勺三抄，
艮四钱四分二厘。廿五年，推二斗四合六勺三抄吴大云。
存九升五合九勺，艮一钱四分一厘。卅年，收关才龙一升七勺，又收黄金□九合八勺。共一斗一升六合
四抄，艮一钱七分一厘。卅三年，艮收吴光珩一升零五勺五抄，
又收黄学俊五合二勺五抄，又收曾国俊三合六勺一抄，
又收郑光化五合五勺一抄。共九升一合一勺三抄，
艮一钱三分四厘。又补收卅二年邓道中八合二抄。
共九升九合一勺四抄，艮一钱四分六厘。民国二年春，
收吴光远七合三勺。存一斗零六合四勺四抄，艮一钱
五分七厘。三年，艮推二升五合八勺三抄黄光炎。存八升
六勺一抄，艮一钱一分九厘，米三升三合。

吴有聪（吴其祥）
本名户　年卅六
　　粮：一斗四升一合五勺九抄。
　　艮：二钱八厘一毫。
　　米：五升七合七勺七抄。
　　二十二年，艮（推）七合二勺
　　吴玉山，又推七合二勺吴康侯。
　　存一斗二升七合一勺九抄，
　　艮一钱八分七厘。
　　廿二年，米推一升五合夏德浮。存一斗一升二合一勺九抄。
　　二十三年，艮推一升一合七勺七抄吴怀。存一斗一合二抄，
　　艮一钱四分八厘五毫。卅二年，推五升三合四勺二抄吴友尝。
　　存四升七合六勺，艮七分。民国三年，艮推二合四勺八抄
　　吴有生。存四升五合一勺二抄，艮六分七厘，米一升九合。

吴秦高（吴毕冲）　　空
必恺　四四
　　粮：五升七合五勺六抄。
　　艮：八分四厘六毫。
　　米：二升三合四勺八抄。
　　宣统三年，米推三合七勺

黄义质。存四升九合二勺六抄，

艮七分三厘，米二升一合（吴案：这与前面的数字无法对上）。

洪宪元年，（粮）收邓道德

四合五勺。共五升三合七勺六抄，艮七分九厘，米二升二合。

艮后查出民国二年收吴必圣七合四勺。共六升一合一勺六抄，

艮九分，米二升五合。民国十二年，艮收陈明柱①二升

七合四勺。共八升八合五勺六抄，艮一钱三分一厘，

米三升七合。又推四升七合八勺吴富友。存四升七勺

六抄，艮六分，米一升七合。民国十三年，艮收陈明柱

九勺四抄，又收专外陈汉芳一升三合四勺六抄。

共五升四合二勺二抄，艮八分，米二升二合。民国十四

年秋，推二升四勺吴必垲。存三升三合八勺二抄，艮五分，

米一升四合。十八年，艮收外垸陈国均一升一合。

共四升四合八勺二抄，艮六分六厘，米一升八合。

廿七年春，全推吴必垲。存无。

0015：

吴相才（吴必见）

其明　廿三

　　粮：一斗二合四勺九抄。

　　艮：一钱五分五毫。

　　米：四升一合八勺。

　　民国元年，艮推二合六勺

　　一抄吴福友。存九升九合

　　八勺八抄，艮一钱四分七厘，

　　米四升一合。民国十一年，

　　艮推九勺二抄尹同友，又推八合五勺吴友云，又推

　　二合二勺三抄吴友升。存八升八合二勺三抄，

　　艮一钱三分，米三升六合。

吴天桃（吴有容）

其官　三岁

　　粮：四合四抄。

　　艮：六厘四毫。

---

① 此人与后文中的陈明注、陈明著可能为同一人，待考；另，陈明棋、陈明其等也属此类情况，待考。

米：一合六勺五抄。

廿六年，艮收陈大福六合七勺。

共一升零七勺四抄，艮一分五厘七毫。

民国九年，艮收吴光友九合一

勺六抄。共一升九合九勺，艮二分九厘，

米九合。十五年秋，收陈士法四合，

又全收吴必千一斗一升四合九抄。共一斗三升七合九勺九抄，

艮二钱三厘，米五升七合。十九年，艮推七合三勺

二抄外垸赵秀州。存一斗三升六勺七抄，

艮一钱九分二厘，米五升三合。卅五年

春，推田二亩九分四厘专外垸陈执顺。存田十亩一分

二厘七毫。

吴耀标（吴光耀）

光魁　年廿五

粮：四合一勺二抄。

艮：六厘一毫。

米：一合六勺八抄。

十九年，艮收郑云表一升五合。共一升九合一勺二抄，

艮二分八厘一毫。二十三年，艮收邓瑞林四合五勺八抄，

又收邓瑞林一升一勺七抄。二十三年三升三□。

存三升三合八勺七抄，艮四分九厘八毫。

廿四年，艮收吴檀一升二合七勺。存四升六合五勺七抄，艮六分九厘。

廿五年，推四合五勺五抄郑云表。存四升二合二抄，艮六分二厘。

又推一升二勺吴大云。存三升一合八勺三抄，米一升三合，艮四分六厘八毫。

卅四年，艮推四合五勺三抄邓学贵。存二升七合三勺，

艮四分，米一升二合。民国十五年秋，推一升二合六勺

一抄吴光友，又推一升四勺五抄吴光珍。存四合二勺

四抄，艮七厘，米二合。

0016：吴炎檀（吴大炎）

光魁　卅五

粮：九升四合二勺四抄。

艮：一钱三分八厘五毫。

米：三升八合四勺六抄。

十九年，艮收郑奉先三升六合五勺，又收关才龙二升

三合八勺四抄。共一斗五升四合五勺八抄，艮二钱
二分七厘二毫。二十三年，艮收张仁会一升七勺。
存一斗六升五合二勺八抄，艮二钱四分二厘九毫。
廿四年，艮推一升二合七勺吴标。存一斗五升二合五勺八抄，艮二钱二分五厘。
二十八年，艮收邓道灰三合。共一斗五升五合五勺八抄，
艮二钱二分八厘七毫。卅二年，推三合四勺三抄吴大云。
存一斗五升二合一勺五抄，艮二钱二分四厘。民国四年，艮推五合
三勺。存一斗四升六合八勺五抄，艮二钱一分六厘，米六升。
民国八年，艮推一升邓学书。存一斗三升六合八勺五抄，
艮二钱二厘，米五升六合。民国九年，艮推一升
邓学书。存一斗二升六合八勺五抄，
艮一钱八分七厘，米五升二合。十五年秋，推四升
八合一勺六抄吴光珍，存七升八合六勺九抄，
艮一钱一分六厘，米三升二合。十七年，艮推
一升九勺关中艮。存六升七合七勺九抄，
艮一钱正，米二升八合。

吴举华（吴福友）
本名　卅六

粮：七升二合三勺三抄。
艮：一钱六厘三毫。
米：二升九合五勺一抄。
（光）绪廿年，收曾克明六合四勺，
又收吴平三二合一勺。
共八升八勺三抄，艮一钱一分九厘。
廿二年，米收陈明棋一升七合。
共九升七合八勺三抄，
艮一钱四分三厘八毫。廿四年，艮收吴必心一升三合。
存一斗一升八勺三抄，艮一钱六分三厘。廿七年，艮收陈大福一升
八合九勺。共一斗二升九合七勺三抄，艮一钱九分一厘。
当年艮后查出，补收陈大福七合六勺一抄。
共一斗三升七合三勺四抄，艮二钱零一厘九毫。
（宣统）元年，艮收吴友常三合七勺四抄，又收吴玉三五合九勺九抄。
共一斗四升七合七抄，艮二钱一分七厘。民国元年，艮收吴友坤
二合三勺，又收吴必见二合六勺一抄。共一斗五升一合九勺八抄，艮

二钱二分四厘。秋收吴必□五合二勺。共一斗五升七合一勺八抄，
艮二钱三分一厘。洪宪元年，艮推二升五勺三抄曾心圣。
存一斗三升六合六勺五抄，艮二钱一厘，米五升六合。又推七
合二勺五抄陈士义。存一斗二升九合四勺，艮一钱九分，
米五升三合。民国六年，艮推一升六合七勺二抄
曾心中，又推一升五合二勺五抄专外陈秉均。
存九升七合四勺三抄，艮一钱四分五厘，米四升。
民国十二年，艮收吴必登六分四厘。存一斗三合八勺
三抄，艮一钱五分三厘，米四升三合。民国十三年，
艮收吴友艮二合二勺。共一斗六合三抄，
艮一钱五分六厘，米四升四合。民国十四年，
艮收陈明注一升四勺一抄。一斗一升六合四勺四抄，
艮一钱七分一厘，米四升八合。十六年，艮（粮）推三升
王顺方。存八升六合四勺四抄，艮一钱二分七厘，
米三升五合。廿六年，艮推六分九毫
黄光照。存八亩三厘五毫，艮一钱一分一厘，
米三升三合。

吴云　空
　　粮：四升七合八勺三抄。
　　艮：七分三毫。
　　米：一升九合五勺五抄。
　　民国十二年，艮推
　　二升吴加炳，又全推
　　流滩赔。存无。

0017：
吴必友（吴友坤）
吴其明　年廿三
　　粮：一斗四勺七抄。
　　艮：一钱四分七厘七毫。
　　米：四升九勺九抄。
　　二十三年，艮推九合一勺八抄吴怀。
　　存九升一合二勺九抄，
　　艮一钱三分四厘二毫。

廿四年，艮退六合五勺吴造三，

又推六合五勺曾吕瑞，又推曾显才三合四勺。

存八升一合六勺九抄，艮一钱二分。二十八年，艮推四合四勺

曾吕端。存七升七合二勺九抄，艮一钱一分三厘六毫。

卅三年，艮推二升七合曾正还。存五升二勺九抄，

艮七分四厘。卅四年，艮推七合五勺曾正还。

存三升八合七勺九抄，艮五分七厘。

三年，艮推一升二合尹同有。存二升六合七勺九抄，艮

四分。民国元年，艮推二升关光炎。存六合七勺九抄，

艮一分正。民国元年，艮推二合三勺吴福友。存

三合四勺九抄，艮七厘。六年，艮推一合二勺二抄

吴友州。存二合二勺七抄，艮五厘，米二合。

吴良才（吴光福）　完

明亮

　　粮：三升二合八勺二抄。

　　艮：四分八厘二毫。

　　米：一升三合四勺。

　　廿五年，推三合六勺吴用榜。

　　存二升九合二勺二抄，

　　艮四分三厘，米一升二合。

吴心尾（吴寿友）

必登　六十一

　　粮：五升四合六勺。

　　艮：八分二毫。

　　米：二升二合二勺八抄。

　　卅四年，艮收许光冲六合二勺三抄，

　　又收陈明棋一升三合九勺。共七升

　　四合七勺三抄，艮一钱一分。

　　（宣统）元年，艮收陈明其

　　九合，又收陈光美四合一勺。共八升七合八勺三抄，艮一钱三分。

　　（宣统）三年，米推六合黄义质。存八升一合八勺三抄，

　　艮一钱二分一厘，米三升四合。民国二年春，推三合九

　　抄陈光保。存七升八合七勺四抄，艮一钱一分六厘。

　　民国六年，艮推二升二合吴春友。存五升六合

七勺四抄，艮八分四厘，米二升四合。十八年，艮推
一升七合六勺黄学西。存三升九合一勺四抄，艮五分八厘，
米一升六合。

0018：
吴惟周
  粮：三升五合六勺二抄。
  艮：五分二厘三毫。
  米：一升四合五勺三抄。
（光）绪廿年，推一升四合五勺黄运男。
共二升一合一勺二抄，
艮三分一厘，米九合。
十五年，艮推二合一勺
黄学邦。存一升九合二抄，艮二分八厘，
米八合。十六年，艮推三合五勺黄学邦。
存一升五合五勺二抄，艮二分三厘，米七合。
吴人昭（吴大公）
  粮：四升二合八勺七抄。
  艮：六分三厘。
  米：一升七合四勺九抄。
  光绪廿四年，艮全推吴正义。
  无存。
  民国卅年，艮析吴明杨田三亩六分。共田三亩六分。
吴公议
吴福友 年卅六
  粮：四升六合。
  艮：六分七厘六毫。
  米：一升八合七勺七抄。

0019：
吴必心（吴友灿）
其昌 年十八
  粮：六升五合一勺七抄。
  艮：九分五厘八毫。

米：二升六合五勺九抄。

十八年，收外卷陈永百六合三勺三抄。

共七升一合五勺，艮一钱六厘。廿年，收专外陈心山四合九勺四抄。

存七升六合四勺四抄，艮一钱一分三厘。廿四年，艮推一升三吴心□华。

存六升三合四勺四抄，艮九分四厘。二十八年，艮收外□陈明南

七合七勺四抄。共七升一合一勺八抄，艮一钱四厘六毫。

三十年，推二升五合八勺四抄。存四升五合三勺四抄，艮六分六厘六毫。

民国五年，艮全收王才美一升四合。共五升九合三勺四抄，

艮八分八厘，米二升五合。卅五年，推田四分曾九才，

存田五亩五分三厘四毫。

吴大公（吴大乾，民国十年春，改乾字，去公字）

光保　卅

粮：一升三合。

艮：一分九厘一毫。

米：五合三勺。

民国十年，艮收张仁惠

五合。共一升八合，艮二分七厘，

米八合。十二年，艮收吴相

一升九合五勺。

共三升七合五勺，艮五分六厘，米一升六合。

吴顺科（吴友常）

友三　四十三

粮：八升九合九勺九抄。

艮：一钱三分二厘二毫。

米：三升六合七勺二抄。

十八年，艮推五合七勺八抄吴正全。

共八升四合二勺一抄，艮一钱二分四厘。廿年，推九合三勺吴玉山。

存七升四合九勺一抄，艮一钱一分一厘。二十三年，艮推五合外卷赵登宏。

存六升九合九勺一抄，艮一钱二厘八毫。

廿七年，推九合四勺外卷陈作善。存六升五勺一抄，

艮八分九厘。卅二年，推二升一合八勺二抄吴顺照。存三升八合六勺九抄，

艮五分七厘。卅二年，收吴友冲五升三合四勺二抄。存九升二合一勺一抄，

艮一钱三分六厘。卅三年，艮推五合五勺二抄吴有生。

存八升六合五勺九抄，艮一钱二分七厘三毫。卅四年，艮推七合

曾心中。存七升九合五勺九抄，艮一钱一分七厘。元年，艮
推三合七勺四抄吴福友。存七升五合八勺五抄，
艮一钱一分二厘。
民国七年，艮收吴云山一升一勺。共八升五合九勺
五抄，艮一钱二分七厘，米三升五合。民国八年，
艮收邓友才一升四合五勺三抄。共一斗四勺八抄，
艮一钱四分八厘，米四升一合。民国十年，艮收吴
光友八合五厘。共一斗八合九勺八抄，
艮一钱六分一厘，米四升五合。民国十二年，
艮收黄义明八合七勺九抄。共一斗一升七合
七勺七抄，艮一钱七分四厘，米四升八合。
十五年秋，收陈士法七合。共一斗二升四合
七勺七抄，艮一钱八分三厘，米五升一合。
十八年，艮收陈光俊四升。共一斗六升四合七勺
七抄，艮二钱四分一厘，米六升七合二勺。廿五年，
艮收曾心盛三亩二厘二毫。共十九亩四分九厘
九毫，艮二钱八分七厘，米八升。卅五年，艮收
吴友伦田一亩一分。共田廿亩五分九厘。

0020：
吴克俊（吴正生）
大三　六八
　　粮：一斗二升五合九勺九抄。
　　艮：一钱八分五厘二毫。
　　米：五升一合四勺一抄。
　　（光）绪廿年，收邓之现一升。
　　共一斗三升五合九勺九抄，
　　艮二钱。
　　二十二年，艮收郑光化二升
　　四合六勺。
　　共一斗六升零五勺九抄，
　　艮二钱三分六厘一毫。卅二年，推一升八抄曾心中。存一斗五升五勺一抄，
　　艮二钱二分二厘。卅三年，艮推六升四合四勺五抄吴大仁。
　　存九升一合五抄，艮一钱三分三厘三毫。元年，艮收

吴光彦六合一抄。共九升七合六抄，艮一钱四分三厘。
民国十年，艮推六合邓学华。存九升一合六抄，
艮一钱三分四厘，米三升八合。又补推九年一升八合一勺
八抄黄大云。存七升二合八勺八抄，艮一钱七厘，
米三升。

吴心周
其升　廿五
　　粮：一斗三升二合一勺二抄。
　　艮：一钱九分四厘二毫。
　　米：五升三合九勺一抄。
　　十八年，收外卷陈德心二升九合二勺，又收周同万七勺三抄，
　　又收柴名然八合一勺四抄。
共一斗七升一勺九抄，艮二钱五分一毫。廿年，收专外陈□心二升。
存一斗九升一勺九抄，艮二钱八分。又收陈心兵七合四勺，收吴恒一七合四勺。
共二斗四合九勺九抄，艮三钱二厘。廿五年，收柴臣彦一升六合，收陈廷光五合
七勺。存二斗二升六合六勺九抄，艮三钱三分三厘二毫。艮后查出，改正。
卅年，推二合八勺周义井。存二斗二升三合八勺九抄，艮三钱二分九厘二毫。
卅一年，收周乾达一合七勺一抄。存二斗二升五合六勺，艮三钱三分二厘。
卅三年，艮收吴友心三合。共二斗二升八合六勺，艮三钱三分六厘。
卅四年，艮推一升五合二勺三抄陈明著。存二斗一升三合三
勺七抄，艮三钱一分四厘。（民国）二年，艮推三升四勺周良□。存一斗八升二合
九勺七抄，艮二钱六分九厘，米七升五合。
又推二升五合周丙垣，又推二升二合二勺一抄周良元。
存一斗三升五合七勺六抄，艮二钱正。又推一升周
世银。存一斗二升五合七勺六抄，艮一钱八分五厘。
（宣统）三年，艮推一升八勺尹同友。存一斗一升六合九勺六抄，
艮一钱七分二厘。民国元年，艮推六合一勺周粮元，
又推一升零一勺周良成。存一斗七勺六抄，
艮一钱四分八厘。秋推一升八勺。存九升九合九勺六抄，
艮一钱三分三厘。民国二年春，推一升六合周良华。
存八升三合九勺六抄。又推九合七勺曾心盛，
又推八合六勺周良元。存八升一合六勺六抄，
艮一钱二分。又推一升四合王才美。存六升七合六
勺六抄，艮一钱。又推一升六合周丙垣。

存八升三合六勺六抄，艮一钱二分三厘。

民国八年，艮推一升一合三抄刘业汉。在上

存七升二合六勺三抄，艮一钱七厘，米三升。

民国九年，艮推六合四勺周良臣。

存六升六合二勺三抄，艮九分八厘，米二升七合。

吴正烈（吴光祖）　空

粮：五升一合五勺七抄。

艮：七分五厘八毫。

米：二升一合四抄

廿一年，艮推六合黄士玉。

存四升五合五勺七抄，艮六分七厘。

廿五年，推八合九勺六抄吴大云。

存三升六合六勺一抄，艮五分四厘。

卅年，推一升四合七勺五抄朱元价。存二升一合八勺六抄，

艮三分二厘一毫。卅一年，推九合四勺五抄吴正玉。存一升二合四勺一抄，

艮一分九厘。民国元年，艮推六合九勺四抄吴大林，

又推四合吴大科。存一合四勺七抄，艮二厘一毫。

民国二年春，推八合五勺陈洪兰。存无。

0021：

吴顺祖　只

粮：三升一合一勺三抄。

艮：四分五厘八毫。

米：一升二合七勺。

光绪廿四年，艮全推吴正全。

无存。

吴正福（吴光友）

粮：二升七勺。

艮：三分四毫。

米：八合四勺四抄。

十九年，艮推五勺四抄欧阳德光，又推四合八勺吴大圣。

存一升五合三勺六抄，艮二分二厘五毫。

廿一年，艮推八合邓明全。存七分三勺六抄，艮一分一厘。

二十二年，全推吴光彦。存无。民国廿八年，此户

退后，第九名移上前来。存田十六亩七分七厘九毫。
廿九年，推田一亩七分五厘邓道休。存田十五亩二厘
九毫。卅二年，推一亩七分二厘九毫邓道中，又推三亩四分五厘二毫
邓明文，又推三亩一分六厘黄光法。共田六亩六分八厘八毫。
民国卅五年春，推田二亩四分八厘吴云峰。存田四亩二分八厘。

吴俊三（吴必林）　　空
粮：六升六合一勺六抄。
艮：九分七厘三毫。
米：二升七合。
十九年，艮收曾履端八合，又收曾青曲六合二勺。
共八升三勺六抄，艮一钱一分八厘一毫。
二十二年，艮推九合八勺许正元，又推六合五勺吴
康侯。存六升零四勺六抄，艮九分四厘二毫。
廿四年，艮收吴心友六合五勺，存
六升六合九勺六抄，艮九分九厘。
廿七年，艮推曾吕端一升二合二勺。存五升四合七勺六抄，
艮八分一厘。卅三年，艮推二合五勺二抄曾心和。
存五升七合二勺八抄，艮八分四厘二毫。元年，艮推四合五勺
吴玉三。存五升二合七勺八抄，艮七分八厘。民国二年
春推五合一勺曾心和。存四升七合六勺八抄，艮七分，
米二升。民国十四年秋，全推。存无。

0022：
吴玉三
吴其祥　年卅六
粮：五升九合五勺七抄。
艮：八分七厘六毫。
米：二升四合三勺。
（光）绪廿年，收曾显才四合七勺，
又收吴顺科九合三勺。
共七升三合五勺七抄，艮一钱九厘。
二十二年，艮推七合三勺许正元，
又收吴玉林五合七勺，又收吴友
冲七合二勺。共七升九合一勺七抄，艮一钱一分六厘四毫。

二十六年，米收陈明棋一升二合。共九升一合一勺七抄。
廿七年，艮推八合二勺黄良才。存八升二合九勺七抄，
艮一钱二分二厘。二十八年，艮收吴康侯四合五勺。
共八升七合四勺七抄，艮一钱二分八厘六毫。
卅年，推一升一合二勺陈光美。存七升六合二勺七抄，艮一钱一分二厘一毫。
卅三年，艮推二合五勺八抄曾心柱，又推九合三勺六抄
曾心忠。存六升四合三勺三抄，艮九分四厘六毫。元年，艮
推五合九勺九抄吴福友，又收吴必林四合五勺。
共六升二合八勺四抄，艮九分三厘。民国七年，艮推三
合六勺三抄曾心中。共五升九合二勺一抄，
艮八分七厘，米二升五合。民国十三年，艮推八合五勺
曾休标。存五升七勺一抄，艮七分四厘，米二升一合。

吴必谦　　空
　　粮：一斗二升九合八勺六抄。
　　艮：一钱九分九毫。
　　米：五升二合九勺八抄。
　　（光）绪廿年，收曾士□四合五勺。
　　共一斗三升四合三勺六抄，
　　艮一钱九分八厘，
　　米五升五合。
　　民国十四年，艮推三升二勺八抄刘明贞。
　　存一斗一升四合八抄，艮一钱六分八厘，米四升七合。
　　十五年，全推吴友容。存无。

吴品三（吴友银）
其明　卅三
　　粮：九升三合二勺六抄。
　　艮：一钱三分七厘一毫。
　　米：三升八合五抄。
　　二十二年，艮收吴□之四合
　　四勺。
　　共九升七合六勺六抄，
　　艮一钱四分三厘六毫。
　　廿七年，艮收三合四勺吴康侯。共一斗一合六抄，
　　艮一钱四分九厘。卅年，收□方俊二合八勺。共一斗三合八勺六抄，

艮一钱五分二厘七毫。民国五年秋，收吴必胜五合六勺。
共一斗九合四勺六抄，艮一钱六分一厘，米四升五合。
民国十年，艮推一升一合曾心盛。存九升八合四勺六抄，
艮一钱四分五厘，米四升一合。民国十一年，艮收吴友
华一升八合。存一斗一升六合四勺六抄，艮一钱七分二厘，
米四升八合。民国十三年，艮推二合二勺吴福友。
存一斗一升四合二勺六抄，艮一钱六分八厘，
米四升七合。卅一年，推田一亩三分八厘曾凡美。
存田十亩五毫。

0023：
吴正三（吴大金）
本名　五八
　　粮：二升九勺五抄。
　　艮：三分八毫。
　　米：八合五勺四抄。
　　二十九年，艮收郑全周五合四勺七抄，
　　又收郑公占三合七勺六抄。
　　共三升一勺八抄，艮四分四厘
　　三毫，米一升三合。
　　民国十一年，艮推一升五合五勺二抄关光全。
　　存一升四合六勺六抄，艮二分二厘，米六合。
　　民国十二年，艮全收吴大敏三升四合五勺八抄。
　　共四升九合二勺四抄，艮七分三厘，米三升。
吴公施
曾家庙
　　粮：一升二合。
　　艮：一分七厘六毫。
　　米：四合九勺。
吴大盛
光坤　六十
　　粮：六升九合九勺。
　　艮：一钱二厘七毫。
　　米：二升八合五勺二抄。

十九年，艮收吴正福四合八勺。共七升四合七勺，
艮一钱九厘八毫。廿一年，收郑光云甫一升六合七勺七抄。
存九升一合四勺七抄，艮一钱三分五厘。又推八合三勺邓纯玉。
存八升三合一勺七抄，艮一钱二分二厘三毫，
米三升四合。民国卅五年春，收黄学魁田二亩
五分三厘三毫，又收吴正德田二亩五分三厘，又收
邓（小）道发田一亩四分八厘。共田十四亩八分六厘。

0024：
吴长春（吴必胜）
必登　六一
　　粮：七升四合一勺二抄。
　　艮：一钱八厘九毫。
　　米：三升二勺四抄。
　　民国元年秋，推五合二勺吴福友。存六升八合九勺二抄，
　　艮一钱一厘。民国二年春，推七合四勺吴必冲。存六升
　　一合五勺二抄，艮九分一厘。四年，艮推一升三合三勺五抄
　　王顺方。存四升八合一勺七抄，艮七分一厘，米二升。
　　五年，米推五合六勺吴友艮。存四升二合五勺七抄，
　　艮六分三厘，米一升七合。民国八年，艮推四合七勺
　　陈明註。存三升七合八勺七抄，艮五分六厘，米一升六合。
　　廿六年，艮推五分五厘二毫黄光照。存三亩二分
　　三厘五毫，艮四分八厘，米一升四合。
吴大云（吴光友）　　空
本名　五七
移前一页，不用
　　粮：
　　艮：
　　米：
　　光绪廿五年，柝（吴案：可能为柝，亦可能为析。字迹不清，暂作柝）
　　吴槐二斗四合六勺三抄，又收黄南廷一升三合三勺九抄，又收黄君甫五合一勺
　　一抄，又收邓廷福四合八勺二抄，又收邓瑞林九合八勺二抄，收邓道中一升二勺
　　二抄，收吴正烈八合九勺六抄，收黄玉光八合九勺四抄，收黄恒玉四合九勺九抄，
　　又收吴相一升八合五勺。（存三斗四升六合一勺五抄，艮无钱九厘。）

共二斗八升九合三勺八抄，艮四钱二分五厘三毫。廿五年，查出吴槐
麦朋粮四合九勺五抄，以收在大云户内。艮后，查出。只共二斗八升四合四勺三抄，
艮四钱一分八厘一毫。二十六年，艮收陈光美二升七合七勺二抄，
又收邓子伦五合八抄。共三斗一升七合二勺三抄，
艮四钱六分六厘四毫。廿七年，艮收黄加光五合六勺七抄。
共三斗二升二合九勺，艮四钱七分五厘。二十八年，
艮收黄天东七合五勺三抄，又收曾心圣七合一勺
三抄，又收邓瑞林九合六勺一抄。共三斗四升七合一勺七抄，
艮五钱一分三毫。廿九年，艮收夏明孚二升五合七勺五抄。
共三斗七升二合九勺二抄，艮五钱四分八厘二毫。
又收邓瑞林一升四合七勺，又收吴标一升二勺。存三斗九升七合八勺二抄，
米一斗六升三合。卅二年，收邓能龙一升三合一勺六抄，又收黄玉□五合五勺六抄。
存四斗一升九勺八抄，艮六千五厘。卅三年，艮收郑春表
一升四合二勺四抄。共四斗二升五合二勺二抄，
艮六钱二分五厘。卅四年，收陈光美四升七合七勺三抄。
存四斗七升二合九勺五抄，艮六钱九分六厘。民国九年，艮推
二升八合二勺一抄关光炎，又推二升三合二勺三抄曾心盛，
又推二升曾心中，又推一升五合二勺一抄曾凡才，又
推九合一勺六抄吴友容。存三斗七升七合一勺四抄，
艮五钱五分五厘，米一斗五升四合。民国十年，艮
推八合五勺吴友常。存三斗六升八合六勺四抄，
艮五钱四分二厘，米一斗五升一合。十四年，艮推
五合六勺七抄黄光炎。存三斗六升二合九勺七抄，
艮五钱三分四厘，米一斗四升九合。民国十
五年，艮推一升二合六勺五抄黄学洲，又推
一升四合三勺黄光元。存三斗三升六合
三抄，艮四钱九分四厘，米一升三升七合。十五年
秋，收吴光耀一升二合六勺一□。
民国十五年秋，推二升一合五勺一抄黄学茂，
又推三合八勺黄大壮。存三斗二升三合三勺
三抄，艮四钱七分六厘，米一斗三升二合。十六年，
艮推二升七合七勺一抄许大相。存二斗九升五合
六勺二抄，艮四钱三分五厘，米一斗二升一合。
又推一升六勺四抄邓学华。存二斗八升四合九勺八抄，

  艮四钱一分九厘，米一斗四升六合。又推一升三合一抄
  黄光法。存二斗七升一合九勺七抄，艮四钱正，
  米一斗一升一合。廿三年，艮推九亩二分四厘八毫
  吴云丰。存十七亩九分四厘九毫，
  艮二钱六分四厘，米七升三合。廿九年春，推一亩
  一分七厘邓明文。存十六亩七分七厘九毫。移上前九名。

吴正玉

本名 六八

  光绪三十一年

  析吴用□三升一合八勺九抄，又收吴正烈九合四勺五抄。存四升一合三勺四抄，

  （艮）六分一厘。卅四年，艮推一升零二勺邓摩彦。存三升一

  合一勺四抄，艮四分六厘，米一升三合。

0025：

吴大仁

光盛 廿九

  粮：

  银：

  米：

  光绪卅三年，艮析吴正升六升四合四勺五抄，又收

  郑格艮二升六合一勺九抄。共九升六勺四抄，

  艮一钱三分三厘三毫。民国四年，艮收吴大炎五合三勺。

  共九升五合九勺四抄，艮一钱四分一厘，米四升。

  民国十三年，艮推九合二勺四抄黄学茂。

  存七升九合七勺，艮一钱一分七厘，米三升三合

吴大林

本名 四六

  粮：

  艮：

  米：

  民国元年，艮析吴大东五升六合，又收吴光祖

  六合九勺四抄。三。共六升二合九勺四抄，艮九分

  二厘五毫。三年，艮收吴加同七合五勺，又收吴大东七合四勺。

  共七升七合八勺四抄，艮一钱一分四厘，米三升二合。

民国十二年，艮推一升一合五勺黄学伦，又推九合
六勺一抄黄学连。存五升六合七勺三抄，
艮八分四厘，米二升四合。又推六合七勺黄光
换。存五升三抄，艮七分四厘，米二升一合。
又推一升三合三勺黄光元。存三升六合七勺三抄，
艮五分四厘，米一升五合。民国十四年，艮（推）七合二勺
一抄黄学连，又推八合二勺三抄黄中正。存二升一合
二勺九抄，艮三分一厘，米九合。

吴大科
光云　卅九
　　粮：
　　艮：
　　米：
　　民国元年，艮析吴光祖四合，艮五厘九毫，
　　米二合。廿七年，艮推二分三厘八毫吴正德。
　　存一分六厘二毫，艮三厘，米一合。

0026：
吴家铜
本名　廿四
　　民国二年，艮析吴光彦五升二合，艮七分七厘。
　　民国三年，艮推七合五勺吴大林。存四升四合五勺，
　　艮六分六厘，米一升九合。四年，艮推三合一勺黄光
　　焕。存四升一合四勺，艮六分一厘，米一升七合。

吴明杨（吴明作）
本名　五八
　　粮：
　　艮：
　　米：
　　民国三年，艮收吴光彦
　　一斗一合三勺四抄，又收邓学表九合九勺。共一斗一升一合二勺四抄，艮一钱六分四厘，
　　米四升六合。四年，艮推一升九合九勺六抄黄光焕。存九升一合二勺八抄，
　　艮一钱三分五厘，米三升八合。民国十二年，艮收吴大伦

一升三勺一抄。共一斗一合五勺九抄，
　　艮一钱五分，米四升二合。十五年，艮推四合
　　一勺三抄郑格焕。存九升七合四勺六抄，
　　艮一钱四分四厘，米四升。又推二升五合
　　黄学邦。存七升二合四勺六抄，
　　艮一钱七厘，米三升。十六年，艮推一升二合
　　八抄黄中正。存六升三勺八抄，艮八分九厘，
　　米二升五合。卅年，推田三亩六分大公。存田二亩四分
　　三厘八毫。

吴正彪
大信　十八
　　粮：
　　艮：
　　米：
　　民国四年秋，折（吴案：应作"析"）吴正德二升二合一勺。又收吴正诚一升三合六勺。
　　共三升五合七勺，艮五分三厘，米一升五合。民国十一年，
　　艮推三合邓学华。存三升二合七勺，艮四分八厘，
　　米一升四合。

0027：
吴春友
本名　四三
　　民国六年艮析吴寿友
　　粮：二升二合。
　　艮：三分三厘。
　　米：九合。
　　民国十一年，艮推五合四抄
　　王顺云。存一升六合九勺六抄，
　　艮二分五厘，米七合。
吴家炳（吴大公）
　　民国十二年艮析吴云
　　粮：二升。
　　艮：三分。

米：九合。

民国十五年，艮全推郑格焕。

存无。

吴富友　空

本名　卅七

民国十二年艮析吴必冲

粮：四升七合八勺。

艮：七分一厘。

米：二升。

民国十八年，艮收陈光还

一升三合。共六升零八毫，艮九分，

米二升五合。廿七年，艮全推吴必垲，存无。

0028：

吴必垲

本名　四十四

民国十四年秋，收吴必冲二升四勺，又收砖外陈明泗

一升三合一勺七抄。共三升三合五勺七抄，

艮五分，米一升四合。十九年，艮收吴必登

一升二合六勺。共四升六合一勺七抄，

艮六分八厘，米一升九合。廿七年春，全收吴必冲

四亩四分八厘二毫，又全收吴富友六亩零八毫。

共十五亩一分零七毫，艮二钱二分二厘，米六升二合。

吴光珍

本名　卅

民国十五年秋析呈光耀一升四勺五抄，

艮一分六厘，米五合。又收吴大炎四升八合一勺六抄。

共五升八合六勺一抄，艮八分六厘，米二升四合。

吴云峰

民国卅三年艮收吴光友

粮：九亩二分四厘八毫。

艮：一钱三分六厘。

米：三升八合。

民国卅五年春，收吴光友

田二亩四分八厘，又收黄光芹
二亩六分一厘，共田十四亩三分
三厘八毫。

0029：
邓明全
季春　卅一
　　粮：四升八合三勺六抄。
　　艮：七分一厘。
　　米：一升九合七勺三抄。
　　廿一年收陈进远二升一合，
　　又收邓之现一升六勺，
　　又收邓在朝六合，又收吴正福八合。
　　存九升三合九勺六抄，
　　艮一钱三分九厘。
　　二十二年，艮收郑在朝八合，又收郑光化三升，又收曾国
　　进九合二勺，又收陈泽言一升八合。共一斗五升九合一勺六抄，
　　艮二钱三分四厘。廿五年，推八合一勺二抄邓楚心，又收陈泽言一升
　　四合。存一斗六升五合四勺，艮二钱四分三厘。二十八年，艮收
　　黄占如一合。共一斗六升六合四抄，艮二钱四分四厘一毫。
　　卅一年，推一升二合吴光彦。存一斗五升四合四抄，艮二钱二分七厘。
　　三年，艮推七合四勺邓学彦。存一斗四升六合六勺四抄，
　　艮二钱一分六厘，米六升。民国十二年，艮收许光
　　执一升三勺。共一斗五升六合九勺四抄，
　　艮二钱三分一厘，米六升四合。十六年，艮收邓
　　明文七合三勺。共一斗六升四合二勺四抄，
　　艮二钱四分二厘，米六升七合。廿九年，艮收邓道
　　传五分七厘六毫。共十七亩，艮二钱四分七厘，米六升。
邓纯玉（邓学彦）
廿五年换　邓（小）道发
学茂　卅三
　　粮：一升九合四勺四抄。
　　艮：二分八厘六毫。
　　米：七合九勺三抄。

卅一年，收吴大圣八合三勺。
存二升七合七勺四抄，米一升二合，
艮四分一厘。卅四年，艮收邓
学玉九合一勺，又收吴正玉
一升二勺。共四升七合零四抄，
艮七分。三年，艮收邓明全七合四勺，又收肖玉官一升一合。
共六升五合四勺四抄，艮九分七厘。民国二年春，收
邓学广四合三勺一抄。共六升九合七勺五抄，艮一钱二
厘。民国三年，艮推一升七合三勺五抄陈淇南。存五升二
合四勺，艮七分七厘，米二二合。民国八年，艮推一升
一合三勺七抄邓培道。存四升一合三抄，艮六分一厘，
米一升七合。民国十二年，艮推一合邓明文。存四升
三抄，艮五分九厘，米一升六合四勺。廿五年，艮收
邓道保全户三亩一分一毫。共七亩一分四毫，
艮一钱零四厘，米二升九合。卅五年春，推田一亩四分八厘吴大盛。
存田五亩六分二厘四毫。

邓道忠（邓学表）
道心　卅四

粮：九升五合八勺七抄。
艮：一钱四分九毫。
米：三升九合一勺二抄。
廿一年收徐元吉一升一合五抄，
又收邓圣美三合，收肖才章一升二勺。
存一斗二升一勺二抄，艮一钱七分七厘。
二十二年，艮收陈宅言五合。
共一斗二升五合一勺二抄，艮一钱八分三厘九毫。
廿四年，艮收邓瑞林一升一勺一抄，又收肖才章一升六合。存一斗五升一合
二勺三抄，艮二钱二分三厘。廿五年，收邓瑞林三合，又推一升二勺二（抄）吴
大云。
存一斗四升四合一抄，艮二钱一分二厘。卅二年，推八合三抄吴光付，
存一斗三升五合九勺八抄，艮一钱九分八厘。元年，艮收邓学山
一升一勺，共一斗四升六合八抄，艮二钱一分五厘。三年，艮推
七合邓学艮，存一斗三升九合八抄，艮二钱五厘。
民国元年秋，推五合七抄。存一斗三升四合一抄，艮一钱九分七厘。

三年，艮推一升四合五勺七抄陈淇南，又推五合邓学贵，又推
一升一勺六抄邓子伦，又推九合九勺吴明□。存九升四合三勺八抄，
艮一钱三分九厘，米三升九合。秋又推五合二勺邓明文。
存八升九合一勺八抄，艮一钱三分一厘，米三升七合。
民国四年，艮推七合一勺四抄邓学书，又推三合五勺七抄
许光执。存七升八合四勺七抄，艮一钱一分六厘，米三升二合。
洪宪元年，艮推一升三合四勺一抄黄学顶。存六升五合六抄，
艮九分六厘，米二升七合。民国十年，艮推四合一勺
邓学华，又推四合邓学艮。存五升六合四勺六抄，
艮八分三厘，米二升三合。民国十二年，艮推三
合五勺四抄邓学贵。存五升二合九勺二抄，
艮七分八厘，米二升一合。

0030：
邓作元　空
　　粮：六升二勺。
　　艮：八分八厘四毫。
　　米：二升四合五勺六抄。
　　三年，艮推五合九勺八抄邓培升。
　　存五升四合二勺二抄，艮八分，
　　米二升二合。民国十二年，
　　全推邓休文。存无。
邓士章（邓学好）
道前　廿五
　　粮：一升五合五勺七抄。
　　艮：二分三厘。
　　米：六合三勺五抄。
　　廿七年春，收邓远□五合二勺。
　　共二升七勺七抄，艮三分一厘，
　　米九合。
邓殿升（邓道臣）
本名　五四
　　粮：四升四勺二抄。
　　艮：五分九厘四毫。

米：一升六合五勺。

卅三年，艮收邓前辉八合。

共四升八合四勺二抄，

艮七分一厘二毫。

民国九年秋，收邓有才

一升八合三勺。共六升六合七勺二抄，艮九分八厘，

米二升八合。民国十二年，艮收邓道艮四合。

共七升七勺二抄，艮一钱四厘，米二升九合。

0031：

邓圣思（邓明照）

关中保　年廿五

　　粮：一斗二升三合三勺八抄。

　　艮：一钱八分一厘三毫。

　　米：四升九合九勺三抄。

　　（光）绪廿年，收关圣彩一升，

　　又收黄入光一升一合。

　　共一斗四升四合三勺八抄，

　　艮二钱一分三厘。

　　廿一年，收黄如光一升二合五勺。

　　存一斗五升六合八勺八抄，艮二钱三分一厘。卅三年，艮推一斗四升

　　九合六勺关光炎。存七合二勺八抄，艮一分七毫，

　　米三合。

邓修琨

关中保　年廿五

　　粮：七升一合六勺六抄。

　　艮：一钱五厘三毫。

　　米：二升九合二勺四抄。

　　卅四年，艮收关光炎

　　五合。共七升六合六勺六抄，

　　艮一钱一分三厘。

　　民国元年，艮推七合三勺三抄曾心忠。存六升九合

　　三勺三抄，艮一钱零二厘。民国二年春，推一升三合

　　二勺九抄曾凡云。存五升六合四抄，艮八分三厘，

米二升三合。
邓文思
　　道高
道法　卅三
　　粮：二升六合六勺八抄。
　　艮：三分九厘二毫。
　　米：一升八勺八抄。
　　卅二年，艮收邓元吉
　　一升二合九勺二抄，
　　又收邓西三三合。共四升二合六勺，
　　艮六分二厘六毫。卅四年，艮收
　　邓休文三合五勺。共四升六合
　　一勺，艮六分八厘。民国元年，艮推一升三合五勺许大相。
　　存三升二合六勺，艮四分八厘。民国元年，艮推
　　一升二合三勺邓□身。存二升三勺，艮三分，
　　米九合。民国十五年，艮推三合邓道料。
　　存一升七合三勺，艮二分六厘，米七合。
　　廿六年，艮全推邓希山。存无。

0032：
邓远辉　　空
　　粮：二升五合六勺四抄。
　　艮：三分七厘六毫。
　　米：一升四勺六抄。
　　十八年，艮推一升二合二勺邓得升。
　　共一升三合四勺四抄，艮二分。十九年，艮推三合陈
　　正贵。存一升四勺四抄，艮一分五厘三毫。廿七年，艮推
　　五合二勺邓士章。存五合二勺四抄，艮八厘。
　　卅三年，全推流滩赔。无存。
邓振周　　空
　　粮：五升七勺四抄。
　　艮：七分四厘五毫。
　　米：二升七勺。
　　（光）绪廿年，推二升四勺黄运思，

又推六合五勺吴恒。

共二升三合八勺四抄，艮三分五厘。

廿四年，艮推八合吴用□，又推五合邓明文。

存一升八勺四抄，艮一分六厘。

廿七年，艮推九合邓明文。存一合八勺四抄，艮三厘。

元年，全推邓明文。存无。

邓前辉　空

　　粮：四升九合一勺九抄。

　　艮：七分二厘三毫。

　　米：二升七抄。

　　卅三年，艮推八合邓道臣。

　　存四升一合一勺九抄，

　　艮六分六毫，米一升七合。

　　民国十二年，艮全推邓道艮。存无。

0033：

邓学银（邓道德）

本名　四三

　　粮：一升三合二勺。

　　艮：一分九厘四毫。

　　米：五合三勺八抄。

　　十八年，艮收吴云林七合。

　　共二升二勺，艮三分。

　　廿四年，艮收吴顺兆四合五勺。

　　存二升四合七勺，艮三分七厘。洪宪元年，艮推四合五勺吴必冲。

　　存二升二勺，艮三分，米九合。民国十三年，艮收陈明耀

　　三合三勺。共二升三合五勺，米一升，艮三分五厘。

邓廷选（邓学华）

道松　卅一

　　粮：二升二合六勺一抄。

　　艮：三分三厘二毫。

　　米：九合二勺三抄。

　　二十二年，艮收陈□言

　　一升零二勺。共三升二合八勺一抄，

艮四分八厘二毫。

二十八年，艮收邓廷得三合八勺五抄。

共三升六合六勺六抄，艮五分三厘九毫。卅四年，又收吴相三合八勺，又收邓学并六合一勺。共四升六合五勺六抄，艮六分九厘。三年，艮收吴正臣一升五合三勺。存六升一合八勺六抄，艮九分一厘。

民国元年秋，收邓学表五合七抄。共六升六合九勺三抄，艮九分九厘。民国二年春，收邓道宝六合三勺。存七升三合二勺三抄，艮一钱八厘，米三升。民国十年，艮收吴正升六合，又收邓学表四合六勺。共八升三合八勺三抄，艮一钱二分四厘，米三升五合。民国十一年，艮收吴正彪三合。共八升六合八勺三抄，艮一钱二分八厘，米三升六合。十六年，艮收吴光友一升六勺四抄。共九升七合四勺七抄，艮一钱四分三厘，米四升。

邓道辉　空

粮：七合二勺五抄。

艮：一分六毫。

米：二合九勺五抄。

廿五年，推三合许光充。

存四合二勺五抄，艮七厘。

二十八年，艮推三合吴□。

存一合二勺五抄，艮一厘八毫。

卅三年，全推流滩赔。无存。

0034：

邓希山

（大）道法　卅三

粮：七升九抄。

艮：一钱三厘。

米：二升八合六勺。

廿五年，推七合邓得升。存六升三合九抄，艮九分三厘。卅二年，艮推三合邓道高。存六升九抄，艮八分八厘四毫。

民国六年，艮推九合七勺

邓培升。存五升三勺九抄，艮七分四厘，米二升一合。
民国十二年，艮推五合九勺三抄邓学松。存四升
四合四勺六抄，艮六分五厘六毫，米一升九合。
廿六年，艮全收邓道五四亩零七厘四毫，全收邓道
高一亩七分三厘。共十亩二分四厘四毫，艮一钱五分一厘，
米四升二合。

邓怀士（邓道仪）
本名　四十
　　粮：六升八合一勺七抄。
　　艮：一钱二毫。
　　米：二升七合八勺一抄。
　　廿七年，艮推陈朝圣一升
　　三合一勺。存五升五合七抄，
　　艮八分一厘。
　　民国七年，艮推九合
　　邓道科。存四升六合七抄，艮六分八厘，米一升九合。
　　民国九年，艮推一合八勺邓学松。存四升四合二勺七抄，
　　艮六分五厘，米一升九合。

邓德升（邓友才）
友金　十八
　　粮：七升四合一勺九抄。
　　艮：一钱九厘。
　　米：三升二勺七抄。
　　十八年，艮收曾显才八合七勺。
　　共八升二合八勺九抄，艮一钱二分二厘。
　　又收吴顺吕八合一勺，又收吴云山六合三勺，
　　收曾大□九合，又收邓远□一升二合二勺。
　　共一斗一升八合四勺九抄，艮一钱七分五厘。廿四年，艮收陈廷南
　　一升四合。存一斗三升二合四勺九抄，艮一钱九分五厘。廿五年，收邓西山七合。
　　存一斗三升九合四勺九抄，艮二钱五厘。三年，艮推八合八勺四抄曾
　　心法。存一斗三升六勺五抄，艮一钱九分二厘。民国二年
　　春，推八合六勺曾凡才。存一斗二升二合五抄，艮
　　一钱八分。民国八年，艮推一升四合五勺三抄吴有常，
　　又推一升三合二勺二抄曾心盛。存九升四合三勺，

艮一钱三分九厘，米三升九合。
民国九年，艮推二升一勺八抄周良元。存七升四合一勺二抄，艮一钱九厘，米三升一合。秋，又推一升八合三勺邓道臣。存五升五合八勺二抄，艮八分二厘，米二升三合。民国十二年，艮推一升二合九勺五抄邓学松，又推一升六勺七抄邓培生。存三升二合二勺，艮四分八厘，米一升三合。卅五年春，收关光□田一亩四分二厘。共田四亩六分四厘。

0035：
邓光龙（邓学松）
本名　六四
　　粮：三升一合。
　　艮：四分五厘五毫。
　　米：一升二合六勺四抄。
　　廿七年，艮推四合五勺邓明魁。
　　存二升六合五勺，
　　艮三分九厘。
　　民国九年，艮全收邓学柏三升六勺五抄，又收邓道义一合八勺。共五升八合九勺五抄，艮八分七厘，米二升四合。民国十二年，艮收邓友才一升二合九勺五抄，又收邓希山五合九勺三抄。共七升七合八勺三抄，艮一钱一分五厘，米三升二合。

邓元吉（邓道五）　　空
道法　卅三
　　粮：五升三合六勺六抄。
　　艮：七分八厘八毫。
　　米：二升一合九勺。
　　卅二年，艮推一升二合九勺二抄
　　邓道高。
　　存四升七勺四抄，艮五分九厘九毫，
　　米一升七合。
　　廿六年，全推邓希山。存无。

邓子伦

道传　卅四

　　粮：五升三合二勺九抄。

　　艮：七分八厘三毫。

　　米：二升一合七勺四抄。

　　（光）绪廿年，推一升六勺吴恒。

　　存四升二合六勺九抄，

　　艮六分三厘。

　　二十六年，艮推五合八抄吴大云。

　　存三升七合六勺一抄，艮五分五厘三毫。

　　卅二年，艮推一升三合一勺六抄吴光友。存二升四合四勺五抄。民国三年，艮收邓学表一升零一勺六抄。共三升四合六勺一抄，艮五分一厘，米一升五合。民国九年，艮收邓道宝一升九合。共五升三合六勺一抄，艮七分九厘，米二升一合。廿九年，艮推五合七勺六抄邓明全。存四亩七分八厘五毫，艮七分一厘，米二升。民国卅五年春，收黄学生田一亩八分四厘，又收黄大盛田八分四厘。共田七亩四分六厘五毫。

后　　记

　　本书是国家社会科学基金项目的结项成果。令人非常感动的是，当年我申报的是国家社会科学基金一般项目，在自己毫不知情的情况下，评审专家居然主动将选题升级为重点项目。这种情况是罕见和幸运的。只是由于自己的疏懒，从立项、结项到出版，持续了十余年之久。我内心时常感觉愧对当年如此看重该选题的评审专家，尽管至今我都不知道他们的大名。无论如何，在此也需要对他们的无私厚爱表达诚挚的谢意。

　　本课题的研究缘于我从博士阶段就立下的学术愿望：乡村史研究的三部曲。我的博士学位论文《明清两湖地区基层组织与乡村社会研究》出版后，我即以"乡村社会控制"为主题，申报了教育部人文社科青年项目，其结项成果入选"武汉大学学术丛书"，并以《国家权力与民间秩序：多元视野下的明清两湖乡村社会史研究》为书名出版；随之以"乡村基层赋税征收"为主题，申报了国家社会科学基金项目。我先后承担的两个项目，基本都是围绕着传统乡村社会治理体系中最核心的两个问题——"刑名"与"钱粮"——展开的。

　　当年申请项目时简单和朴素的逻辑在于：以明清赋税制度在两湖地区的实践为切入点，着力探讨各类赋税征收政策的制定、实施过程与基层社会运行实态，力图摆脱就税收谈税收，不是仅仅关注若干制度条文和若干纳税数据，而是从"人与社会"的角度，考察相关赋役制度下"人"的活动和生存策略。换言之，不仅从王朝国家的立场出发，去思考国家权力对于基层社会治理与赋税资源的汲取，更多的是希望从乡村和乡民的角度去探讨他们对于皇权统治下的行为选择和皇粮国税下的生存境遇。课题设计主要内容分为三个主要部分：赋税征收的依凭、赋税征收的过程，以及赋税征收所引发的各类社会矛盾和纠纷。这三个部分遵循明清赋役制度的发展与演变规律，构成一个具有内在逻辑体系的整体性综合研究，并凸显"制度的地方化"。

　　非常惭愧，十余年过去了，申请项目之时的种种设想和规划，等到结项和出版之际，总是有一种虎头蛇尾、急就章的感觉。古代乡村税收问题之复杂，显然不是一本书能完全解决的。在写作过程中，我深深感到还有很多搜集到的珍贵史料来不及细致研读，很多有学术价值的问题来不及深入探究。只是由于种种原因，从项目的结项到著作的修改，又不得不匆匆草就。只能说学术是永无止境的探求。

　　在本课题的研究和书稿的写作过程中，我得到了学界诸多师友的倾心教导，以及学院诸位领导、老师们的鼎力帮助，我所带的研究生也对本课题的结项和书稿的修订给予了大力协作。在学术道路上一路走来，我需要感谢的师友太多，由于付梓在即，更主要是怕自己挂一漏万，只有将所有关怀、关心、关爱我的恩师、同仁、朋友、亲人等都默默地记在心里。最后还要特别感谢科学出版社的任晓刚老师，感谢他的耐心等待和再三督促，也感谢科学出版社诸多编辑的优质高效工作，否则本书可能还要延宕一些时日。

杨国安
2023年盛夏匆笔于武汉大学振华楼历史学院